D1754581

Das archäologische Jahr in Bayern 1984

Herausgegeben vom
Bayerischen Landesamt für Denkmalpflege
und von der
Gesellschaft für Archäologie in Bayern

Konrad Theiss Verlag Stuttgart

Redaktion:
Dr. Erwin Keller, Dr. Dorit Reimann

Layout: Dr. E. Keller, H. Stölzl

CIP-Kurztitelaufnahme der Deutschen Bibliothek

Das archäologische Jahr in Bayern . . .
hrsg. für d. Landesamt für Denkmalpflege u. d.
Ges. für Archäologie in Bayern. – Stuttgart: Theiss
Erscheint jährl.
1984 (1985)

Umschlag: Michael Kasack

Titelbild: Vergoldeter Bronzebeschlag des
7. Jahrhunderts vom Ringwall »Alte Schanze«
auf dem Judenhügel bei Kleinbardorf
(Grabfeldmuseum Bad Königshofen,
Zweigmuseum der Prähistorischen
Staatssammlung München)

© Konrad Theiss Verlag GmbH, Stuttgart 1985
ISBN 3 8062 0429 2. ISSN 0721-2399
Alle Rechte vorbehalten
Satz und Druck: Grafische Betriebe
Süddeutscher Zeitungsdienst, Aalen
Herstellung der Offsetvorlagen:
Fa. Huber und Oberländer, München
EKG Reproduktionstechnik GmbH, Stuttgart
Printed in Germany

Professor Dr. Otto Kunkel zum Gedächtnis
1895–1984

Leiter der Außenstelle Würzburg
des Bayerischen Landesamts für Denkmalpflege
von 1948 bis 1953

Direktor der Prähistorischen Staatssammlung München
von 1953 bis 1960

Inhalt

Vorwort	11
Übersichtskarte der Grabungen und Fundplätze des Jahres 1984	14
Archäologische Literatur in Bayern 1984 (D. Reimann)	23
Eine mittelpaläolithische Blattspitze vom westlichen Spessartrand, Gemeinde Bessenbach, Landkreis Aschaffenburg, Unterfranken (A. Berger)	28
Eine Freilandfundstelle aus dem mittleren Jungpaläolithikum am Südrand der Straubinger Senke bei Salching, Landkreis Straubing-Bogen, Niederbayern (W. Weißmüller)	30
Prospektion eines mittelneolithischen Erdwerkes bei Künzing-Unternberg, Landkreis Deggendorf, Niederbayern (H. Becker und J. Petrasch)	32
Das neolithische Silexbergwerk von Arnhofen, Gemeinde Abensberg, Landkreis Kelheim, Niederbayern (B. Engelhardt)	35
Ausgrabungen auf dem Galgenberg bei Kopfham, Gemeinde Ergolding, Landkreis Landshut, Niederbayern (B. S. Ottaway und J. Hodgson)	37
Ausgrabungen in der Ergoldinger Fischergasse, Landkreis Landshut, Niederbayern (B. S. Ottaway und S. Aitchison)	40
Ein schnurkeramischer Begräbnisplatz bei Wolkshausen, Gemeinde Gaukönigshofen, Landkreis Würzburg, Unterfranken (B. und F. Hoppe)	42
Stilmerkmale der Glockenbecherkultur und der Slawonischen Kultur an Bronzezeitkeramik aus der Stadt Altötting, Landkreis Altötting, Oberbayern (R. A. Maier)	43
Vollgriffdolche der frühen Bronzezeit aus Ingolstadt, Stadt Ingolstadt, Oberbayern (K. H. Rieder)	46
Ein bronzezeitlicher Stabdolch aus Stücht, Gemeinde Heiligenstadt i. OFr., Landkreis Bamberg, Oberfranken (B.-U. Abels)	47
Eine bronzezeitliche Grube von Jellenkofen, Gemeinde Ergoldsbach, Landkreis Landshut, Niederbayern (B. Engelhardt)	48
Grabhügel der Bronzezeit im Staatswald Zerzabelshofer Forst, Landkreis Nürnberger Land, Mittelfranken (H. Koschik)	50
Ein spätbronzezeitliches Gräberfeld in Wendelstein, Landkreis Roth, Mittelfranken (J. P. Zeitler)	52
Ein urnenfelderzeitliches Vollgriffschwert aus dem Inn bei Ehring, Gemeinde Polling, Landkreis Mühldorf a. Inn, Oberbayern (S. Winghart)	54
Die urnenfelderzeitliche Nekropole von Zuchering, Stadt Ingolstadt, Oberbayern (K. H. Rieder)	56
Eine urnenfelderzeitliche Siedlung mit Gräberfeld von Eching, Landkreis Freising, Oberbayern (S. Winghart)	57
Neue Ausgrabungen im urnenfelderzeitlichen Gräberfeld von München-Obermenzing, Landeshauptstadt München, Oberbayern (S. Winghart)	60
Das urnenfelder- und hallstattzeitliche Gräberfeld von Künzing, Landkreis Deggendorf, Niederbayern (K. Schmotz)	61
Eine späturnenfelderzeitliche Befestigungsanlage in Kronach-Gehülz, Stadt Kronach, Oberfranken (B.-U. Abels)	63
Ein urnenfelderzeitlicher Hortfund vom Schwanberg, Gemeinde Rödelsee, Landkreis Kitzingen, Unterfranken (G. Diemer)	64

Wirtschaftshof und Grabhügelfeld der Hallstattzeit bei Wolkshausen-Rittershausen, Gemeinde Gaukönigshofen, Landkreis Würzburg, Unterfranken (L. Wamser)	66
Befestigte Siedlung und Gräberfeld der Späthallstattzeit in Niedererlbach, Gemeinde Buch a. Erlbach, Landkreis Landshut, Niederbayern (H.-G. Kohnke)	69
Ein Grabhügel der Hallstattzeit von Bruckberg, Landkreis Landshut, Niederbayern (B. Engelhardt)	71
Eine Siedlungsgrabung auf dem Staffelberg-Hochplateau, Stadt Staffelstein, Landkreis Lichtenfels, Oberfranken (B.-U. Abels)	73
Ausgrabungen im späthallstatt-frühlatènezeitlichen Gräberfeld von Landersdorf, Gemeinde Thalmässing, Landkreis Roth, Mittelfranken (M. Hoppe)	76
Ein Anhänger der frühen Keltenzeit aus Landersdorf, Gemeinde Thalmässing, Landkreis Roth, Mittelfranken (L. Pauli)	78
Eine eiserne Frühlatènefibel von Ittelhofen, Gemeinde Seubersdorf i. d. OPf., Landkreis Neumarkt i. d. OPf., Oberpfalz (H. P. Uenze)	79
Ein keltischer Schmuckhort aus dem Nahbereich des Schwanbergs, Stadt Iphofen, Landkreis Kitzingen, Unterfranken (Chr. Pescheck)	80
Ein mittellatènezeitlicher Grabfund von Endsee, Gemeinde Steinsfeld, Landkreis Ansbach, Mittelfranken (H. P. Uenze)	82
Eine keltische Kleinsilbermünze von Kelheim-Mitterfeld, Gemeinde Kelheim, Landkreis Kelheim, Niederbayern (B. Overbeck)	85
Schneemerkmale im Gäuboden – die Haunersdorfer Grabenwerke, Gemeinde Otzing, Landkreis Deggendorf, Niederbayern (O. Braasch)	86
Beobachtungen an der spätkeltischen Viereckschanze von Hartkirchen, Gemeinde Pocking, Landkreis Passau, Niederbayern (O. Braasch)	89
Ein keltisch-römischer Kultplatz in Gauting, Landkreis Starnberg, Oberbayern (M. Egger)	90
Frühkaiserzeitliche Kleinkastelle im Ulmer Winkel (M. Mackensen und A. Marx)	93
Römisches Militär an der Donausüdstraße – das Lager von Zell, Stadt Neuburg a. d. Donau, Landkreis Neuburg-Schrobenhausen, Oberbayern (O. Braasch)	95
Kleiner Delphin als Kannendeckelgriff von frühromischer Station am »Thürlesberg« bei Buttenwiesen, Landkreis Dillingen a. d. Donau, Schwaben (R. A. Maier)	96
Schmuckfunde aus Augusta Vindelicum-Augsburg, Stadt Augsburg, Schwaben (L. Bakker)	98
Der Galloromische Tempelbezirk von Cambodunum-Kempten, Stadt Kempten (Allgäu), Schwaben (G. Weber)	100
Ein neues römisches Kastell in Straubing, Stadt Straubing, Niederbayern (J. Prammer)	103
Eine römische Sumpfbrücke bei der Feldmühle im Wellheimer Trockental, Gemeinde Rennertshofen, Landkreis Neuburg-Schrobenhausen, Oberbayern (K. H. Rieder)	106
Silvanus-Relief und Teile von Jupitergigantensäulen aus der Pfarrkirche St. Martin zu Mömlingen, Landkreis Miltenberg, Unterfranken (E. Schallmayer)	107
Neue Inschriftenfunde aus Augusta Vindelicum-Augsburg, Stadt Augsburg, Schwaben (L. Bakker)	110
Das Hauptgebäude der Villa rustica von Treuchtlingen-Weinbergshof, Landkreis	113

Weißenburg-Gunzenhausen, Mittelfranken (H. Koch und W. Grabert)

Zwei römische Brunnen aus einer Villa rustica in Regensburg-Harting, Stadt Regensburg, Oberpfalz (U. Osterhaus) — 115

Skelettreste aus zwei römischen Brunnen von Regensburg-Harting als archäologische Belege für Menschenopfer bei den Germanen der Kaiserzeit, Stadt Regensburg, Oberpfalz (P. Schröter) — 118

Ausgrabungen im Garten des Bischofspalais zu Augsburg, Stadt Augsburg, Schwaben (L. Bakker) — 121

Spätrömische Silbermünzen von Burghöfe, Gemeinde Mertingen, Landkreis Dillingen, Schwaben (B. Overbeck) — 123

Eine Fibelgußform aus der germanischen Siedlung von Geldersheim, Landkreis Schweinfurt, Unterfranken (D. Rosenstock) — 124

Eine germanische Siedlung des 4./5. Jahrhunderts n. Chr. bei Treuchtlingen-Schambach, Landkreis Weißenburg-Gunzenhausen, Mittelfranken (E. Weinlich) — 126

Völkerwanderungszeitliche Körpergräber aus Dettingen, Gemeinde Karlstein, Landkreis Aschaffenburg, Unterfranken (D. Rosenstock) — 128

Neue Untersuchungen im thüringisch-fränkischen Adelsfriedhof von Zeuzleben, Markt Werneck, Landkreis Schweinfurt, Unterfranken (L. Wamser) — 131

Die Grabungen 1984 im frühmittelalterlichen Friedhof in Westheim, Landkreis Weißenburg-Gunzenhausen, Mittelfranken (W. Pülhorn) — 134

Merowingerzeitliche Bergstationen in Mainfranken – Stützpunkte der Machtausübung gentiler Gruppen (L. Wamser) — 136

Neue Ausgrabungen im Bereich des karolingisch-ottonischen Reihengräberfeldes — 141
von Alladorf, Landkreis Kulmbach, Oberfranken (H. Losert)

Ausgrabungen in der karolingisch-ottonischen Pfalz auf dem Kapellplatz in Altötting, Landkreis Altötting, Oberbayern (E. Keller) — 142

Neue Befunde zur mittelalterlichen Topographie des fiscus Salz im alten Markungsgebiet von Bad Neustadt a. d. Saale, Landkreis Rhön-Grabfeld, Unterfranken (L. Wamser) — 147

Neues von der Wischlburg – Luftbilder belegen im Innern eine untergegangene Befestigung, Gemeinde Stephansposching, Landkreis Deggendorf, Niederbayern (O. Braasch) — 151

Die Ausgrabungen in den Chiemseeklöstern 1984, Gemeinde Chiemsee, Landkreis Rosenheim (H. Dannheimer, P. Haller und K. Zeh) — 154

Sondagen im ehemaligen Wasserschloß von Treuchtlingen, Landkreis Weißenburg-Gunzenhausen, Mittelfranken (J. Zeune) — 156

Die Ausgrabung im Regensburger Dom, Stadt Regensburg, Oberpfalz (S. Codreanu) — 160

Die Kirche von Frauenwahl, Gemeinde Hausen, Landkreis Kelheim, Niederbayern (R. Koch) — 163

Tönerner mittelalterlicher Brotstempel mit geometrisch-figürlicher Ritzzeichnung von Bach a. d. Donau, Landkreis Regensburg, Oberpfalz (R. A. Maier) — 165

Die Münchner Stadtmauer am Isartor, Landeshauptstadt München, Oberbayern (H. Hagn, P. Veit und S. Winghart) — 166

Mittelalterliche Funde aus der Latrine eines Regensburger Patrizierhauses, Stadt Regensburg, Oberpfalz (V. Loers) — 169

Stadtkerngrabungen in Amberg, Stadt Amberg, Oberpfalz (R. Koch) — 172

Eine Hafnerwerkstätte des 16. bis 20. Jahrhunderts aus Dießen am Ammersee, Landkreis Landsberg a. Lech, Oberbayern (W. Lösche) 174

Ein Keramikfund aus dem 17. Jahrhundert in Wolfratshausen südlich München, Landkreis Bad Tölz-Wolfratshausen, Oberbayern (H. Hagn und P. Veit) 176

Neuzeitliche Keramikfunde in Weilheim, Landkreis Weilheim-Schongau, Oberbayern (H. Hagn und P. Veit) 179

Unterwassergrabung an einer neuzeitlichen Hafnerkeramik- und Glasfundstelle vor dem Dorint-Seehotel Leoni, Gemeinde Berg, Landkreis Starnberg, Oberbayern (H. Beer) 182

Verarbeitung magnetischer Prospektionsmessungen als digitales Bild (H. Becker) 184

Verzeichnis der Mitarbeiter 187

Bildnachweis 189

Dienststellen der archäologischen Denkmalpflege in Bayern 190

Vorwort

In den vorausgehenden Bänden dieses Jahrbuchs ist die Lage der archäologischen Denkmalpflege grau in grau gezeichnet worden. Zu Recht, denn die unzureichende personelle und finanzielle Ausstattung ließ einen ordnungsgemäßen Vollzug des Bayerischen Denkmalschutzgesetzes kaum noch zu. 1984 hat sich die Situation erstmals wieder spürbar gebessert, und 1985 brachte einen weiteren nachhaltigen Aufschwung: In beiden Jahren wurde der Etat jeweils um eine Million DM aufgestockt, so daß es nun möglich ist, mit der Aufarbeitung von Rückständen auf den Gebieten des Ausgrabungs-, Inventarisations- und Publikationswesens zu beginnen. Den beiden Landtagsfraktionen und den Mitgliedern des kulturpolitischen und des Haushaltsausschusses sei dafür ebenso gedankt wie dem Bayerischen Landesdenkmalrat und dem Bayerischen Staatsministerium für Unterricht und Kultus.

Sollten Bemühungen Erfolg haben, die Haushaltsmittel 1986 nochmals kräftig anzuheben und den Personalausbau fortzusetzen, so hätte die bayerische Bodendenkmalpflege endlich den Durchbruch zu erträglicheren Arbeitsbedingungen erreicht. Sie könnte Aufgaben in Angriff nehmen, die sich bisher aus Mangel an Mitteln nicht durchführen ließen: Einerseits geht es um die vorbeugenden Untersuchungen von archäologischen Fundplätzen, die in landwirtschaftlichen Nutzflächen oder in erosionsgefährdeten Gebieten liegen, andererseits muß sogenannten Feuchtbodensiedlungen künftig mehr Aufmerksamkeit geschenkt werden.

Zu einem in seiner Tragweite erst allmählich beurteilbaren Problem hat sich die durch tiefgreifende Veränderungen der Agrarstruktur verursachte Bodenerosion entwickelt, die vor allem die fruchtbarsten Gegenden Bayerns, d. h. uraltes Siedlungsland, betrifft. Auf Flächen, die Tausende von Quadratkilometern umfassen, tragen Wind und Regen von ungenügend gesicherten Äckern die Humusdecken ab und legen die Denkmäler der Vor- und Frühgeschichte frei, deren Zerstörung durch Auswittern oder durch den Pflug dann nur noch eine Frage der Zeit ist.

Wie schutzlos heute die vom Menschen einst geschaffenen Kulturlandschaften den Unbilden des Wetters ausgesetzt sind, zeigt sich besonders deutlich an den Schäden, die starke Regenfälle anrichten: In hügeligem Gelände vermögen sie in kürzester Frist bis zu 25 Tonnen Erdreich pro Hektar abzuschwemmen, bei einer jährlichen Humusneubildung von weniger als 1,5 Tonnen pro Hektar.

Auf viele kleine und große Eingriffe des Menschen in die Natur, die in der Summe zu nachhaltigen Störungen des ökologischen Gleichgewichts führten, geht aber nicht nur die Bodenerosion, sondern auch der sich nach dem Zweiten Weltkrieg beschleunigende Schwund an Feuchtgebieten zurück, die Reservate neolithischer und ältermetallzeitlicher »Pfahlbausiedlungen« sind.

Reich an Seen und Mooren, müßte das südliche Bayern entsprechenden Niederlassungen eine große Zahl von Standorten geboten haben. Trotzdem kennen wir nur einige wenige, wesentlich weniger jedenfalls als aus dem württembergischen Oberschwaben oder dem oberösterreichischen Salzkammergut, die sich von Südbayern geologisch und naturräumlich kaum unterscheiden und als klassische »Pfahlbauprovinzen« gelten. Für das weitgehende Fehlen von »Pfahlbauten« in Bayern gibt es zwar noch keine plausible Erklärung, doch darf man eines nicht vergessen: Sie sind bisher nie systematisch gesucht und wohl deshalb auch nicht gefunden worden. Folglich ist es gut möglich, daß nur ein unzureichender Forschungsstand die tatsächlichen Verhältnisse verschleiert. Bevor man sich also die These zu eigen macht, die Kulturentwicklung sei in Bayern andere Wege gegangen als in den Voralpenregionen der Nachbarländer, sollte man die Seen und Moore mit moderner Technik auf Siedlungsreste prospektieren. Mit einer Bestandserhebung darf die archäologische Denkmalpflege allerdings nicht mehr zuwarten, will sie sich nicht dem Vorwurf aussetzen, dem Untergang einer einzigartigen Denkmälergattung tatenlos zugesehen zu haben. Angesichts der akuten Gefährdung durch die verschiedenartigsten Nutzungsansprüche an Grund und Boden scheint es fraglich, ob Rettungsmaßnahmen überhaupt noch greifen.

Pfahlbausiedlungen, später See- und Moordörfer, heute naturwissenschaftlich nüchtern Feuchtbodensiedlungen genannt, sind an den Ufern stehender und fließender Gewässer, an Inselrändern oder in begehbar gewordenen Mooren angelegt worden und begegnen zwischen etwa 4000 und 800 v. Chr. in allen eiszeitlich vergletscherten Voralpenländern, in Süddeutschland ebenso wie in der Schweiz, in Ostfrankreich, Oberösterreich und Norditalien. Wurden die Plätze infolge steigender Seespiegel überflutet oder von Mooren überdeckt, so blieben unter Abschluß vom Sauerstoff der Luft auch organische Materialien wie Holz, Pflanzenreste, Textilien, Leder und Nahrungsmittel vorzüglich erhalten, wodurch sich umfassende Möglichkeiten zur Rekonstruktion der Wirtschafts- und Umweltgeschichte eröffnen. Im Zusammenhang damit spielen Pollenanalyse, pflanzliche Großresteanalyse, tierische Domestikationsforschung, Sedimentologie und Bodenkunde eine ebenso wichtige Rolle wie die Baumringanalyse (Dendrochronologie) und die Radiokarbonmethode zur Altersbestimmung von archäologischen Objekten, Bildungen organischen Ursprungs und geologischen Ablagerungen.

Nach modernen Gesichtspunkten untersuchte und ausgewertete Feuchtbodensiedlungen vermitteln beeindruckend lebendige Bilder von Struktur, Organisation und Bestandszeit der Niederlassungen, vom zivilisatorischen Niveau der Bewohner und ihrem technischen Stand der Naturbeherrschung. Das Werden und der Wandel der Kulturlandschaft sind an den Befunden ebenso ablesbar wie die Geschichte von Vegetation, Tierwelt und Klima.

Feuchtbodensiedlungen bieten also im Blick auf die Lösung historischer, quellenkundlicher und ökologischer Fragen Erkenntnismöglichkeiten von erstaunlicher Vielfalt und Breite, weshalb die Erfassung, Sicherung und Bewahrung dieser Objekte ein vordringliches Anliegen der archäologischen Denkmalpflege sein muß.

Das ist leichter gesagt, als in die Tat umgesetzt, denn in Bayern hat man an eine Inventarisation noch gar nicht gedacht, weil zur Arbeit im Gelände nicht nur die technischen Hilfsmittel, sondern auch die geschulten Kräfte fehlten. Zugegebenermaßen mangelt es noch immer auf allen Ebenen am Wissen um die praktische Verwirklichung einer Bestandserhebung, vor allem an Kriterien für ein rationelles Vorgehen. Wir werden also von Baden-Württemberg, der Hochburg der süddeutschen Pfahlbauforschung, lernen und das dort in den letzten Jahren erworbene Know-how übernehmen müssen.

Allzuviel Zeit steht hierfür aber nicht mehr zur Verfügung, denn gerade in Bayern sind die Feuchtgebiete und damit die eventuell in ihnen eingeschlossenen Kulturrelikte in einem Maße gefährdet, daß es wohl schon in naher Zukunft kaum noch geeignete Forschungsobjekte geben wird. Die Informationsschrift »Feuchtgebiete«, vom Bayerischen Staatsministerium für Landesentwicklung und Umweltfragen im Oktober des vergangenen Jahres herausgegeben, liefert hierzu alarmierende Daten: »Seit Beginn der Flußregulierung vor etwa 150 Jahren wurden 75–80 Prozent der Auwälder zerstört. Von den Hoch- und Übergangsmooren sind in den letzten 200 Jahren fast 80 Prozent verschwunden. Von den vor zwei Jahrhunderten bestehenden Niedermooren und Streuwiesen sind fast 90 Prozent nicht mehr vorhanden.« Weiter heißt es, daß von den Gewässern heute 70 bis 80 Prozent in Form und Uferbewuchs unnatürlich seien.

Angesichts dieser besorgniserregenden Entwicklung muß man sich fragen, ob vorgeschichtliche Moor- und Seedörfer in Bayern überhaupt eine Überlebenschance hatten, ob sie nicht durch Überbauung und Abtorfen zerstört oder durch Grundwasserabsenkungen längst zu Trockenbodensiedlungen wurden. Sich hierüber Klarheit zu verschaffen, ist eine Aufgabe, der sich die archäologische Denkmalpflege nicht mehr verschließen kann. Um eine Bestandsaufnahme kommen wir auch deshalb nicht herum, weil die See- und Moorsiedlungen akut gefährdet sind, die Moorsiedlungen durch die Kultivierung der Feuchtgebiete, die Seesiedlungen durch Hobbytaucher. Es entspricht leider den Tatsachen, daß den Fundplätzen unter Wasser bereits im gleichen Maße die Ausplünderung droht wie jenen zu Lande die Beraubung durch Sondengänger.

Prof. Dr. Michael Petzet
Generalkonservator des Bayerischen
Landesamts für Denkmalpflege

Anton Hochleitner
1. Vorsitzender der Gesellschaft für
Archäologie in Bayern

Dr. Erwin Keller
Leiter der Abteilung Bodendenkmalpflege des
Bayerischen Landesamts für Denkmalpflege

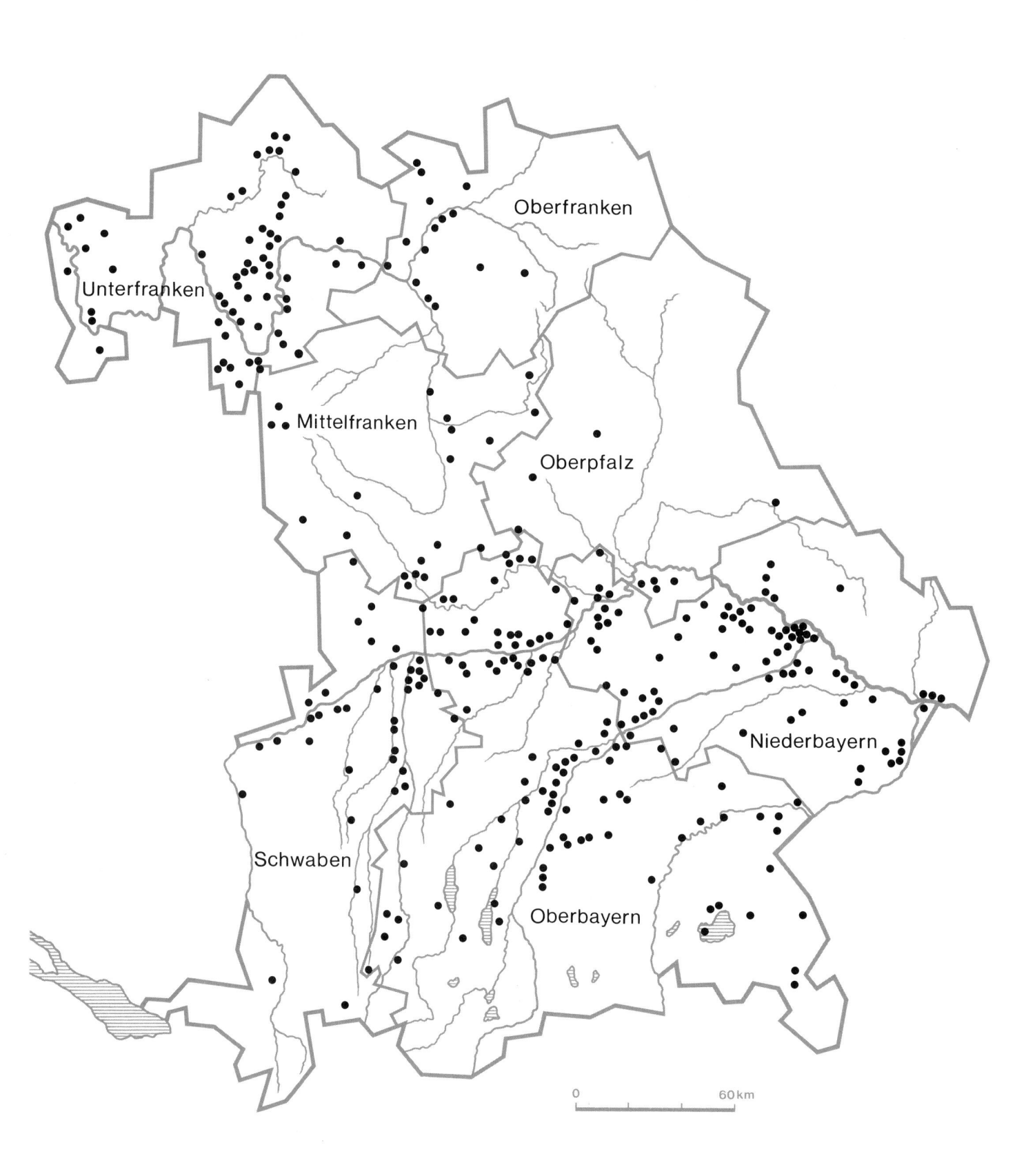

1 *Die wichtigsten archäologischen Ausgrabungsplätze und Fundstellen in Bayern 1984. In Klammern gesetzte Seitenverweise, die sich an die stichwortartige Charakterisierung von Ausgrabungen und Funden anschließen, beziehen sich auf die ausführlichen Berichte in diesem Band.*

Oberbayern

Aich, Gde. Moosburg, Lkr. Freising
Bestattungen der Bronze- und Urnenfelderzeit.

Altenerding, Lkr. Freising
Römisches Gebäude in einer Straßenbaustelle (Luftbildfundstelle).

Althegnenberg, Lkr. Fürstenfeldbruck
Römische Villa rustica.

Altötting
Endneolithische Siedlungsreste, karolingische Pfalz, spätmittelalterliche bis barocke Bauten (S. 142 ff. u. S. 43 ff.).

Altöttinger Forst, Lkr. Altötting
Bronzezeitliche Hügelgräber.

Appercha, Gde. Fahrenzhausen, Lkr. Freising
Römische Villa rustica.

Auerberg, Gde. Bernbeuren, Lkr. Weilheim-Schongau
Frührömische Militärstation.

Beilngries, Lkr. Eichstätt
Frühbronzezeitliche Siedlung.

Biesenhard, Gde. Wellheim, Lkr. Eichstätt
Vorgeschichtlicher Grabhügel.

Böhming, Lkr. Eichstätt
Keltische Siedlungsreste und Erzschmelze.

Böhming, Lkr. Eichstätt
Untersuchungen in der Kirche St. Johannes.

Burgheim, Lkr. Neuburg-Schrobenhausen
Untersuchungen in der Pfarrkirche.

Dachau
Hochmittelalterliche Baubefunde.

Deisenhofen-Kyberg, Gde. Oberhaching, Lkr. München
Hallstattzeitliche Siedlung.

Dießen, Lkr. Landsberg a. Lech
Töpferofen und Bruchgruben der frühen Neuzeit (S. 174 ff.).

Dünzing, Gde. Vohburg a. d. Donau, Lkr. Pfaffenhofen a. d. Ilm
Frühmittelalterliches Reihengräberfeld mit Adelsgräbern (Luftbildfundstelle).

Eching-BMW, Lkr. Freising
Siedlung und Gräberfeld der Urnenfelderzeit (S. 57 ff.).

Eching-IKEA, Lkr. Freising
Siedlung der mittleren Latène- bis frühen Kaiserzeit.

Eching-Kanal, Lkr. Freising
Siedlung der Hallstattzeit.

Eichstätt
Mittelalterliche Stadtbefestigung.

Eichstätt
Untersuchung der ehemaligen Stadtpfarrkirche Collegiata.

Epfach-Lorenzberg, Gde. Denklingen, Lkr. Landsberg a. Lech
Früh- und spätrömische Militärstation.

Erharting, Lkr. Mühldorf a. Inn
Hochmittelalterliche Pfeileisen und Waffen.

Eschling, Lkr. Neuburg-Schrobenhausen
Untersuchungen in der Kirche St. Johannes.

Feldkirchen, Gde. Rott a. Inn, Lkr. Rosenheim
Romanische und gotische Kirche.

Feldmühle, Lkr. Neuburg-Schrobenhausen
Mittelalterlicher, römischer und vorgeschichtlicher Talübergang mit Siedlung (S. 106 f.).

Freising-Domberg
Vorgeschichtliche und frühmittelalterliche Befunde.

Freising-Neustift
Romanische und gotische Klosterbauten.

Freising-Poststraße
Grab der frühen Hügelgräberbronzezeit.

Freising-Weihenstephan
Frühmittelalterliche Siedlungsschicht.

Gaimersheim, Lkr. Eichstätt
Mittelneolithische Siedlung.

Garching, Lkr. München
Spuren der Römerstraße Fürholzen-Johanneskirchen (Luftbildfundstelle).

Garching, Lkr. München
Römisches Feldlager (Luftbildfundstelle).

Gauting, Lkr. Starnberg
Latènezeitlicher und römischer Brandopferplatz (S. 90 ff.).

Giglberg, Gde. Gammelsdorf, Lkr. Freising
Verschleifte Grabhügel (Luftbildfundstelle).

Gilching, Lkr. Starnberg
Römische Villa rustica.

Graßlfing, Gde. Olching, Lkr. Fürstenfeldbruck
Hochmittelalterliches Schürfgrubenfeld und Siedlungsspuren.

Günzenhausen, Gde. Eching, Lkr. Freising
Römische Brandgräber.

Hecken, Gde. Bockhorn, Lkr. Erding
Verschleifte Grabhügel (Luftbildfundstelle).

Heinrichsheim, Gde. Neuburg a. d. Donau, Lkr. Neuburg-Schrobenhausen
Mittelalterliche Siedlung (Luftbildfundstelle).

Herrenchiemsee, Gde. Chiemsee, Lkr. Rosenheim
Früh- und hochmittelalterliche Klosterbauten (S. 154 ff.).

Hofschallern, Gde. Stammham, Lkr. Altötting
Befundsicherung in der Kirche.

Ilmendorf, Gde. Geisenfeld, Lkr. Pfaffenhofen a. d. Ilm
Befestigte, vorgeschichtliche Siedlung (Luftbildfundstelle).

Ingolstadt
Frühbronzezeitliche Vollgriffdolche (S. 46 f.).

Inn südlich von Mühldorf am Inn
Spätbronzezeitliches Vollgriffschwert und frühbronzezeitliches Randleistenbeil.

Kempfenhausen, Gde. Berg, Lkr. Starnberg
Jungneolithische Inselsiedlung.

Kirchheim-Heimstetten, Lkr. München
Hallstattzeitliche Siedlungsspuren.

15

Kleinmehring, Lkr. Eichstätt
Burgstall Gensberg.
Knopfmühle, Gde. Großmehring, Lkr. Eichstätt
Undatierte Siedlung (Luftbildfundstelle).
Kösching, Lkr. Eichstätt
Römischer Meilenstein.
Kösching, Lkr. Eichstätt
Römisches Brandgräberfeld.
Landsberg a. Lech
Altstadtgrabung mit hochmittelalterlichen bis barocken Befunden.
Langenbach, Lkr. Freising
Mittelneolithische Siedlungsgruben.
Laufen, Lkr. Berchtesgadener Land
Hochmittelalterliche und frühneuzeitliche Befunde.
Lichtenau, Gde. Weichering, Lkr. Neuburg-Schrobenhausen
Zahlreiche Körpergräber (Luftbildfundstelle).
Lohkirchen, Lkr. Mühldorf a. Inn
Endneolithischer Quellfund.
Manching, Lkr. Pfaffenhofen a. d. Ilm
Keltisches Oppidum.
Manching, Lkr. Pfaffenhofen a. d. Ilm
Zwei Viereckschanzen im spätkeltischen Oppidum (Luftbildfundstelle).
Margarethenberg, Gde. Burgkirchen a. d. Alz, Lkr. Altötting
Endneolithisch/frühbronzezeitlich, urnenfelderzeitlich, späthallstatt/frühlatènezeitlich und frühmittelalterlich belegte befestigte Höhensiedlung.
Mauthausen, Gde. Piding, Berchtesgadener Land
Befundsicherung in der St.-Lorenz-Kirche.
Menning, Gde. Vohburg a. d. Donau, Lkr. Pfaffenhofen a. d. Ilm
Gruppe undatierter Körpergräber (Luftbildfundstelle).
Mintraching, Gde. Neufahrn b. Freising, Lkr. Freising
Abschnitt der Römerstraße Fürholzen-Landshut (Luftbildfundstelle).

Möckenlohe, Gde. Adelschlag, Lkr. Eichstätt
Neue Gebäudegrundrisse einer bekannten Villa rustica (Luftbildfundstelle).
Mörnsheim, Lkr. Eichstätt
Vorgeschichtlicher Ringwall Raffelstein.
Mühldorf a. Inn
Frühurnenfelderzeitliches Vollgriffschwert (S. 54 f.).
München-Englschalking
Frühmittelalterliche Grubenhäuser.
München-Isartor
Spätmittelalterliche Stadtbefestigung (S. 166 ff.).
München-Obermenzing
Kernbereich eines Urnengräberfeldes (S. 60 f.).
Nassenfels, Lkr. Eichstätt
Römisches Holz-Erde-Kastell.
Nassenfels, Lkr. Eichstätt
Untersuchungen in der Kirche St. Nikolaus.
Neuburg a. d. Donau, Lkr. Neuburg-Schrobenhausen
Vorgeschichtliche Höhensiedlung und römische Militäranlage.
Obereichstätt, Lkr. Eichstätt
Lochschlaghöhle mit bronzezeitlichen und mesolithischen Befunden.
Oberhaunstadt, krfr. Stadt Ingolstadt
Römischer Gutshof (Luftbildfundstelle).
Oberstimm, Lkr. Pfaffenhofen a. d. Ilm
Römischer Kastellvicus.
Oberstimm, Lkr. Pfaffenhofen a. d. Ilm
Römisches Kastell.
Oberzolling, Gde. Zolling, Lkr. Freising
Kreisgraben und vorgeschichtliche Gruben (Luftbildfundstelle).
Osterfeldsiedlung, Gde. Weichering, Lkr. Neuburg-Schrobenhausen
Abschnitt der römischen Donau-Südstraße mit Siedlungsspuren (Luftbildfundstelle).
Peiting, Lkr. Weilheim-Schongau
Römische Villa rustica.

Pförring, Lkr. Eichstätt
Bronzezeitliches Armringdepot.
Pichl, Lkr. Pfaffenhofen a. d. Ilm
Untersuchungen in der Kirche St. Leonhard.
Poing, Lkr. Ebersberg
Frühmittelalterliche Siedlung (Luftbildfundstelle).
Potzham, Gde. Taufkirchen, Lkr. München
Spätrömische Siedlungsgruben.
Pullach, Gde. Seebruck, Lkr. Traunstein
Undatiertes Grabenwerk (Luftbildfundstelle).
Reichenhall, Lkr. Berchtesgadener Land
Befundsicherung in St. Nikolaus.
Riem, krfr. Stadt München
Abschnitt einer Römerstraße (Luftbildfundstelle).
Rockolding, Gde. Vohburg a. d. Donau, Lkr. Pfaffenhofen a. d. Ilm
Undatiertes Grabenwerk (Luftbildfundstelle).
Schrobenhausen, Lkr. Neuburg-Schrobenhausen
Untersuchungen im Zeiselmeierhaus.
Seebruck, Gde. Seeon-Seebruck, Lkr. Traunstein
Römischer Vicus Bedaium.
Steffelmühle, Gde. Forstinning, Lkr. Ebersberg
Viereckschanze (Luftbildfundstelle).
Tittmoning, Lkr. Traunstein
Römische Siedlungsreste.
Unterhaching, Lkr. München
Urnenfelderzeitliche Siedlung.
Unterkienberg, Gde. Allershausen, Lkr. Freising
Endneolithische Grubeninhalte.
Waging am See, Lkr. Traunstein
Römische Villa rustica.
Weidof, Gde. Ehekirchen, Lkr. Neuburg-Schrobenhausen
Viereckschanze (Luftbildfundstelle).
Weilheim, Lkr. Weilheim-Schongau

Barocke Keramikbruch-
gruben (S. 179 ff.).
Wolfratshausen, Lkr. Bad Tölz-
Wolfratshausen
Bruchgruben der Renaissance
und des Barock (S. 176 ff.).
Zell, Gde. Neuburg a. d. Do-
nau, Lkr. Neuburg-Schroben-
hausen
Römisches Feldlager (Luft-
bildfundstelle) (S. 95 f.).
Ziegelberg, Gde. Wang, Lkr.
Freising
Siedlung der ältesten Linear-
bandkeramik.
Zuchering, Lkr. Ingolstadt
Urnenfelderzeitliches Gräber-
feld, frühmittelalterliche
Siedlung (S. 56 f.).
Zustorf, Gde. Langenpreising,
Lkr. Erding
Abschnitt der Römerstraße
Fürholzen-Landshut (Luft-
bildfundstelle).

Niederbayern

Agendorf-Kapflberg, Gde.
Steinach, Lkr. Straubing-
Bogen
Mittelalterliche Kirche.
Aldersbach-Kloster,
Lkr. Passau
Mittelalterliches Kloster.
Altdorf-Römerfeld, Lkr.
Landshut
Siedlung der Urnenfelderzeit.
Andermannsdorf-Unterhaid,
Gde. Hohenthann, Lkr.
Landshut
Neuzeitliche Abfallgrube.
Arnhofen, Gde. Abensberg,
Lkr. Kelheim
Neolithisches Silexbergwerk
(S. 35 f.).
Bad Abbach-Gemling, Lkr.
Kelheim
Römische Villa rustica.
Bad Abbach-Schloßberg, Lkr.
Kelheim
Mittelalterliche Burg.
Bruckberg-Mooswiesen, Lkr.
Landshut
Grabhügel der Hallstattzeit
(S. 71 f.).
Deggendorf-Fischerdorf, Lkr.
Deggendorf
Verebnetes Grabhügelfeld
der Bronzezeit.
Ebnerhof, krfr. Stadt Passau
Napoleonische Schanzwerke
(Luftbildfundstelle).
Echendorf, Gde. Riedenburg,
Lkr. Kelheim
Romanische Kirche.
Einöden, Gde. Wallerfing, Lkr.
Deggendorf
Verschleifte Grabhügel (Luft-
bildfundstelle).
Enchendorf, Gde. Plattling,
Lkr. Deggendorf
Verschleifte Befestigung mit
Doppelgraben (Luftbildfund-
stelle).
Ergolding, Lkr. Landshut
Vorgeschichtliche Befesti-
gung (Luftbildfundstelle).
Ergolding-Fischergasse, Lkr.
Landshut
Feuchtbodensiedlung der Alt-
heimer Gruppe und der
karolingischen Zeit (S. 40 f.).
Ergolding-Gänsgraben, Lkr.
Landshut
Karolingische Siedlung.
Essenbach-Ammerbreite, Lkr.
Landshut
Siedlungen der Linienband-
keramik, der Urnenfelderzeit
und der römischen Kaiser-
zeit.
Fehmbach, Gde. Stephans-
posching, Lkr. Deggendorf
Undatiertes Grabenwerk am
Kiesgrubenrand (Luftbild-
fundstelle).
Fehmbach, Gde. Stephans-
posching, Lkr. Deggendorf
Abschnittsbefestigung unbe-
kannter Zeitstellung (Luft-
bildfundstelle).
Feldkirchen-Keltenfeld, Lkr.
Straubing-Bogen
Siedlung des Mittelneolithi-
kums.
Frammering-Erdgasleitung,
Gde. Landau, Lkr. Dingol-
fing-Landau
Siedlung der Linienbandkera-
mik, Grab der Münchshöfe-
ner Gruppe, Befestigung der
Hallstattzeit.
Fürth-Friedhof, Lkr. Landshut
Siedlungen der Linienband-
keramik und der Münchs-
höfener Gruppe.
Geiersthal-Altnußberg, Lkr.
Regen
Mittelalterliche Burg.
Geiselhöring-Schwimmbad,
Lkr. Straubing-Bogen
Befestigte Siedlung des Mit-
telneolithikums, Siedlung der
Bronzezeit und mittleren
römischen Kaiserzeit.
Geisenhausen-St. Theobald,
Lkr. Landshut
Frühneuzeitliche Votivgaben.
Geltolfing, Gde. Aiterhofen,
Lkr. Straubing-Bogen
Viereckschanze (Luftbild-
fundstelle).
Gosselding, Gde. Pilsting, Lkr.
Dingolfing-Landau
Vorgeschichtliche Siedlung
(Luftbildfundstelle).
Gottschall, Gde. Malching,
Lkr. Passau
Viereckschanze (Luftbild-
fundstelle).
Grafentraubach, Gde. Laber-
weinting, Lkr. Straubing-
Bogen
Eisenzeitliches Grabenwerk
am Ufer der Kleinen Laaber
(Luftbildfundstelle).
Großköllnbach, Gde. Pilsting,
Lkr. Dingolfing-Landau
Verebnetes Grabhügelfeld
am Ortsrand (Luftbildfund-
stelle).
Haibach, krfr. Stadt Passau
Burgus der späten römischen
Kaiserzeit.
Hartkirchen, Gde. Pocking,
Lkr. Passau
Viereckschanze mit Innen-
bauten (Luftbildfundstelle)
(S. 89 f.).
Haunersdorf, Gde. Otzing,
Lkr. Deggendorf
Undatiertes Grabenwerk in
bekannter Großbefestigung
(Luftbildfundstelle; S. 86 ff.).
Herrenwahlthann-Frauenwahl,
Gde. Hausen, Lkr. Kelheim
Romanische und gotische
Kirche.
Iffelkofen-Jellenkofen, Gde.
Ergoldsbach, Lkr. Landshut
Siedlungen der Linienband-
keramik und der älteren
Bronzezeit (S. 48 ff.).
Indling-Schlupfing, Gde.
Pocking, Lkr. Passau

Reihengräberfriedhof.
Irlbach, Gde. Straßkirchen, Lkr. Straubing-Bogen
Abschnittsbefestigung am Donausteilufer (Luftbildfundstelle).
Ittling, krfr. Stadt Straubing
Siedlung der Urnenfelderzeit.
Jellenkofen, Gde. Ergoldsbach, Lkr. Landshut
Neolithische Hausgrundrisse und bronzezeitliche Gruben in einer Lehmgrube (Luftbildfundstelle).
Jesendorf-Otzlberg, Gde. Kröning, Lkr. Landshut
Keramikbruchgrube der frühen Neuzeit.
Kelheim-Bauernsiedlung
Siedlung der Urnenfelder-, Hallstatt- und Latènezeit.
Kelheim-Galeriehöhle
Holozänes Höhlenprofil vom Mittelalter bis in das Mittelneolithikum.
Kelheim-Mitterfeld
Keltisches Oppidum (S. 85 f.).
Kelheim-Niederdörfl
Mittelalterliche Bauspuren.
Kelheim-Weltenburg
Renovierung des spätantiken Kleinkastells auf dem Frauenberg.
Kirchdorf, Lkr. Kelheim
Undatiertes Grabenwerk (Luftbildfundstelle).
Künzing-Sportplatz, Lkr. Deggendorf
Urnenfelder-/hallstattzeitlicher Friedhof, Kastellgräben und Vicusspuren der mittleren römischen Kaiserzeit (S. 61 f.).
Landshut-Altstadt
Mittelalterliche Stadtkerngrabung.
Mainkofen, Lkr. Deggendorf
Undatiertes Grabenwerk (Luftbildfundstelle).
Mariakirchen, Gde. Arnstorf, Lkr. Rottal-Inn
Vorgeschichtliches Grabensystem.
Meisternthal, Gde. Wallersdorf, Lkr. Dingolfing-Landau
Verschleifte Grabhügel (Luftbildfundstelle).
Mitterhausen-Wiedmais, Gde. Arnstorf, Lkr. Rottal-Inn
Keltische Viereckschanze.
Neubau, krfr. Stadt Landshut
Verschleifte Grabhügelgruppe in der Isarniederung (Luftbildfundstelle).
Neuburg-Schloß, Lkr. Passau
Mittelalterliche Burg.
Niedererlbach, Gde. Buch a. Erlbach, Lkr. Landshut
Siedlung und Gräber der Hallstattzeit (S. 69 f.).
Niederpöring, Gde. Oberpöring, Lkr. Deggendorf
Siedlung der Linienbandkeramik, Befestigung der Münchshöfener Gruppe.
Oberglaim-Kopfham, Gde. Ergolding, Lkr. Landshut
Siedlung der Altheimer Gruppe, befestigte Siedlung der Chamer Gruppe, Graben der Hallstattzeit (S. 37 ff.).
Oberpöring, Lkr. Deggendorf
Grundmauern eines undatierten Gebäudes (Luftbildfundstelle).
Parkstetten-Pfarrkirche, Lkr. Straubing-Bogen
Romanische und gotische Kirche.
Pilsting, Lkr. Dingolfing-Landau
Eingeebnete Befestigung der Hallstattzeit in einem Neubaugebiet (Luftbildfundstelle).
Pilsting-Datschawiese, Lkr. Dingolfing-Landau
Grabfunde der Hallstattzeit.
Rattisweil-Pfarrkirche, Lkr. Straubing-Bogen
Romanische und gotische Kirche.
Reding, Gde. Neuhaus a. Inn, Lkr. Passau
Spuren der mittelalterlichen Wasserburg Roting (Luftbildfundstelle).
Reicheneibach, Gde. Gangkofen, Lkr. Rottal-Inn
Viereckschanze (Luftbildfundstelle).
Salching-Ost, Lkr. Straubing-Bogen
Siedlung des Jungpaläolithikums (S. 30 ff.).
Stelzlhof, krfr. Stadt Passau
Undatierte Schanze am Donauufer (Luftbildfundstelle).
Stephansposching-Geislingerfeld, Lkr. Deggendorf
Siedlungen der Münchshöfener Gruppe und der Spätlatènezeit, Gräbergruppe des frühen Mittelalters.
Stephansposching-Mehrzweckhalle, Lkr. Deggendorf
Gräberfeld der Linienbandkeramik, Siedlungsspuren der Metallzeit.
Stephansposching-Raiffeisenbank, Lkr. Deggendorf
Siedlung der Linienbandkeramik und der Stichbandkeramik, Grubenbestattung der Linienbandkeramik.
Straubing-Azlburg
Kastell und Zivilsiedlung der mittleren römischen Kaiserzeit, Gräber der späten römischen Kaiserzeit.
Straubing-Kreuzbreite
Befestigte Siedlung der Hallstattzeit.
Straubing-Polizeidirektion
Mittelalterliche und neuzeitliche Siedlungsspuren.
Straubing-Wasserwerk
Siedlung der Linienbandkeramik, Gräber der mittleren römischen Kaiserzeit.
Vilsbiburg-Lerchenstraße, Lkr. Landshut
Befestigte Siedlung des Mittelneolithikums.
Vilshofen-Pleinting, Lkr. Passau
Reihengräber.
Vilshofen-Sandbach, Lkr. Passau
Siedlung der Urnenfelderzeit.
Wallersdorf-Moosfürther Straße, Lkr. Dingolfing-Landau
Gräber der frühen Urnenfelderzeit.
Wallkofen, Gde. Geiselhöring, Lkr. Straubing-Bogen
Verebnetes Grabhügelfeld (Luftbildfundstelle).
Wehrhäuser, Gde. Pocking, Lkr. Passau
Verschleifte Grabhügel (Luftbildfundstelle).
Weihmörting, Gde. Neuhaus a. Inn, Lkr. Passau

Undatiertes Grabenwerk (Luftbildfundstelle).
Wischlburg, Gde. Stephansposching, Lkr. Deggendorf
Unbekanntes, dreifaches Grabenwerk innerhalb der mittelalterlichen Wischlburg (Luftbildfundstelle; S. 151 ff.).
Zeholfing-Pfarrgarten, Gde. Landau, Lkr. Dingolfing-Landau
Vorgeschichtliche Siedlungsreste.

Oberpfalz

Amberg
Archäologische Bauuntersuchung am Rathaus und Abfallschächte des Mittelalters auf dem Eichenforst-Platz und im Hof des Rathauses.
Beratzhausen, Lkr. Regensburg
Abri am »Galgenberg« mit neolithischen Funden.
Cham-Altenstadt
Erdkeller mit romanischer Keramik.
Harting, krfr. Stadt Regensburg
Bronzezeitliche Siedlung in einer Großbaustelle (BMW-Werk) (Luftbildfundstelle).
Köfering, Gde. Alteglofsheim, Lkr. Regensburg
Siedlung des frühen Neolithikums.
Lauterhofen, Lkr. Neumarkt i. d. OPf.
Bestattung der Hallstattzeit.
Mintraching, Lkr. Regensburg
Frühbronzezeitliche Gräber.
Ottmaring, Stadt Dietfurt, Lkr. Neumarkt i. d. OPf.
Niederungsburg des Mittelalters und der frühen Neuzeit.
Pollanten, Stadt Berching, Lkr. Neumarkt i. d. OPf.
Spätlatène-Siedlung.
Riekofen, Lkr. Regensburg
Teile eines bronzezeitlichen Depotfundes.

Oberfranken

Alladorf, Gde. Thurnau, Lkr. Kulmbach
Karolingisch-ottonischer Reihengräberfriedhof (S. 141 f.).
Bamberg-Judenstraße
Mittelalterliche Stadtbebauung.
Buch a. Forst, Stadt Lichtenfels
Latènezeitlicher Siedlungsplatz.
Coburg-Callenberg
Burgvorgängerbebauung.
Coburg-Obere Bürglaß
Mittelalterliche Stadtbebauung.
Dörnhof, krfr. Stadt Bayreuth
Verschleifte Grabhügel (Luftbildfundstelle).
Gehülz, Stadt Kronach
Späturnenfelderzeitliche Befestigung (S. 63 f.).
Grundfeld, Stadt Staffelstein, Lkr. Lichtenfels
Urnenfelderzeitlicher Friedhof.
Hochstadt a. Main, Lkr. Lichtenfels
Reste eines bandkeramischen Siedlungsplatzes.
Oberleiterbach, Gde. Zapfendorf, Lkr. Bamberg
Hallstattzeitlicher Grabhügel.
Rattelsdorf, Lkr. Bamberg
Frühmittelalterliche Wüstung.
Staffelberg, Stadt Staffelstein, Lkr. Lichtenfels
Frühlatènezeitliche Siedlung mit Vorratsgruben (S. 73 f.).
Strullendorf, Lkr. Bamberg
Hallstattzeitlicher Grabhügel.
Strullendorf, Lkr. Bamberg
Spätgermanische Siedlungsgrube.

Mittelfranken

Aberzhausen, Gde. Heideck, Lkr. Roth
Verebnete Grabhügel (Luftbildfundstelle).
Altdorf, Lkr. Nürnberger Land
Beigaben aus Grüften des 18./19. Jahrhunderts.
Endsee, Gde. Steinsfeld, Lkr. Ansbach
Mittellatènezeitliches Körpergrab (S. 82 ff.).
Erlangen
Untersuchungen zur Stadtarchäologie des Mittelalters und der Neuzeit.
Ermetzhofen, Gde. Ergersheim, Lkr. Neustadt a. d. Aisch-Bad Windsheim
Ausgedehnte, vorgeschichtliche Siedlung (Luftbildfundstelle).
Feuchtwangen, Lkr. Ansbach
Spätmittelalterliche Knüppeldämme.
Großlellenfeld, Gde. Arberg, Lkr. Ansbach
Urnenfelderzeitliche Siedlung.
Hartershofen, Gde. Steinsfeld, Lkr. Ansbach
Verebnetes Grabhügelfeld (Luftbildfundstelle).
Herrnsberg, Gde. Greding, Lkr. Roth
Viereckschanze (Luftbildfundstelle).
Hunas, Gde. Pommelsbrunn, Lkr. Nürnberger Land
Altsteinzeitliche Höhlenreste.
Landersdorf, Gde. Thalmässing, Lkr. Roth
Mittel- und endneolithische Siedlung.
Landersdorf, Gde. Thalmässing, Lkr. Roth
Grabhügel der Hallstattzeit mit latènezeitlichen Nachbestattungen (S. 76 ff. u. S. 78).
Landersdorf, Gde. Thalmässing, Lkr. Roth
Schnitt durch Ringwall der späten Hallstatt-/frühen Latènezeit.
Lungsdorf, Gde. Hartenstein, Lkr. Nürnberger Land
Schnitt durch einen vorgeschichtlichen Abschnittswall.
Nürnberg
Latrinengruben des hohen bis späten Mittelalters von verschiedenen Stellen der Altstadt.
Schambach, Stadt Treuchtlingen, Lkr. Weißenburg-Gunzenhausen
Frühgermanische Siedlung (S. 126 ff.).
Schambach-Weinbergshof, Stadt Treuchtlingen,

Lkr. Weißenburg-Gunzenhausen
Römische Villa rustica
(S. 113 ff.).

Staatswald Zerzabelshofer Forst, Lkr. Nürnberger Land
Bronzezeitlicher Grabhügel (S. 50 ff.).

Treuchtlingen, Lkr. Weißenburg-Gunzenhausen
Urnenfelderzeitliche Siedlungsfunde, mittelalterliche bis neuzeitliche Schloßanlage (S. 156 ff.).

Weißenburg i. Bay.
Römisches Holz-Erde-Kastell.

Wendelstein, Lkr. Roth
Spätbronzezeitliche Gräber (S. 52 ff.).

Westheim, Lkr. Weißenburg-Gunzenhausen
Alamannisches Reihengräberfeld (S. 134 ff.).

Wettelsheim, Stadt Treuchtlingen, Lkr. Weißenburg-Gunzenhausen
Frühbronzezeitliches Gräberfeld.

Wolframs-Eschenbach, Lkr. Ansbach
Mittelalterliches Wohnhaus in der Altstadt.

Unterfranken

Alzenau, Lkr. Aschaffenburg
Spätmittelalterliches Gebäude.

Amorbach, Lkr. Miltenberg
Templerhaus, bauarchäologische Untersuchungen.

Aschaffenburg, Stkr. Aschaffenburg
Spätmittelalterliche Kloakengruben.

Aub, Lkr. Würzburg
Kirchengrabung Stadtpfarrkirche Mariä Himmelfahrt.

Aura, Lkr. Bad Kissingen
Spätmittelalterlicher bis frühneuzeitlicher Erdkeller.

Bad Königshofen, Lkr. Rhön-Grabfeld
Frühneuzeitliche Festungsreste.

Bad Neustadt a. d. Saale, Lkr. Rhön-Grabfeld
Mehrperiodige Befestigung »Salzburg« (S. 147 ff.).

Bad Neustadt a. d. Saale, Lkr. Rhön-Grabfeld
Bauarchäologische Untersuchungen in der Altstadt; Kirchengrabung bei St. Oswald mit 2 Vorgängerkirchen (S. 147 ff.).

Bad Neustadt a. d. Saale-Hohenroth, Lkr. Rhön-Grabfeld
Früh- bis hochmittelalterliche Befestigungsanlage »Veitsberg« mit Handwerkersiedlung, Kirche und Befestigungssystemen (S. 147 ff.).

Bergrheinfeld, Lkr. Schweinfurt
Bestattungsplatz der Schnurkeramik.

Dettingen, Gde. Karlstein, Lkr. Aschaffenburg
Völkerwanderungszeitliche Körpergräber (S. 128 ff.).

Elfershausen, Lkr. Bad Kissingen
Walluntersuchung am Ringwall »Schwedenschanze«.

Eltmann, Lkr. Haßberge
Kirchengrabung.

Enheim, Gde. Martinsheim, Lkr. Kitzingen
Neolithisches Grabenrondell.

Escherndorf, Lkr. Kitzingen
Urnenfelderzeitliche Siedlungsreste in der Vogelsburg.

Eßleben, Gde. Werneck, Lkr. Schweinfurt
Verschleiftes Grabhügelfeld (Luftbildfundstelle).

Fuchsstadt, Lkr. Würzburg
Hockerbestattung der Schnurkeramik.

Geldersheim, Lkr. Schweinfurt
Hockerbestattung der Glockenbecherkultur.

Geldersheim, Lkr. Schweinfurt
Germanische Siedlung (S. 124 f.).

Gnodstadt, Gde. Marktbreit, Lkr. Kitzingen
Verschleiftes Grabhügelfeld (Luftbildfundstelle).

Güntersleben, Lkr. Würzburg
Hockerbestattung der Glockenbecherkultur.

Haßfurt, Lkr. Haßberge
Spätmittelalterlicher Herrensitz.

Hellmitzheim, Stadt Iphofen, Lkr. Kitzingen
Hallstattzeitliches Brandgrab.

Hilpertshausen, Gde. Unterpleichfeld, Lkr. Würzburg
Vorgeschichtliche Siedlung (Luftbildfundstelle).

Iphofen, Lkr. Kitzingen
Hortfund der jüngeren Latènezeit (S. 80 ff.).

Karlstadt, Lkr. Main-Spessart
Spätmittelalterlicher Stadtturm.

Marktheidenfeld, Lkr. Main-Spessart
Mittelalterliches Kloster Mattenstatt: Aufstellung eines Gedenksteines am Platz der Ausgrabung 1983/84.

Miltenberg, Lkr. Miltenberg
Mittelkaiserzeitliches Numeruskastell Miltenberg-Ost: Reste der Innenbebauung.

Miltenberg, Lkr. Miltenberg
Spätmittelalterliches Gebäude.

Mömlingen, Lkr. Miltenberg
Römische Spolien aus der Pfarrkirche St. Martin (S. 107 ff.).

Oberpleichfeld, Lkr. Würzburg
Frühmittelalterliche Siedlung.

Ochsenfurt, Lkr. Würzburg
Mehrere verebnete Grabhügel (Luftbildfundstelle).

Opferbaum, Gde. Bergtheim, Lkr. Würzburg
Vorgeschichtliche Siedlung (Luftbildfundstelle).

Ostheim v. d. Rhön, Lkr. Rhön-Grabfeld
Bronzezeitlicher Grabhügel.

Ostheim v. d. Rhön, Lkr. Rhön-Grabfeld
Urnenfelderzeitliche Brandgräber.

Randersacker, Lkr. Würzburg
Hallstattzeitliche Brandgräber.

Repperndorf, Lkr. Kitzingen
Verschleiftes Grabhügelfeld (Luftbildfundstelle).

Rödelsee, Lkr. Kitzingen
Urnenfelderzeitlicher Hortfund auf dem Schwanberg (S. 64 ff.).

Rupprechtshausen, Gde. Unterpleichfeld, Lkr. Würzburg
Ausgedehnte, vorgeschicht-

liche Siedlung (Luftbildfundstelle).

Schleerieth, Gde. Werneck, Lkr. Schweinfurt
Verschleifter Grabhügel (Luftbildfundstelle).

Schwanfeld, Lkr. Schweinfurt
Siedlung der ältesten Linearbandkeramik.

Schwanfeld, Lkr. Schweinfurt
Hockerbestattung der Glockenbecherkultur.

Schwanfeld, Lkr. Schweinfurt
Hallstattzeitliche Siedlung.

Schweinfurt, Stkr. Schweinfurt
Spätmittelalterliche Stadtbefestigung.

Sommerkahl, Lkr. Aschaffenburg
Kalkofenanlage der frühen Neuzeit.

Stadtlauringen, Lkr. Haßberge
Hallstattzeitliche Abschnittsbefestigung »Alte Burg« (Innenbebauung).

Stadtlauringen, Lkr. Haßberge
Spätmittelalterliche Wasserleitung.

Stettfeld, Lkr. Haßberge
Früh- bis hochmittelalterliche Abschnittsbefestigung.

Sulzfeld, Lkr. Rhön-Grabfeld
Burghügel des 13. Jahrhunderts.

Volkach, Lkr. Kitzingen
Hallstattzeitliche Siedlungsreste.

Volkach, Lkr. Kitzingen
Mittelalterliche Siedlungsbefunde.

Waldmichelbach, Gde. Bessenbach, Lkr. Aschaffenburg
Mittelpaläolithische Blattspitze (S. 28 ff.).

Weibersbrunn, Lkr. Aschaffenburg
Spätmittelalterliche Glashütte.

Westheim, Gde. Knetzgau, Lkr. Haßberge
Hallstattzeitlicher Grabhügel.

Wolkshausen, Gde. Gaukönigshofen, Lkr. Würzburg
Gräberfeld der Schnurkeramik (S. 42 f.).

Wolkshausen, Gde. Gaukönigshofen, Lkr. Würzburg
Hallstattzeitlicher Wirtschaftshof (S. 66 ff.).

Wolkshausen, Gde. Gaukönigshofen, Lkr. Würzburg
Zahlreiche verebnete Grabhügel im Umfeld einer hallstattzeitlichen Befestigung (Luftbildfundstelle).

Würzburg-Juliuspromenade
Früh- bis hochmittelalterliche Stadtbefestigung.

Würzburg-Kongreßzentrum
Spätmittelalterlicher Töpferofen.

Würzburg-St. Burkard
Früh- bis hochmittelalterliche Vorgängerkirche.

Zeilitzheim, Gde. Kolitzheim, Lkr. Schweinfurt
Verebneter Grabhügel auf dem Eulenberg (Luftbildfundstelle).

Zeuzleben, Gde. Werneck, Lkr. Schweinfurt
Thüringisch-fränkische Adelsgrablege des 6./7. Jahrhunderts (S. 131 ff.).

Schwaben

Augsburg-Bischofspalais
Siedlungsspuren des 1. bis 4. Jahrhunderts (S. 121 f.).

Augsburg-Fronhof 8
Römische Siedlungsspuren und mittelalterliche Gräben der Bischofsstadtmauer.

Augsburg-Hoher Weg 30
Römische Siedlungsspuren.

Augsburg-Kornhausgasse 4
Römische Straße mit Siedlungsspuren des 1. bis 4. Jahrhunderts.

Augsburg-St. Stephan
Vorgeschichtliche und römische Siedlungsfunde.

Augsburg-St. Ulrich und Afra
Römisch-frühmittelalterliches Gräberfeld und Kapelle St. Jakob.

Beckstetten, Gde. Jengen, Lkr. Ostallgäu
Römischer Trinkhornbeschlag.

Bellenberg, Lkr. Neu-Ulm
Bronzezeitliche Siedlung.

Bidingen, Lkr. Ostallgäu
Kaiserzeitlicher Brandopferplatz.

Bobingen, Lkr. Augsburg
Frühmittelalterliches Reihengräberfeld.

Burlafingen, Stadt Neu-Ulm, Lkr. Neu-Ulm
Frühkaiserzeitliches Kleinkastell (S. 93 f.).

Buttenwiesen-Lauterbach, Lkr. Dillingen a. d. Donau
Hallstattzeitliche Grabhügel.

Dinkelscherben, Lkr. Augsburg
Jungsteinzeitliche Siedlung, spätlatènezeitliche und karolingische Befestigung.

Faimingen, Stadt Lauingen, Lkr. Dillingen a. d. Donau
Römischer Tempel.

Gablingen, Lkr. Augsburg
Mehrperiodige Grabenanlage mit jungsteinzeitlichen und römischen Funden.

Großsorheim, Stadt Harburg, Lkr. Donau-Ries
Paläolithischer Faustkeil.

Helmeringen, Gde. Lauingen, Lkr. Dillingen a. d. Donau
Zwei undatierte Grabenwerke (Luftbildfundstelle).

Helmeringen, Gde. Lauingen, Lkr. Dillingen a. d. Donau
Ausgedehnte vorgeschichtliche Siedlung (Luftbildfundstelle).

Kempten
Kleine Thermen.

Kempten
Gallorömischer Tempelbezirk (S. 100 ff.).

Kicklingen, Lkr. Dillingen a. d. Donau
Zwei römische (?) Grabenwerke (Luftbildfundstelle).

Kicklingen, Lkr. Dillingen a. d. Donau
Kleines Körpergräberfeld (Luftbildfundstelle).

Kirrberg, Gde. Balzhausen, Lkr. Günzburg
Einzelne Grabhügel in der Haselniederung (Luftbildfundstelle).

Königsbrunn, Lkr. Augsburg
Hallstattzeitlicher Kreisgraben.

Königsbrunn, Lkr. Augsburg
Römische Fernstraße Via Claudia Augusta.

Langwied a. Lech, Lkr. Augsburg

Verschleifte Grabhügel (Luftbildfundstelle).

Mindelaltheim, Gde. Dürrlauingen, Lkr. Günzburg
Frühmittelalterliches Reihengräberfeld.

Nersingen, Lkr. Neu-Ulm
Frühkaiserzeitliches Kleinkastell (S. 93 f.).

Nördlingen-Kleinerdlingen, Lkr. Donau-Ries
Siedlungen von der Linearbandkeramik bis zur Latènezeit.

Nordheim, Gde. Donauwörth, Lkr. Donau-Ries
Abschnitt der Römerstraße Burghöfe-Munningen (Luftbildfundstelle).

Oberhausen, krfr. Stadt Augsburg
Ergänzende Spuren eines bekannten, verebneten Grabhügelfeldes (Luftbildfundstelle).

Oberpeiching, Gde. Rain, Lkr. Donau-Ries
Anschluß einer römischen Nebenstraße von Augsburg an die Donau-Südstraße (Luftbildfundstelle).

Oberpeiching, Gde. Rain, Lkr. Donau-Ries
Abschnitt der römischen Donau-Südstraße mit Gräberfeld und Siedlungsgruben (Luftbildfundstelle).

Oberpeiching, Gde. Rain, Lkr. Donau-Ries
Mittelkaiserzeitliches Gräberfeld.

Rain, Lkr. Donau-Ries
Reihengräberfeld (Luftbildfundstelle).

Sallach, Gde. Rain, Lkr. Donau-Ries
Viereckschanze (Luftbildfundstelle).

Schabringen, Gde. Wittislingen, Lkr. Dillingen a. d. Donau
Römisches Architekturteil.

Schwabmünchen, Lkr. Augsburg
Römischer Vicus.

Schwörsheim, Gde. Munningen, Lkr. Donau-Ries
Gräberfeld der Urnenfelderkultur.

Staudheim, Gde. Rain, Lkr. Donau-Ries
Reihengräberfeld mit benachbarten Siedlungsspuren (Luftbildfundstelle).

Tremmelschwang, Gde. Bidingen, Lkr. Ostallgäu
Kaiserzeitlicher Brandopferplatz.

Weißensee, Stadt Füssen, Lkr. Ostallgäu
Abri mit mittelsteinzeitlichen Funden.

Zirgesheim, Stadt Donauwörth, Lkr. Donau-Ries
Holzbalken mit Pfahlschuh von römischer Donaubrücke.

Zollsiedlung, Gde. Biberach, Lkr. Augsburg
Abschnitt einer Römerstraße (Luftbildfundstelle).

Archäologische Literatur in Bayern 1984

1. Monographien
Arthur Berger, Die Bronzezeit in Ober- und Mittelfranken. Materialh. Bayer. Vorgesch. A, 52 (1984).
Rainer Braun, Die Anfänge der Erforschung des rätischen Limes. Kl. Schr. Kenntnis röm. Besetzungsgesch. Südwestdeutschland 33 (1984).
Wolfgang Czysz und Sebastian Sommer, Römische Keramik aus der Töpfersiedlung von Schwabmünchen im Landkreis Augsburg. Kat. Prähist. Staatsslg. 22 (1983 [1984]).
Georg Hauser, Beiträge zur Erforschung hoch- und spätmittelalterlicher Irdenware aus Franken. Zeitschr. Arch. Mittelalter. Beih. 3, 1984.
Erwin Keller, Die frühkaiserzeitlichen Körpergräber von Heimstetten bei München und die verwandten Funde aus Südbayern. Münchner Beitr. Vor- u. Frühgesch. 37 (1984).
Harald Koschik und Zsolt Visy, Thermae Maiores. Ausgrabung – Konservierung – Restaurierung. Budapest (1984).
Wolfgang Rathsam, Die Römer im Gunzenhäuser Land. Gunzenhausen (1983).
Walter Sage, Das Reihengräberfeld von Altenerding in Oberbayern. Germ. Denkmäler Völkerwanderungszeit A, 14 (1984).
Dirk R. Spennemann, Burgerroth, eine spätneolithische Höhensiedlung in Unterfranken. BAR Int. Ser. 219 (1984).

2. Zeitschriftenaufsätze
Björn-Uwe Abels, Zur Eisenzeit in Oberfranken. Ber. Hist. Ver. Bamberg 120, 1984, 13 ff.
Björn-Uwe Abels, Bronzeschmuck von der Ehrenbürg, Ldkr. Forchheim, Oberfranken. Arch. Korrbl. 14, 1984, 67 ff.
Dorothee Ade, Reinhard Rademacher und Gerhard Weber, Spätmittelalterliche und frühneuzeitliche Funde aus der Brennergassenvorstadt in Kempten. Allgäuer Geschfreund. 83/84, 1984, 40 ff.
Wolfgang Czysz, Zur Herstellung römischer Bildlampen. Germania 62, 1984, T. 1, 67 ff.
Wolfgang Czysz, Marino Maggetti, Giulio Galetti und Hans Schwander, Die spätrömische Töpferei und Ziegelei von Rohrbach, Ldkr. Aichach-Friedberg. Bayer. Vorgeschbl. 49, 1984, 215 ff.
Hermann Dannheimer, Zur Baugeschichte der Kirche St. Petrus in Gstadt a. Chiemsee. Bayer. Vorgeschbl. 49, 1984, 303 f.
Karlheinz Dietz, Die älteste Weihinschrift aus dem Regensburger Legionslager. Bayer. Vorgeschbl. 49, 1984, 79 ff.
Michael Egger, Ein neuer Fund keltischer Münzen aus Manching. Bayer. Vorgeschbl. 49, 1984, 69 ff.
Werner Endres, Straubinger Keramik um 1600 – Der Fundkomplex »vorm obern tor«. Jahresber. Hist. Ver. Straubing 85, 1983 (1984), 125 ff.
B. Engelhardt und K. Schmotz, Grabenwerke des älteren und mittleren Neolithikums in Niederbayern. Mitt. Österr. Arbeitsgem. Ur- u. Frühgesch. 33/34, 1983/84, 27 ff.
Werner Feist, Norbert Graf und Eugen Schneider, Rettungsgrabungen in einem hallstattzeitlichen Gräberfeld bei Landersdorf, Gde. Thalmässing, Lkr. Roth, Teil 1. Natur und Mensch. Jahresmitt. Naturhist. Ges. Nürnberg e. V. 1983 (1984), 129 ff.
Thomas Fischer, Eine Bronzegießerei im Lagerdorf des römischen Kastells Pfünz, Gde. Walting, Ldkr. Eichstätt, Oberbayern. Bayer. Vorgeschbl. 49, 1984, 299 f.
Thomas Fischer, Sabine Rieckhoff-Pauli und Konrad Spindler, Grabungen in der spätkeltischen Siedlung im Sulztal bei Berching-Pollanten, Landkreis Neumarkt, Oberpfalz. Germania 62, 1984, 311 ff.
Alexandra Foghammar und Konrad Spindler, Brunnengrabung in Erlangen. Erlanger Bausteine 31, 1984, 23 ff.
Alfred Forstmeyer, Das Paläohöhlensystem Euerwanger Bühl bei Greding. Bayer. Vorgeschbl. 49, 1984, 9 ff.
Jochen Garbsch, Ein römischer Gutshof bei Holzhausen, Ldkr. Traunstein. Bayer. Vorgeschbl. 49, 1984, 99 ff.
Jochen Garbsch, Ein Adler vom raetischen Limes. Bayer. Vorgeschbl. 49, 1984, 301 f.
Hermann Gerdsen, Ein westeuropäisches Tüllenbeil in Ingolstadt. Arch. Korrbl. 14, 1984, H. 1, 53 ff.
Josef Th. Groiß und Ludwig Reisch, Die verfallene Höhle im Steinberg bei Hunas. Mitt. Altnürnberger Landschaft 33, 1984, 1 ff.
Sigulf Guggenmos, Herbert Scholz und Jörg Schröppel, Ein Beitrag zur Geschichte des

Frühholozäns im Allgäu: Die Mittelsteinzeit. Allgäuer Geschfreund. 83/84, 1984, 11 ff.

Walter Haas, Mittelalterliche Bauten und ihre Vorgänger. Jahrb. Bayer. Denkmalpflege 36, 1982 (1984), 145 ff.

Rudolf Hager, Ein neuer römischer Inschriftstein aus Nassenfels. Bayer. Vorgeschbl. 49, 1984, 297 f.

Michael Hoppe, Spuren aus der Hallstattzeit. Ein Gräberfeld bei Landersdorf/Thalmässing. Schriftenr. Landkreis Roth 3 (1984).

Erwin Keller, Zum Bearbeitungs- und Veröffentlichungsstand regionaler Fundchroniken in Bayern. Bayer. Vorgeschbl. 49, 1984, 275 ff.

Robert Koch, Ausgrabungen im Schlößl bei Ottmaring, Landkreis Neumarkt. RMD-intern 4, 1984, 14 f.

Franz Krippner, Fundstellen mit ältester Linienbandkeramik im Ries. Bayer. Vorgeschbl. 49, 1984, 279 ff.

Adolf Lippold, Der Germanenfeldzug des Kaisers C. Iulius Verus Maximus im Jahre 235/236. Die Historia Augusta und Raetien. Bayer. Vorgeschbl. 49, 1984, 197 ff.

Rudolf Albert Maier, Metallzeitliches Geweihgerät für Stechfischerei vom Thumsee bei Reichenhall-Karlstein, Oberbayern. Germania 62, 1984, T. 1, 62 ff.

Barbara S. Ottaway, Zwei neolithische Siedlungsgrabungen in Niederbayern. Arch. Korrbl. 14, 1984, H. 1, 23 ff.

Johannes Prammer, Ausgrabungen und Funde im Raum Straubing 1982. Jahresber. Hist. Ver. Straubing 85, 1983 (1984), 17 ff.

Johannes Prammer, Neue Forschungen zum römischen Straubing. Die Kastelle I–II. Jahresber. Hist. Ver. Straubing 85, 1983 (1984), 35 ff.

Emma Pressmar und Peter Schröter, Ein Grabhügel bei Emershofen, Ldkr. Neu-Ulm mit Kreisgraben der Zeit um 700 n. Chr. Bayer. Vorgeschbl. 49, 1984, 257 ff.

Michael M. Rind, Eine Bestattung der späten Hügelgräberbronzezeit aus Dietfurt/Oberpfalz. Arch. Korrbl. 14, 1984, H. 4, 377 ff.

Karl Schmotz, Der bronzezeitliche Bestattungsplatz von Deggendorf-Fischerdorf. Die Grabungskampagne des Jahres 1982. Ostbairische Grenzmarken. Passauer Jahrb. 26, 1984, 16 ff.

Karl Schmotz, Ein Depotfund der frühen Bronzezeit aus dem niederbayerischen Donautal. Arch. Korrbl. 14, 1984, H. 2, 145 ff.

Dirk R. Spennemann, Ein tönernes Radmodell aus dem späten Jungneolithikum Süddeutschlands? Germania 62, 1984, T. 1, 55 ff.

Hans Peter Uenze, Frühlatènezeitliche Siedlungsfunde von Edlhausen, Gde. Laaber, Ldkr. Regensburg/OPf. Bayer. Vorgeschbl. 49, 1984, 55 ff.

Otto H. Urban, Ein mittelbronzezeitliches Vollgriffschwert aus Bayern in einer oberösterreichischen Privatsammlung. Bayer. Vorgeschbl. 49, 1984, 291 f.

Eberhard Voß, Zwei bemalte Gefäße der Hallstattzeit aus Demmelsdorf (Oberfranken). Arch. Korrbl. 14, 1984, H. 4, 383 ff.

Gerhard Weber, Neue Ausgrabungen im römischen Cambodunum-Kempten. Allgäuer Geschfreund. 83/84, 1984, 28 ff.

Hartmut Wolff, Grabmäler und Inschriftenfunde in Passau im Jahre 1980/81. Bayer. Vorgeschbl. 49, 1984, 87 ff.

3. Führer und Kataloge

Hermann Dannheimer, Prähistorische Staatssammlung. Führer durch die Abteilung Völkerwanderungszeit und Frühes Mittelalter im Römermuseum Weißenburg. München und Bad Windsheim (1984).

Hermann Dannheimer, Prähistorische Staatssammlung. Museum für Vor- und Frühgeschichte. Führer durch die Ausstellung Frühe Holzkirchen aus Bayern. Kl. Ausstellungsführer 3 (1984).

Hermann Dannheimer, Totenbrauchtum in vor- und frühgeschichtlicher Zeit. In: S. Metken (Hrsg.), Die letzte Reise. Sterben, Tod und Trauersitten in Oberbayern. Ausstellungskat. München 1984 (1984), 135 ff.

Thomas Fischer und Konrad Spindler, Das römische Grenzkastell Abusina, Eining. Führer arch. Denkmäler Bayern. Niederbayern 1 (1984).

Erwin Keller, Tittmoning in römischer Zeit. Führer arch. Denkmäler Bayern. Oberbayern 1 (1984).

Rudolf Albert Maier, Landfahrer-Gräber auf den »Galgenwiesen« bei Erding als Beispiele nichtchristlichen Totenbrauchtums in der Neuzeit. In: S. Metken (Hrsg.), Die letzte Reise. Sterben, Tod und Trauersitten in Oberbayern. Ausstellungskat. München 1984 (1984), 139 f.

Wolfgang Pülhorn, Aus Alamannischen Gräbern in Westheim. Ausstellung des Germanischen Nationalmuseums Nürnberg zur 75-Jahrfeier des Heimatmuseums Oettingen vom 23. 9. bis 21. 10. 1984 im Rathaus zu Oettingen (1984).

Ludwig Wamser, Biriciana-Weißenburg zur Römerzeit. Kastell – Thermen – Römermu-

seum. Führer arch. Denkmäler Bayern. Franken 1 (1984).
Ludwig Wamser, Eine thüringisch-fränkische Adels- und Gefolgschaftsgrablege des 6./7. Jahrhunderts bei Zeuzleben. Wegweiser vor- u. frühgesch. Stätten Mainfranken 5 (1984).
Museum der Stadt Miltenberg. Römisches Lapidarium. Hrsg. Museum der Stadt Miltenberg, mit Beiträgen von K. Reffel, B. u. Chr. Beckmann, E. Künzl, K. Lettmaier, E. Simon, R. Vierengel. Miltenberg (1984).
Prähistorische Staatssammlung. Museum für Vor- und Frühgeschichte. Führer durch die Ausstellung Neuerwerbungen 1960–1984. Kl. Ausstellungsführer 1 (1984).
Aus dem Wirtshaus Zum Wilden Mann. Funde aus dem mittelalterlichen Nürnberg. Eine Ausstellung des Germanischen Nationalmuseums. 5. Juli bis 16. September 1984 (1984).
Führer zu archäologischen Denkmälern in Deutschland 5 und 6. Regensburg – Kelheim – Straubing I und II. Stuttgart (1984).
Ausgrabungen und Funde in Altbayern 1983 bis 1984. Ausstellungskat. Gäubodenmuseum Straubing (1984).
Das archäologische Jahr in Bayern 1983. Hrsg. Bayer. Landesamt für Denkmalpflege und Gesellschaft für Archäologie in Bayern. Stuttgart (1984).

4. Sammelwerke
Lothar Bakker, Das frühkaiserzeitliche Militärlager Ausburg-Oberhausen. In: Geschichte der Stadt Augsburg von der Römerzeit bis zur Gegenwart (1984), 23 ff.
Lothar Bakker, Die Anfänge der Zivilsiedlung Augusta Vindelicum. In: Geschichte der Stadt Augsburg von der Römerzeit bis zur Gegenwart (1984), 34 ff.
Lothar Bakker, Zur Topographie der Provinzhauptstadt Augusta Vindelicum. In: Geschichte der Stadt Augsburg von der Römerzeit bis zur Gegenwart (1984), 41 ff.
Lothar Bakker, Das wirtschaftliche Leben im römischen Augsburg. In: Geschichte der Stadt Augsburg von der Römerzeit bis zur Gegenwart (1984), 62 ff.
Lothar Bakker, Augsburg in spätrömischer Zeit. In: Geschichte der Stadt Augsburg von der Römerzeit bis zur Gegenwart (1984), 78 ff.
Volker Bierbrauer, Alamannische Besiedlung Augsburgs und seines näheren Umlandes. In: Geschichte der Stadt Augsburg von der Römerzeit bis zur Gegenwart (1984), 87 ff.

Wolfgang Czysz, Die römische Töpfersiedlung von Schwabmünchen. In: J. Jahn, Schwabmünchen, Geschichte einer schwäbischen Stadt (1984), 3 ff.
Gunther Gottlieb, Die Eroberung des Alpenvorlandes und die Ausdehnung der römischen Herrschaft. In: Geschichte der Stadt Augsburg von der Römerzeit bis zur Gegenwart (1984), 18 ff.
Gunther Gottlieb, Rechtsstellung und Verwaltung. In: Geschichte der Stadt Augsburg von der Römerzeit bis zur Gegenwart (1984), 50 ff.
Gunther Gottlieb, Stadt und Territorium. In: Geschichte der Stadt Augsburg von der Römerzeit bis zur Gegenwart (1984), 57 ff.
Gunther Gottlieb, Bevölkerung und Sozialordnung. In: Geschichte der Stadt Augsburg von der Römerzeit bis zur Gegenwart (1984), 60 f.
Gunther Gottlieb, Religion und Kultwesen. In: Geschichte der Stadt Augsburg von der Römerzeit bis zur Gegenwart (1984), 73 ff.
Erwin Keller, Archäologische Denkmalpflege in Bayern. Geschichte, Organisation, Aufgaben und Ziele. In: Handreichungen für den Unterricht im Grundkurs Archäologie in der Kursphase der Oberstufe 1. Hrsg. Staatsinstitut für Schulpädagogik und Bildungsforschung München (1984), 90 ff.
Hans-Georg Kohnke, Fünf Jahre archäologische Ausgrabungen in Niedererlbach, Gemeinde Buch am Erlbach (Niederbayern) 1980–1984. Mit einem Beitrag von M. Struck. Beil. amtl. Schulanz. Regierungsbez. Niederbayern vom 3. August 1984.
Harald Koschik, Auf der Suche nach der Welt von gestern. Archäologie in Mittelfranken. Mittelfranken – der Bezirk. Ansbach (1984), 382 ff.
Wolfgang Kuhoff, Augsburg in römischer Zeit. Quellenlage und Forschungsstand. In: Geschichte der Stadt Augsburg von der Römerzeit bis zur Gegenwart (1984), 11 ff.
Karl Heinz Rieder, Die frühen Spuren. In: Chronik des Marktes Gaimersheim (1984), 13 ff.
Karl Heinz Rieder, Die archäologischen Untersuchungen. Der Bereich der ehemaligen Stifts- und Pfarrkirche zu unserer Lieben Frau in Eichstätt. In: Volksbank Eichstätt, Festschr. zur Einweihung des neuen Bankgebäudes (1984), 45 ff.
Karl Heinz Rieder, Ur- und Frühgeschichte im Landkreis Eichstätt. In: Der Eichstätter Raum in Geschichte und Gegenwart (1984), 33 ff.
Karl Heinz Rieder, Vor- und Frühgeschichte

Eichstätts. In: Eichstätt. Gr. Kunstführer Schnell & Steiner 15 (1984), 3 ff.

Walter Sage, Frühes Christentum und Kirchen aus der Zeit des Übergangs. In: Geschichte der Stadt Augsburg von der Römerzeit bis zur Gegenwart (1984), 100 ff.

Hans Peter Uenze, Die vorrömische Zeit – Augsburg und Umgebung. In: Geschichte der Stadt Augsburg von der Römerzeit bis zur Gegenwart (1984), 3 ff.

Ludwig Wamser, Der Eiersberg bei Mittelstreu – Eine befestigte Dauersiedlung der Hallstatt- und Latènezeit aus dem Mittelgebirgsraum. In: Heimat-Jahrbuch des Landkreises Rhön-Grabfeld (1984), 166 ff.

Ludwig Wamser, Vor- und Frühgeschichte des Landkreises Kitzingen. In: Landkreis Kitzingen. Hrsg. Landrat und Kreistag des Landkreises Kitzingen (1984), 76 ff.

Ludwig Wamser, Glashütten im Spessart – Denkmäler früher Industriegeschichte. In: Glück und Glas. Kulturgeschichte des Spessartglases. Veröffentl. Bayer. Gesch. u. Kultur 2 (1984), 25 ff.

Diese Übersicht ist nicht vollständig, da nicht alle regionale Literatur berücksichtigt werden konnte. Autoren, die eine Aufnahme ihrer Aufsätze in die Übersicht 1985 wünschen, mögen dies bitte der Redaktion, dem Bayer. Landesamt für Denkmalpflege, Arabellastraße 1, 8000 München 81, mitteilen. D. Reimann

Kurzberichte
über wichtige Ausgrabungen
und Funde in Bayern 1984

Eine mittelpaläolithische Blattspitze vom westlichen Spessartrand

Gemeinde Bessenbach, Landkreis Aschaffenburg, Unterfranken

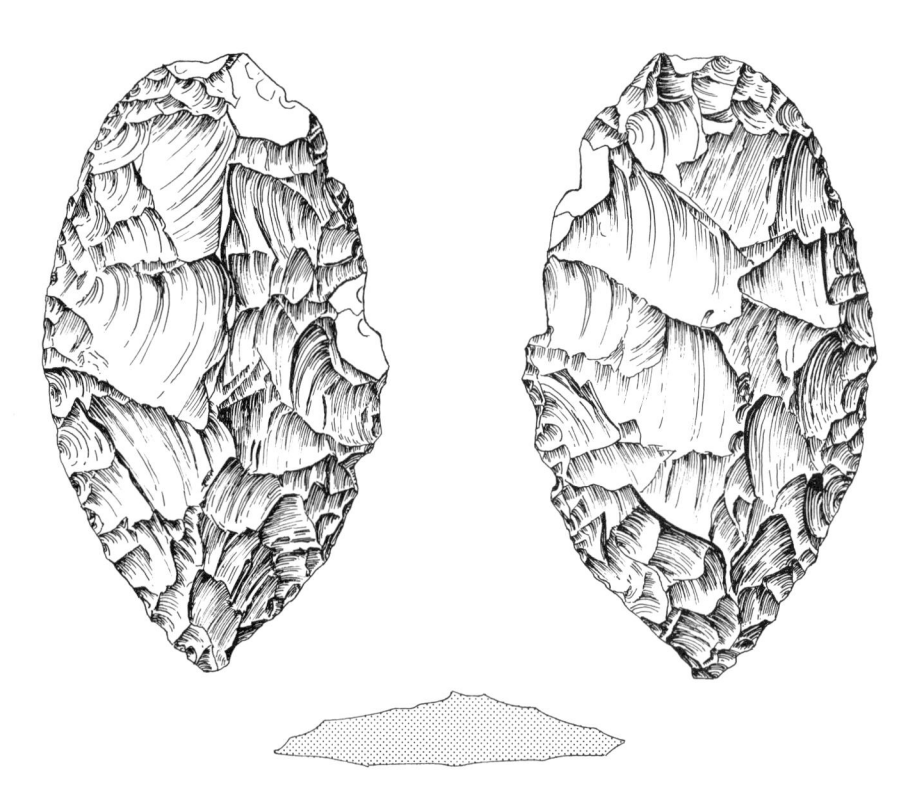

2 Straßenbessenbach. Vorder- und Rückseite der mittelpaläolithischen Blattspitze. Natürliche Größe.

Das Steingerät, das J. Häcker auf einem Acker wenige hundert Meter nordöstlich von Straßbessenbach fand, gehört zum seltenen Typ der mittelpaläolithischen Blattspitzen, deren gesicherte formenkundliche und zeitliche Einordnung einerseits und qualitätvolle handwerkliche Ausführung andererseits eine knappe Vorstellung begründen (Abb. 3).

Die dünne Blattspitze von 8,1 cm erhaltener Länge hat einen leicht unsymmetrischen, ovalen Umriß und weist beidseitig vollständige Flächenretuschierung auf. Zu dieser tritt längs der linken Seite der höher gewölbten – dorsalen – Fläche eine feine Kantenretusche (Abb. 2, links), die für diesen Typ ebenso charakteristisch ist wie die leichte Zipfelung der Basis. Beim Rohmaterial dürfte es sich um gelbgrauen, randlich leicht durchscheinenden Jurahornstein handeln. Letzte Sicherheit über seine Art und Herkunft kann hier nur das noch ausstehende mineralogische Gutachten erbringen. Die Patina ist dick, von grauer bis gelblich-weißer Farbe und zeigt deutliche Unterschiede zwischen Vorder- und Rückseite, was auf lange oberflächennahe Lagerung schließen läßt. Mehrere neue (in der Zeichnung ohne Schraffur dargestellte) Ausbrüche und eisenschüssige Schrämmspuren sind von Ackergeräten verursacht worden.

Geräte dieser Art sind Leitformen der »Blattspitzenindustrien«, die in der Monographie von G. Freund, Die Blattspitzen des Paläolithikums in Europa (1952), behandelt wurden. Wo sich

3 Straßenbessenbach. Mittelpaläolithische Blattspitze. Länge 8,1 cm.

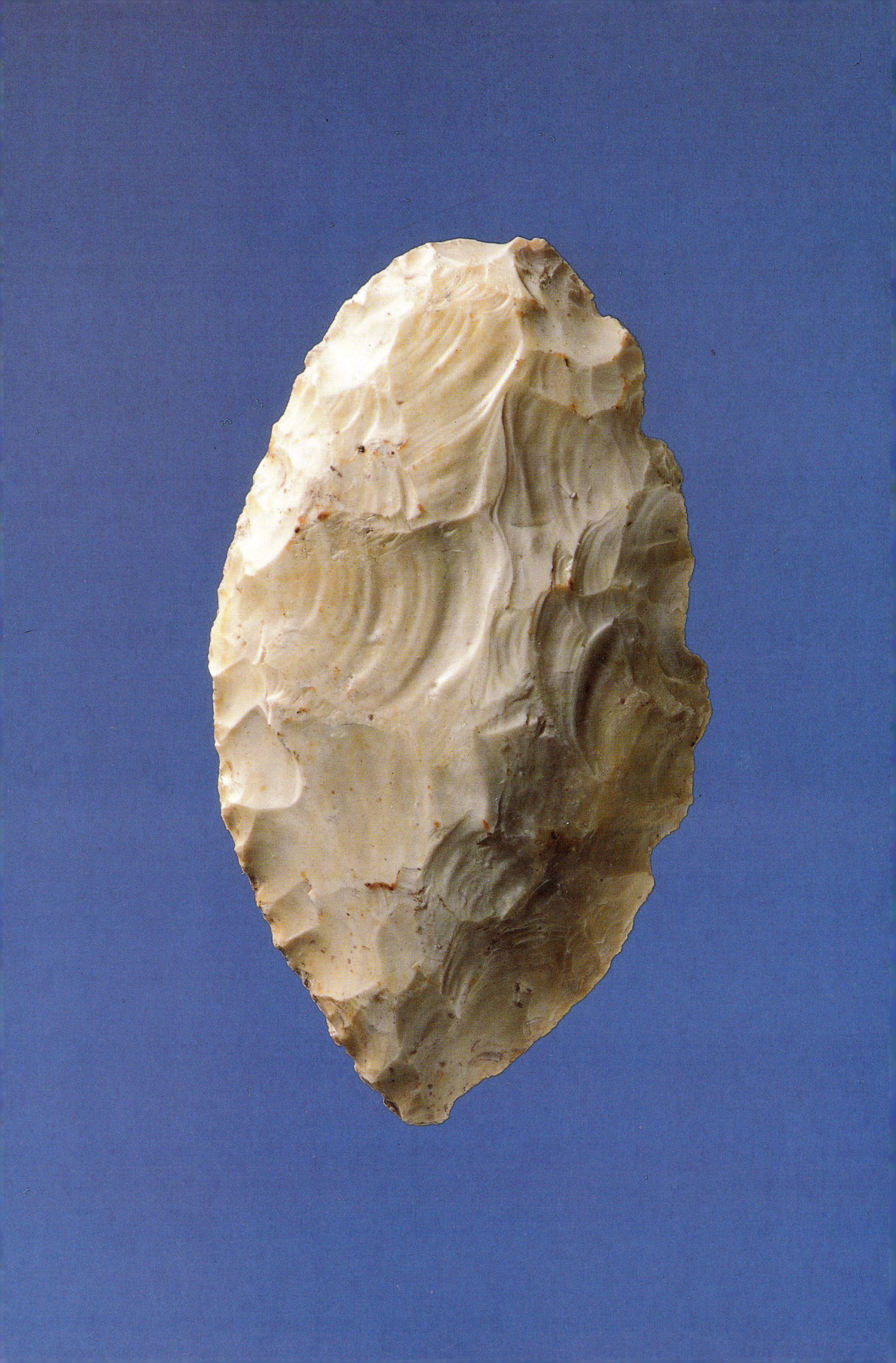

Blattspitzen im Schichtverband finden – sei es an Freilandfundstellen wie Kitzingen oder Kösten in Mainfranken, sei es in Höhlen wie der von Mauern im Wellheimer Trockental oder in der Obernederhöhle bei Kelheim –, gehören sie kulturell einem späten Mittelpaläolithikum oder, geochronologisch gesprochen, der ersten Hälfte der letzten Eiszeit an. Daraus ergibt sich ein ungefähres Alter von 40000 bis 50000 Jahren für das vorliegende Stück. Man kann es sich als Speerspitze und – besonders bei unsymmetrischem Querschnitt – als Messer geschäftet denken. Daß es sich um eine Art Universalwerkzeug handelt, wird durch die technische und genetische Verwandtschaft mit den Faustkeilen und die Typenarmut der Begleitinventare belegt. Bleibt noch anzumerken, daß zu den Lorbeerblattspitzen des französischen Solutréen, einer fortgeschrittenen Phase des Jungpaläolithikums, kein Zusammenhang besteht.
Die Fundstelle unserer Blattspitze liegt am oberen, nach Nordosten orientierten Hang eines Lößrückens im Mündungsdreieck zweier Bäche, deren Täler den Westrand des Spessart-Berglandes erschließen. Der Löß an sich ist schon Hinweis genug darauf, daß man sich die Landschaft während der Eiszeit ganz anders als die heutige vorzustellen hat: In einer baumlosen Grassteppe lagerte sich der aus den Urstromtälern im Vorland der Gletscher mit der Hauptwindrichtung Südwest angewehte Lößstaub ab. Bewaldung konnte sich nur inselweise in klimatisch begünstigten Tallagen halten. In dieser Offenlandschaft bot der exponierte Fundplatz dem jagenden Neandertaler gute Möglichkeiten zur Beobachtung ziehender Wildherden. Somit darf die vorgelegte Blattspitze als Hinweis auf eine neue mittelpaläolithische Freilandstation gewertet werden, wenngleich wegen ihrer Hanglage mit erheblichen erosiven und solifluktiven Verlagerungen gerechnet werden muß. Die Fundstelle bedarf weiterer Beobachtung durch die Mitarbeiter der Bodendenkmalpflege.

A. Berger

Eine Freilandfundstelle aus dem mittleren Jungpaläolithikum am Südrand der Straubinger Senke bei Salching

Landkreis Straubing-Bogen, Niederbayern

Das mittlere Jungpaläolithikum, das im Verlauf des 3. Jahrzehntausends vor unserer Zeitrechnung einsetzt, ist in Deutschland noch wenig erforscht. Um so erfreulicher ist es, daß durch den aufmerksamen Fleiß eines ehrenamtlichen Mitarbeiters des Bayer. Landesamtes für Denkmalpflege Silexartefakte dieser Zeitstellung zusammen mit wenigen Mammutresten in den Lößablagerungen südlich von Straubing entdeckt wurden. Angesichts der großen Seltenheit derartiger Funde in Deutschland wurde vom Lehrstuhl für Ur- und Frühgeschichte der Universität Erlangen eine kleinere Ausgrabung durchgeführt, wobei auf einer Gesamtfläche von 6 qm die Reste einer Fundschicht untersucht werden konnten. Zahlreiche Bodenproben, die derzeit das sedimentanalytische Labor in Erlangen untersucht, lassen zusammen mit den darin enthaltenen Lößschnecken Aufschlüsse über die Landschaftsentwicklung während der letzten Eiszeit in Ostbayern erwarten. Die Ablagerung von Löß, der wir die Überlieferung der Salchinger Funde verdanken (Abb. 4), setzt weite vegetationsfreie Gebiete voraus, aus denen der feine Gesteinsstaub ausgeblasen werden kann: Verhältnisse also, die in unseren Räumen nur unter einem kalt-trockenen Klima kontinentalen Charakters vorstellbar sind. Während der Perioden des Dauerfrosts ist der Boden durch das sommerliche Auftauen der Oberfläche immer wieder ins Fließen geraten – dies zeigen die Strukturen der unteren Ablagerungen ebenso wie die vertikale Verteilung der Funde. Auf ein gemäßigtes Klima hingegen verweist das schmale, unter dem Einfluß einer Pflanzendecke entstandene Lehmband an der Basis des Fundhorizonts.

Silex (Abb. 4, 1–13) wurde in Salching vor allem zur Herstellung verschiedener Stichelformen verarbeitet. Hervorzuheben ist besonders der komplizierte Mehrfachstichel (Abb. 4, 12), dessen Stichelkanten nachträglich überarbeitet sind. Diese Technik wurde als »modification tertiaire« im Oberen Perigordien Südwestfrank-

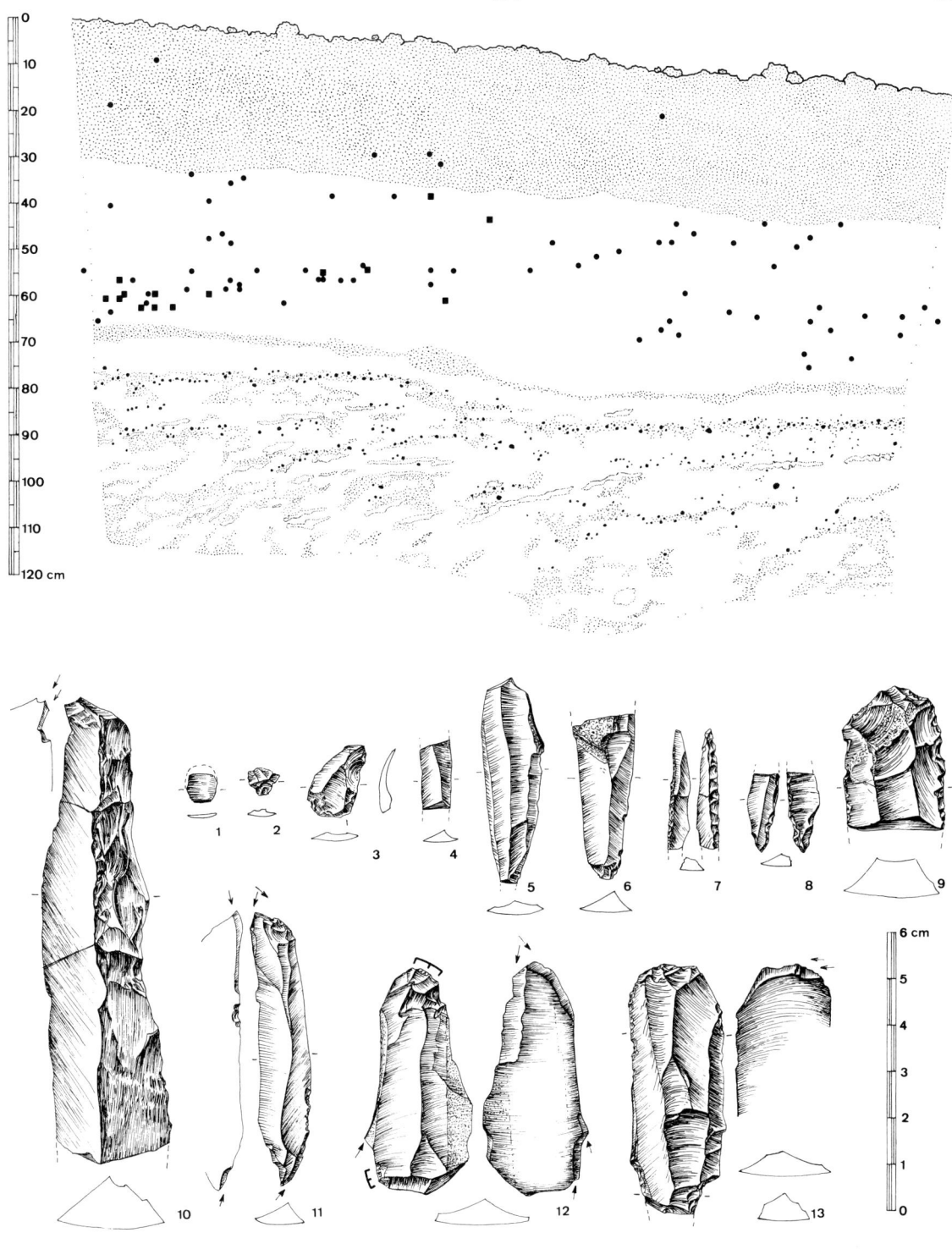

4 Salching. Grabung 1984. Oben: Längsprofil der Quadratmeter 110/111. Schichtbeschreibung: bis 30 cm Pflughorizont, bis 65 cm grauer Lößlehm, bis 70 cm dunkelbraunes Lehmband, bis 75 cm grauer Lößlehm, bis 115 cm eisenfleckiger Lößlehm mit Fließstrukturen, ab 115 cm anstehender Schotterkörper (nicht eingezeichnet). Kreis: Silex, Viereck: Knochenkohle. Unten: Auswahl an Silexartefakten aus den Quadratmetern 110/111: 1 Retuschierabspliß; 2 Kernkantenpräparationsabspliß; 3 Kratzerretuschierabspliß; 4–6 Fragmente von Klingenlamellen; 7–8 Fragmente von Microgravette-Spitzen; 9 Kratzerfragment; 10 Kielklingenfragment mit Stichel an Endretusche; 11–13 Stichel.

reichs, so in der Schicht 4 des Abri Pataud mit einem ^{14}C-Alter von 25060 v. Chr., beschrieben. Ebenso nach Westeuropa verweist eine Stielspitze vom Typ Font-Robert. Die Fragmente von Micro-Gravettespitzen belegen die Zugehörigkeit des Salchinger Fundmaterials zum Gravettien, das seine Hauptverbreitung in Mittel- und Osteuropa hat, mit zum Teil sehr reichen Fundgebieten in Österreich, der Tschechoslowakei und in Südrußland. In diesen Formenkreis gehören auch die Aussplitterungen, die an einigen Salchinger Klingen zu finden sind. Als weitere Besonderheit sei schließlich noch das Auftreten der Technik »à face plane« genannt.

Schwierigkeiten bei einer genaueren Ansprache der Funde aus Salching bereitet das Fehlen von geeigneten Vergleichsfundstellen. So zeigen die bisher vorgelegten Gravettien-Inventare aus den süddeutschen Höhlen und aus den wenigen Freilandfundstellen des Rheinlandes nur allgemeine Ähnlichkeiten. Weitergehende Übereinstimmungen hingegen scheinen sich in der erst kürzlich entdeckten Freilandfundstelle von Bilzingsleben in Thüringen abzuzeichnen.

Eine Freilandfundstelle wie die vorliegende, im Herzen Mitteleuropas und direkt am Donauweg, war seit langem zu erwarten. Die unmittelbare Lage der Fundstelle bei Salching verdeutlicht aber besser als die wenigen bisher gefundenen Mammutreste die Lebensweise der damaligen Jägergruppen: Die eiszeitlichen Tierherden, die sich den Winter über wegen der dünnen Schneedecke auf die Straubinger Senke verteilten, zogen durch das Aitrachtal an Salching vorbei, dem Sommer zu auf die Anhöhen des südlich anschließenden Hügellandes.

W. Weißmüller

Prospektion eines mittelneolithischen Erdwerkes bei Künzing-Unternberg

Landkreis Deggendorf, Niederbayern

Seit den Grabungen J. Maurers in den Jahren 1919 bis 1924 im neolithischen Erdwerk bei Kothingeichendorf gehören Denkmäler dieser Art zum geläufigen Bild der südostbayerischen Jungsteinzeit. Im nördlichen Teil dieser Anlage konnte J. Maurer erstmals einen doppelten Kreisgraben freilegen. Erdwerke und Kreisgrabenanlagen gehören seit dieser Zeit zu den heftigst diskutierten Objekten der Jungsteinzeitforschung. Die Erklärungen gehen von Festungen, Fluchtburgen, stadtähnlichen Ansiedlungen, Häuptlingssitzen über Viehpferche bis hin zu Kultplätzen.

Nach dem verheißungsvollen Auftakt in Niederbayern kam die weitere Untersuchung mittelneolithischer Kreisanlagen hierzulande jedoch wieder zum Erliegen. Statt dessen setzte in anderen Ländern eine intensive Forschungstätigkeit ein, die zur Entdeckung und Ausgrabung zahlreicher Kreisgräben von Nordwestdeutschland bis in die Slowakei führte. Die in Kothingeichendorf angewandte Grabungstechnik entspricht schon lange nicht mehr dem modernen Stand, so daß weitere Untersuchungen erforderlich sind, um einer zutreffenden Interpretation dieser Anlagen in Bayern näherzukommen.

Der intensive Ackerbau im niederbayerischen Gäu, verbunden mit Tiefpflügen und Maisanbau in Hanglagen, führt zu einer immer schneller fortschreitenden Zerstörung auch unterirdischer archäologischer Denkmäler. Durch den Einsatz der Luftbildarchäologie konnte in den letzten Jahren jedoch eine Vielzahl von Erdwerken entdeckt werden, so z. B. die Anlage auf einer in das Donautal auslaufenden Geländezunge bei Künzing-Unternberg. Mit einem doppelten Grabenrondell, einer vermutlich dazugehörenden Siedlung und weiteren Gräben im Vorfeld zählt sie zu den größten und interessantesten neolithischen Plätzen Bayerns. Da auch hier die Zerstörung durch landwirtschaftliche Nutzung, Flurbereinigung und Erosion rasch fortschreitet, ist es allerhöchste Zeit, mit der Erforschung dieser Anlage zu beginnen.

Die Kombination von Luftbildauswertung und magnetischer Prospektion in der Technik der digitalen Bildverarbeitung erbrachte erstmals

5 *Künzing-Unternberg. Plan des neolithischen Erdwerks als Umzeichnung der kombinierten Auswertung von entzerrten Luftbildern und der magnetischen Prospektion (getönte Fläche) auf der Grundlage der vergrößerten Flurkarte (Plan Nr. 7344/007, Mag. Nr. 7344/007).*

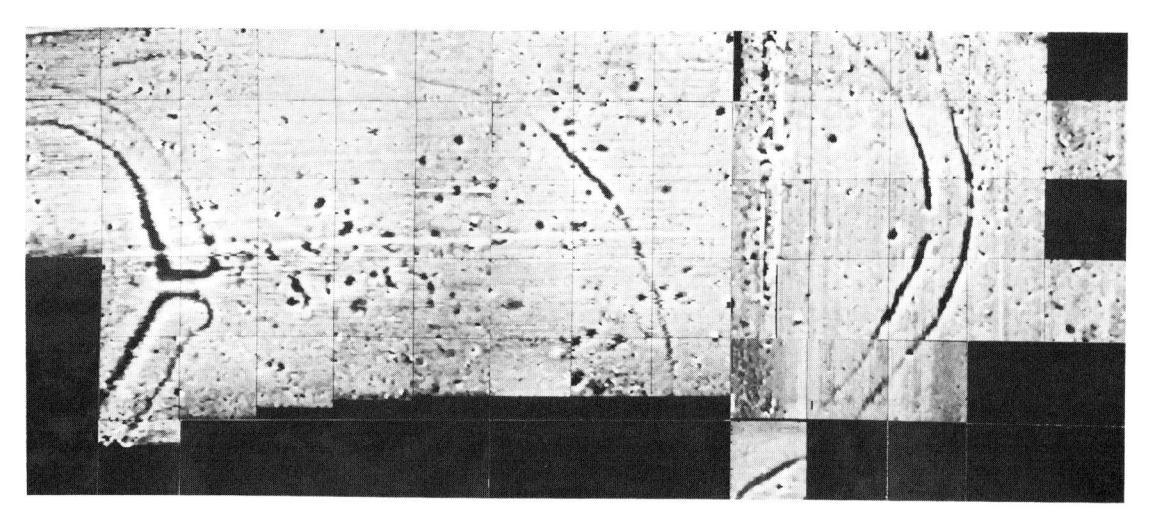

6 *Künzing-Unternberg. Auswertung der magnetischen Prospektionsmessung im neolithischen Erdwerk in der Technik der digitalen Bildverarbeitung (Mag. Nr. 7344/007).*

einen so genauen und hinreichend detaillierten Plan, daß bereits vor der archäologischen Ausgrabung sinnvolle Interpretationsversuche durchgeführt werden konnten (Abb. 5 und 6). Das Grabenwerk erstreckt sich mit einer Breite von 150 m über 300 m entlang der Hügelzunge. Das aus einem Doppelgraben gebildete Rondell liegt im südlichen Bereich an einer besonders exponierten Stelle. Die äußeren Gräben umschreiben einen nicht streng symmetrischen Kreis mit einem Durchmesser von 100 bis 110 m, während die inneren Gräben eine Fläche von etwa 80 m im Durchmesser einschließen. Im Gegensatz zu den exakt in den Haupthimmelsrichtungen liegenden Eingängen des Rondells von Kothingeichendorf weisen die vier Tore der Anlage von Künzing-Unternberg – eines von ihnen wurde im Zuge der Flurbereinigung zerstört – eine Abweichung von 20° gegen den Uhrzeigersinn aus den Hauptrichtungen auf. In den Toren sind Außen- und Innengraben miteinander verbunden. Im Bereich des Südwesttores zeigen die Gräben mit 2,70 m Breite noch den besten Erhaltungszustand.

Für die Interpretation der Kreisanlagen wäre die Kenntnis der Innenbebauung von größter Wichtigkeit. Jedoch erbrachten weder das Luftbild noch die Magnetik im Rondell von Künzing-Unternberg diesbezügliche Hinweise. In der magnetischen Prospektion sind lediglich zwei konzentrische kreisförmige Strukturen zu erkennen: Palisadengräbchen, die den grabenumlaufenden Bereich auf etwa 40 m im Durchmesser begrenzen. Siedlungsgruben konnten nur außerhalb des Rondells festgestellt werden. Das Fehlen einer Innenbebauung, der kreisförmige Zug der Gräben, die Ausrichtung der Tore sowie die häufig gewaltigen Ausmaße der Gräben lassen an Kultstätten denken. Diese Meinung vertritt jedenfalls die Mehrheit der Experten. Die Herstellung eines maßgerechten Plans vom Erdwerk in Künzing-Unternberg ist der erste Schritt in Richtung auf die systematische Untersuchung des Platzes, die 1985 in Angriff genommen werden soll.

H. Becker und J. Petrasch

Das neolithische Silexbergwerk von Arnhofen

Gemeinde Abensberg, Landkreis Kelheim, Niederbayern

Der Feuerstein oder Silex gehörte in vorgeschichtlicher Zeit zu den wichtigsten Bodenschätzen. Da er zur Herstellung scharfkantiger Werkzeuge besonders geeignet ist, wurde er vom Menschen seit den Anfängen ausgebeutet. Konnte zunächst der Bedarf durch oberflächliches Aufsammeln des Rohstoffes gedeckt werden, so waren diese Vorkommen in der Jungsteinzeit mit ihrer sprunghaft ansteigenden Bevölkerungszahl bald erschöpft. Die Menschen waren gezwungen, den silexführenden Schichten in die Erde hinein nachzugehen. Vielerorts beließ man es bei flachen Gruben. Dort aber, wo die Qualität des geförderten Feuersteins es als lohnend erscheinen ließ, folgte man dem Silex auch im Untertagebau, was die ersten Industriebetriebe, die Feuersteinbergwerke, entstehen ließ. Silexabbaustellen dieser Art, von denen man anderswo eine ganze Anzahl kennt, sind in Bayern bis vor kurzem noch nie archäologisch untersucht worden. Der erste Silexuntertagebau Bayerns, über den nun nähere Beobachtungen vorliegen, befindet sich in einer Sandgrube bei Arnhofen. Der Anlaß für eine Ausgrabung des Bayer. Landesamts für Denkmalpflege war die in letzter Zeit wieder intensivierte Sandgewinnung.

Die den begehrten Feuerstein führende Schicht – es handelt sich um eine bestimmte Plattensilexart, den gebänderten Plattenhornstein – ist hier der Malm-Zeta. An der Fundstelle taucht er mit einem Neigungswinkel von 6° unter das hangende Teritär. Die Erosion hatte an der Oberfläche des jurassischen Malms die widerstandsfähigen Silexplatten freigelegt, so daß sie nur vom Boden aufgelesen werden mußten. Als dieses Oberflächenvorkommen erschöpft war, folgte der Mensch der fundführenden Schicht in die Tiefe. Zunächst genügte es, flache Gruben auszuheben, um den gesuchten Rohstoff zu fördern. Als die hangenden Schichten immer mächtiger wurden, erwies sich der Aufwand für

7 Arnhofen. Blick auf Planum 3 der Hauptgrabungsfläche. Deutlich sind die helleren Schachtverfüllungen im Planum zu erkennen.

dieses Abbauverfahren als zu groß. Man ging deshalb dazu über, Schächte zur fundführenden Schicht abzuteufen. Wie die Ausgrabung zeigte, lohnte sich dieser Schachtbau bis zu einer Tiefe von 6 m. Als mit dem Fortschreiten des Abbaus die hangenden Schichten diese Mächtigkeit überschritten, wurde das Bergbaurevier aufgegeben.

Das Hauptuntersuchungsfeld (Abb. 7), ein mitten in die Sandgrube hineinragender Sporn, erfaßt rund 240 qm. Allein in dieser kleinen Fläche fanden sich die Spuren von zwölf Schächten. In etwa 100 m Entfernung, am Rande der Sandgrube, ließen sich vier weitere Schächte ebenfalls auf engstem Raum beobachten. Es ist demnach anzunehmen, daß allein in der rund 1 ha großen Sandgrube ehemals etwa 600 Schächte vorhanden gewesen sein müssen. Da die Ausdehnung des Abbauareals nicht bekannt ist, ist die Gesamtzahl der Schächte nicht einmal abzuschätzen.

Die runden Schächte hatten einen Durchmesser von etwa 2 m (Abb. 8). Die Neolithiker gruben sie durch lockere kiesige Sande, ohne sie zu verschalen, was ein sicher nicht ganz ungefährliches Unterfangen darstellte. Kurz über der silexführenden Schicht erweiterten sie den Schacht glockenförmig und bargen den Feuerstein. Noch auf der Sohle sichteten sie das Material und ließen die bereits auf den ersten Blick ungeeigneten Stücke zurück. Nachdem sie den Schacht ausgebeutet hatten, verfüllten sie ihn sofort wieder mit dem Aushub aus der nächsten Teufe. So erklärt sich, daß die Verfüllung der Schächte eine genau umgekehrte Stratigraphie der gewachsenen geologischen Schichten zeigt.

Absatzgebiete des Bergwerks waren ganz Bayern und die angrenzenden Länder. Wohl jeder, der sich in diesem Raum mit mittelneolithischen Siedlungen beschäftigt, kann unter den Silexgeräten solche aus dem gebänderten Plattenhornstein von Arnhofen entdecken. Es ist daher anzunehmen, daß dieses Bergbaurevier – datierende archäologische Funde fehlen und eine ^{14}C-Altersbestimmung steht noch aus – seine Blüte ebenfalls im Mittelneolithikum hatte.

Der Silexabbau von Arnhofen wirft über das rein Abbautechnische hinaus eine ganze Reihe von Fragen auf: Waren es spezialisierte Facharbeiter, die dieses Bergwerk betrieben? Waren es Saisonarbeiter? Bauern im Nebenerwerb? Oder waren es vielleicht »Feuersteinexpeditionen« von weit her, die jede Dorfgemeinschaft für sich ausschickte? Wie erfolgte der Vertrieb? Gab es einen regulären Fernhandel? Oder fand der gebänderte Plattenhornstein durch Weitergabe von Dorf zu Dorf seine große Verbreitung? Eine Beantwortung dieser Fragen könnte uns weitere Aufschlüsse über die soziale und wirtschaftliche Organisation der jungsteinzeitlichen Gesellschaft geben.   B. Engelhardt

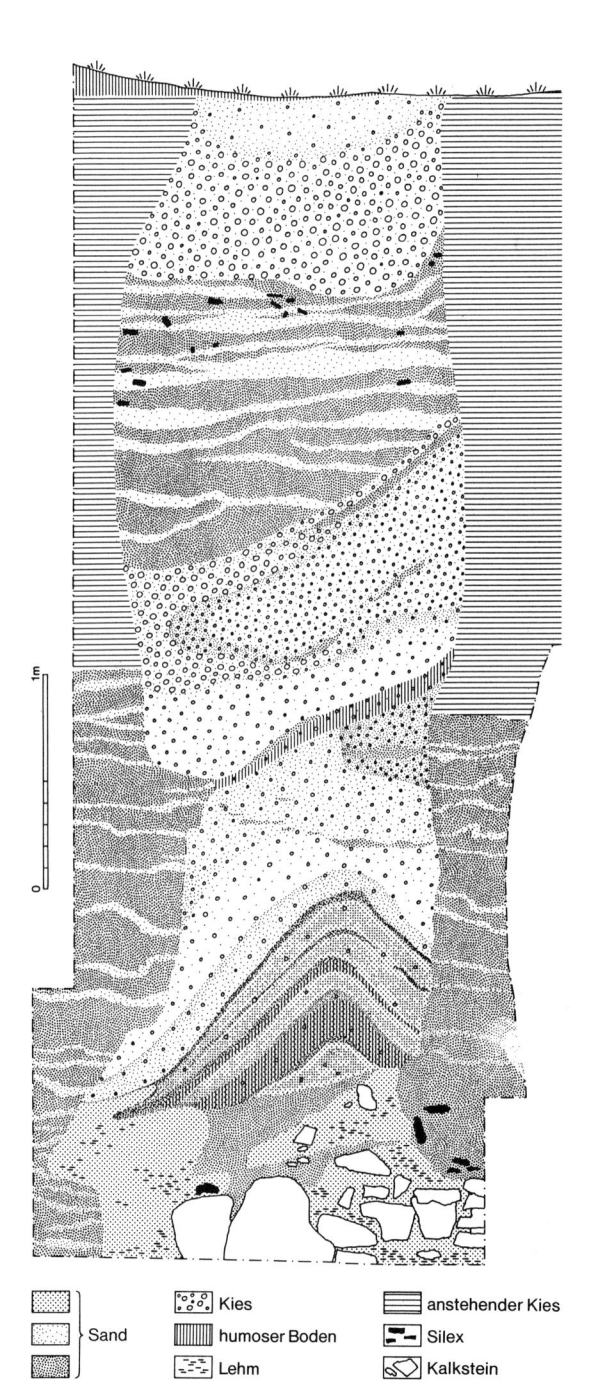

8 *Arnhofen. Profil des Schachtes 1.*

Ausgrabungen auf dem Galgenberg bei Kopfham

Gemeinde Ergolding, Landkreis Landshut, Niederbayern

Die Grabungen in der jungsteinzeitlichen Chamer Siedlung auf dem Galgenberg bei Kopfham (Das archäologische Jahr in Bayern 1982, 34 ff.) wurden 1983 und 1984 fortgeführt. Innerhalb von 20 Wochen – so lange dauerten die Untersuchungen bisher – gelang es, einen erheblichen Teil der Innenfläche der Siedlung und den Bereich um Eingang und Vorwerk vollständig freizulegen (Abb. 9). Außerdem haben unsere Untersuchungen ergeben, daß der Galgenberg vom Neolithikum bis in die Hallstattzeit fast durchgehend besiedelt war.

Im Jahre 1983 wurden die Grabungen am Vorwerk und am Haupteingang des Chamer Erdwerks beendet. Infolgedessen können wir jetzt mehrere aufeinanderfolgende Siedlungs- und Bauphasen in diesem Bereich verfolgen, von denen die wichtigsten hier kurz beschrieben seien:

1. Phase: Eine fast kreisrunde, noch über 2 m tiefe Grube von mehr als 2 m Durchmesser wurde in den außerordentlich harten Boden eingetieft (Abb. 10, schwarze Grube). Sie diente wohl kaum zur Aufnahme von Abfällen, wenn man sich ihren Inhalt näher besieht: Mehrere schwarze Kulturschichten sind durch sterile, gelbbraune Lehmlößschichten voneinander getrennt. Die schwarzen Schichten enthielten Funde der Altheimer Kultur, die ersten, die auf dem Galgenberg zutage kamen. Außerdem ergaben sie viele Tierknochen, so z. B. Rückenpartien und Schädel von Ziegen sowie eines Hundes, die meist im Verband in die Grube gelangten und somit eine mehr rituelle Funktion der Grube andeuten könnten. Der die Kulturschichten trennende Lehmlöß ist insofern von besonderem Interesse, als er inzwischen völlig durch Erosion vom Berghang abgetragen worden ist und somit wichtige Hinweise auf die Umwelt enthält, die gegenwärtig im Detail von Spezialisten untersucht werden.

2. Phase: Zu ihr gehört eine Reihe großer, meist rechteckiger Gruben, von denen die in Abb. 10 mit der Ziffer 2 bezeichneten mit Sicherheit, die mit der entsprechenden Strichschraffierung versehenen wahrscheinlich dieser Phase zuzuordnen sind. Alle enthielten Chamer Material, auch der Oberteil der Altheimer Grube.

3. Phase: Es entstanden der Chamer Spitzgra-

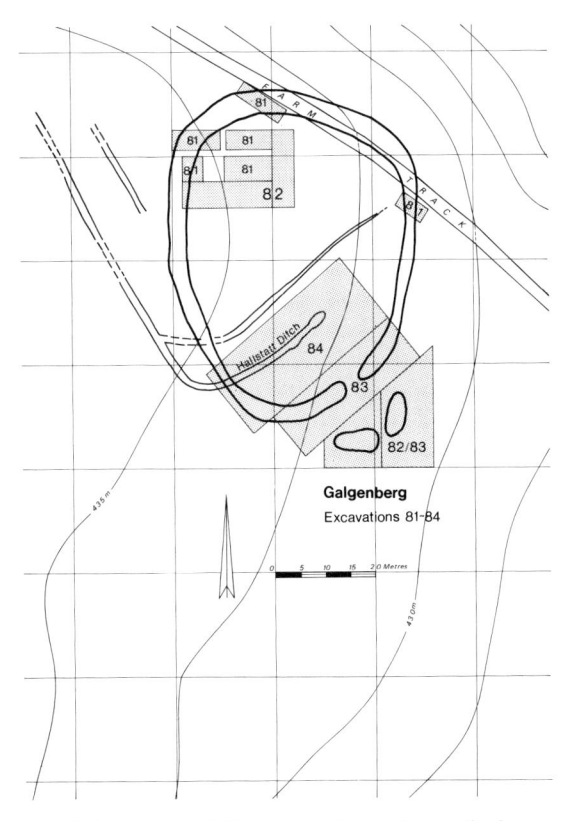

9 Galgenberg bei Kopfham. Ausgrabungsflächen von 1981 bis 1984 (schattiert).

ben, der die Altheimer Grube schnitt, und die beiden Vorwerke, die in die Gruben der ersten Phase eingriffen. Diese Veränderungen erhielten in Abb. 10 die Ziffern 3 a und 3 b, weil noch nicht feststeht, ob der Bau von Graben und Vorwerken gleichzeitig erfolgte. Man darf jedoch davon ausgehen, daß die in Gang befindliche detaillierte Merkmalanalyse der Keramik hierüber Auskunft geben wird. An drei der vier Grabenkopfecken kamen flach gründende, durch Nagetiere gestörte Pfostenlöcher zutage, die auf eine Holzkonstruktion am Haupteingang der Siedlung hinweisen.

4. Phase: Es erfolgte die Neuaushebung des Grabens und der Vorwerke, die später jedoch allmählich wieder zuflossen. In Phase 4 verlor die Anlage also ihren Wehrcharakter.

Direkt nördlich des Eingangsbereichs wurde 1984 ein 530 qm großes Areal ausgegraben, auf dem man nach dem Magnetometerplan (Abb. 9) die Überschneidung des Chamer Grabens durch ein weiteres Grabensystem erwarten

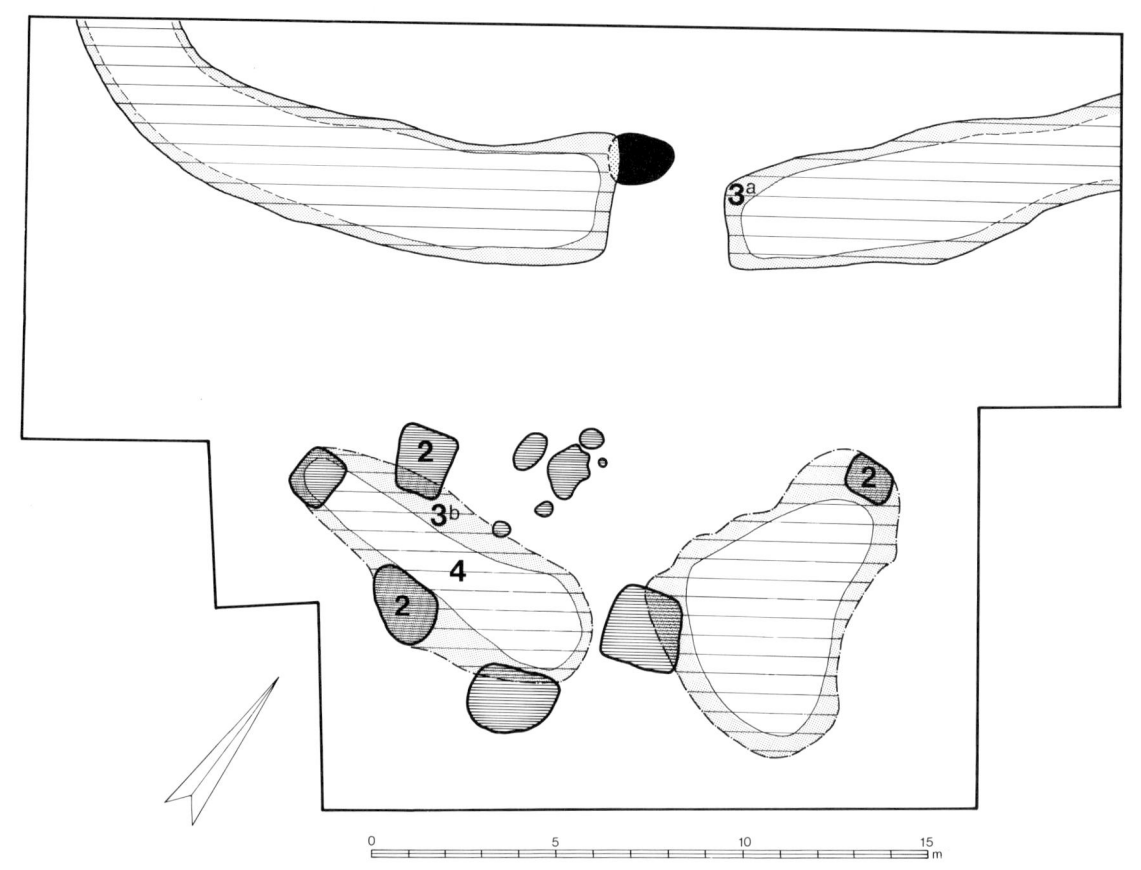

10 *Galgenberg bei Kopfham. Eingang und Vorwerk der spätneolithischen Anlage. Schwarz: früheste (Altheimer) Grube; 2 zweite Phase (Chamer Gruben); 3 a.b dritte Phase (Aushebung des Chamer Grabens und Vorwerks); 4 vierte Phase (Neuaushebung des Grabens und Vorwerks).*

durfte. Es galt also, das zeitliche Verhältnis der beiden Gräben zu klären und eine weitere Teilfläche des Innenraums der Chamer Siedlung zu untersuchen.

Zur gleichen Zeit wurde ein 15 m langer Abschnitt des Chamer Grabens untersucht, der eine komplizierte Stratigraphie aufwies. In der Sohle des Grabens, wahrscheinlich zeitgleich mit der oben besprochenen zweiten Phase, wurde eine Reihe flacher, rechteckiger Einschnitte gefunden. Zusammen mit Befunden an den Grabenköpfen und den Gruben im Vorwerk weisen sie darauf hin, daß solche rechteckigen Gruben charakteristisch für die frühe Chamer Besiedlung auf dem Galgenberg sind. Ziemlich bald nach Errichtung des Chamer Grabens fielen lange, aber nicht durchgehende Strecken von Holzpalisaden, auf der Innenseite errichtet, einer Feuersbrunst zum Opfer und stürzten in den Graben. Sie bieten ausgezeichnete Voraussetzungen zur Radiokarbondatierung und werden gegenwärtig in Groningen untersucht. Sie dürften dem gleichen Zerstörungshorizont angehören, der im östlichen Teil des Chamer Grabens ein Radiokarbondatum von 2335 ± 85 v. Chr. für einen im Jahre 1981 ausgegrabenen verkohlten Holzpfahl ergab. Erhebliche Lagen von feinem, rotbraun gebranntem Hüttenlehm, die um die verbrannten Zaunpfähle herum ausgegraben wurden, deuten darauf hin, daß wir es nicht nur mit einer einfachen Holzpalisade, sondern mit einem durch Lehmbewurf gefestigten Zaun zu tun haben.

In der Einfüllung des Chamer Grabens fanden sich in allen Schichten zahlreiche Tierknochen, zwischen ihnen die eines jungen Hundes ohne Kopf. Bis jetzt sind, bis auf ganz geringe Fragmente, keine Menschenknochen in der Chamer Anlage zutage gekommen. Sämtliche Knochen werden gegenwärtig im Rahmen einer Dissertation bearbeitet, von der in Verbindung mit anderen Indizien, so z. B. verkohlten Getreidekörnern aus einer Chamer Grube, Auskünfte über Ackerbau und Viehzucht von damals zu erwarten sind.

Im allgemeinen konnte festgestellt werden, daß der 1984 ausgegrabene westliche Teil des Chamer Grabens weniger Fundmaterial als die Eingangs- und Vorwerksbereiche aufwies. Dies trifft vor allem auf Feuersteinpfeilspitzen und Knochenbolzen zu, die beim Eingang zwar häufig vertreten waren, in der Einfüllung des westlichen Abschnitts des Chamer Grabens jedoch fast völlig fehlten. Dafür fanden sich dort zahlreiche Feuersteinabfälle und Knochenwerkzeuge sowie ein Tierkopf aus Ton (Abb. 11), die einerseits auf den »häuslich-produzierenden« Bereich, andererseits auf rituelle Handlungen hinweisen könnten. Während sich die Angriffe äußerer Feinde und die Abwehrmaßnahmen der Verteidiger offensichtlich auf Eingang und Vorwerk der Anlage konzentrierten, dürfte der Graben, der ursprünglich wohl an der Innenseite von einem Wall begleitet war, den Bewohnern genügend Schutz geboten haben.

Wie bereits durch Oberflächenfunde vermutbar, stellte sich bei der diesjährigen Grabung heraus, daß der die Chamer Anlage schneidende Graben in die Hallstattzeit gehörte. Er wurde zunächst als schmaler, ca. 20 bis 30 cm breiter, unterbrochener Schlitzgraben angelegt, dann erweitert und vertieft und zuletzt als flacher, breiter Graben mit rundem Grabenkopf ausgehoben. Da der Grabenkopf 35 m vom steilen Hangabfall entfernt liegt, scheint der Graben, der 20 m in das Innere der Chamer Anlage hineinläuft, nicht zu Verteidigungszwecken errichtet worden zu sein, sondern diente wohl eher als Statussymbol oder zur Abgrenzung eines Gebiets. Diese Hypothese könnten rot-weiß bemalte, in Hallstattsiedlungen selten auftretende Scherben sowie ein vollständig erhaltener Pferdeschädel aus der Grabenfüllung stützen. Darüber hinaus enthielt der Graben Schlacken, die auf Metallverarbeitung hinweisen.

Abschließend sei noch ein kleiner, ca. 65 cm tiefer Spitzgraben erwähnt, der den Chamer Graben schnitt und ihn eine kurze Strecke begleitete, um dann selbst vom Graben der Hallstattzeit geschnitten zu werden. Dieser auffallend fundarme Graben dürfte wohl in der Bronzezeit angelegt worden sein.

Die Ausgrabungen am Galgenberg haben es ermöglicht, nicht nur unser Bild von der Wirtschaftsweise und Umwelt der Chamer Gruppe zu vervollständigen, sondern auch die Funktion einer mehrphasigen Chamer Anlage näher zu umreißen. In diesem Zusammenhang sind auch die Untersuchungen der von der Altheimer Phase bis zur Hallstattzeit reichenden Funde wichtig, da sie einen Einblick in die unterschiedliche vorgeschichtliche Benutzung des Galgenbergs gewähren. Die Grabungskampagne des kommenden Jahres hat sich zum Ziel gesetzt, Befunde außerhalb der Chamer Anlage zu untersuchen, die mit Hilfe von Magnetometermessungen bereits erfaßt worden sind.

B. S. Ottaway und J. Hodgson

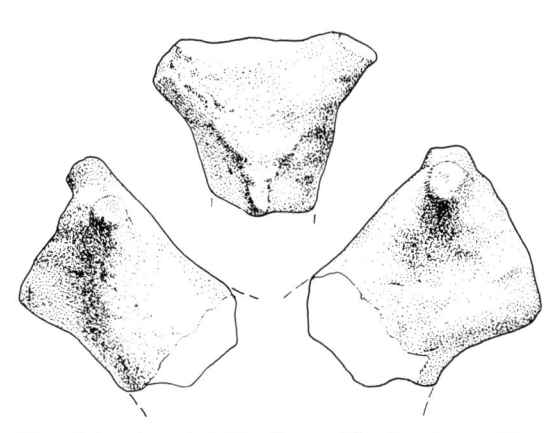

11 Galgenberg bei Kopfham. Abgebrochener Tierkopf aus Ton. Maßstab 1:1.

Ausgrabungen in der Ergoldinger Fischergasse

Landkreis Landshut, Niederbayern

Die im Jahre 1982 begonnene Ausgrabung einer jungneolithischen und karolingischen Feuchtbodensiedlung in der Fischergasse von Ergolding (Das archäologische Jahr in Bayern 1982, 32 ff.) konnte in den folgenden zwei Jahren fortgesetzt werden.

Es zeigte sich zunächst, daß das Siedlungsareal an der Südseite des untersuchten Grundstücks von einem Sumpf begrenzt war, wobei karolingerzeitliche Befunde mit Resten von Knüppelwegen und Pfostenlöchern bis an den Sumpf heranreichten, während die Spuren der Altheimer Siedlungsaktivitäten schon 10 m nördlich davon aufhörten.

Die Grabungskampagne des Jahres 1984 hatte unter anderem zum Ziel, mit einem 2 m breiten und 30 m langen Schnitt zwischen Wohnhaus und Niederterrassenrand die Ausdehnung der Siedlung nach Norden zu erfassen. Wir konnten dabei feststellen, daß sowohl die Höhe der Altheimer Fundschicht als auch ihre Funddichte in Richtung Norden sehr stark abnahmen. Darunter befand sich eine Torfschicht, die ebenfalls nach Norden hin ausdünnte, um ca. 27 m nördlich des Wohnhauses ganz zu verschwinden. Die über dem Altheimer Siedlungshorizont liegende Schicht enthielt Funde verschiedener Zeitstellung, welche wohl durch Abschwemmungsvorgänge von der Niederterrasse in das tiefer gelegene Areal gelangt waren. Die Stratigraphie schloß mit einer dicken Schicht Kolluvium ab.

Die karolingischen Befunde, darunter ein tiefer Graben, ein Ofen und ein Brunnen, beschränkten sich auf die südliche Hälfte des Schnitts.

Dort, am Südende des Schnitts, kamen viele Belege Altheimer Siedlungsaktivitäten zutage, was angesichts des nahe gelegenen, fundreichen Schnitts des Vorjahres nicht erstaunlich war. So konnten Lagen von Hüttenlehm und Scherben untersucht werden, in denen sich Knochen-, Stein- und Feuersteinwerkzeuge befanden. Die Grobkeramik und vor allen Dingen die Feinkeramik aus den Schnitten bieten die Möglichkeit, unsere Kenntnis vom Formenrepertoire der Altheimer Kultur erheblich zu erweitern: Als

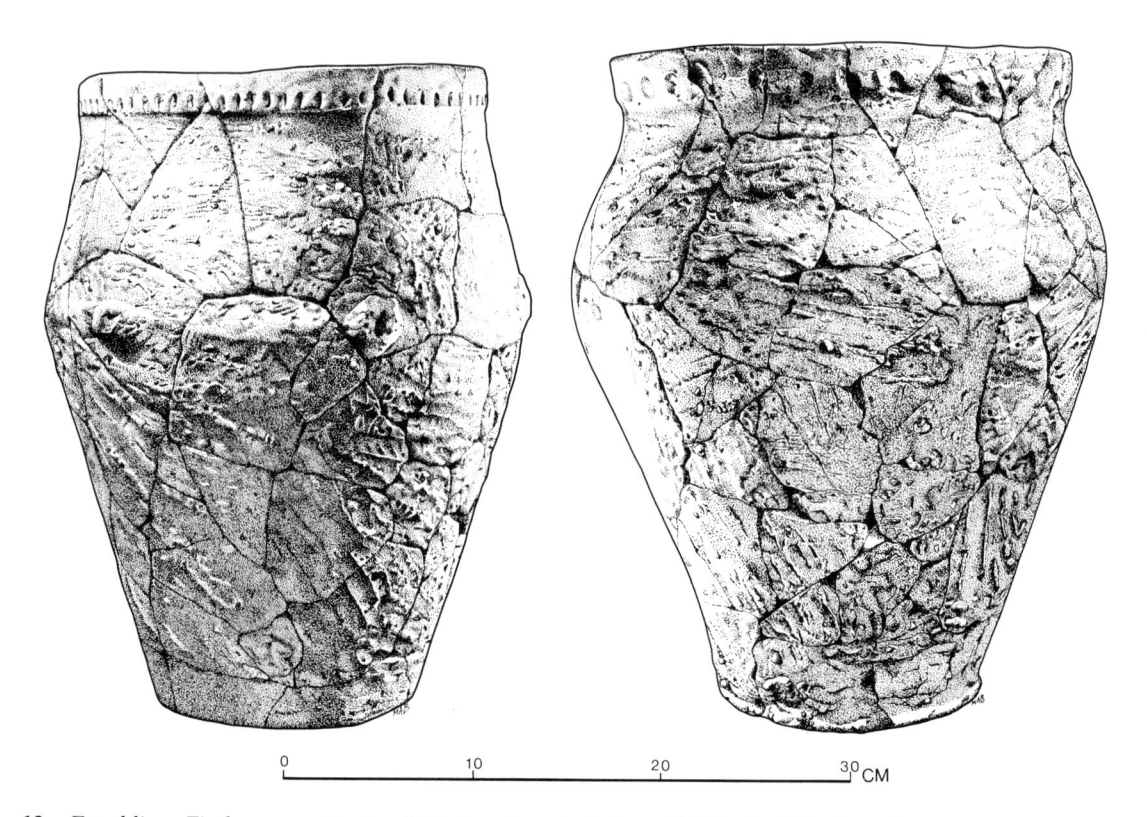

12 *Ergolding, Fischergasse. Zwei vollständig rekonstruierbare Gefäße des Scherbenpflasters.*

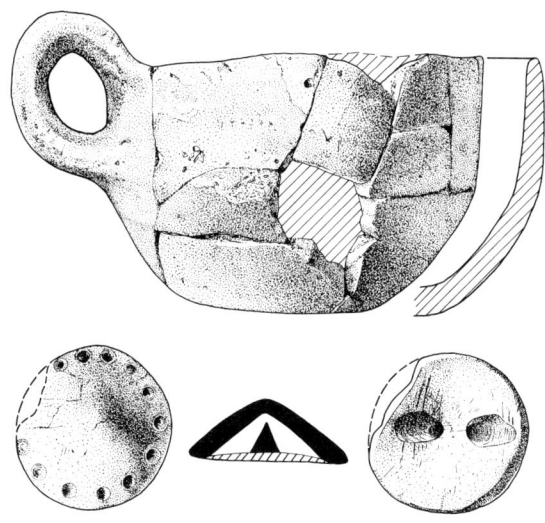

13 *Ergolding, Fischergasse. Altheimer Henkeltasse und V-förmig durchbohrter, verzierter Marmorknopf.*

Beispiele seien eine Henkeltasse (Abb. 13, aus Schnitt T5) sowie zwei Töpfe klassischer Altheimer Form (Abb. 12, aus Schnitt T2) genannt. Bemerkenswert sind ferner ein völlig unversehrter Krug und ein V-förmig durchbohrter, mit Punkten verzierter Marmorknopf (Abb. 13), die 1984 im gleichen Areal bei Bauarbeiten zutage kamen und ebenfalls dem Altheimer Fundhorizont angehört haben dürften. An karolingischen Funden sind zahlreiche Scherben, Tierknochen, ein Knochenring und Fragmente von drei Knochenkämmen (Abb. 14) zu nennen. Den spektakulärsten Befund stellt ein im Durchmesser 60 cm großer, noch ca. 1,50 m hoch erhaltener Holzbrunnen dar, der aus einem in zwei Hälften gespaltenen, ausgehöhlten Baumstamm besteht. Er wurde am Boden durch Birken- und Weidenringe und an den Wänden durch sorgfältig zugeschnittene Holzplanken zusammengehalten.

Die Bewohner der karolingischen Siedlung legten den Brunnen so tief an, daß er die Trinkwasser führende Kiesel-Sandschicht unter der Torf- und Tonschicht erreichte und damit die Versorgung mit frischem Wasser jederzeit gesichert war. Der Brunnen, der nach abgeschlossener Konservierung rekonstruiert werden soll, hat seine Erhaltung den feuchten Bodenbedingungen zu verdanken. Es steht zu befürchten, daß angesichts der allgemeinen Grundwasserspiegelsenkung im Isartal und der damit einhergehenden veränderten aerobischen Bodenverhältnisse Befunde ähnlicher Art in Zukunft der archäologischen Forschung verlorengehen werden.

Von siedlungsgeschichtlichem Interesse ist der Umstand, daß sich sowohl die Altheimer als auch die karolingischen Siedler in der Nähe des Sumpfes niederließen. Möglicherweise wurde dieser Standort bewußt ausgesucht, um der Wildvogeljagd am Sumpfufer nachgehen zu können, eine Hypothese, die Geflügelfett(?)reste in einem Altheimer Topf stützen dürften. Zur Klärung dieser Frage sind für 1985 ausgiebige Bohrungen im benachbarten Gelände geplant.

B. S. Ottaway und S. Aitchison

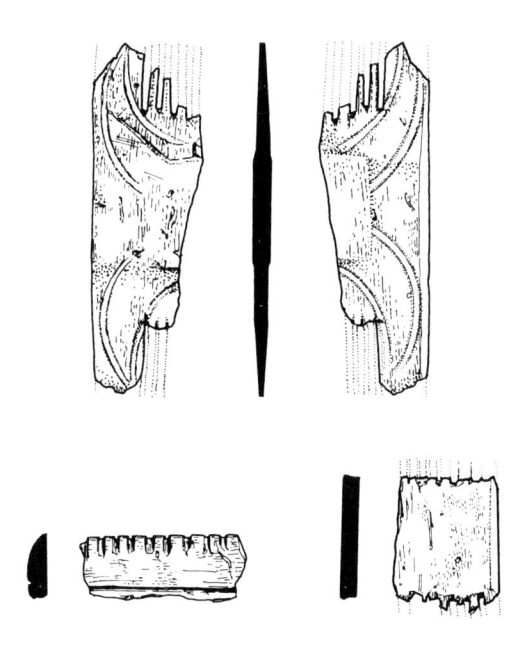

14 *Ergolding, Fischergasse. Drei karolingische Knochenkammfragmente.*

Ein schnurkeramischer Begräbnisplatz bei Wolkshausen

Gemeinde Gaukönigshofen, Landkreis Würzburg, Unterfranken

Bei der planmäßigen Ausgrabung des hallstattzeitlichen Herrenhofes bei Wolkshausen wurden überraschend auch acht schnurkeramische Gräber im hallstattzeitlichen Siedlungsareal aufgedeckt. Nur wenige Bestattungen, die alle in sehr geringer Tiefenlage zutage kamen, lagen noch ungestört dicht unter dem Pflugbereich; die Mehrzahl von ihnen war indes durch den Pflug bereits erheblich in Mitleidenschaft gezogen worden. Ganz offenkundig handelte es sich hier nur noch um den Rest eines ursprünglich dichter belegten Gräberfeldes, dessen höher gelegene Bestattungen durch die starke Bodenerosion und Beackerung bereits vollständig verschwunden sind.

Entsprechend schnurkeramischer Sitte waren die Gräber annähernd ost-westlich orientiert; die Männer lagen als Rechtshocker mit dem Kopf im Westen, die Frauen als Linkshocker mit dem Kopf im Osten. Die in den ungestörten Gräbern durchgehend angetroffene Beigabenkombination (Keramikgefäß, Silex, manchmal

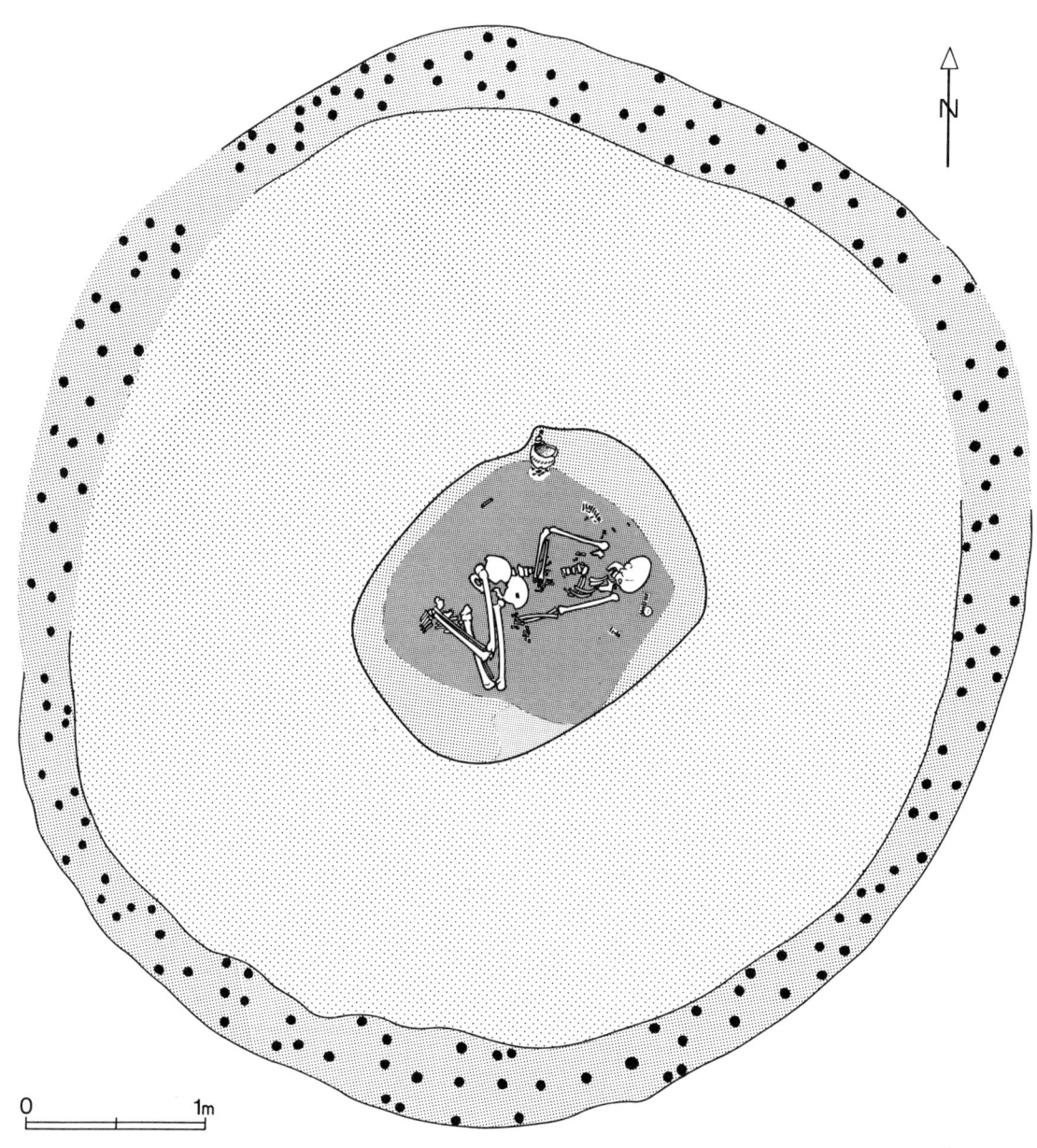

15 *Wolkshausen. Das mit einem Kreisgraben besonders betonte schnurkeramische Frauengrab 7. Äußerer Grabendurchmesser 6 m.*

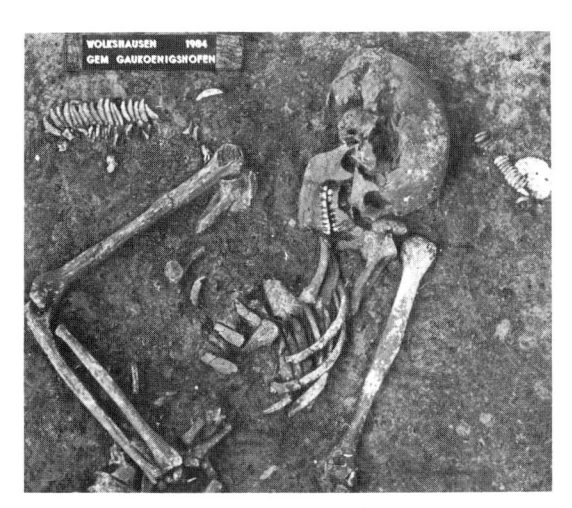

16 *Wolkshausen, Grab 7. Detailaufnahme des Oberkörperbereichs.*

Knochengerät, bei den Männern zusätzlich Steinbeil) befand sich, unüblich für schnurkeramische Verhältnisse, immer hinter dem Rücken der Toten. Auch die gestörten Gräber enthielten stets Beigaben, über deren Vollständigkeit und ursprüngliche Lage wegen der Störung jedoch keine Aussagen mehr möglich sind. Grab 7 war als einziges der Gräber von einem Kreisgraben mit 6 m äußerem Durchmesser umgeben (Abb. 15). Zahlreiche schmale, in seine Sohle eingetiefte Pfosten lassen darauf schließen, daß in dem Graben ursprünglich ein Flechtzaun gestanden hat. Auch Anlage und Beigaben des Zentralgrabes deuten auf eine herausragende Stellung der darin Bestatteten. In einer überdurchschnittlich großen, leicht muldenförmigen Grabgrube lag das Skelett einer Frau in typischer Hockstellung und Orientierung (Abb. 16). Hinter dem Kopf stand ein stark zerdrücktes, fischgrätverziertes Gefäß. Nahe dabei lagen auf einer eng begrenzten Stelle zahlreiche Silexabschläge und -klingen. Die Fundsituation deutet darauf hin, daß sie ursprünglich in einem organischen Behältnis, vielleicht einem kleinen Beutel, verwahrt waren. Bisher einzigartig für die Schnurkeramik Bayerns aber ist der Nachweis eines Kleidungsbesatzes aus ca. 130 durchbohrten Tierzähnen, wie er häufiger aus mitteldeutschen Gräbern bekannt ist. Drei Partien dieses Besatzes waren links und rechts neben dem Kopf der Toten noch in originaler Fundlage vorhanden. Die durchbohrten Zähne waren anscheinend fransenartig aufgenäht und lagen streng nach Größe geordnet dicht nebeneinander aufgereiht, an einer Stelle sogar zweireihig. Den Abschluß eines solchen Teilstücks bildete eine große, zweifach durchlochte Muschelscheibe mit reicher Grübchenzier. Zahlreiche weitere Tierzähne waren durch Erdwühler verschleppt und fanden sich ohne Zusammenhang in der Grabfüllung. Aufgrund der Fundlage der drei in situ angetroffenen Zahnreihen könnte man jedoch erwägen, daß die Zähne ursprünglich als Besatz eines Kopfschmucks dienten. Eine Untersuchung der Zähne steht zwar noch aus, doch ist zu vermuten, daß es sich bei ihnen um die auch andernorts in schnurkeramischen Gräbern üblichen Kanidenzähne handelt. B. und F. Hoppe

Stilmerkmale der Glockenbecherkultur und der Slawonischen Kultur an Bronzezeitkeramik aus der Stadt Altötting

Landkreis Altötting, Oberbayern

An der Wende der großen Zeitperioden sind die Konturen der Geschichte und Kultur meist unklarer als am Kulminationspunkt der Zeitabschnitte. Auch der Übergang zwischen Steinzeit und Bronzezeit erscheint in viele kleine Übergänge aufgeteilt oder verschoben zu sein, sowohl hinsichtlich des zeitlichen Verlaufs als auch der räumlichen Gliederung. Eine Altöttinger Fundgruppe von steinzeitlichem Habitus und bronzezeitlichem Alter kann besonders gut als Beispiel für solche Verflechtung der Dimensionen geschichtlicher Periodik und Dynamik dienen. Altötting liegt ja in der alten kulturgeographischen Grenzzone des Inn-/Salzach-Gebiets, der in ostwestlicher Richtung zu verschiedenen Zeiten eine insgesamt eher trennende, im einzelnen aber auch wieder überbrückende und verbindende Rolle zukam; die verkehrsmäßige Bedeutung der Flüsse Inn und Salzach in südnördlicher oder nordsüdlicher Richtung blieb demgegenüber relativ konstant. Bei einer auf Ziele der Mittelalterforschung ge-

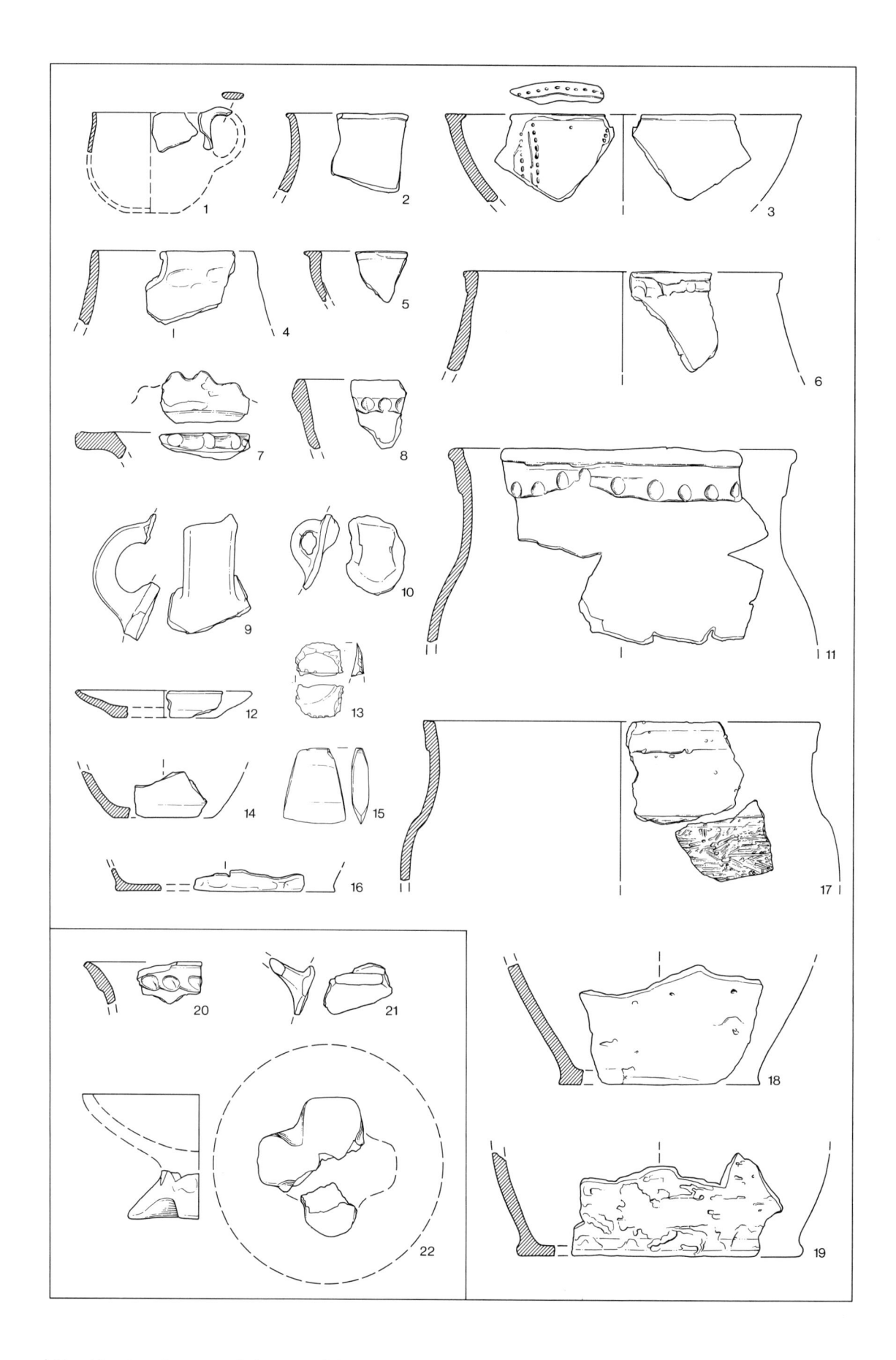

17 Altötting. Bronzezeitliche Tongefäßfragmente und Steingeräte von spätneolithischem oder subneolithischem Habitus aus Siedlungsgruben. 1–19 Grube 121; 20–22 Grube 582. Maßstab 1:3.

44

richteten großflächigen Untersuchung des Kapellplatzes in Altötting (S. 142 ff.) wurden während der Kampagne 1984 auch zahlreiche urgeschichtliche Bodenspuren und Sachfunde gesichert. Davon interessieren hier nur gleichartige Keramikfunde aus sieben Siedlungsgruben verschiedener Größe, die auf einer etwa 70 x 30 m großen Fläche unregelmäßig angelegt waren; die aufschlußreichsten Keramikstücke zweier geschlossener Fundbestände, darunter auch einzelne Steingeräte, werden in Abb. 17 vorgestellt.

Es sind Proben von Gefäßkeramik, die trotz der meist kleinstückigen Erhaltung unschwer eine ziemlich einheitliche Faktur erkennen lassen: freihandgetöpferte kleine bis mittelgroße Gefäße von relativ dünnwandiger Beschaffenheit, aus zumeist fein- bis mittelgemagertem Ton und von dementsprechend variierender Oberflächenbehandlung, die Brennfarben sind überwiegend braungrau bis gelbbraun. Schwerer fällt es, die Gefäßformen zu erkennen und zu beschreiben: Bandhenkeltassen und Bandhenkelkrüge mit randständigem Henkelansatz, mit Standboden und rundlichem Bodenumbug, die Krugformen mit gedrungenem Zylinderhals; kalottenförmige Schalen mit waagrecht verbreitertem Rand und Randlappen, mit Kreuzfußbildung und wohl auch mit flachem Boden; Töpfe mit Standboden und scharf oder rund vortretendem Bodenumbruch, mit mäßig ausladender Leibung sowie mehr oder minder geschweift einziehendem Hals und glatt auslaufendem oder lippenförmig verdicktem bis leistenverstärktem Rand; schließlich Deckel oder Teller. Abgesehen von plastisch betonten Gefäßrändern, sogenannten Arkadenrändern, und künstlich gerauhten Wandungsteilen der Töpfe, ist diese Ware nicht verziert. Die Ausnahmen einer rand- und innenverzierten Schale und einer mit plastischer Kreuzfußbildung versehenen anderen Schale bezeichnen denn auch Stilmomente der Slawonischen Kultur. Unverzierte Schalen- und Tassenformen verbinden die Altöttinger Keramikprägung dagegen mit jüngerer Ware der Glockenbecherkultur, die im Unterschied zur älteren Glockenbecherkeramik gleichfalls auf Gefäßzier verzichtet. Diese von auswärtigen Kulturen gewonnenen Bildungen und Stilmerkmale muten in dem Fundkomplex Altötting weniger fremdartig als vielmehr selbstverständlich und gewissermaßen assimiliert an.

Während die Glockenbecherkultur von einem westeuropäischen Hauptverbreitungsgebiet her längs des Alpenbogens bis in den mittleren Donauraum ausgreift, wird die Slawonische Kultur von ihrem ostalpin-mitteldanubischen Schwerpunkt aus in westlicher Richtung wirksam, gelangt aber nicht über die Inngrenze und den Regensburger Donauwinkel hinaus. Die Verbreitungstendenzen der auf die Altöttinger Fundgruppe einwirkenden Kulturen sind also gegenläufig; eine ähnliche Verschmelzung von Stilmerkmalen oder Elementen beider Kulturen findet aber auch in der Kulturgruppe Kosihy-Čaka der Slowakei, Niederösterreichs und Mährens statt. Wiederholt erscheinen isoliert anmutende Elemente der Slawonischen Kultur dann etwa noch im Milieu der Kulturgruppe Cham-Řivnáč in Südostbayern, Böhmen und Mähren.

Alle diese großen Kulturen und kleinen Kulturgruppen oder Regionalgruppen zeigen einen steinzeitlichen, einen spätneolithischen oder subneolithischen Habitus trotz offenkundiger Kontakte und engerer Verbindungen mit der Bevölkerung und Kultur der eigentlichen Bronzezeit, wie sie in Südbayern durch die regionalen Fundareale der frühbronzezeitlichen Flachgräberfelder charakterisiert wird. Eine große Verständnisschwierigkeit liegt hier in dem Umstand, daß regional mit Koexistenz bzw. gegenseitiger Ausschließung spätneolithischer und frühbronzezeitlicher Bevölkerung zu rechnen ist. Die Fundgruppe Altötting repräsentiert eine solche Kleingruppe spätneolithischer Kulturtradition während der ersten Hälfte und vielleicht auch noch während der zweiten Hälfte der Frühbronzezeit; bezeichnend hierfür ist übrigens auch das zahlenmäßig geringe, aber teils aus erlesenem Stoff gefertigte Fels- und Silexgerät. Zwar sind die an der Bildung dieser Kleingruppe beteiligten Kulturen, die Glockenbecherkultur wie die Slawonische Kultur, selbst metallurgisch befaßt, sie haben aber keinen Anteil an der großartigen Metallproduktion und religiösen Metalldeponierung, die nun vor dem Hintergrund des ostalpinen Kupfererzbergbaus gerade im Verlauf von Salzach und Inn einsetzen. Allein aus der Mühldorf-Altöttinger Innstrecke ist ja eine größere Serie kupferner, bronzener und goldener Opferobjekte wieder zutage gekommen. Hier werden also die Diskrepanzen zweier wesensverschiedener Zeiten sichtbar, aber auch die Grenzen archäologischer Erkenntnismöglichkeit deutlich.

R. A. Maier

Vollgriffdolche der frühen Bronzezeit aus Ingolstadt

Stadt Ingolstadt, Oberbayern

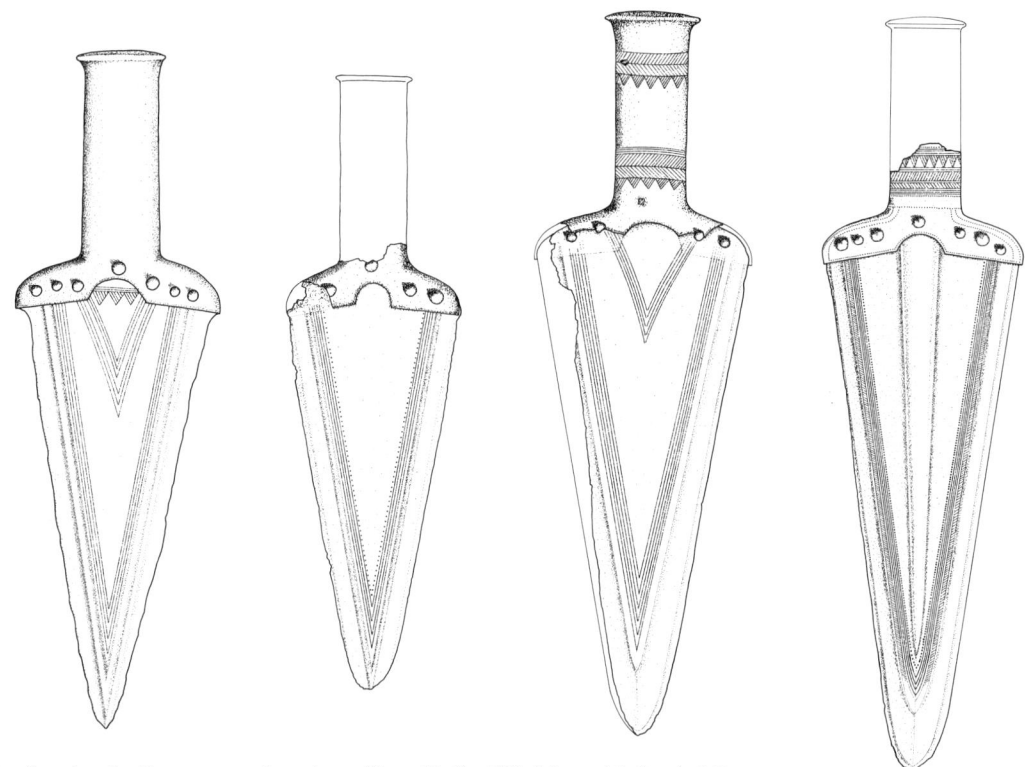

18 *Ingolstadt. Depot von vier triangulären Vollgriffdolchen. Maßstab 1:3.*

Im Sommer 1984 wurden dem Stadtmuseum Ingolstadt vier gleichartige Bronzeobjekte übergeben, die sich unschwer als Dolche der frühen Bronzezeit bestimmen und als Teile eines Hort- oder Depotfunds erkennen ließen. Hingegen war die Feststellung des Fundorts mit Schwierigkeiten verbunden, da die Objekte in umgelagertem Erdreich an sekundärer Lagerstätte entdeckt worden waren, doch dürfte die primäre Lagerstätte beim »Augraben« im heutigen Betriebsgelände der Ingolstädter Automobilfirma AUDI zu suchen sein.

Der Neufund besteht aus vier sogenannten triangulären Vollgriffdolchen (Abb. 18). Das sind Dolche mit metallenen Griffkörpern, die mit den gesondert gearbeiteten Klingen von schmaldreieckiger Form durch Niete verbunden sind (entgegen ihrer Bezeichnung sind die Griffe in der Regel aber nicht massiv beschaffen, sondern über einem Tonkern in verlorener Form gegossen). Alle Ingolstädter Dolchklingen weisen kantenparallele Rillen und begleitende Zierbänder auf, zwei Klingen besitzen darüber hinaus kurze gravierte Mitteldreiecke, eine Klinge statt dessen eine durchgehende Mittelrippe, das Mittelfeld einer Klinge blieb frei. Während die Griffe zweier Dolche eine feine geometrische Verzierung aufweisen und im übrigen auch deutliche Gebrauchsspuren zeigen, ist ein dritter Dolchgriff unverziert geblieben und ein vierter infolge größerer Beschädigung jetzt nicht mehr genauer zu beurteilen.

Von den vier Dolchen dieses ursprünglich vielleicht noch größeren Bestands hat nämlich nur ein Dolch das maschinelle Entnehmen und Transportieren der Erde ohne Beschädigung überstanden, obschon alle Stücke an der primären Lagerstätte im Erdreich vollständig und unversehrt gewesen sein dürften. Diese Einlagerung in Erde ist sicher, denn an den zur Vorlage im Museum gesäuberten Fundstücken waren feine Spuren brauner, tonig-sandiger Erde haften geblieben; eine Kontrolle des noch vorhandenen Abraummaterials ergab entsprechende Erdbestandteile und ließ darüber hinaus eine grobe kiesige Komponente als Hinweis auf das frühere Substrat feststellen. Das ist ein zusätzliches Indiz dafür, daß die ermittelte Herkunft des Erdmaterials von der südwestlichen Terrasse des »Augrabens« am Nordrand von Ingolstadt als wahrscheinlich anzusehen ist. Und die dadurch gegebene gewässernahe Lage der Objekte stellt ein für den Fundcharakter früher Metalldepots wichtiges Indiz dar – erst vor einigen Jahren war aus demselben Gelände und unter ähnlichen Umständen der Rest eines Ringbarrendepots der frühen Bronzezeit in das Ingolstädter Museum gelangt.

Im süddeutschen Raum sind Funde von Vollgriffdolchen überaus selten, und durch den Ingolstädter Zuwachs wird der bisherige Fundbestand dieses Bereichs nahezu verdoppelt. Allerdings fehlt es unter den bisherigen süddeutschen Vollgriffdolchfunden an genauen Entsprechungen der Ingolstädter Stücke, solche Entsprechungen kommen aber nördlich des Mittelgebirgszugs desto häufiger vor und werden ihrer stärksten Verbreitung gemäß als Vollgriffdolche des Oder–Elbe-Typus bezeichnet. Bei der im Jahr 1938 erfolgten Definition dieses Dolchtypus wurden eine Hauptform und drei Formvarianten unterschieden; die vier Ingolstädter Dolche des Fundjahres 1984 können die Nachweise der Hauptform sowohl in zahlenmäßiger als auch in verbreitungsmäßiger Hinsicht bereichern, da der südlichste Fundpunkt bislang in Gaubickelheim bei Worms am Rhein lag und nunmehr bis Ingolstadt an der Donau vorgeschoben ist. Denn durch das Fehlen einer eigenständigen Formentwicklung von Vollgriffdolchen im süddeutschen Raum sind alle hier gefundenen Dolche dieser Art als Importstücke aus dem nördlichen Mitteleuropa aufzufassen. Ohne begleitendes Fundmaterial und ohne Kenntnis der genauen Fundumstände läßt sich ein datierender Ansatz des Dolchdepots von Ingolstadt nur im überregionalen Vergleich gewinnen. In Süddeutschland sprechen wir die zeitgleiche materielle Kultur als sogenannte Straubinger Gruppe an; der Zeitpunkt der Benutzung und Niederlegung der Dolche liegt somit nach dem Beginn des 2. vorchristlichen Jahrtausends. Auch der mögliche Sinn und Zweck der Objekte und ihrer Deponierung selbst ist nur aus überregionalen Vergleichen zu erhellen. Danach kann aber als wahrscheinlich gelten, daß Vollgriffdolche nicht gewöhnliche Kampfwaffen, sondern Prunkwaffen und Ritualobjekte vorstellen, deren charakteristische Einzel- oder Mehrfachdeponierung und wiederholt bezeugte Niederlegung in gewässerbezogener Situation eine Deutung als Weihegaben recht nahelegt.

K. H. Rieder

Ein bronzezeitlicher Stabdolch aus Stücht

Gemeinde Heiligenstadt i. OFr., Landkreis Bamberg, Oberfranken

Unterhalb eines nach allen Seiten steil aufragenden kleinen Felsplateaus wurde ein frühbronzezeitlicher Stabdolch von 40,2 cm Länge gefunden (Abb. 19). Das beschädigte Fundstück weist eine stark ausgeprägte Mittelrippe und sorgfältig gedengelte Schneiden auf. Die Klinge ist im oberen Bereich mit drei Dreiecksgruppen ritzverziert. Der ursprünglich hölzerne Schaft wurde von sechs spitzen, überhöhten, kegelförmigen Bronzeblechnieten gehalten. Zwischen den Nieten und dem Holzschaft war auf beiden Seiten ein halbkreisförmiges Bronzeblech unterlegt. Da der Dolch unweit eines abgerutschten Geländes zutage kam, besteht die Möglichkeit, daß man ihn ursprünglich auf dem kleinen Felsplateau deponiert hatte.

Eine Nachsuche erbrachte an derselben Stelle lediglich eine fingerhutartige Tülle mit seitlichen Dornen. Obwohl beide Funde unmittelbar beieinanderlagen, ist ihre Zusammengehörigkeit äußerst zweifelhaft, zumal die kleine Tülle aus stark zinnhaltiger Bronze besteht.

Unser Stabdolch ist einer der südlichsten Vertreter der Stücke mit überhöhten Kegelnieten, die in ihrer Mehrzahl in Mitteldeutschland und Polen anzutreffen sind. Die Dreiecksverzierung auf dem Stabdolch weist in den südostmitteleuropäischen Raum. Vereinzelte Stücke streuen jedoch bis hinüber nach Nordfrankreich. Durch die mehrfachen Dreiecksbänder ergibt sich für den Dolch eine Datierung an das Ende der frühen Bronzezeit. Die unserem

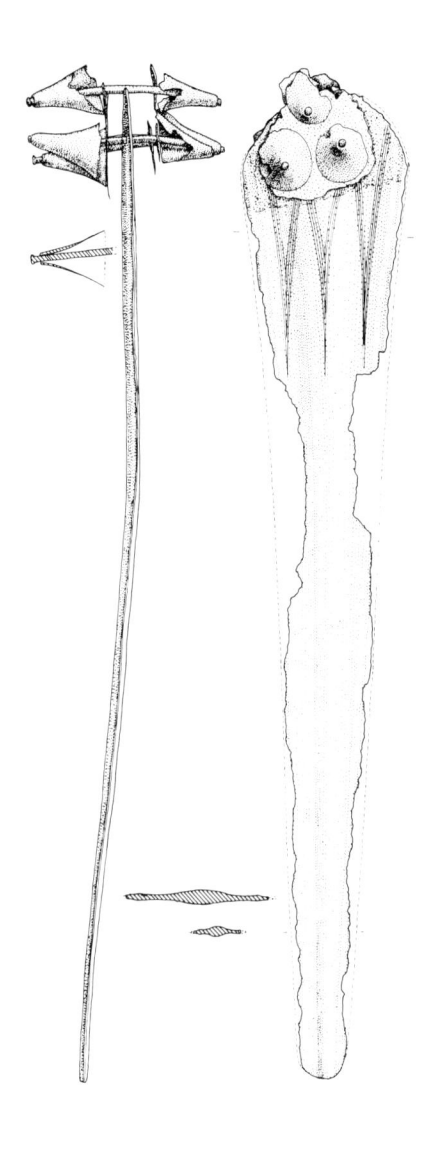

19 *Stücht. Bronzezeitlicher Stabdolch. Länge 40,2 cm.*

Fundstück eigene Blechschäftung ist bisher an drei Dolchen aus der Oder bei Schwedt, dem Fund 3 aus Dieskau und einem fundortlosen Stück im Römisch-Germanischen Museum in Köln nachgewiesen. Jedoch kann das dünne Schäftungsblech in einigen Fällen vergangen sein, so daß weitere Stücke durchaus in ähnlicher Weise geschäftet gewesen sein mögen. Wie bei dem Dolch aus dem Kölner Museum und dem Fund aus der Oder bei Schwedt zeigen die schräg abgesetzten Schäftungsbleche, daß der Griffstab nicht im rechten Winkel zur Klinge angenietet war. Der Kölner Stabdolch ist unserem Fund in Verzierung und Schäftung so ähnlich, daß man an werkstattgleiche Stücke denken möchte. Da frühbronzezeitliche Funde in Oberfranken rar sind (insgesamt 20 Fundkomplexe, von denen nur vier in die ältere Frühbronzezeit datiert werden können), stellt diese außergewöhnliche Waffe, die wohl aus Mitteldeutschland importiert wurde, eine wesentliche Bereicherung des frühbronzezeitlichen Fundspektrums dar.

Diese Stabdolche sind entweder Einzelfunde, oder sie stammen aus Depots, wobei allerdings auch die Einzelfunde als Depots gewertet werden können. Da sie als Waffen kaum verwendbar, jedoch sehr aufwendig gearbeitet sind (manche Exemplare haben Bronzeschäftungen), dürfte es sich bei ihnen um zepterähnliche Geräte gehandelt haben, die von höhergestellten Persönlichkeiten getragen wurden, wofür insbesondere die Goldblechunterlagen auf der Griffplatte des Stückes aus Schwedt sprechen.

B.-U. Abels

Eine bronzezeitliche Grube von Jellenkofen

Gemeinde Ergoldsbach, Landkreis Landshut, Niederbayern

Noch immer sind die altbekannten Gräber aus der Umgebung von Straubing für die Erforschung der Frühbronzezeit Altbayerns von großer Bedeutung. Lange Zeit glaubte man, daß eine bestimmte Art der Keramik – Leittyp ist ein S-förmig profiliertes, beutelförmiges Gefäß mit Henkel und Strichbündelverzierung auf der Schulter – die charakteristische Ware der zu den Gräbern gehörigen Siedlungen sei. Erst viel später stellte sich heraus, daß diese Keramik jünger als die Straubinger Gräber ist. Sie vereinigt in sich Elemente der frühen und der mittleren Bronzezeit, weswegen man auch von Bz A2/B1-Keramik spricht. Bis heute ist es noch nicht gelungen, diesen Komplex weiter zu unterteilen und somit die Vorgänge am Übergang von der Früh- zur Hügelgräberbronzezeit schärfer zu fassen. Hierzu könnte der Grubenfund aus Jellenkofen einen Beitrag leisten.

Die Grube kam bei einer überraschend notwen-

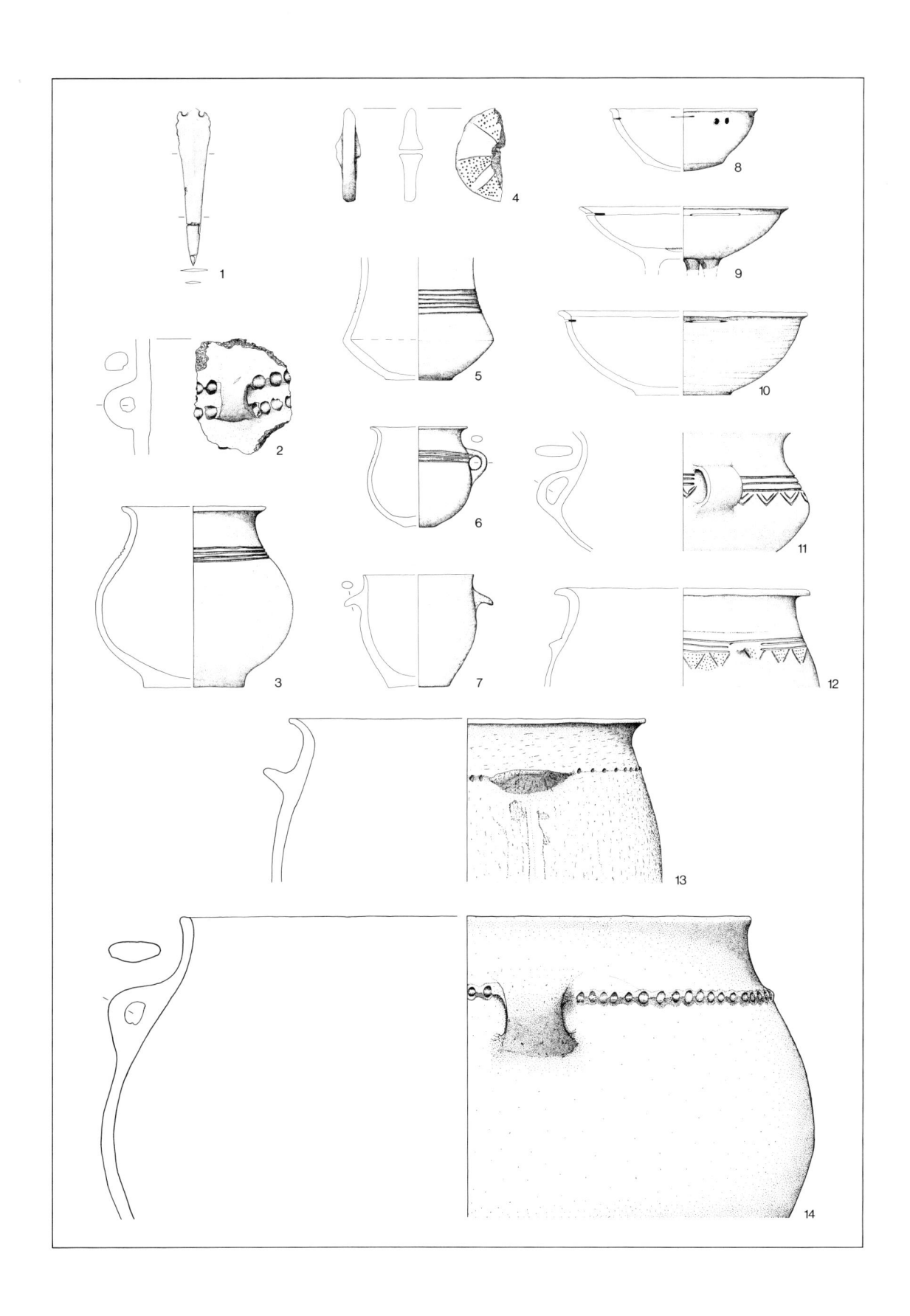

20 *Jellenkofen. Funde aus einer Grube der älteren Bronzezeit. 1 Bronze; 2–14 Keramik. Maßstab 1:4.*

dig werdenden Rettungsgrabung des Bayer. Landesamts für Denkmalpflege in einem Lehmabbaugebiet zum Vorschein, und zwar inmitten einer ausgedehnten bronzezeitlichen Siedlung. Die amorph-ovale Verfärbung war etwa 7,5 m lang, 4,5 m breit und noch 0,7 m tief. Es handelt sich also um eine typische Materialentnahmestelle, wie sie mehrmals auf der Grabungsfläche zu beobachten war. Aus dieser Grube, die sich durch nichts von anderen ihrer Art unterschied, konnten mehr als 136 kg Keramik, die zu mehr als 200 Gefäßen gehörten, und ein Bronzedolch geborgen werden. Da kaum anzunehmen ist, daß die Grube längere Zeit offenstand und die seltsame Anhäufung von Keramikabfall gerade an dieser Stelle für eine bewußte Deponierung spricht, bietet der Grubeninhalt eine gute Gelegenheit, einen umfassenden Einblick in den Keramikbestand eines bestimmten Zeithorizonts der Bronzezeitstufen A2/B1 zu gewinnen.

Das Gefäßensemble der Grube bietet ein reiches Typenspektrum, das die verschiedensten Formen der Fein- und Grobware umfaßt. Häufig ist die Leitform dieses Horizonts, die oben bereits genannte S-förmig profilierte, beutelförmige Tasse mit Strichbündelverzierung auf der Schulter (Abb. 20, 6). Ähnliche Gefäße kommen auch mit kantiger Profilierung vor (Abb. 20, 5.11). In einigen Fällen begegnet das Strichbündel auf der Schulter in Begleitung von hängenden Dreiecken (Abb. 20, 11.12). Die Grundform der beutelförmigen Tasse findet auch bei Bechern (Abb. 20, 3), größeren feinkeramischen Töpfen (Abb. 20, 12), ja sogar bei der Grobkeramik (Abb. 20, 13) Verwendung. Auch hier kann die Verzierung der Strichbündel abgewandelt sein und z. B. von stichgefüllten Dreiecken gesäumt werden (Abb. 20, 12). Bei den Schalen sind häufig Schlitze kurz unterhalb des Randes zu beobachten (Abb. 20, 8–10). Füßchenschalen (Abb. 20, 9), die ein frühbronzezeitliches-endneolithisches Element sind, kommen selten vor. Eine archaisierende Form ist auch der Zapfenbecher (Abb. 20, 7). Bei der Grobkeramik überwiegen ebenfalls S-förmige Gefäßprofilierungen. Sie tragen auf der Schulter meist Henkel oder Knubben und sind hier mit gekerbten oder getupften Leisten verziert (Abb. 20, 13.14), die auch doppelt auftreten können (Abb. 20, 2). Plastische Leisten mit Doppelhalbkreisstempel kommen zwar vor, sind aber selten. Von den zahlreichen Sonderformen sei hier nur auf einen radförmigen Spinnwirtel, der mit stichgefüllten Trapezen verziert ist (Abb. 20, 4), hingewiesen.

Der stark abgenutzte Dolch (Abb. 20, 1) ist typologisch nur schwer ansprechbar. Auf jeden Fall macht er keinen frühbronzezeitlichen Eindruck. Bruchstellen an der Griffplatte deuten darauf hin, daß er ursprünglich eine viernietige, trapezförmige Griffplatte besaß und somit dem Lochham-Horizont angehören könnte. Dies würde bedeuten, daß der Grubenfund von Jellenkofen ganz ans Ende der Bronzezeitstufen A2/B1 gehört.   B. Engelhardt

Grabhügel der Bronzezeit im Staatswald Zerzabelshofer Forst

Landkreis Nürnberger Land, Mittelfranken

Seit etwa zwei Jahrzehnten sind Fundmeldungen aus dem Pegnitzgrund und seiner Umgebung östlich von Nürnberg vergleichsweise selten zu verzeichnen. Über die Hintergründe, weshalb die bei zahlreichen Bauvorhaben und sonstigen Bodenaufschlüssen sich nach wie vor bietenden Erkundungs- und Findemöglichkeiten nicht mehr wie früher genutzt werden, ließe sich gewiß ein kleiner, aber aufschlußreicher Beitrag zur regionalen Forschungsgeschichte (oder besser Forschungsgegenwart) schreiben. Dies mag zur gegebenen Zeit an anderer Stelle geschehen.

Hier kann dagegen erfreulicherweise von einem neuen Befund berichtet werden, der das Bild der bronzezeitlichen Besiedlung in der Flußlandschaft der Pegnitz um eine weitere Facette bereichert. Zu Jahresbeginn 1984 hatte ein ehrenamtlicher Mitarbeiter am Nordrand des Zerzabelshofer Forstes Scherben von Tongefäßen aufgelesen und der zuständigen Behörde gemeldet. Der Bereich der Fundstelle (Abb. 22, 1) war zuvor von der Forstbehörde gerodet und mittels Tiefpflügen zu einem sogenannten Wildacker umgewandelt worden. Die Gefäßscherben ließen sich unschwer als Teile einer Fußringschale (Abb. 23, 3) identifizieren, und bei einer Nachschau am Fundort verstärkte sich die Vermutung, daß es sich hier um die Reste eines Grabhügels handle.

Die Grabung zur Sicherung der noch verbliebenen Befunde im September 1984 führte zur Erkenntnis, daß der Bestattungsplatz schon vor ungefähr 70 Jahren durch Waldkultivierungsarbeiten gründlich zerstört worden war und die jüngsten Verackerungen nur eine erneute Umlagerung des Bodens bewirkt hatten. Dennoch gelang es, einige Merkmale der ehemaligen Grabanlage wenigstens in Spuren festzustellen und zu dokumentieren. Von der ursprünglich vorhandenen Steinpackung fanden sich noch zahlreiche Sandsteinbrocken in regelloser Verteilung, des weiteren war an einer Stelle Leichenbrand von einer Bestattung erhalten.

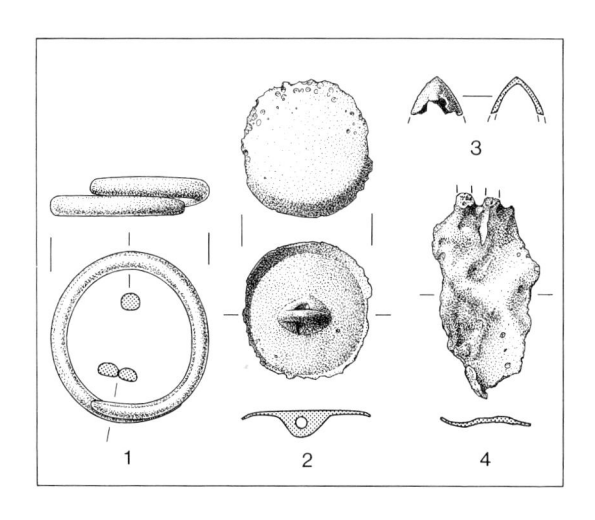

21 *Zerzabelshofer Forst. Bronzegegenstände aus Grabhügel. Maßstab 1:2.*

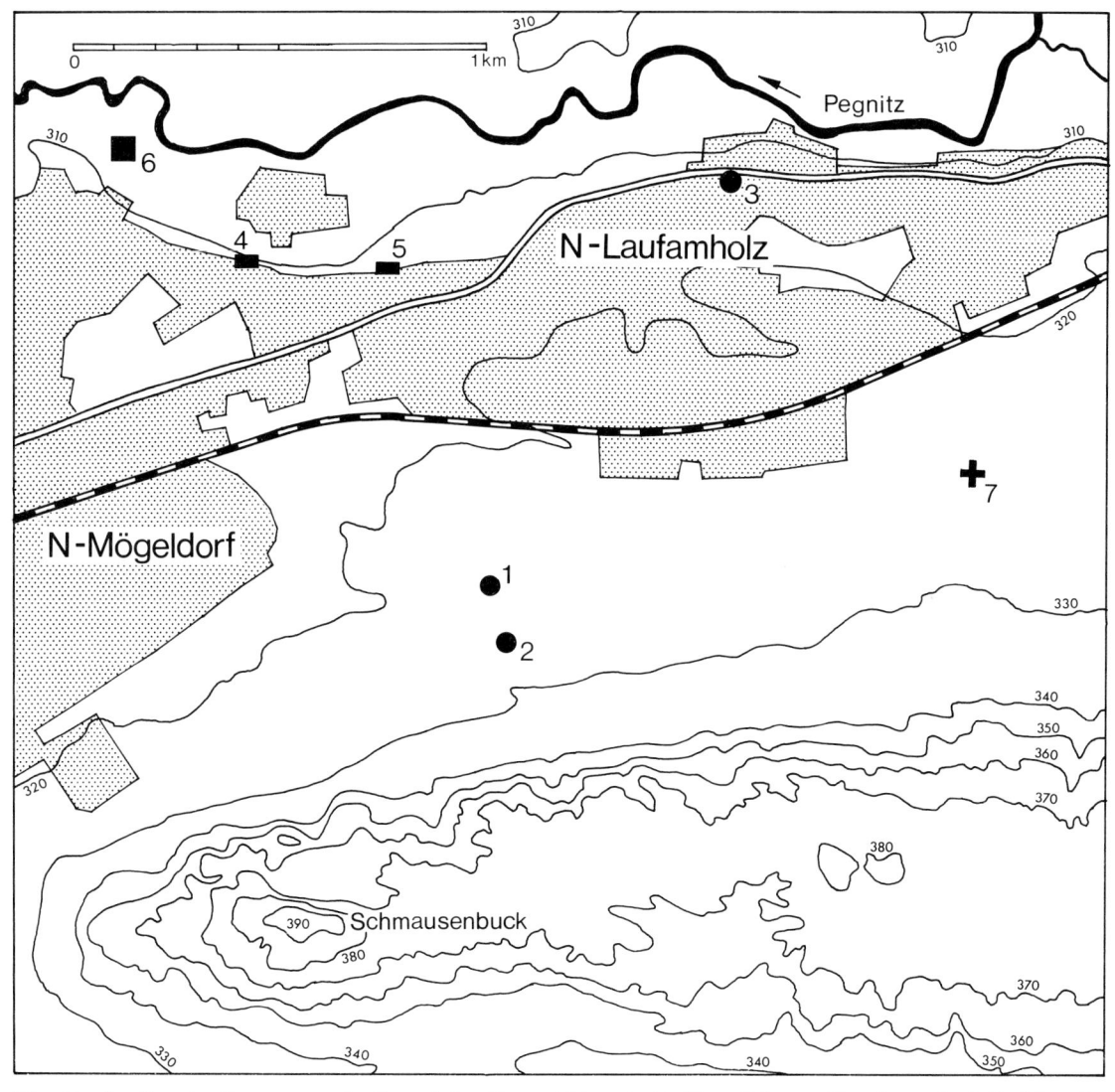

22 *Fundstellen der Bronzezeit (1–3) und der Urnenfelderzeit (4–7) östlich von Nürnberg. 1–3 Grabhügel (Zerzabelshofer Forst 1984); 4–5 Flachgräber oder Siedlung; 6 Siedlung; 7 Einzelfund.*

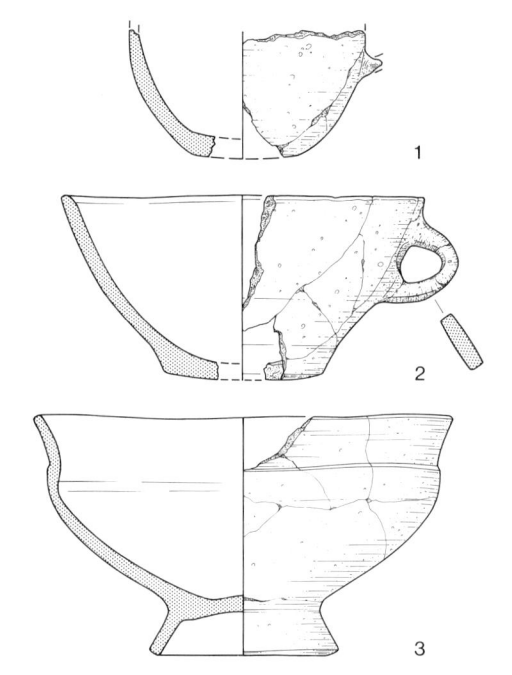

23 *Zerzabelshofer Forst. Keramik aus Grabhügel. Maßstab 1:3.*

Nachweise für die Grabbeigaben liegen zum einen in meist kleinstückigen Tonscherben und zum anderen in einigen Bronzegegenständen vor. Aus den Keramikresten ließen sich drei Gefäße so weit zusammensetzen, daß ihre Form erkennbar ist. Neben der bereits erwähnten Fußringschale (Abb. 23, 3) sind drei kleine Henkelgefäße vorhanden (zwei davon Abb. 23, 1–2). An Beigaben aus Metall haben sich ein zusammengebogener Armring, ein großer Knopf mit Öse, ein gegossener kleiner Kegel (Tutulus) vom Kleiderbesatz sowie das Fragment eines im Scheiterhaufenfeuer angeschmolzenen Rasiermessers erhalten (Abb. 21, 1–4).

Soweit sich die Grabbeigaben datieren lassen – die Fußringschale und der Bronzetutulus gehören zum Formenschatz der mittleren Bronzezeit (Stufe C nach Reinecke), Armring und Knopf sind spätbronzezeitlich (Stufe D) –, müssen wir mit Bestattungen aus verschiedenen Perioden der Bronzezeit rechnen. Spätbronzezeitliche Funde sind überdies aus anderen Grabhügeln bekannt, die ca. 150 bis 200 m nach Süden zu im Forst liegen. Da sich auch in der unmittelbaren Umgebung der neu entdeckten Grabstätte weitere, nahezu völlig verebnete Hügel abzuzeichnen scheinen, kann man vielleicht auf ein ehedem vorhandenes, größeres Grabhügelfeld schließen, das von der mittleren bis zur späten Bronzezeit (ca. 14./13. Jahrhundert v. Chr.) kontinuierlich belegt war.

H. Koschik

Ein spätbronzezeitliches Gräberfeld in Wendelstein

Landkreis Roth, Mittelfranken

Südlich von Nürnberg erstreckt sich eine weite, sandige Ebene, der Lorenzer Reichswald. Diese im Spätpleistozän und Frühholozän entstandene Landschaft ist bislang arm an archäologischen Zeugnissen geblieben, zudem sind die wenigen Lesefunde noch kaum aufgearbeitet. Durch die Beobachtung eines 13jährigen Schülers konnte nun in einem Neubaugebiet in Wendelstein ein Gräberfeld der späten Bronzezeit archäologisch untersucht und der durch Waldbewuchs schwer geschädigte Befund gesichert werden. Die Ausgrabungen, die von der Abteilung für Vorgeschichte der Naturhistorischen Gesellschaft Nürnberg e. V. im Einvernehmen mit der Außenstelle Nürnberg des Bayer. Landesamts für Denkmalpflege stattfanden, erstreckten sich 1984 auf insgesamt acht Gräber. Die Untersuchungen werden 1985 fortgesetzt.

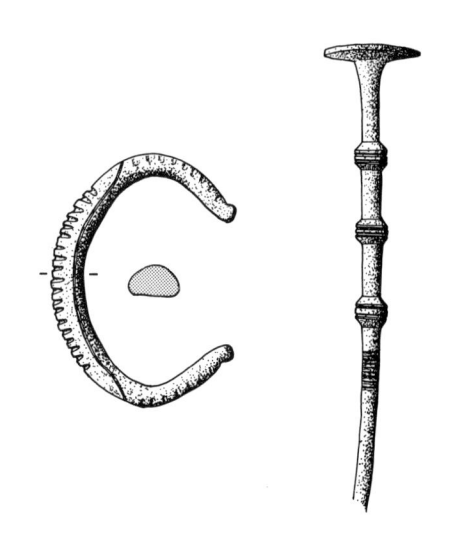

24 *Wendelstein. Teile der Metallausstattung aus Grab 3. Maßstab 1:2.*

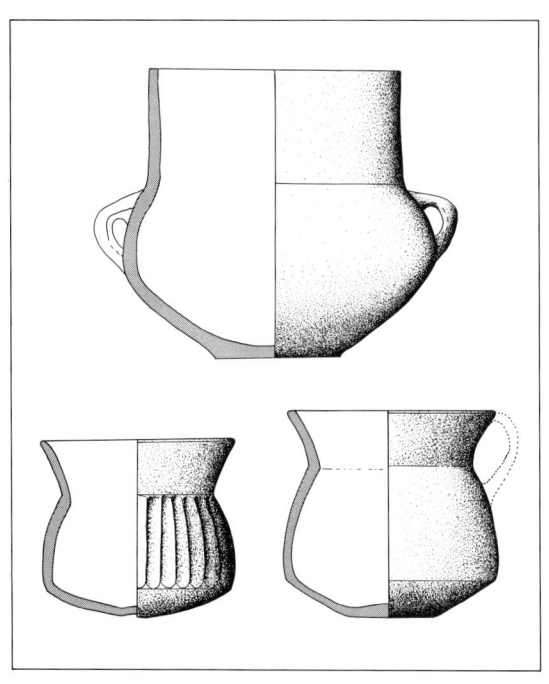

25 Wendelstein. Idealsatz einer Trinkgeschirrausstattung aus verschiedenen Gräbern. Maßstab 1:3.

Die Grabanlagen sind ziemlich einheitlich aufgebaut. Eine meist Südwest-Nordost ausgerichtete, ca. 35 cm unter die alte Oberfläche eingetiefte Grube wird von einer zweischichtigen Sandsteinpackung überdeckt. Die untere Lage besteht aus unregelmäßigen Steinen. Der rezente Boden befindet sich nur ca. 20 bis 30 cm über der alten Oberfläche, zahlreiche Steine sind deshalb von Wurzeln stark verzogen.

In allen bislang untersuchten Gräbern fanden sich Brandbestattungen, wobei der sehr sorgfältig aus dem Scheiterhaufen ausgelesene Leichenbrand in die Mitte der Grabgrube gestreut wurde. Beim bislang vorliegenden archäologischen Fundmaterial handelt es sich entweder um weibliches Trachtzubehör, oder es ist geschlechtlich nicht differenzierbar. Hinweise auf Männerbestattungen, wie etwa Waffen oder Rasiermesser, fehlen. Nach der kursorischen Leichenbranddurchsicht liegen auch Kinderbestattungen vor.

Im Grab wurden neben der genannten Leichenbrandschüttung verschiedene Gefäße abgestellt. Die Typenkombinationen lassen auf eine oder zwei Schalen sowie eine Art »Trinkservice« schließen, wobei letzteres aus mindestens einer Zylinderhalsamphore und zwei bis drei Knickwandtassen mit Trichterhals (Abb. 25) besteht.

Die Grube des Grabes 3 war nicht durch Wurzeln gestört und enthielt den auf dem Scheiterhaufen gelegenen und deshalb brandbeschädigten Metallschmuck. Dicht gepackt konnten vier massive, gerippte Bronzearmringe, die im Feuer zerbrochenen Teile zweier Nadeln vom Typ Henfenfeld-Weitgendorf (Abb. 24) und ein kleiner Bronzefingerring freigelegt werden. Alle Metallbeigaben waren von einer kleinen, dunklen, regelmäßigen Verfärbung umgeben, welche noch wenige Zentimeter unter die Basis der Fundstücke reichte (Abb. 26). Zweifelsohne handelte es sich um die Spuren eines Behältnisses aus organischem Material, am ehesten Holz, in das der aus dem erkalteten Scheiterhaufen ausgelesene Schmuck gelegt wurde. Während der Bestattungszeremonie hatte man dann diesen Behälter in die offene Grabgrube gestellt.

Ehemals wesentlich aufwendiger ausgestattet war Grab 1, das jedoch von Wurzelstöcken tiefgreifend zerstört war. Die Reste zahlreicher Bernsteinperlen sowie mindestens zehn Glasperlen gehörten sicher zu einem Halsgehänge, welches in einem Tongefäß ins Grab beigegeben wurde. Dieses Gefäß geriet jedoch durch eine Wurzel über 2 m aus seiner ursprünglichen Position, wobei auch verschiedene Perlen an die

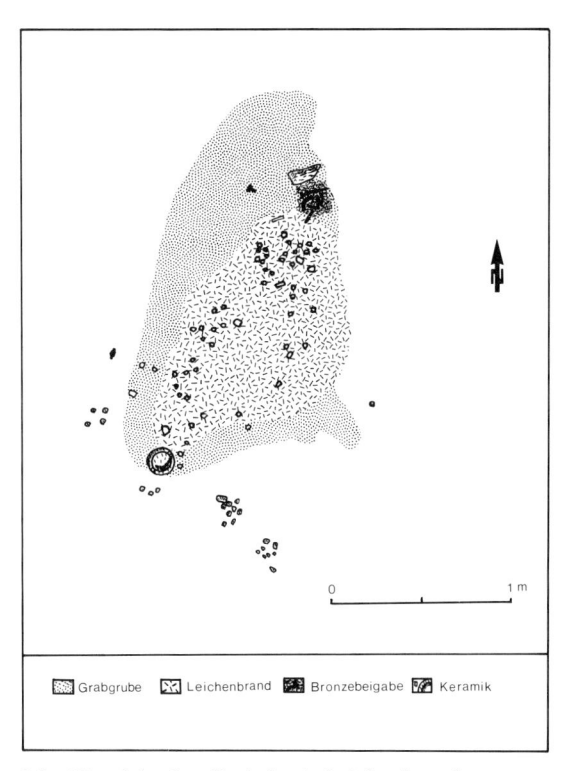

26 Wendelstein. Grab 3 mit Leichenbrandstreuung und Grabbeigaben. Zusammenfassung aller Plana unterhalb der Reste der Steinpackung.

Oberfläche gelangten und verwitterten. Ganz in der Nähe der ursprünglichen Standfläche des Gefäßes hatte man die aussortierten Teile der Schädelknochen in die Grabgrube gelegt und mit einer Steinplatte abgedeckt. Ähnliche Konzentrationen von Schädelresten fanden sich auch in den anderen Gräbern.

Ein Bronzearmring mit übereinandergebogenen Enden und ein Schaftbruchstück einer Bronzenadel sind die kümmerlichen Überreste der einst wohl reicheren Metallausstattung. Die Keramik ist durch den Wurzelwuchs in meist fingernagelgroße Stücke zerdrückt und kann erst nach Abschluß der Restaurierungsarbeiten weiter ausgewertet werden.   J. P. Zeitler

Ein urnenfelderzeitliches Vollgriffschwert aus dem Inn bei Ehring

Gemeinde Polling, Landkreis Mühldorf a. Inn, Oberbayern

Im Spätsommer 1984 machte sich unter den Augen einer bundesweit angereisten Presse ein veritables Heer von 700 Schatzsuchern daran, im Inn das Tafelsilber des Kurfürsten Maximilian aufzuspüren, das 1648 bei einem Schiffsunglück an der Mühldorfer Brücke im hochwasserführenden Fluß versunken ist. Die hochgesteckten Erwartungen der Sucher blieben zwar unerfüllt, für den Archäologen war die Aktion dennoch nicht vergebens, denn neben einigen römischen Bronzemünzen kam ein Schwert der frühen Urnenfelderzeit zutage, das nach der gängigen Chronologie dem 13. oder 12. Jahrhundert v. Chr. angehört (Abb. 28).

Bei der Waffe, die direkt an der Grenze zwischen den Landkreisen Mühldorf a. Inn und Altötting geborgen wurde, handelt es sich um ein bronzenes sogenanntes »Vollgriffschwert mit Dreiwulstgriff des Typs Erlach«. Es hat eine Gesamtlänge von 72,5 cm, von denen 10 cm auf das Gefäß entfallen. Dieses besitzt eine nahezu runde, zur Anbringung eines Faustriemens gelochte Knaufplatte, deren Oberseite mit einer zusammenhängenden Spiralzier, dem »Laufenden-Hund-Motiv« versehen ist. Die Unterseite, die ein Ornament aus Bogenreihen sowie alternierende Punkt- und Rillenzonen zeigt, geht zum Griff hin in eine Wulstung über, die gereihte, nach oben geöffnete Bögen trägt. Die leicht gebauchte Griffstange weist ovalen Querschnitt auf und wird durch drei unverzierte Wülste, die auf beiden Seiten von je zwei Rillen begleitet sind, in regelmäßigen Abständen gegliedert, wobei sich in den dazwischenliegenden Feldern auf beiden Breitseiten geschlossene Dreierspiralmuster befinden. Auf den geraden, unverzierten Heftschultern verbinden zwei Niete Griff und Klinge. Die schilfblattförmige Schwertklinge mit rhombischem Querschnitt zieht im obersten Bereich ohne erkennbare Zähmung stark ein, an ihrer Spitze wird eine die Schneiden begleitende Doppelrille sichtbar.

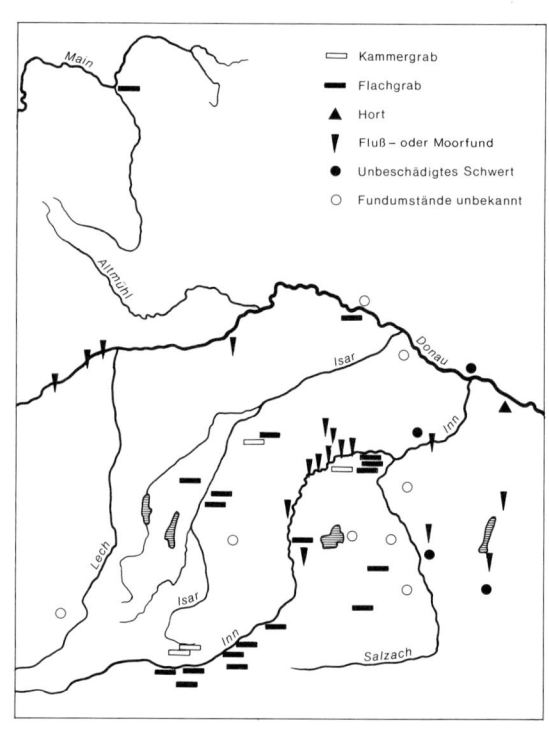

27 *Verbreitung der frühurnenfelderzeitlichen Vollgriffschwerter in Bayern nach Fundarten (nach W. Torbrügge mit einzelnen Nachträgen).*

28 *Dreiwulstvollgriffschwert aus dem Inn bei Ehring. Maßstab 1:3.*

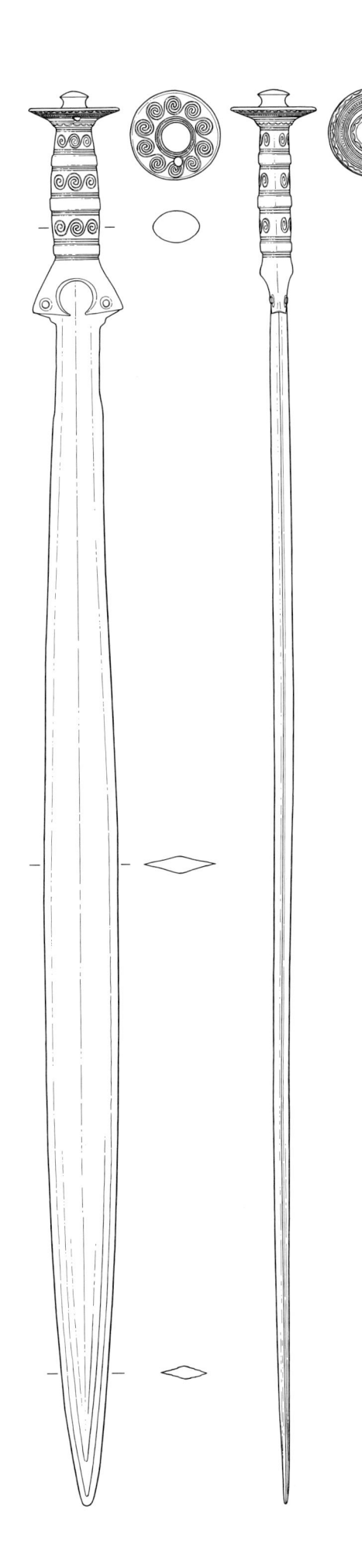

Überzogen ist das Schwert von grüner, teilweise krustiger Patina, im unteren Schneidendrittel wechselt die Färbung ins Bräunliche bis Goldene über.

Der Fund aus dem Inn bei Ehring gehört zu einer Gruppe von gleichartigen Waffen des 13./12. Jahrhunderts v. Chr., deren Produktionsstätte im Raum zwischen Isar und Enns zu lokalisieren ist. Der Großteil der Schwerter dieses Typs stammt aus Südostbayern und Oberösterreich, vereinzelte Exemplare streuen bis nach Nord- und Westdeutschland, Polen, Niederösterreich, in die Slowakei und Serbien. Das östliche Alpenvorland zu beiden Seiten von Salzach und Inn bildet zu Beginn der Urnenfelderzeit ein relativ scharf abgegrenztes Gebiet, in dem gehäuft Vollgriffschwerter, vor allen Dingen als Flußfunde, begegnen. Hierin besteht ein grundsätzlicher Unterschied zu den schwertarmen Gebieten Südwestbayerns, wohingegen die benachbarte Nordtiroler Urnenfeldergruppe zwar in einigem Maße Schwerter kennt, jedoch weitgehend als Grabbeigabe. Neben einem Brauchtumskreis wird so in Südostbayern (wie auch in Nordtirol) in besonderem Maße eine soziale Differenzierung sichtbar, die am ehesten als die Herausbildung einer Art »Schwertadel« zu beschreiben ist; die Wurzeln dieser Entwicklung liegen im ostalpinen und letztlich im ägäischen Raum. Bezeichnend für den gesellschaftlichen Rang, der sich symbolhaft im Schwert ausdrückt, erscheint die Tatsache, daß das bisher reichste Grab dieser Zeitstellung in Südbayern, das Wagengrab von Hart a. d. Alz, Landkreis Altötting, das man getrost als Grablege eines Territorialfürsten bezeichnen kann, ebenfalls eine Waffe vom Typ Erlach enthielt.

Auch der Fundort des hier vorgestellten Dreiwulstvollgriffschwertes fügt sich gut in den Rahmen der Fundgruppe ein (Abb. 27). Die Versenkung wertvoller Waffen entspricht einer Sitte, die während der frühen Urnenfelderzeit ganz allgemeine Verbreitung hatte, in besonderem Maße aber in Südostbayern und Oberösterreich. Die Gründe dieser Entäußerung sind im Kultischen und Rituellen zu suchen, zufälliger Verlust scheidet auf jeden Fall aus. Daß der Inn um Mühldorf im Kartenbild durch eine besondere Häufung von Funden auffällt, ist allerdings eher auf die dort verstärkt vorgenommenen modernen Eingriffe in den Fluß als auf eine tatsächliche antike Konzentration zurückzuführen.

S. Winghart

Die urnenfelderzeitliche Nekropole von Zuchering

Stadt Ingolstadt, Oberbayern

29 *Zuchering. Luftbild der urnenfelderzeitlichen Nekropole.*

Im Spätsommer des Jahres 1983 erfuhr das Bayer. Landesamt für Denkmalpflege, daß die landwirtschaftlich genutzten Flächen im Osten der Ortschaft Zuchering für eine Neubausiedlung erschlossen werden sollten. Auf diesem Areal hatte der Luftbildarchäologe O. Braasch bereits Bewuchsmerkmale entdeckt, die auf eine weitläufige und intensive Siedlungstätigkeit hinwiesen.

Mit großzügiger Unterstützung verschiedener Dienststellen der Stadt Ingolstadt leitete das Bayer. Landesamt für Denkmalpflege daher eine Grabung ein, wobei bis zum Jahresende 1983 rund 100 Gräber einer urnenfelderzeitlichen Nekropole untersucht wurden. Die Grabungskampagne 1984 erbrachte dann insgesamt 245 Grabinventare sowie die nördliche Begrenzung des Gräberfeldes (Abb. 29). Somit ist es – wenn auch nur teilweise – gelungen, eine der größten urnenfelderzeitlichen Nekropolen Bayerns freizulegen.

Was die Luftaufnahmen vor der Ausgrabung nicht zeigten, war die bemerkenswerte und bislang kaum beobachtete Differenzierung in der Bauweise der einzelnen Grabanlagen. Die einfachste Form stellt eine Grabgrube dar, die lediglich zur Aufnahme einer Urne diente. In dieser fanden sich der Leichenbrand, einige kleine Beigefäße und gelegentlich auch Bronzegegenstände. Nahezu regelmäßig konnte bei dieser Bestattungsform außerhalb der großen Urne ein kleines Beigefäß beobachtet werden.

Neben den Gefäß- und Metallbeigaben sind gelegentlich angetroffene »exotische« Fundstücke von besonderem Interesse. Hierzu zählen einige Meeresschneckenschalen, die mediterraner Herkunft sind und offensichtlich als Schmuck Verwendung fanden. Blaue und blauweiße Glasperlen unterschiedlicher Machart, Bernsteinanhänger sowie rad- und kugelförmige Tonobjekte sind entsprechend zu beurteilen; Goldblechfragmente und -streifen, Golddrähte sowie geschmolzenes Gold dienten wohl ursprünglich als Gewandbesatz.

Um etwa ein Drittel der Urnengräber liefen Kreisgräben bis zu 20 m Durchmesser, in denen vermutlich einst Palisadenzäune standen; darüber hinaus konnten auch quadratische und rechteckige Einfassungen beobachtet werden. Eine außergewöhnlich große rechteckige Einfriedung enthielt eine flache Grabgrube mit Leichenbrandschüttung, auf der 13 kleine Gefäße, darunter eine Schöpftasse aus Bronze, deponiert waren. Die Schöpftasse besteht aus zwei aneinandergenieteten, getriebenen Bronzeblechteilen mit reicher geometrischer Punzverzierung an Rand und Boden. Der mit zwei Nieten an das Gefäß befestigte, gegossene Griff endete in einen stilisierten Rinderkopf mit ausgeprägten Hörnern.

Im nordöstlichen Bereich der untersuchten Fläche kamen rechteckige Gruben mit Brandschüttungen zutage, die mit Tongeschirrsätzen und reichen Bronzebeigaben ausgestattet waren. Verkohltes Holz wies auf hölzerne Grabgrubeneinbauten hin. Einige dieser Gräber waren von Kreisgräben, andere von quadratischen oder rechteckigen Pfostenstellungen eingefaßt, wobei letztere wohl einst ein Dach trugen.

Ohne den Ergebnissen der Fund- und Befundbearbeitung vorgreifen zu wollen, kann schon jetzt zusammenfassend festgestellt werden, daß die Nekropole von Zuchering kontinuierlich während der gesamten Urnenfelderzeit (13. bis 8. Jahrhundert v. Chr.) belegt wurde. Die geplante vollständige Untersuchung des Gräberfeldes dürfte eine Vielzahl neuer Aspekte zur Chronologie und Kultur dieser Epoche liefern.

K. H. Rieder

Eine urnenfelderzeitliche Siedlung mit Gräberfeld von Eching

Landkreis Freising, Oberbayern

Seit dem Erscheinen dieser Zeitschrift verging kein Jahr, ohne daß in ihr über eine oder mehrere Grabungen im Gemeindegebiet von Eching berichtet wurde. Auch 1984 bedingte die industrielle Bebauung des Grundes rings um den bekannten »Großen Kreis« (Das archäologische Jahr in Bayern 1982, 102 f.) eine archäologische Untersuchung, wobei es in einem Zeitraum von drei Monaten die mit ca. 8 ha bislang größte zusammenhängende vor- und frühgeschichtliche Siedlungsfläche der Münchner Schotterebene aufzudecken galt (Abb. 30). Da

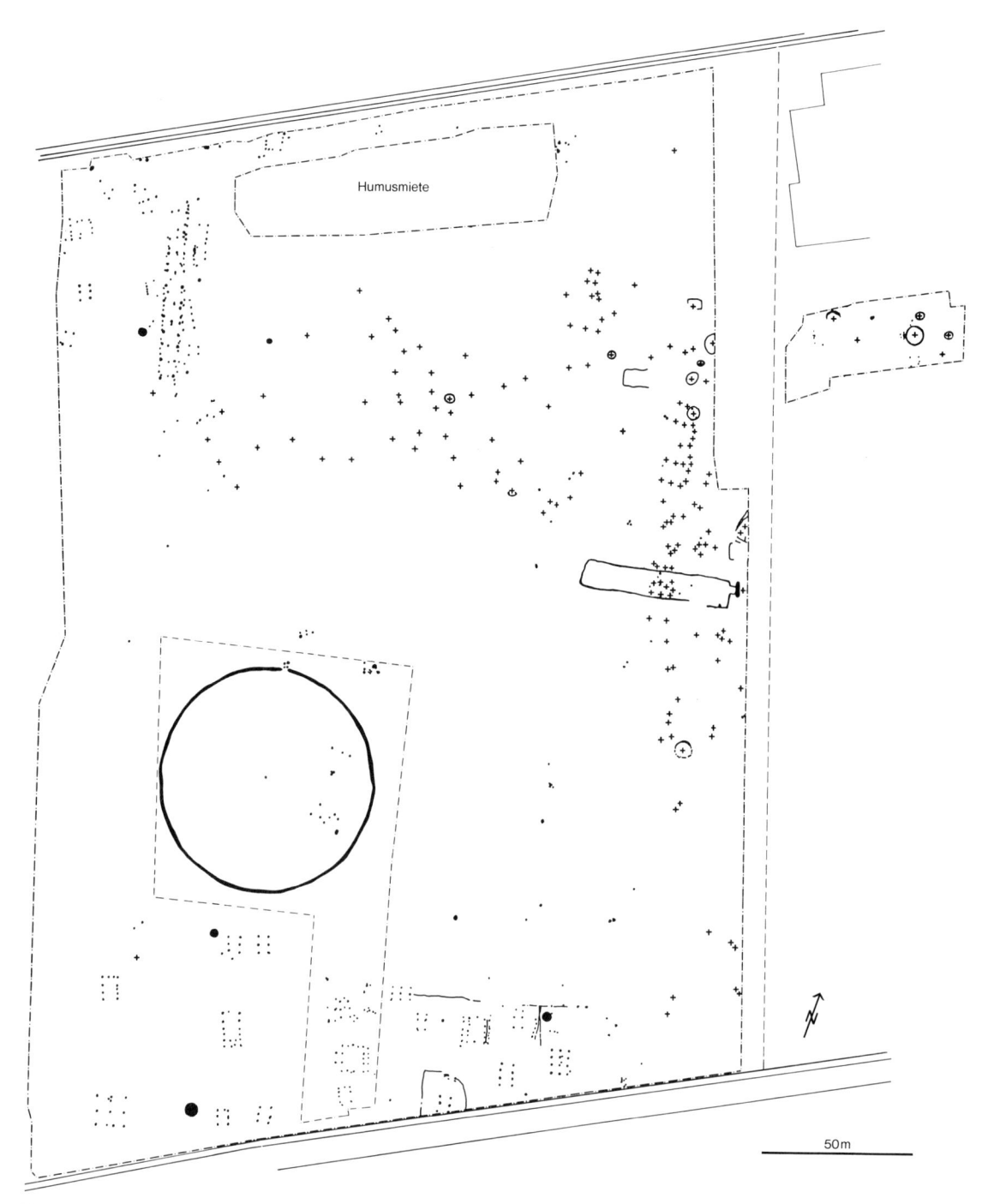

30 *Eching. Plan der urnenfelderzeitlichen Siedlung mit Gräberfeld.*

die Freilegung derartiger Areale nach »schulmäßiger« Art nicht möglich ist, muß sich die Archäologie hier der Möglichkeit des maschinellen Erdabtrags bedienen und versuchen, die dabei entstehenden hohen Kosten durch Zuschüsse Dritter zu senken. Weil die hier vorgestellte Ausgrabung ohne die großzügige Unterstützung der Bayerischen Industrie- und Gewerbebau GmbH nicht durchführbar gewesen wäre, ist es dem Berichterstatter ein Anliegen, der Firma an dieser Stelle herzlich zu danken.
Bereits die Untersuchung des Jahres 1981 hatte gezeigt, daß südlich an den »Großen Kreis« die Spuren einer vorgeschichtlichen Siedlung anschließen; von ihr konnten 1984 weitere Teile erforscht werden: Inzwischen gelang der Nachweis von 16 ehemaligen Gebäuden. Im Westen, Norden und Süden sind die Dorfränder erfaßt,

im Süden bleibt die Begrenzung weiterhin offen. Die Grundrisse der Nord-Süd gerichteten Pfostenhäuser entsprechen einem mittlerweile wohlbekannten Schema. Sie lassen einfache Gebäude mit je drei, vier und sechs Wandpfosten, teils mit, teils ohne Firstpfostenreihe erschließen. Ihre Länge schwankte zwischen 5 und 10 m, die Breite zwischen 3 und 9 m. Etwas aus dem Rahmen fallen zwei Bauten mit Stützpfostenreihen für ein tief herabgezogenes Dach sowie ein Haus mit ovaler Umfriedung und angedeuteter Torgasse. Rudimentär erhaltene, rechtwinklig aufeinander zulaufende Zaungräbchen deuten eventuell auf Abgrenzungen von Wohn- und Wirtschaftseinheiten. Soweit bisher erkennbar, scheint die Siedlung einphasig zu sein, die gleichartige Fluchtung läßt außerdem auf eine annähernde Gleichzeitigkeit der einzelnen Komplexe schließen. Daß an keiner Stelle eine Überlagerung mit dem großen Ringgraben vorhanden ist, muß zwar nichts besagen, schließt aber immerhin die Möglichkeit ein, daß Kreis und Siedlung zur selben Zeit bestanden. Endgültiges läßt sich hierzu freilich erst nach Abschluß der Konservierung des recht spärlichen Fundmaterials sagen, das, soweit schon jetzt beurteilbar, in die Urnenfelderzeit zu datieren ist.

Denkbar wäre allerdings auch eine Beziehung des »Großen Kreises« zu einer nordwestlich anschließenden Siedlung, deren größter Teil bereits 1980 ergraben worden war (Das archäologische Jahr in Bayern 1980, 84 f.). Ihre Randzonen fanden sich in der Nordwestecke der neu untersuchten Fläche. Da 1979 Reste eines sogenannten Herrenhofes entdeckt wurden, datierte man bislang das gesamte Dorf in die Hallstattzeit. Es ist jedoch mehrphasig und hinsichtlich seiner Bestandszeit sicher noch nicht endgültig bestimmt. Der 1984 freigelegte Teil weist sieben Gebäudegrundrisse auf, von denen sechs dem oben beschriebenen Muster entsprechen. Ein siebter weicht insofern vom Geläufigen ab, als sich aus ihm ein zweischiffiges Langhaus von über 50 m Länge und 5 m Breite rekonstruieren läßt. Er besaß somit eine Grundfläche von über 250 qm. Eventuell deutet das zu diesem Siedlungsteil hin geöffnete Tor des »Großen Kreises« eine wechselseitige Beziehung an.

Als sicher anzunehmen ist eine solche bei dem ausgedehnten Bestattungsplatz, der in einem Abstand von 60 bis 100 m nördlich und östlich um den »Großen Kreis« angelegt gewesen war. Wenngleich man für endgültige Aussagen noch die Konservierung der Grabinventare abwarten muß, steht bereits jetzt eine Belegung von der frühesten bis in die späteste Urnenfelderzeit fest, mithin also über einen Zeitraum von 400 bis 500 Jahren. Reste von Grabarchitektur begegnen in mehreren Varianten, wobei zu größeren, rechteckigen Einfriedungen mit Torgasse bislang nur wenige Parallelen bekannt sind. Häufiger gibt es hingegen Beispiele für runde und ovale Grabeinhegungen, zu denen nach unserer Auffassung der »Große Kreis« in ideeller Verwandtschaft steht.

Das Gemeindegebiet von Eching weist eine ungewöhnliche Dichte an vorgeschichtlichen Siedlungen auf, was sicherlich ökologisch-geographisch durch die Lage am Rande des Dachauer Mooses begründet ist. Soweit jetzt schon erkennbar ist, scheinen sich der Siedlungsgang und die Entwicklung der Bevölkerung vom Beginn der Urnenfelderzeit bis zum Ende der Hallstattzeit bzw. der frühen Latènezeit kontinuierlich und ohne Brüche vollzogen zu haben. Ohnehin erscheint das bisher gültige archäologische Bild eines tiefgreifenden Kulturbruches zum Anfang der Eisenzeit, zumindest für Bayern, in weiten Teilen revisionsbedürftig. Eher scheint sich der Wandel in der allmählichen Herausbildung einer lokalen Führungsschicht anzuzeigen; die Wohnsitze dieser Gruppe werden wir in den »Herrenhöfen« zu suchen haben. In Eching, wo ein urnenfelderzeitliches Dorf mit eher gleichartigen Gebäuden von einer hallstattzeitlichen Ansiedlung mit einem solchen Herrenhof abgelöst wird, bestätigt sich diese These. Ob allerdings im »Großen Kreis« sogar eine Art von Kultkontinuität zum Ausdruck kommt, bleibt beim gegenwärtigen Forschungsstand noch Spekulation.   S. Winghart

Neue Ausgrabungen im urnenfelderzeitlichen Gräberfeld von München-Obermenzing

Landeshauptstadt München, Oberbayern

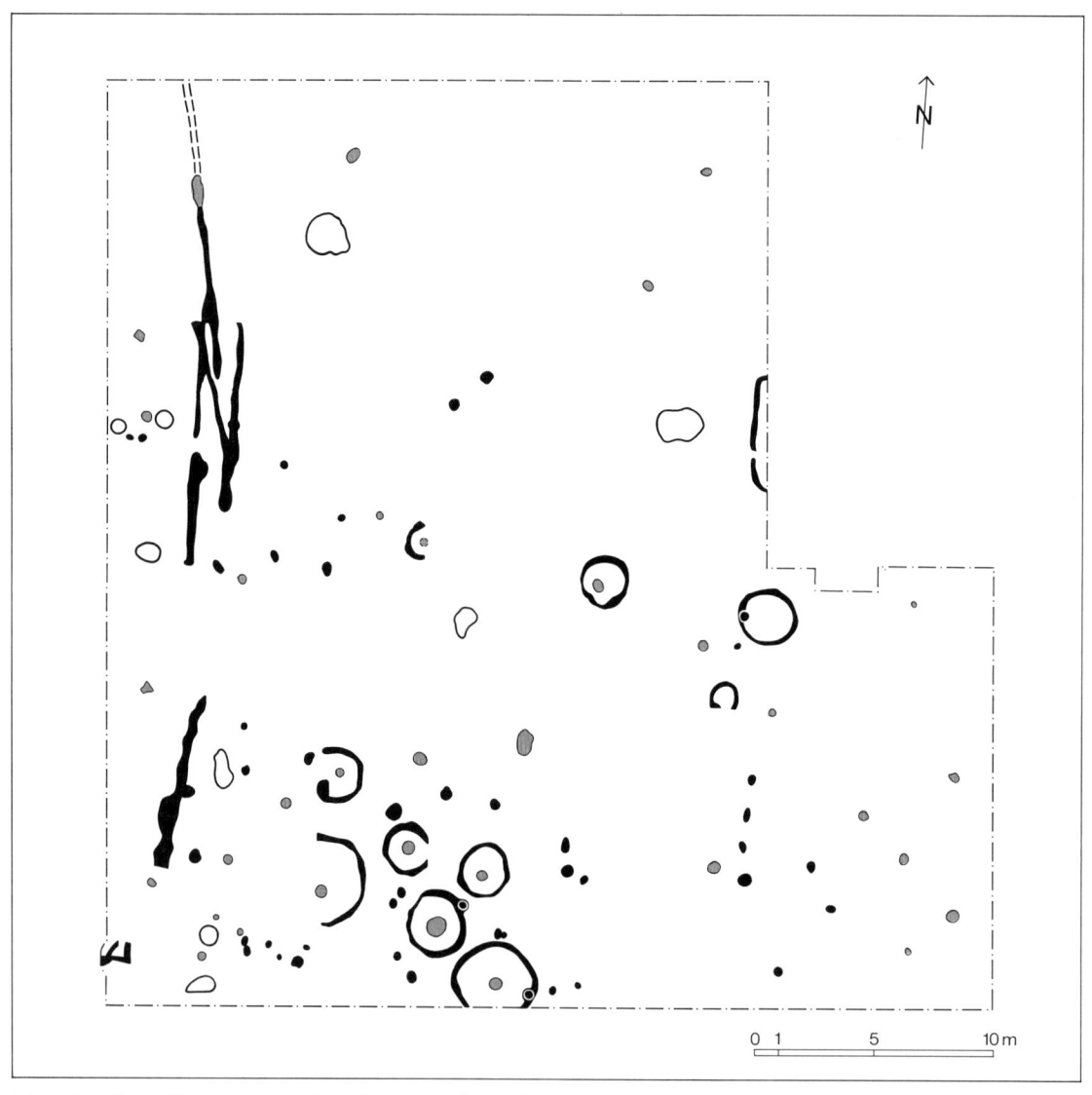

31 *München-Obermenzing. Plan des Zentralbereichs des Gräberfelds. Grabung 1984.*

Seit nahezu einem Vierteljahrhundert ist im Münchner Stadtteil Obermenzing ein Gräberfeld der Urnenfelderzeit bekannt. Die dort vorherrschende Einfamilienhausbebauung gab seit 1951 zwar immer wieder Gelegenheit zu punktuellen Untersuchungen, größere Einblicke blieben der Archäologie bislang aber verwehrt. Soweit dies aus der Kartierung der in den vergangenen Jahren geborgenen Bestattungen ablesbar war, befand sich der Kernbereich des Urnenfriedhofes unter einem noch brachliegenden Grundstück. Daß es gelang, diesen Teil ohne Zeitdruck aufzudecken, ist der Initiative einer Obermenzinger Bürgerin und des Bezirksausschusses zu verdanken. Die Durchführung, die durch die großzügige Unterstützung der Kulturstiftung einer Münchner Großbank sowie die aufgeschlossene Einstellung des Grundeigentümers ermöglicht wurde, fand unter der gemeinschaftlichen Regie des Bayer. Landesamts für Denkmalpflege und des Instituts für Vor- und Frühgeschichte der Universität München statt. Unter diesen erfreulichen Umständen konnten für Frühjahr und Herbst 1984 zwei Grabungskampagnen angesetzt werden (Abb. 31). Wie bei etlichen anderen Gräberfeldern der Münchner Schotterebene zeigte sich, daß auch in Obermenzing der Großteil der 35 Bestattungen in so geringer Tiefe lag, daß er durch den Pflug im ehemals landwirtschaftlich genutzten Terrain bereits stark in Mitleidenschaft gezogen war. Die heutige Fundlage unmittelbar unter der Grasnarbe dürfte allerdings kaum den ursprünglichen Verhältnissen entsprechen, sondern eher auf die Erosion des sanft nach Westen zur Würm hin abfallenden Geländes zurückzuführen sein.

Da die Konservierung der Funde noch nicht abgeschlossen ist, kann in diesem Zusammenhang nur eine vorläufige zeitliche und kulturelle Bewertung der Ausgrabungsergebnisse erfolgen. Von den nur spärlich vertretenen Bronzen sind etliche Stücke im Feuer des Scheiterhaufens bis zur völligen Unkenntlichkeit verschmolzen, bei den gut erhaltenen Stücken wird das Formenspektrum durch rundstabige Armringe, dünne Armreife und frühurnenfelderzeitliche Nadeln definiert. Die Grabgruben sind rund bis oval, Steinpackungen wurden nirgends festgestellt.

Der Leichenbrand lag regelmäßig zusammen mit einer wechselnden Anzahl von kleineren Beigefäßen in einer großen Urne. In neun Fällen waren die Gräber durch Kreisgräben besonders gekennzeichnet.

Der vorgeschichtliche Friedhof von Obermenzing ist der Gruppe der sogenannten Münchner Urnenfelder zuzurechnen. Sie sind mit einer Bevölkerung zu verbinden, die im 12. und 11. Jahrhundert v. Chr. vorwiegend auf den siedlungsgünstigen Terrassen von Isar, Amper, Würm und Hachinger Bach in dorfartigen Niederlassungen lebte. Die zum hier vorgestellten Gräberfeld gehörige Siedlung ist noch nicht entdeckt; wie sie in etwa ausgesehen haben könnte, zeigt das ebenfalls in diesem Band behandelte Beispiel von Eching, Landkreis Freising (vgl. S. 57 ff.).

S. Winghart

Das urnenfelder- und hallstattzeitliche Gräberfeld von Künzing

Landkreis Deggendorf, Niederbayern

Der Name Künzing wird von Archäologen und Historikern in aller Regel mit der römischen Vergangenheit des Ortes in Verbindung gebracht. Dies kommt nicht von ungefähr, besaß Künzing doch über Jahre hinweg das am besten erforschte mittelkaiserzeitliche Kastell Deutschlands, und auch die Grabungen der späten siebziger Jahre, die der spätantiken und frühmittelalterlichen Geschichte gewidmet waren, brachten wichtige Erkenntnisse zur Kontinuität von der Antike zum Mittelalter.

Diese reichen frühgeschichtlichen Quellen ließen die wesentlich ältere Geschichte des Ortes stark in den Hintergrund treten. Sie beginnt sporadisch mit einigen neolithischen Funden, um dann mit der Urnenfelderzeit einen ersten Höhepunkt zu erreichen. Bereits bei den Kastellgrabungen um 1960 kamen urnenfelderzeitliche Siedlungsreste mit Hausgrundrissen zum Vorschein. Da nun die Gemeinde Künzing unmittelbar östlich des Kastells ein Sportgelände errichten will, mußte von der Kreisarchäologie Deggendorf dort eine größere Untersuchung in die Wege geleitet werden. Anstatt der hier in größerem Umfang zu erwartenden Reste der römischen Zivilsiedlung kamen aber wesentlich ältere Siedlungsnachweise zum Vorschein (Abb. 32). Es handelt sich um einen großen Bestattungsplatz der ausgehenden Urnenfelder- und beginnenden Hallstattzeit mit bisher 116 Gräbern. Während im Norden, Westen und Süden die Grenzen des Friedhofes bekannt sind, ist die Ausdehnung nach Osten noch ungewiß. Mit einer einzigen Ausnahme handelt es sich bei den dem 8. und 7. Jahrhundert v. Chr. angehörenden Bestattungen um Brandgräber, die sich beiderseits eines Weges erstrecken. Dieser Weg führt direkt zu der unter dem Kastell entdeckten Siedlung und scheint einen unmittelbaren Zusammenhang zu belegen. Wie das zeitliche Verhältnis zwischen Siedlung und Nekropole anzusetzen ist, läßt sich erst nach einer Feingliederung der Grabfunde untersuchen. Voraussetzung hierfür ist die vollständige Restaurierung der Grabinventare, die derzeit mit Unterstützung der Deutschen Forschungsgemeinschaft durchgeführt wird.

Ist schon der Nachweis einer »Gräberstraße«

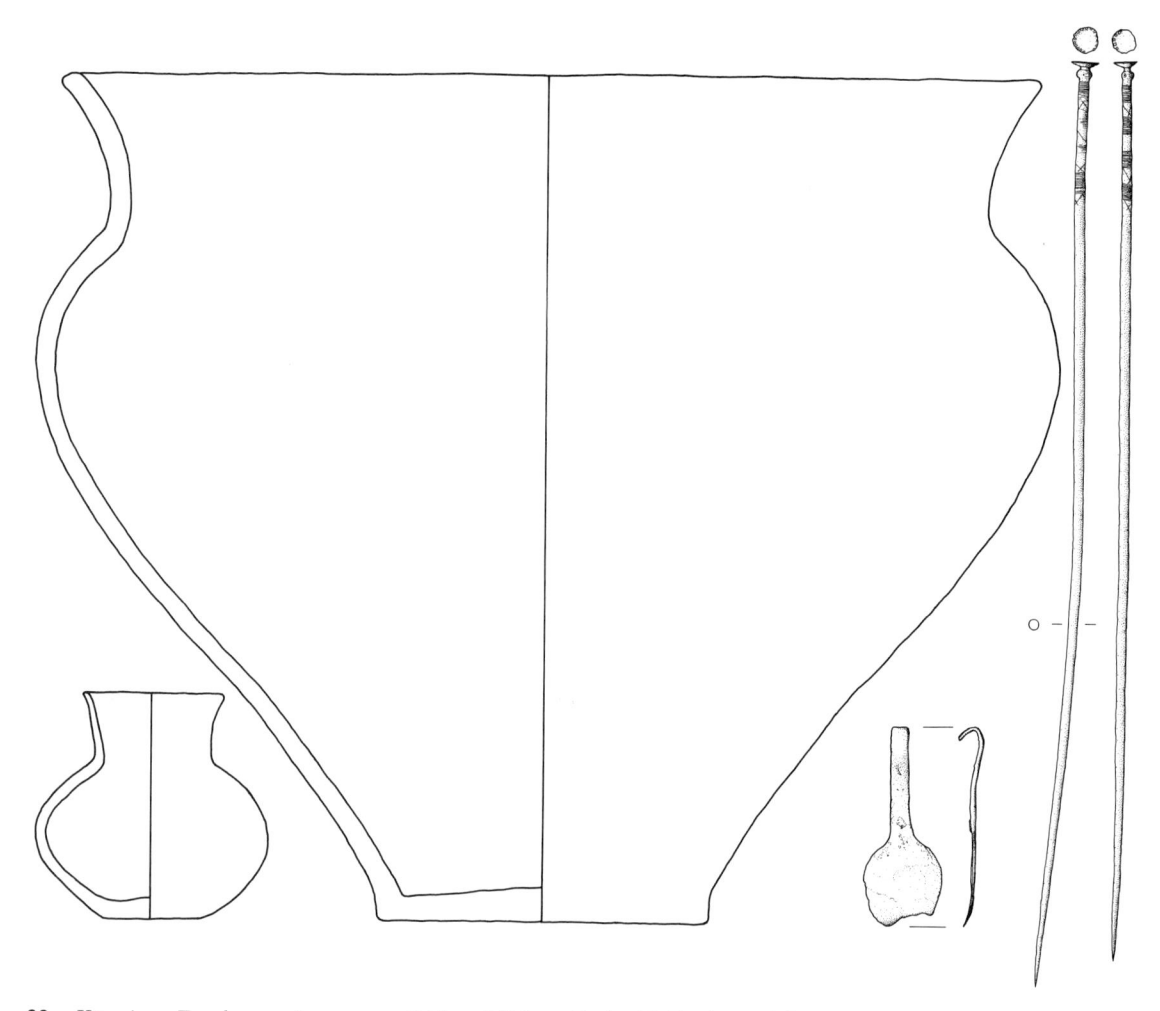

32 *Künzing. Funde aus einem urnenfelderzeitlichen Grab. Maßstab ca. 1:3.*

ein Novum für Süddeutschland, so wartet der Bestattungsplatz mit einer weiteren Besonderheit auf. Etwa zehn Prozent der Gräber sind nämlich von mehr oder weniger exakten, kreisförmigen Gräben umgeben. Hinzu kommen noch Kreisgräben ohne Bestattungen und eine große Rechteckanlage von ca. 10 x 24 m Ausdehnung.

Kannte man schon seit einiger Zeit kreisförmige Grabeinfriedungen aus urnenfelderzeitlichen und auch älteren Friedhöfen, so war die Kombination von kreisförmigen und rechteckigen Anlagen bisher überwiegend nur für die keltische Zeit erwiesen, ja sie galten sogar als typisch für keltische Gräberfelder zwischen der Champagne und der Slowakei seit dem 5. Jahrhundert v. Chr. mit einem Weiterleben bis in die ältere römische Kaiserzeit außerhalb der Grenzen des Imperium Romanum. Ohne es mit Ausnahme des Niederrheingebietes näher belegen zu können, war ein bereits früher einsetzender Traditionsstrang anzunehmen. Mit der Ausgrabung von Künzing lassen sich nun Einblicke in urnenfelderzeitliche Grabformen gewinnen, die recht gut mit keltischen in Einklang stehen. Als Glücksfall darf aber auch die Tatsache gewertet werden, daß mit den neu entdeckten Gräberfeldern von Ingolstadt-Zuchering und Eching bei München, die noch um vier bzw. zwei Jahrhunderte älter sind als die Künzinger Nekropole, ganz eindeutige Hinweise auf früheste Grabanlagen in verschiedenen Regionen Südbayerns zu gewinnen waren (vgl. S. 56 ff.). Jeder dieser Friedhöfe trägt in anderer Weise zur Kenntnis der kulturellen Verhältnisse zwischen dem 13. und 7. Jahrhundert v. Chr. bei. In Künzing ist vor allem an die kontinuierliche Belegung von der Urnenfelder- in die Hallstattzeit zu erinnern, die uns wieder einmal Hinweise auf eine Bevölkerungskonstanz an der Schwelle zur Eisenzeit gibt.

K. Schmotz

Eine späturnenfelderzeitliche Befestigungsanlage in Kronach-Gehülz

Stadt Kronach, Oberfranken

Die Abschnittsbefestigung »Heunischenburg« liegt auf dem nach Südwesten vorspringenden Wolfsberg. Im Nordwesten und Westen ist der Hang steil, im Südosten nur mäßig geböscht. Etwa 150 m östlich der Spornspitze läuft vom Nordwesthang ein kräftiger Abschnittswall zum Südosthang, ohne diesen jedoch zu erreichen. 20 m vor dem Hang zieht der Wall leicht nach innen und läßt eine 10 m breite Torlücke offen. Der 110 m lange, 7 bis 8 m breite und von außen 4 m hohe Wall ist aus großen Steinblöcken aufgebaut, so daß wir hier mit einer recht beachtlichen Stein-Holz-Mauer zu rechnen hatten. Ein dem Abschnittswall vorgelagerter Halsgraben ließ sich erst im Zuge der Ausgrabung nachweisen. Auf der südlichen, weniger steilen Hangkante konnte ein schwaches Befestigungssystem in Form einer Palisade ergraben werden. Im Innenraum der Anlage sowie in ihrem südlichen Bereich liegen mehrere Steinhaufen und Steinriegel, die sich als neuzeitlich erwiesen.

Die 1983 und 1984 durchgeführten Ausgrabungen wurden vollständig vom Arbeitsamt Coburg und vom Landkreis Kronach finanziert.

Im 5 m breiten und 30 m langen Schnitt, der 1983 durch den großen Abschnittswall gelegt wurde, kam zuunterst eine älterurnenfelderzeitliche Siedlungsschicht zutage, zu der eine Reihe von Pfostenlöchern gehört, bei denen es sich wohl um Reste einer ersten Befestigung handelt. Darüber liegt eine etwa 3 m breite, aus drei Steinschalen bestehende, ursprünglich etwa 4 m hohe Mauer. Zwischen den Steinschalen fanden sich die verbrannten Reste von Holzbalken. Östlich waren eine zweite, einschalige Steinmauer und nochmals etwa 4 m weiter ein Graben vorgelagert. Über das zeitliche Verhältnis der dreischaligen und der einschaligen Stein-

33 *Kronach-Gehülz. Steinmauer und Pforte der späturnenfelderzeitlichen Befestigung.*

mauer bestand vorerst noch Unklarheit. Zwei Holzkohleproben wurden freundlicherweise vom Labor für ^{14}C-Datierung des Instituts für Ur- und Frühgeschichte der Universität Köln (Th. Schulte im Walde) durchgeführt, wobei sich als Daten 2760±55 und 2780±55 vor heute ermitteln ließen. Das bedeutet, daß unsere Steinmauer um 800 v. Chr., also am Ende der Urnenfelderzeit, errichtet worden sein muß. An archäologischen Funden kamen aus dem Mauerbereich lediglich einige urnenfelderzeitliche Bronzepfeilspitzen zutage.

Der äußerst wichtige Befund machte 1984 eine zweite Ausgrabung notwendig, die auf einer Fläche von etwa 600 qm durchgeführt wurde und das Verhältnis der beiden Steinmauern zueinander sowie die Torsituation klären sollte. Am Ende dieser Grabungskampagne zeigte sich folgendes Bild: Die innere, dreischalige, noch bis zu 2 m hoch erhaltene Steinmauer endet etwa 20 m vor dem Tor. Möglicherweise ist die äußerste Schale im Zuge einer Ausbesserung vorgeblendet worden. Die 4 m weiter vorgelagerte einschalige Mauer umschreibt einen Bogen und schließt an die dreischalige Mauer an, so daß diese mindestens teilweise zeitgleich sind. Von hier aus setzt sich die Befestigung, nach einer etwa 1,5 m breiten Mauerlücke, nur noch als einschalige Mauer in die Torgasse fort (Abb. 33). Diese Mauerlücke war offenbar mit Holz überdeckt. Es scheint sich bei ihr um eine Art Ausfallpforte zu handeln, wie sie uns vom mediterranen Burgenbau bekannt ist. Die Grabung in dem ganzen Bereich zwischen der Pforte und dem mächtigen, von Steinmauern flankierten Zangentor ist noch nicht abgeschlossen, so daß sich die Situation noch nicht endgültig beurteilen läßt. Die Untersuchungen sollen 1985 beendet und im Anschluß daran der Mauerbefund rekonstruiert werden.

Im Gegensatz zur ersten Grabung erbrachte die zweite über 200 Bronzegegenstände, die teilweise aus einer Art Deponierung nahe der Pforte stammen. Es kamen 50 Bronzepfeilspitzen unterschiedlicher Form, vier Lanzenspitzen (eine davon enthielt noch den Schaftrest aus Eibenholz – freundliche Bestimmung von Dr. J. Draheim), vier Rasiermesser, mehrere Nadeln, ein Bruchstück eines Möriger Schwertes mit Aufhängung, ein weiteres Schwertbruchstück, zwei fragmentarische Messer, eine Sichel, sechs Phaleren und zahlreiche Bleche und Niete, von denen wenigstens einige zu Panzerungen gehören dürften, zutage. Einige Funde sind frühurnenfelderzeitlich und gehören wohl zu der älteren Siedlungsschicht. Die Masse der Nadeln und Lanzen, die Schwert- und Messerbruchstücke, die Rasiermesser und die Sichel sind jedoch späturnenfelderzeitlich und stützen somit die naturwissenschaftliche Datierung. Der in Thonberg gefundene bronzene Kappenhelm paßt ebenfalls in diesen zeitlichen Horizont und dürfte wohl von einem vornehmen Krieger getragen worden sein, der in enger Beziehung zu der Befestigung stand.

Einige Pfeilspitzen lagen im Versturz der Steinmauer. Brandspuren sowie die Pfeilspitzen zeigen, daß unsere Befestigung im Zuge einer kriegerischen Auseinandersetzung ihr Ende gefunden haben dürfte. Auffällig ist, daß die beiden Schwerter nur bruchstückhaft und drei der vier Lanzen stark beschädigt gefunden wurden. Sie vermitteln den Eindruck, als hätte man sie absichtlich unbrauchbar gemacht und dann deponiert.

Die Mächtigkeit der Wehranlage in Verbindung mit ihrer relativ kleinen Ausdehnung spricht für einen späturnenfelderzeitlichen Herrschaftsmittelpunkt, von dem aus möglicherweise die von Westen nach Osten ziehende Paßstraße überwacht wurde.

B.-U. Abels

Ein urnenfelderzeitlicher Hortfund vom Schwanberg

Gemeinde Rödelsee, Landkreis Kitzingen, Unterfranken

In den Jahren 1983/1984 fand M. Brooks auf der Hochfläche des Schwanbergs ein kleines Bronzedepot sowie eine Anzahl weiterer Einzelbronzen der jüngeren Urnenfelderzeit. Diese Neufunde sind um so beachtenswerter, als der Schwanberg durch die Entdeckung zahlreicher, teilweise spektakulärer Depotfunde auf den benachbarten Höhenbefestigungen des Bullenheimer Berges und des Großen Knetzberges zunehmend in den Hintergrund trat. Erst mit der

Auffindung eines endbronzezeitlichen Beilhortes rückte der Schwanberg erneut in den Blickpunkt des Interesses, führte jener Befund doch auch zum Nachweis des bisher ältesten Befestigungswerkes in Mainfranken (Das archäologische Jahr in Bayern 1980, 78 f.; 1981, 94 f.; 1982, 50 ff.). Mit den Neufunden hingegen wird erstmals auch die Art der urnenfelderzeitlichen Nutzung des Berges deutlicher faßbar.

Der kleine Depotfund (Abb. 34) stammt aus dem Südteil der von der Hauptbefestigung eingegrenzten Hochfläche. Seine Bestandteile lagen sekundär verlagert in einer Tiefe von 0,30 m auf einer Fläche von 1 qm. Die Fundsituation läßt mit großer Wahrscheinlichkeit auf eine gleichzeitige Deponierung der Objekte schließen. Ein nicht beabsichtigter Verlust oder gar ein Grabfund scheidet nach der Fundsituation als Deutung jedenfalls aus. Der Depotfund enthält einen vollständigen Armring, das Bruchstück eines tordierten Halsringes und eine Schwertspitze. Während sich die beiden Bruchstücke zeitlich und typenmäßig nicht näher einordnen lassen, gehört der massive, gegossene Armring aufgrund seiner charakteristischen Zierweise zur Gruppe der sogenannten Steggruppenringe. Wenn auch zu unserem Stück exakte Vergleichsfunde bisher fehlen, so läßt es sich doch typologisch einer Gruppe von solchen Ringen zuordnen, die sowohl in Gräbern als auch in Depots vorkommen und deren Hauptverbreitungsgebiet vom Oberrhein bis in die Wetterau reicht. Dort stellt diese Ringform eine Leitform des frühen Abschnittes der jüngeren Urnenfelderzeit (Hallstatt B1) dar. In diese Zeitstufe läßt sich auch unser Depot einordnen. Offenbar gehört es zu einer intensiven jüngerurnenfelderzeitlichen Nutzungsphase, die durch weitere Einzelfunde auf diesem Berg hinlänglich bezeugt wird. An Neufunden seien hier genannt: ein oberständiges Lappenbeil, eine kleine verzierte Eikopfnadel und eine »bombastische«, im »Pfahlbaustil« verzierte Eikopfnadel (Abb. 34, 1). Diese Nadelform, die in Schweizer Seeuferstationen häufiger auftritt, in Franken jedoch bislang fehlte, findet neuerdings auf dem Großen Knetzberg in mindestens drei Hortfunden – darunter einem reinen Na-

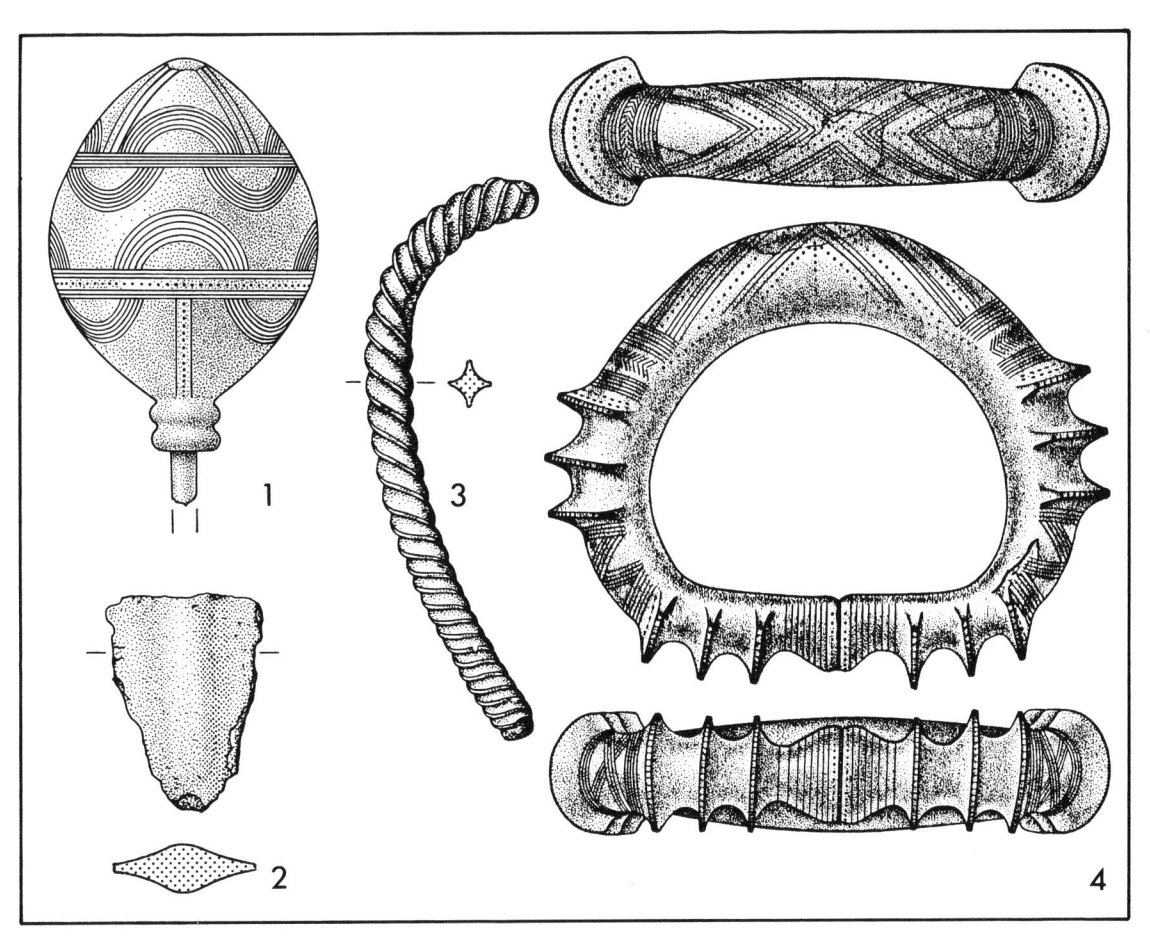

34 *Schwanberg. 1 Einzelbronze; 2–4 Hortfund der jüngeren Urnenfelderzeit. 1, 4 Maßstab 1:1; 2, 3 Maßstab 2:3.*

delhort – ihre direkten Parallelen. Entsprechend mag die Nadel vom Schwanberg Bestandteil eines »Nadelopfers« gewesen sein.

Wenn auch über die Bedeutung unseres Depotfundes vom Schwanberg derzeit nur vorläufige Aussagen möglich sind, reizt der Fundkomplex dennoch zu Überlegungen. Nach einem Vergleichsfund aus Südhessen mit ganz ähnlicher Zusammensetzung ist die Auswahl seiner Bestandteile wohl kaum rein zufälliger Natur. Vielmehr scheinen sich in dieser sich andeutenden Regelhaftigkeit gleichartige Intentionen der dahinterstehenden Einzelperson oder Personengruppe abzuzeichnen. Überdies dürfte der Armring wegen seiner geringen Größe und fehlender Abnutzungsspuren kaum praktische Verwendung gefunden haben. Insofern könnte man annehmen, daß er von vornherein als religiöses Votivobjekt hergestellt worden ist. Ebenso läßt sich das Vorkommen eines Halsring- und Schwertbruchstücks in den größeren Rahmen entsprechender Deponierungspraktiken einordnen.

Die Neufunde bereichern somit die Zahl der jüngerurnenfelderzeitlichen – wenn auch zeitlich gestaffelt deponierten – Bronzehorte auf den drei großen Höhenbefestigungen Mainfrankens. Die auffallende Massierung an Depots rückt sie in ihrer Deutung auch in die Nähe von »Höhenheiligtümern«, deren Verhältnis von Befestigung, Innenbesiedlung und Deponierungsvorgängen freilich erst noch geklärt werden muß. Dies ist auch das Arbeitsfeld bereits begonnener Forschungstätigkeit.   G. Diemer

Wirtschaftshof und Grabhügelfeld der Hallstattzeit bei Wolkshausen-Rittershausen

Gemeinde Gaukönigshofen, Landkreis Würzburg, Unterfranken

Im Herbst 1984 wurde die im Vorjahr begonnene systematische Untersuchung der ersten hallstattzeitlichen Gehöftanlage Mainfrankens planmäßig fortgesetzt (Das archäologische Jahr in Bayern 1983, 72 ff.). Dabei erbrachte die Untersuchung von weiteren 7000 qm Ackerland eine Fülle von wichtigen Ergebnissen, die das Gesamtbild wesentlich abrunden (Abb. 35). Bereits vollständig aufgedeckt wurde der Umfassungsgraben der Anlage, die – weithin sichtbar – an der Spitze eines nach Osten gerichteten Geländerückens im Gemeindegebiet von Gaukönigshofen liegt und durch die Gemarkungsgrenze der Gemeindeteile Wolkshausen und Rittershausen genau in zwei Hälften geteilt wird (Abb. 36, 1). Es zeigte sich ein 110 x 110 m großes, annähernd trapezoides Grabengeviert mit abgerundeten Ecken. Der durchschnittlich 2,50 m breite, im anstehenden Lößlehm nur noch bis zu 80 cm tief erhaltene Sohlgraben wies an acht Stellen deutliche, 0,40 bis 1,50 m breite Unterbrechungen bzw. Erdbrücken für pfortenartige Durchlässe auf. Zwei weitere, 5 bzw. 7 m breite Unterbrechungen des Grabens im Bereich der südwestlichen Biegung, die voneinander lediglich durch ein sehr kurzes, 1,50 m langes Grabenstück getrennt sind, deuten wohl ebenso wie eine 3 m breite Grabenunterbrechung in der Mitte der Ostseite auf je eine Torsituation hin (Haupteingänge?). Die Grabenfüllung bestand aus dunklem Kulturschutt, aus dem wiederum eine überraschende Fülle an Fundmaterial geborgen werden konnte: Fein- und Grobkeramik in einer breiten Palette an Gefäßgattungen (darunter mehrere Tontrichter), Webgewichte, Spinnwirtel, Eisenmesser, Tierknochen, Mahlsteinbruchstücke und Hüttenlehm. Zusammen mit den angetroffenen Spuren der Innenbebauung erlauben diese Funde nicht nur erste Rückschlüsse auf eine respektable, ständig bewohnte Gehöftanlage, sondern lassen auch darauf schließen, daß die Erzeugung und Verarbeitung landwirtschaftlicher Produkte die bestimmenden wirtschaftlichen Faktoren der einstigen Bewohner waren. In der bisher zu etwa 75 Prozent aufgedeckten Innenfläche hatten sich – bedingt durch die sehr intensive landwirtschaftliche Nutzung und die dadurch hervorgerufene Bodenerosion – fast nur im nordwestlichen Teil Spuren einer Innenbebauung erhalten, dazu eine Anzahl unregelmäßiger – nahezu fundloser – Gruben einer mittelneolithischen (?) Vorgängersiedlung (Abb. 36, 2; gepunktete Objekte). Besondere Beachtung verdienen sodann die Befunde eines endneolithischen Begräbnisplatzes mit bisher acht schnurkeramischen Hockerbestattungen (Abb. 36, 2 und Beitrag Hoppe S. 42 ff.), aber auch die Feststellung einer (ursprünglich wohl umfangreicheren) Gruppe von mindestens elf bereits verebneten Grabhügeln im unmittelbar westlich anschließenden Vorgelände, deren Entdeckung dem Referat Luftbildarchäologie (O. Braasch) verdankt wird (Abb. 36, 1). Sowohl die topographische Situation als auch die noch erkennbaren Abmessungen der Hügel, die einen merklich größeren Durchmesser als die in Mainfranken normalerweise üblichen Kleinhügel des Endneolithikums aufweisen, deuten am ehesten auf eine Zusammengehörigkeit von Bestattungsplatz und Gehöftsiedlung hin, d. h. auf ein Ensemble von seltener Vollständigkeit.

Obwohl ein Großteil der hallstattzeitlichen Befunde der landwirtschaftlichen Bewirtschaftung bereits zum Opfer gefallen war, deuten die vorliegenden Anhaltspunkte auf eine ursprünglich weitgehend geschlossene Bebauung des Innenraums hin. An einigen Stellen reichten die Bebauungsspuren sehr nahe an den Umfassungsgraben heran, weshalb dort die Annahme eines ehemaligen Wallverlaufs wenig glaubhaft erscheint. An baulichen Befunden traten im Siedlungsbereich zahlreiche Pfostengruben zutage, die sich in vier Fällen zu ebenerdigen Rechteckhäusern A–D mit vier, sechs bzw. acht(?) Pfosten ordnen lassen. Außerdem konnten bisher sechs durchschnittlich 3 x 2,5 m große »Kellergruben« a–f mit mehr oder minder regelmäßigem, teilweise rechteckigem Umriß aufgedeckt werden. Diese Gruben, von denen einige offenbar sekundär als Abfallgruben dienten, besaßen steile Wände, die in der Regel noch 1,40 m tief unter das heutige Terrain hinabreichten. Hinsichtlich ihrer Größe und Bauweise – und daher

35 *Wolkshausen-Rittershausen. Luftbild der hallstattzeitlichen Gehöftsiedlung während der Ausgrabung im Jahr 1984. Ansicht von Westen.*

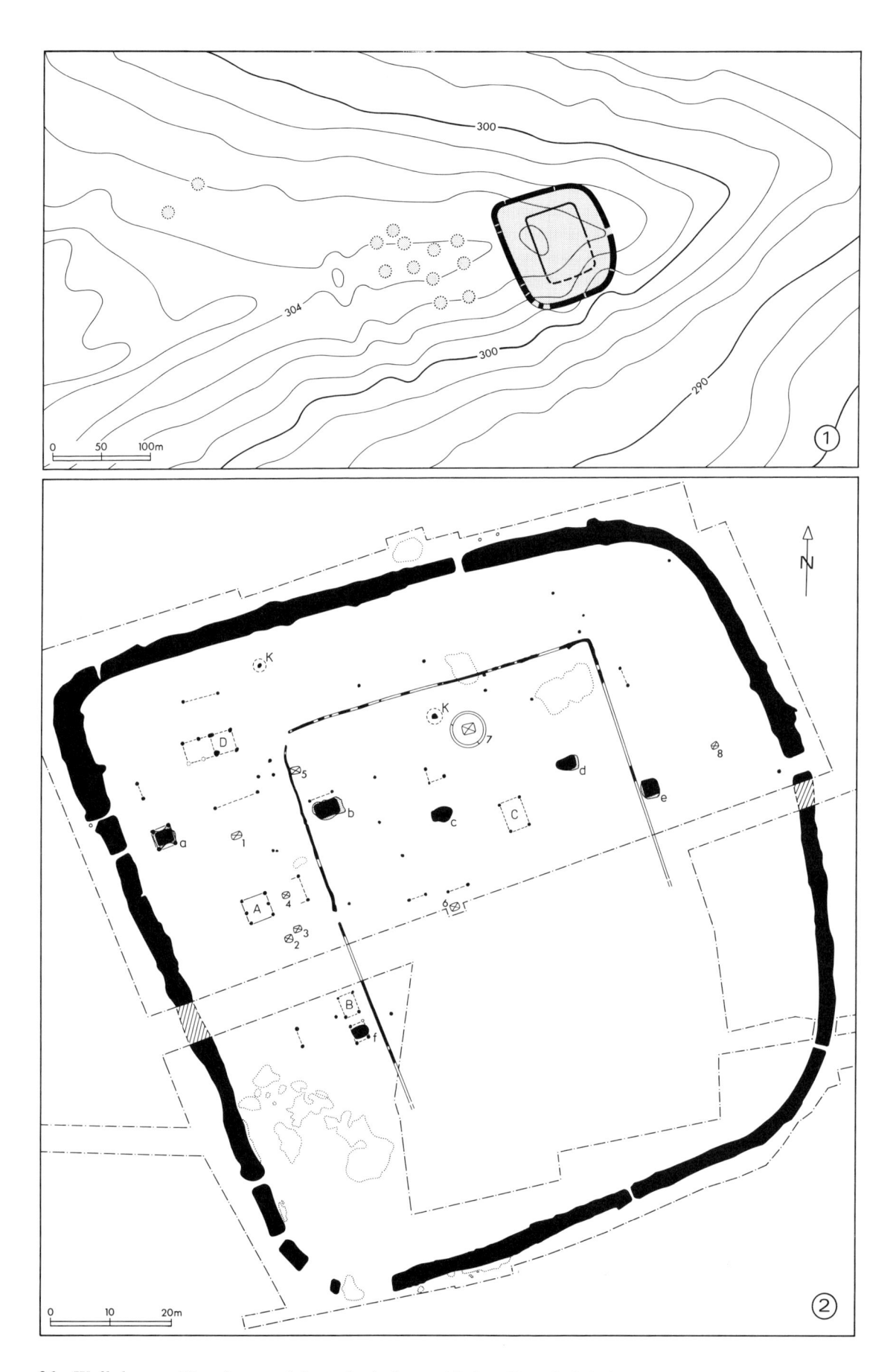

36 *Wolkshausen-Rittershausen. 1 Lage des hallstattzeitlichen Wirtschaftshofes und der vermutlich zugehörigen Grabhügel; 2 Befundplan der hallstattzeitlichen Gehöftanlage. Objekte 1–8: schnurkeramische Gräber.*

vermutlich auch in bezug auf ihre einstige Funktion – sind diese Anlagen am ehesten den sogenannten Halbgrubenhütten vergleichbar, wie sie vor allem im östlichen Bereich der Hallstatt-Zivilisation, besonders in der Horákov-Kultur Südmährens, beobachtet wurden, wenn auch ohne ausreichend gesicherten Nachweis der Konstruktionsprinzipien ihrer oberirdisch sichtbaren Teile. Von besonderer Wichtigkeit sind daher einige einschlägige Grabungsbefunde von Wolkshausen-Rittershausen, wo zumindest in einem Falle – bei Erdhütte a, allem Anschein nach aber auch bei Objekt f – vier Eckpfosten eine eindeutige Zuordnung derartiger Anlagen zu kleinen, darüber errichteten Vierpfostenbauten erlauben. Weiterhin konnten im Innenraum der Anlage zwei Kegelstumpfgruben – als Zeugnisse für Vorratshaltung – untersucht werden. Besonders wichtig sind endlich noch drei Seiten eines wahrscheinlich 70 x 53 m großen Palisadengevierts, das an seiner Westseite und Nordwestecke je einen Durchlaß aufweist und in seinem Verlauf auf den Umfassungsgraben ebenso deutlich Bezug nimmt wie die 1984 ermittelten Bauten (und – soweit erkennbar – Teile der übrigen unvollständig erhaltenen Pfostensysteme). Umfassungsgraben, Palisadengeviert und ein Teil der Häuser dürften daher zumindest eine Zeitlang nebeneinander existiert haben, wobei die einzelnen Bestandteile der Anlage gleichwohl die Überreste verschiedener Baustadien, Entwicklungsphasen oder Veränderungsmaßnahmen darstellen können. Weitergehende Interpretationen verbieten sich jedoch, solange die restliche Teilfläche des Palisadengevierts und die benachbart liegende Grabhügelgruppe noch nicht untersucht sind. Nicht zuletzt sollen die abschließenden Grabungen noch darüber Auskunft geben, ob und wie lange unsere während der älteren Hallstattzeit (Ha C) errichtete Anlage auch in der Folgezeit (Ha D/Lt A) fortbestand, als man in Mainfranken im Zeichen gewandelter sozialer Verhältnisse eine Anzahl überdimensionierter Grabhügel von 35 bis 90 m Durchmesser als Statussymbole aufschüttete.

L. Wamser

Befestigte Siedlung und Gräberfeld der Späthallstattzeit in Niedererlbach

Gemeinde Buch a. Erlbach, Landkreis Landshut, Niederbayern

Im Rahmen des enormen Zuwachses archäologischer Fundstellen durch die Anfang der achtziger Jahre von R. Christlein und O. Braasch eingeführte Luftbildarchäologie wurde auch jenes Ensemble bis dahin unbekannter Bodendenkmäler entdeckt, über deren bisherige Ausgrabung hier ein kurzer zusammenfassender Bericht geliefert werden soll.
Zu dem im Frühjahr 1980 entdeckten Ensemble gehören die römische Isartalstraße und ein an dieser liegender quadratischer Gebäudegrundriß, welcher sich bei der Ausgrabung als Fundament eines römischen Grabmals erwies, sowie eine durch streifenförmige dunkle Verfärbungen kenntliche, am Rand des tertiären Hügellandes gelegene, vermutlich urgeschichtliche Befestigung, zu der sich im Laufe weiterer Befliegungen im Isartal das aller Wahrscheinlichkeit nach dazugehörige Grabhügelfeld gesellte (Abb. 37). Im Jahre 1982, also im dritten Jahr

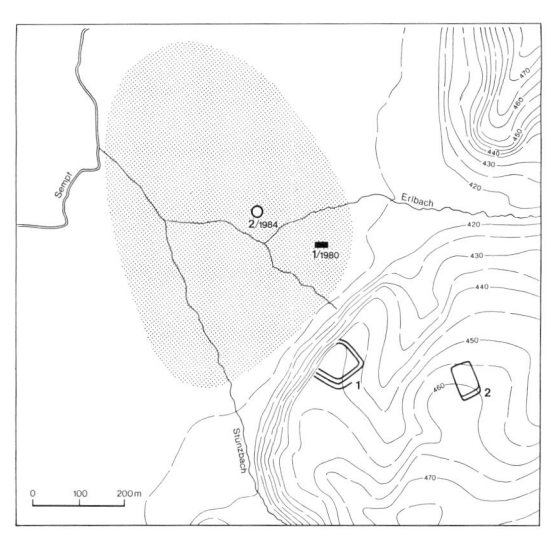

37 Buch a. Erlbach-Niedererlbach. 1 Erdwerk 1; 2 Erdwerk 2; 1/1980 Flachgrab; 2/1984 Grabhügel; Gräberfeldbereich gerastert.

der Ausgrabungen, fand O. Braasch weiter im Hinterland ein zweites, nach einer kurzen Sondage noch nicht sicher einzuordnendes Erdwerk, was einmal mehr den flächendeckenden, mehrjährigen Einsatz der Luftbildarchäologie eindrucksvoll begründet.

Zur weiteren Klärung dieser bereits 1980 hochinteressanten Situation nahm nun R. Christlein eine zwei Jahre zuvor im Straubinger Raum schon bewährte Zusammenarbeit mit H. Ament (seinerzeit FU Berlin) wieder auf, so daß schon im Sommer 1980 unter der örtlichen Leitung des Berichterstatters im Rahmen einer Lehrgrabung erste wesentliche Schritte erfolgen konnten. Im Zuge dieser ersten Kampagne wurden zwei Schnitte durch die Isartalstraße gelegt und die Grundmauern des römischen Grabmals komplett ausgegraben (zur Topographie vgl. Das archäologische Jahr in Bayern 1980, 53 Abb. 39). Außerdem wurde die urgeschichtliche Befestigung am Rand des tertiären Hügellandes im Bereich der Befestigungsgräben geschnitten, um sowohl ihren Erhaltungszustand als auch ihre Datierung festzustellen. Sie erwies sich für mitteleuropäische Maßstäbe als relativ gut erhalten und war während der späten Hallstattzeit – mit Berührungspunkten zur frühen Latènezeit hin – besiedelt. Da es an ausgegrabenen Siedlungen dieser Zeit in Bayern bis dato mangelte und sich das zu Füßen dieser Befestigung liegende Grabhügelfeld durch die mehr zufällige Auffindung eines Flachgrabs derselben Epoche schon im Jahre 1980 als gesichert gleichzeitig erwies, schien eine Fortführung der Forschungsarbeiten an diesem Ort in der bewährten Form einer kombinierten Lehr- und Forschungsgrabung dringend geboten.

Im Laufe der folgenden Kampagnen wurden von 1981 bis 1984 gut 2000 qm des Innenraumes der Befestigung aufgedeckt und dabei sowohl hochinteressante Befunde (Innengliederung, Torturm u. a.) als auch Funde (Gießerei- und Schmiedeabfall) festgestellt. Durch verschiedenste naturwissenschaftliche Begleituntersuchungen auf den Gebieten der Anthropologie, Botanik, Bodenkunde, Mineralogie (Keramik, Eisen- bzw. Buntmetallverarbeitung), Luftbildarchäologie, geophysikalische Magnetometerprospektion und Tieranatomie liegt nun zur Klärung der Siedlungs- und Wirtschaftsweise, des Handwerks und der Ernährungsgrundlage der einstmaligen Bewohner dieser Siedlung ein denkbar breites Analysefundament vor.

Im Rahmen der vorläufig letzten Kampagne

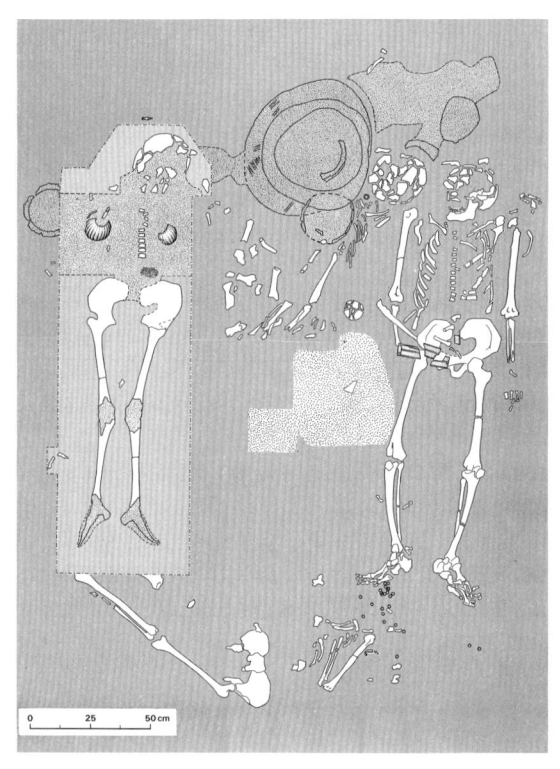

38 *Buch a. Erlbach-Niedererlbach. Grab 2/1984. Links vermutlich jüngste Bestattung; rechts tiefer liegende Bestattung; in der Mitte Leichenbrand, eine verlagerte Körperbestattung sowie mindestens zehn Tongefäße; am Fußende stark gestörtes Skelett.*

wurde 1984 zur Abrundung der wissenschaftlichen Ziele des Projektes einer der Grabhügel im Isartal ausgegraben (Abb. 38), vornehmlich um den Erhaltungszustand dieser Denkmäler festzustellen. Dabei zeigte sich eine ebenso hervorragende Ausstattung der Toten mit Beigaben – unter anderem zwei Melonenarmringe und ein Gürtelblech aus Bronze, mehrere Perlen und ein größerer Ring aus Bernstein sowie mindestens zehn Beigefäße aus Keramik – wie auch eine starke Gefährdung dieser Begräbnisse. So lag das auf Abb. 38 gezeigte Bestattungsniveau direkt im Pflugbereich, was die Zerstörung des Grabes binnen weniger Jahre bedeutet hätte.

Bliebe am Ende als wissenschaftliches Resümee festzuhalten, daß es bei vergleichsweise geringer Mittelausstattung gelungen ist, eine der größten späthallstattzeitlichen Befestigungen Niederbayerns zumindest repräsentativ auszugraben und durch eine Reihe von naturwissenschaftlichen Untersuchungen eine breite Basis für die kulturgeschichtliche Auswertung der Untersuchungsergebnisse zu schaffen.

H.-G. Kohnke

Ein Grabhügel der Hallstattzeit von Bruckberg

Landkreis Landshut, Niederbayern

In J. Pätzolds Inventarwerk »Die vor- und frühgeschichtlichen Geländedenkmäler Niederbayerns« ist über das Grabhügelfeld in den Mooswiesen westlich Bruckberg nachzulesen: »Am N-Rand des Isartales, im moorigen Gelände liegt die durch landwirtschaftliche Nutzung stark verebnete Nekropole, die nach einer 1954 durchgeführten Vermessung noch aus 26 sicheren und 2 fraglichen Hügeln n. der Bahnlinie und aus 14 sicheren und 7 fraglichen s. derselben bestand.« Anfang der siebziger Jahre ebnete der Grundstücksbesitzer die Hügel südlich der Bahnlinie ein. Der nördliche Teil dagegen schien ungefährdet, da der schlechte anmoorige Boden nur eine Nutzung als Grünland zuzulassen schien. Wie anderswo auch, zwang jedoch der zunehmende Kostendruck auf die Landwirtschaft den Bauern, einen Teil der Wiese in Ackerland umzubrechen. Hierdurch drohte weiteren fünf Gabhügeln die Zerstörung. Ein Zufall führte zur Entdeckung dieses Vorhabens und veranlaßte das Bayer. Landesamt für Denkmalpflege, mit einer Rettungsgrabung zu beginnen. 1984 konnten zwei Hügel untersucht werden, von denen hier das Inventar des Hügels 11 – die Zählung bezieht sich auf die gesamte Nekropole – kurz vorgestellt sei.

Der Hügel bedeckte vier Brand- und eine Körperbestattung. Der schwierige Grabungsbefund ist nicht leicht zu deuten, doch zeichnet sich eine Zweiteilung in der Totenfolge ab. Eine untere Bestattungsschicht bestand aus drei Brandgräbern. Den oberen Horizont (Abb. 39) bildete eine birituelle Doppelbestattung, die man in einer hölzernen Grabkammer, deren Spuren gut zu beobachten waren, beigesetzt hatte. Das Skelett bestimmte P. Schröter als das einer jugendlichen Frau, den unter dem linken Unterschenkel der Frau ausgestreuten Leichenbrand als den eines sechs- bis siebenjährigen Kindes. Die in Nord-Süd-Richtung im westlichen Kammerteil beigesetzte Frau trug ihre Festtagstracht. Dazu gehörten jeweils sieben bronzene Segelohrringe (Abb. 40, 1–14), die sich links

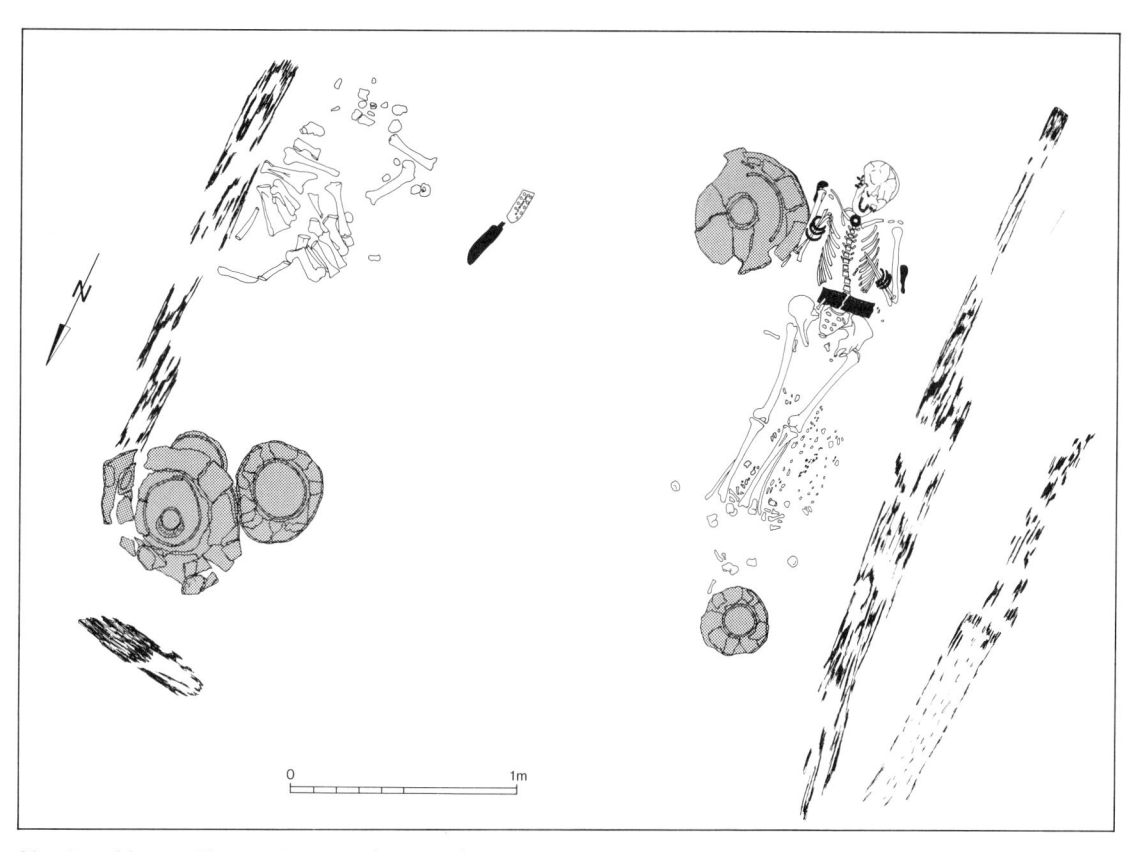

39 *Bruckberg. Oberer Horizont des Hügels 11.*

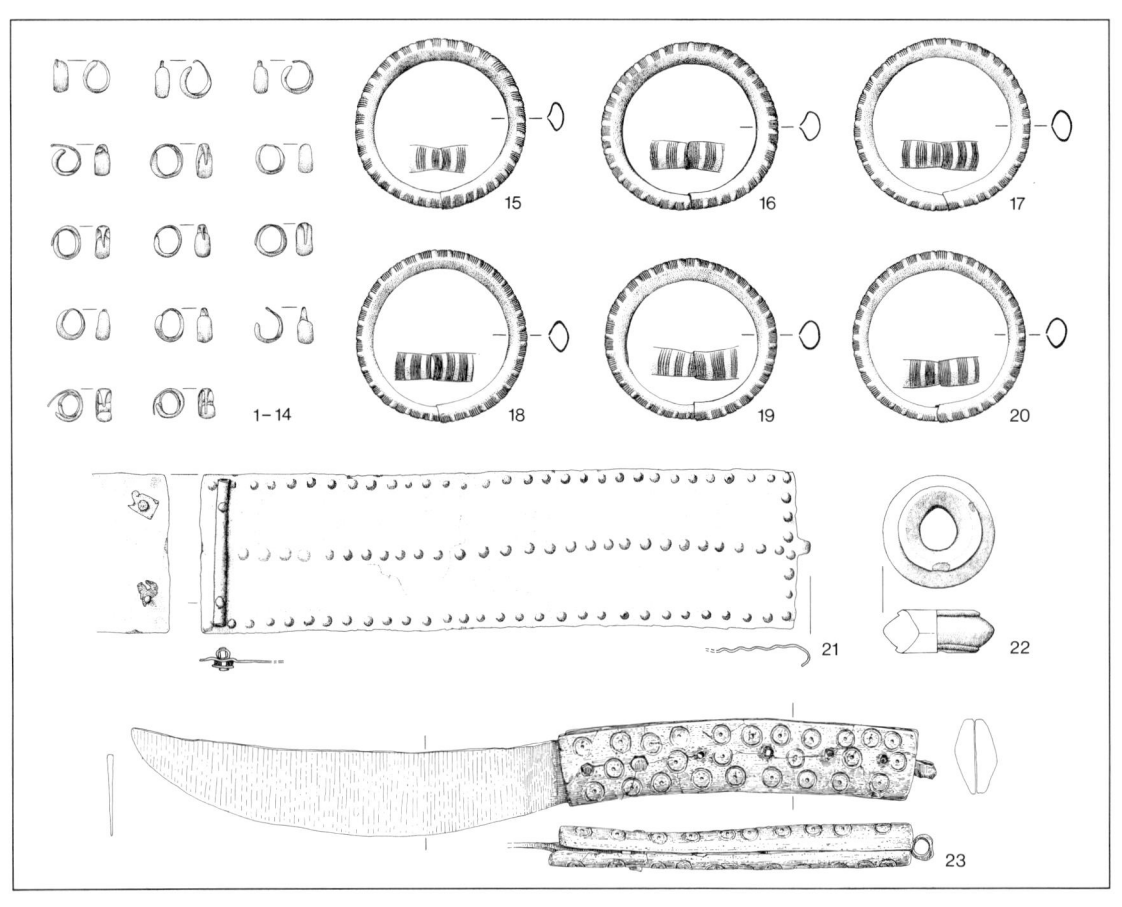

40 Bruckberg. Beigaben der Körperbestattung aus Hügel 11. 1–21 Bronze; 22 Bernstein; 23 Eisen und Knochen. Maßstab 1:3.

und rechts des Schädels in der Ohrgegend fanden. Eng am Hals hing eine große, gedrechselte Bernsteinperle (Abb. 40, 22). L. Pauli vermutet hinter dieser Tragweise einen Abwehrzauber gegen den Kropf und andere Halskrankheiten. Zwei große Paukenfibeln hielten auf den Schultern wohl ein Überkleid der Toten. An beiden Unterarmen trug sie einen Satz aus jeweils drei bronzenen Ringen (Abb. 40, 15–20). Die Hüfte schließlich schmückte ein breiter Gürtel, dessen organische Reste völlig vergangen waren. Erhalten hat sich lediglich ein dünnes, mit Buckeln verziertes Bronzeblech (Abb. 40, 21), das auf dem Gürtel aufgenietet war.

Die Beigaben des Kindes waren bei der Einäscherung mit verbrannt worden, weshalb sich lediglich noch Bronze- und Eisenrostfragmente sowie eine Perle fanden.

Als Zehrung für den Weg ins Jenseits hatte man ein etwa halbjähriges Kalb geschlachtet und die besten Fleischteile mit ins Grab gegeben. Wie um sich davon mundgerechte Portionen abschneiden zu können, lag neben dem Fleisch ein eisernes Haumesser mit verziertem Beingriff (Abb. 40, 23).

Sicher mit zur Doppelbestattung gehören einige Gefäße, die in der Nordostecke der Grabkammer standen: ein großes Kegelhalsgefäß mit einem Schöpfer darin, eine Schale und ein weiteres kleineres Kegelhalsgefäß. Ein ebensolches Gefäß fand sich auch zu Füßen der Toten. Ob ein weiteres großes Kegelhalsgefäß mit Schöpfer neben der rechten Schulter des Skeletts zu diesem Ensemble gehört, ist fraglich. Wahrscheinlich muß man es eher dem tieferen Brandgräberhorizont zurechnen.   B. Engelhardt

Eine Siedlungsgrabung auf dem Staffelberg-Hochplateau

Stadt Staffelstein, Landkreis Lichtenfels, Oberfranken

Bereits im Jahre 1982 wurde auf dem Hochplateau des Staffelberges (Abb. 42) eine Siedlungsgrabung im Anschluß an den 1967 gezogenen Wallschnitt durchgeführt. Zur gleichen Zeit erfolgte auch ein Schnitt durch den Randwall, um Aufschluß über die Befestigungsabfolge zu erhalten. Nach Abschluß der Grabung ließen wir die spätlatènezeitliche Pfostenschlitzmauer in einer Länge von 10 m wieder aufrichten (Das archäologische Jahr in Bayern 1983, 83 ff.).

Die Siedlungsgrabung sollte 1983 beendet werden, da wir vermuteten, daß die sich bereits oberflächlich abzeichnenden Siedlungsgruben in dem 40 m langen und 5 m breiten Schnitt nur wenige Zentimeter in den anstehenden Felsen eingetieft waren. Die Untersuchung zeigte jedoch, daß man die Gruben mit teilweise 2 m Durchmesser mannstief in den Felsen hineingearbeitet hatte. Dieser Befund und eine notwendige Erweiterung des Grabungsschnitts machten eine abschließende Untersuchung im Jahre 1984 erforderlich. Die Grabungen beider Jahre wurden durch Arbeitsbeschaffungsmaßnahmen des Arbeitsamtes Coburg, durch großzügige Zuschüsse des Bezirkstags und der Oberfrankenstiftung finanziert. Die örtliche Grabungsleitung hatte G. Olbrich. Die Vorfinanzierung übernahm wieder die Stadt Staffelstein.

Im Bereich des gesamten Grabungsschnitts kamen Funde aller auf dem Staffelberg anzutreffenden Siedlungsperioden zutage. Sie konnten mit Ausnahme der frühlatènezeitlichen Keramik nicht eindeutig stratifiziert werden, da das ganze Humuspaket über dem anstehenden Felsen selten stärker als 50 cm war und die Jahrtausende während Besiedlung sowie die anschließende Überackerung das Erdreich gründlich durchmischt hatten. Es wurden zahlreiche bandkeramische und Michelsberger Scherben, Stein- und Knochengeräte des Neolithikums, darunter ein Hirschhornfutter, gefunden. Aus der frühesten Urnenfelderzeit stammen Keramikscherben, ein bronzenes Lanzenspitzen- und ein Lappenbeilfragment sowie ein kleiner Bronzefingerring mit Spiralenden. Die Hallstattzeit ist mit Keramik, zwei Bronzenadeln, vier gepunzten, trapezförmigen Bronzeblechanhängern, zwei Fußzierfibeln und einer Doppelpaukenfibel (das jüngste Hallstattfundstück) vertreten.

41 *Staffelberg. Keramik der Frühlatènezeit aus Grube 3.*

Sowohl aus der Früh- wie aus der Spätlatènezeit stammt eine Fülle von Keramik. Eine besonders reiche Ausstattung ergaben die verschiedenen Keller- und Feuergruben, die fast alle in die Frühlatènezeit datiert werden müssen. In welcher Weise die Kellergruben überdacht waren, läßt sich nicht klären. Ganz offensichtlich standen in ihnen regalartige Ablagen, die bei einem Brand zusammengebrochen sind. Die meisten Gefäße zeigen solche Brandeinwirkungen, manche sind sogar durch Feuer so stark verzogen, daß sie kaum wieder zusammengesetzt werden konnten. Die Grube 3 enthielt z. B. 16 Gefäße unterschiedlichster Qualität (Abb. 41). Das größte unter ihnen hatte eine Höhe von 50 cm. Einige Töpfe waren sehr grob gearbeitet, andere sorgfältig auf der Drehscheibe hergestellt. Aus anderen Gruben stammt feine, stempelverzierte Drehscheibenware, aber auch ein so grob gearbeitetes Gefäß wie eine Kasserolle mit seitlicher Ausgußtülle. Die vielen Spinnwirtel, eine große spätlatènezeitliche Handdrehmühle und zahlreiche außen sorgfältig geglättete, weiße Wandverputzbrocken sprechen für eine rege Siedeltätigkeit. Bei mehreren Eisengeräten ist eine genaue zeitliche Zuordnung innerhalb der Latènezeit schwierig, da ihre optimale Ausformung kaum einer zeitlich erfaßbaren Veränderung unterlag. Eine Schmiedezange, die in Manching gute Parallelen hat, stammt aus einer Feuergrube. Eine Schere, der Teil einer Herdschaufel, zwei Pfeilspitzen und zwei Geräte mit tordiertem Schaft dürften ebenfalls spätlatènezeitlich sein. Dazu kommen Nägel, Pfrieme, Gefäßhenkelteile und Klammern. Neben dem Bruchstück einer frühlatènezeitlichen Bronzefibel wurden wieder zwei spätoppidumzeitliche bronzene Nauheimer Fibeln gefunden. Eine Münze, die dem Büscheltyp nahesteht, und der Lesefund eines Häduer-Quinars runden die kleine Serie keltischer Münzen auf insgesamt vier auf. Wesentlich wichtiger ist jedoch der Fund eines weiteren eisernen, kegelförmigen Münzstempels, nachdem bereits im vergangenen Jahr ein zylindrischer Stempel zutage kam. Unseren Stempel datiert B. Overbeck in das 3. bis 2. vorchristliche Jahrhundert. Berücksichtigt man die übrigen Funde, so dürfte der Stempel wohl gegen Ende des 2. Jahrhunderts benutzt worden sein. Er ist abermals ein eindringliches Zeugnis dafür, daß in unserem Oppidum nicht nur Geldwirtschaft bekannt war, sondern tatsächlich auch Münzen geprägt wurden.

Aus der jüngsten, germanischen Siedlungsphase stammen relativ wenige Funde. Jedoch darf man nicht übersehen, daß sich germanische Siedlungskeramik nicht immer ganz leicht von latènezeitlicher trennen läßt. Möglicherweise gehört in diese späte Periode ein 4 m langes Grubenhaus, das eine Latènegrube schneidet und folglich jünger als diese ist. Ein mit Kreisaugen verzierter, länglicher Knochengegenstand, ein kleiner Würfel, Teile eines Dreilagenkammes, eine kleine bronzene Scheibenfibel und ein Bruchstück von Argonnen-Terrasigillata ergänzen die Funde, die der germanischen befestigten Höhensiedlung zugeordnet werden können. B.-U. Abels

42 *Blick auf das Hochplateau des Staffelbergs.*

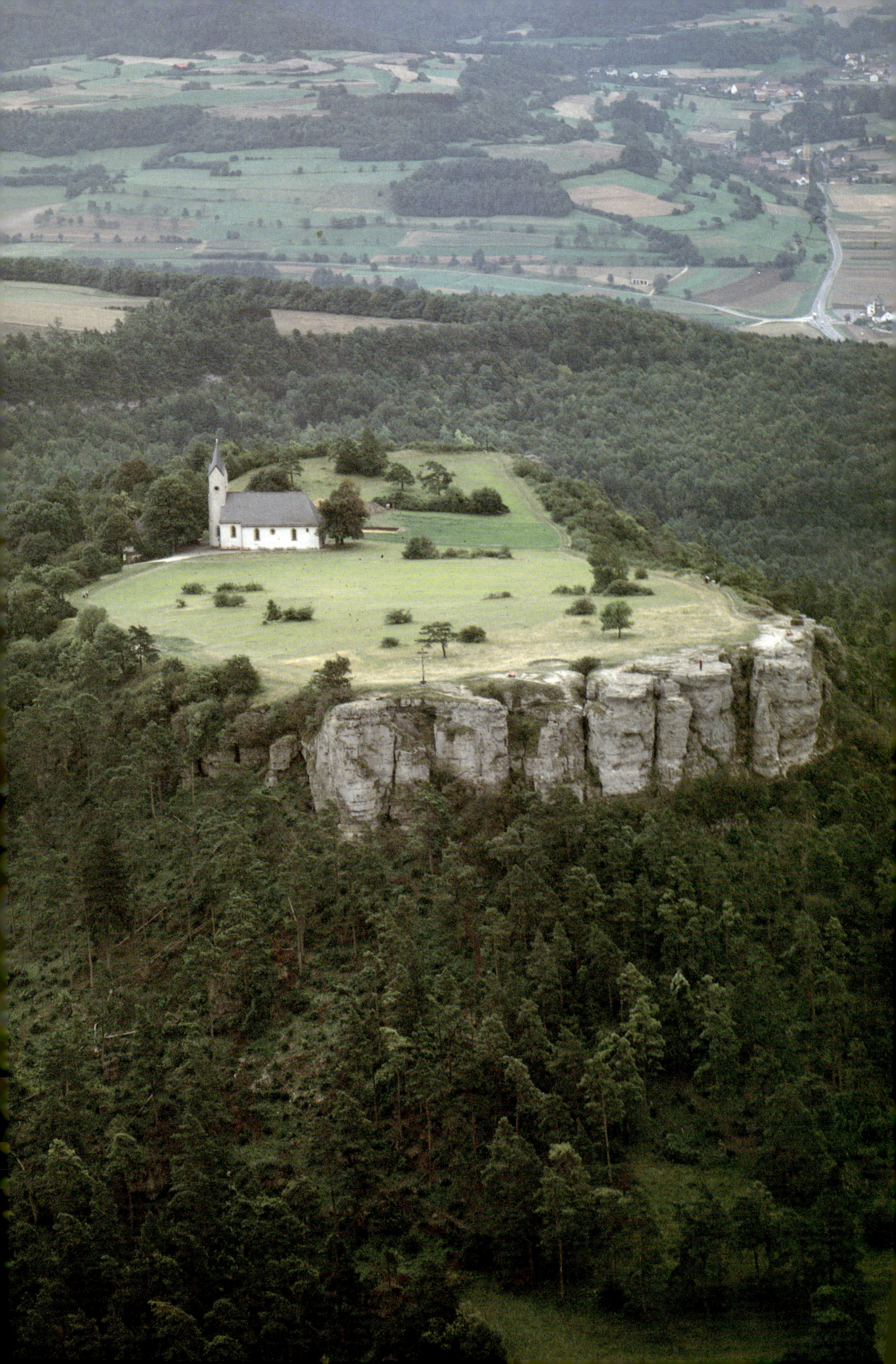

Ausgrabungen im späthallstatt-frühlatènezeitlichen Gräberfeld von Landersdorf

Gemeinde Thalmässing, Landkreis Roth, Mittelfranken

43 *Landersdorf. Gut erhaltene Randbegrenzungen dreier aneinander gebauter Hügel mit Brandgrubengräbern im Zwischenraum.*

Durch Geländebegehungen ehrenamtlicher Mitarbeiter wurden Anfang der achtziger Jahre auf einem schmalen Sattel unterhalb der Albhochfläche herausgepflügte Scherben und Knochen entdeckt. Aufgrund der unmittelbaren Nähe zu bereits 1965 beim Wegebau angeschnittenen Gräbern war zu befürchten, daß weitere Teile eines wohl größeren Friedhofs dem Pflug zum Opfer fallen würden.

Bei ersten Sondierungsgrabungen durch die Naturhistorische Gesellschaft Nürnberg stellte sich heraus, daß nur wenig unterhalb der Ackeroberfläche umfangreiche und gut erhaltene Reste von oberirdisch nicht mehr sichtbaren Grabhügeln der Hallstatt- und Frühlatènezeit lagen. Im vergangenen Jahr wurde während einer siebenmonatigen Grabungskampagne das Zentrum der Nekropole mit bisher 50 Gräbern freigelegt.

Bemerkenswert in Landersdorf ist die Vielfalt der gut erhaltenen steinernen Grabarchitektur von wabenförmig aneinandergebauten Grabhügeln (Abb. 44). So finden sich Hügel mit großen, steinüberdeckten Grabkammern und ringförmigem Steinpflaster neben Bauten mit geschlossener, die ganze Hügelfläche einnehmender Steindecke. Kleinere Grabanlagen besitzen häufig nur eine von Steinen bedeckte und umstellte zentrale Grabkammer. Die Hügelrandbegrenzung ist als niedriges, ehemals sichtbares Trockensteinmauerwerk ausgebildet oder bestand aus einem Kranz von senkrecht gestellten, in den Boden eingetieften großen Kalkplatten. Daneben finden sich auch Hügel, bei denen abwechselnd senkrecht gestellte und waagrecht übereinander gelegte Steine den Hügel umfrieden (Abb. 43), eine Bauweise, die besonders in Südwestdeutschland geläufig war.

44 *Landersdorf. Das großflächig aufgedeckte Zentrum des Friedhofs mit wabenförmig aneinandergebauten Hügeln unterschiedlicher Größe und Bauart.*

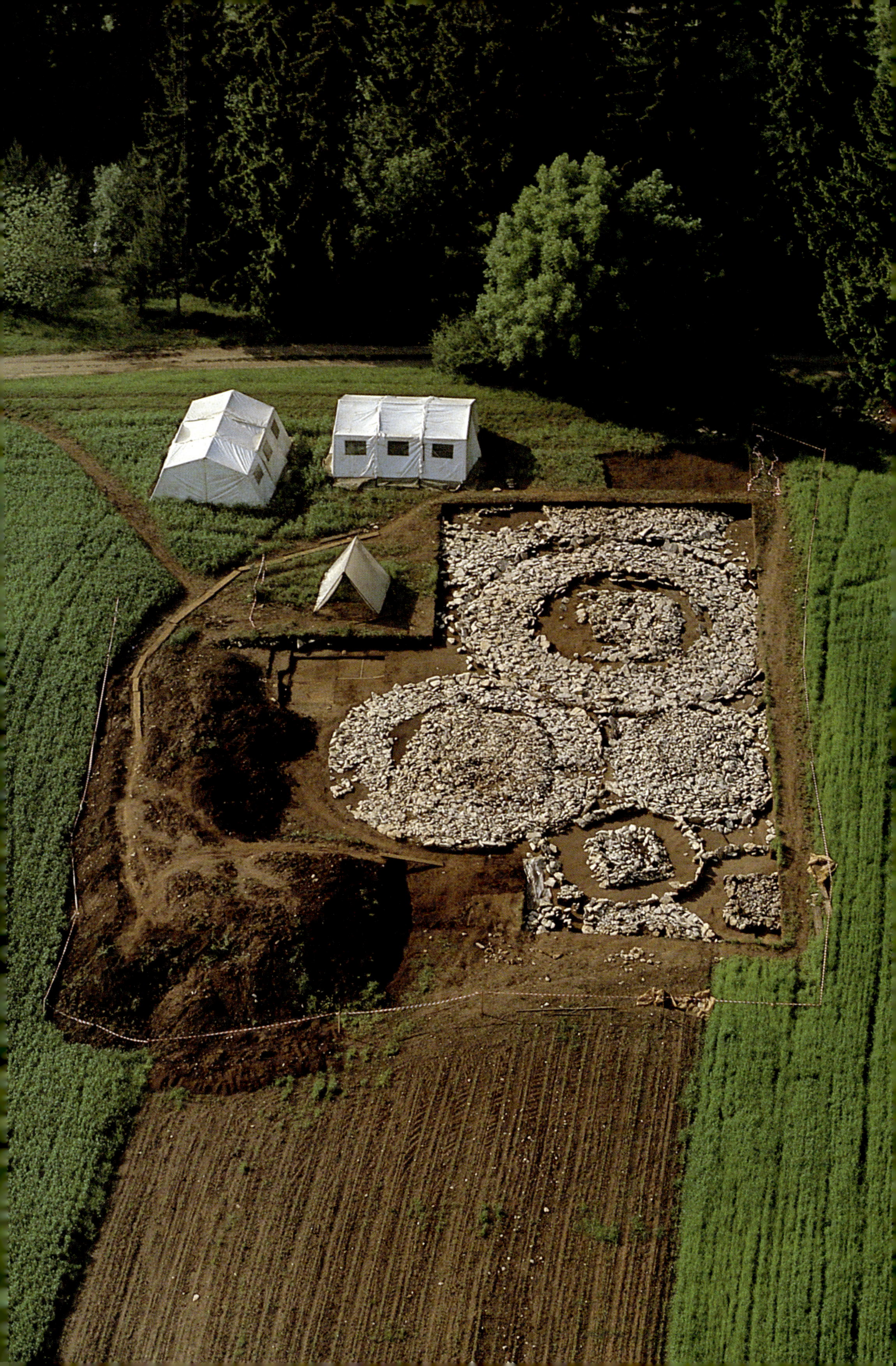

Um das Grab einer reich mit Bronzeschmuck ausgestatteten Frau lief zusätzlich eine Pfostenreihe, wie sie auch vom berühmten Fürstengrab in Hochdorf, Baden-Württemberg, bekannt ist. Neben den Grabhügeln, die sowohl Körperbestattungen als auch Brandschüttungsgräber enthielten, fanden sich zahlreiche Brandgrubengräber. Häufig waren diese mit einem senkrecht neben die Urne gestellten Stein oberirdisch gekennzeichnet (Abb. 43).

Die Belegung des Friedhofs beginnt mit Bestattungen der Stufe Hallstatt D 1, für die Bronzeschmuck wie Brillenspiralfibeln und Melonenarmbänder, ferner große Geschirrsätze von frühhallstättischem Muster typisch sind. Das jüngste Fundgut gehört zu frühlatènezeitlichen Sekundärbegräbnissen, bei denen es sich meist um bereits gestörte Körperbestattungen mit Ring- und Fibelschmuck handelt. Weitere frühlatènezeitliche Objekte kamen auch außerhalb der Hügel, eventuell aus völlig zerstörten Gräbern, zutage (vgl. S. 78). Eine besondere Bedeutung gewinnt der Fundort Landersdorf durch eine nur etwa 500 m entfernt gelegene Höhensiedlung mit Resten einer Ringwallanlage. Funde aus Aufsammlungen sowie einer kleinen Sondage datieren die Anlage ebenfalls in die Späthallstatt- und Frühlatènezeit, so daß hier der seltene Glücksfall vorliegt, ein Gräberfeld mit zugehöriger Siedlung untersuchen zu können.

M. Hoppe

Ein Anhänger der frühen Keltenzeit aus Landersdorf
Gemeinde Thalmässing, Landkreis Roth, Mittelfranken

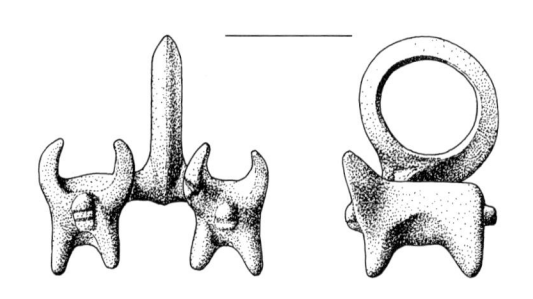

45 *Landersdorf. Bronzeanhänger. Maßstab 1:1.*

Einträchtig scheinen sie nebeneinander zu stehen, die beiden Rinder mit den breit geschwungenen Hörnern und den gedrungenen Körpern (Abb. 45). In Wirklichkeit waren sie jedoch mit der großen Öse an einer Schnur aufgefädelt und dienten als Anhänger: 3,2 cm hoch und 23,6 g schwer. Anhänger, wie dieser aus Bronze gegossene, waren im 5. Jahrhundert v. Chr. nicht selten, in einer Zeit also, in der die Menschen besonders gern Amulette in vielen Formen und aus verschiedenen Materialien trugen. Die meisten stammen aus Gräbern von Frauen und Mädchen in Südwestdeutschland und den angrenzenden Regionen.

Unser Stück wurde zwar auch bei der Ausgrabung eines Grabhügelfelds der Hallstattzeit entdeckt, aber – wie einige andere Funde (darunter eine Frühlatènefibel und eine halbe Augenperle) – zwischen vier aneinanderstoßenden Hügeln. Hier scheint eine größere, flache Grube gewesen zu sein, deren Zweck vorerst unklar bleibt.

Einzigartig ist jedenfalls die Kombination von zwei Rindern, wobei ein Joch nicht einmal angedeutet ist. Sie ähneln sich sehr und zeigen keine eindeutigen Geschlechtsmerkmale. Dennoch sind wahrscheinlich Stier und Kuh gemeint. Es fällt nämlich auf, daß bei vergleichbaren Anhängern, die Menschen darstellen, immer ein Mann und eine Frau zusammen auftreten, wenn mindestens zwei Figürchen vorhanden sind; einmal sogar Rücken an Rücken zusammengegossen. In einem anderen Fall könnten Hirsch und Hinde gemeint sein.

Vermutlich stecken hinter diesen Paaren uralte Vorstellungen eines Fruchtbarkeitskultes, über dessen tatsächliche Bedeutung in frühkeltischer Zeit wir allerdings kaum etwas wissen. Beliebt waren damals auch Anhänger in Form eines Pferdes, eines Schuhes, eines Rades, eines Korbes (Eimers?) oder gar eines schlichten Dreiecks, ohne daß man bei den letzteren mit Gewißheit sagen kann, was diese Symbole verdeutlichen oder in den Sinn des Trägers rufen sollten.

In Bayern sind solche Anhänger bisher auffallend selten. Um so mehr freuen wir uns, daß ein so interessantes Stück jetzt diese Lücke schließt.

L. Pauli

Eine eiserne Frühlatènefibel von Ittelhofen

Gemeinde Seubersdorf i. d. OPf., Landkreis Neumarkt i. d. OPf., Oberpfalz

Im Herbst 1984 entdeckte M. Melzl (München) im Bereich des Langenhart-Forstes, einer bewaldeten Anhöhe südlich von Ittelhofen, eine frühlatènezeitliche Eisenfibel. In der näheren und weiteren Umgebung des Fundgebietes sind seit langem mehrere Grabhügelgruppen bekannt. Die betreffenden Hügel zeigen sich heute fast sämtlich alt angegraben. Man vermutet, daß aus ihnen 1890 und 1894 in die Prähistorische Staatssammlung München gelangte Funde der Bronze- und Hallstattzeit stammen. Der Fibelneufund kam jedoch nicht in einem jener Grabhügel, sondern in einer bis dahin unbekannten und noch zu überprüfenden Wallanlage zum Vorschein.

Bei der Fibel handelt es sich um eine einteilige Eisenfibel vom Vogelkopftyp mit breitem bandförmigem Bügel und paukenartigem Fibelfuß, der in einen schmalen, drahtförmigen Fortsatz endet (Abb. 46). Der Bügel ist mit einer breiten Mittelrippe und zwei schmalen randlichen Rippen leicht profiliert. Das dünne Blech des Fibelfußes zeigt in der Mitte eine V-förmige sowie am Rand eine umlaufende, ganz feine Rille. Die Spiralkonstruktion besteht aus einer achtschleifigen Spirale mit innerer Sehne und eiserner Achse. Die Fibel ist mit Ausnahme der fehlenden Nadelspitze unbeschädigt und besitzt 5,9 cm Länge.

Vom Material wie von ihrer Form her darf die Fibel von Ittelhofen einige Aufmerksamkeit beanspruchen, gehören Eisenfibeln der Frühlatènezeit doch zu den Seltenheiten in Nord- und Südbayern. Der ganz überwiegende Teil des Fundmaterials jener Epoche stammt hierzulande aus den unsystematischen Grabungen des vorigen Jahrhunderts. Bedenkt man die von Natur aus schlechten Erhaltungsbedingungen für Gegenstände aus Eisen, so könnte man geneigt sein anzunehmen, die Seltenheit der Eisenfibeln beruhe darauf, daß die Raubgräber des vorigen Jahrhunderts sich nicht mit der Bergung von kleineren Eisenroststücken aufgehalten hätten. Diese Vermutung trifft jedoch nicht zu, wie die Ergebnisse der nach dem Zweiten Weltkrieg durchgeführten Untersuchungen zeigen. Auch hierbei fanden sich in den frühlatènezeitlichen Gräbern Bayerns ganz überwiegend nur Bronzefibeln. Dagegen stellten sich in den Siedlungen jener Epoche Eisenfibeln etwas häufiger ein, und zwar bei älteren wie bei neueren Bergungen. Für die letzteren sei auf die Funde vom Kleinen Knetzberg im Landkreis Haßberge hingewiesen, über den in einem früheren Jahrgang dieser Zeitschrift bereits berichtet worden ist. Als Folgerung dieser Beobachtungen drängt sich die Annahme auf, daß die Eisenfibeln seinerzeit in etwas geringerem Ansehen standen als die Bronzefibeln. Die Pietät den Verstorbenen gegenüber scheint es damals erfordert zu haben, die Stücke der wertvolleren Kategorie als Ausstattung bzw. Beigaben zu verwenden. Die gleiche Beobachtung läßt sich beispielsweise auch bei der Keramik treffen, wo in der Regel nur das kostbarste Geschirr, nämlich das scheibengearbeitete, in die Gräber gelangte.

Mit den vorstehenden Überlegungen wurde die Grenze zur Spekulation leicht überschritten. Dagegen befindet man sich, was die Form der Fibel betrifft, wieder auf gesicherterem Boden. Der geläufige Typ der Vogelkopffibeln aus Bronze oder Eisen zeichnet sich durch einen rundlichen massiven Bügel und einen ebenfalls massiven, als Tierkopf gestalteten Fibelfuß aus, d. h. die Stücke sind gegossen bzw. rundgeschmiedet. Hiervon unterscheidet sich unser dünngeschmiedeter und getriebener Neufund nun auf eine sehr auffällige Weise. Gäbe es nicht andere, naturalistische Exemplare, so könnte man nicht erkennen, daß das leicht ge-

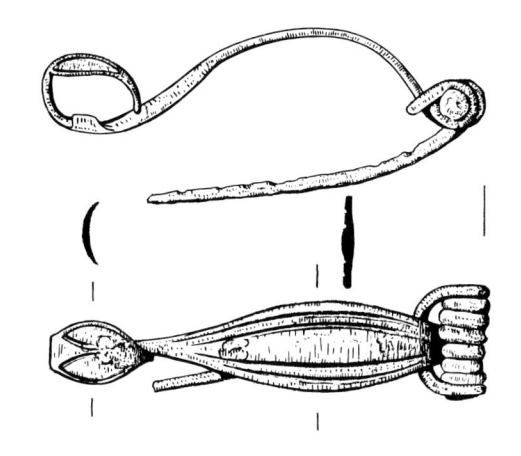

46 *Ittelhofen. Eiserne Frühlatènefibel. Maßstab 1:1.*

bogene Eisenblech des Fibelfußes samt seinem dünnen drahtförmigen Fortsatz den Kopf eines Raubvogels darstellen soll. Ähnliches gilt für den bandförmigen Fibelbügel, der auch lediglich in der Aufsicht die Fibel als Vogelkopffibel erscheinen läßt, während das Stück in der Seitenansicht wie eine Illustration des liegenden S-Motives aussieht, das als Stempeldekor der Frühlatènezeit in Form des »laufenden Hundes« weit verbreitet war.

Parallelen zu solchen gewissermaßen zweidimensionalen Vogelkopffibeln, d. h. aus einem dünnen, leicht gewölbten Blech hergestellten Fibeln, sind äußerst selten in der Oberpfalz. Die wenigen, aus dem westlichen und mittleren Teil dieses Regierungsbezirkes stammenden Stücke zeichnen sich durch eine geometrische Verzierung auf Bügel und Fuß aus, eine Eigenschaft, die auch das eiserne Ittelhofener Exemplar erkennen läßt. So liegt der Schluß nahe, daß es sich hierbei um Produkte eines in der westlichen Oberpfalz tätigen Werkstättenkreises handelt, der etwa in der Mitte des 5. Jahrhunderts v. Chr. tätig war.

H. P. Uenze

Ein keltischer Schmuckhort aus dem Nahbereich des Schwanbergs

Stadt Iphofen, Landkreis Kitzingen, Unterfranken

1984 führte die amtliche Nachuntersuchung einer von M. Brooks auf der südwestlichen Spornspitze des »Kugelspielberges« entdeckten Fundstelle zur Feststellung eines mittellatènezeitlichen Depots. In nur 20 cm Tiefe fand sich dort an exponierter Stelle, knapp 600 m östlich des unmittelbar angrenzenden Schwanbergplateaus und von diesem durch einen leichten Sattel getrennt, ein spiralförmiger Eisenarmring mit Ritzdekor auf dem bandförmigen Mittelteil, in dessen Rundung eine zu einem Knäuel gewickelte eiserne Gürtelkette mit bronzenen Zwischengliedern und Vogelkopfhaken eingepaßt war (Abb. 48). Nach J. Reitinger und Th. Voigt gelten derartige Ketten aus einfachen Metallringen als die ältesten ihrer Art. Ihre einzelnen Bestandteile erweisen die bisweilen auch zu anderen Zwecken verwendeten Ketten hier als Gürtel. Parallelen erlauben für die zerstückt überkommenen Teile eine Rekonstruktion: Das fragmentarisch erhaltene Zwischenglied aus Bronze kann nach Vergleichsstücken aus Manching, Grab 4, mit einer Gegenplatte ergänzt werden und hing mit einer Kette an dem Endring, wie ein daran rechtwinklig angerostetes Kettenbruchstück nahelegt. Von den auf der Gegenplatte gerade noch im Ansatz erhaltenen Resten zweier Löcher führten zwei schmalere Kettchen zu dem Berlockabschluß, dessen angerostete Kettenreste eine Teilung in zwei

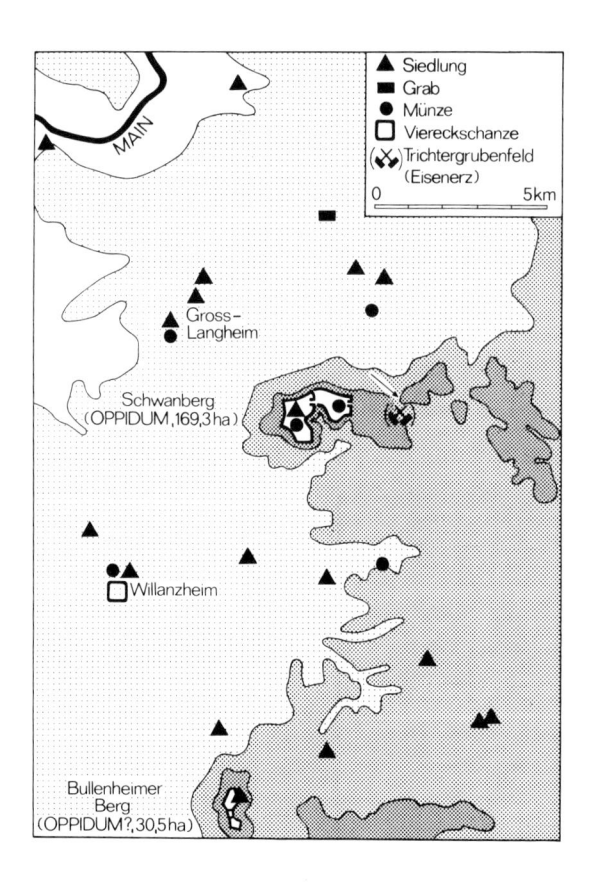

47 Mittel- bis spätkeltische Fundstellen im Umkreis des Schwanbergs. Die Lage des Hortfunds ist durch einen Pfeil markiert.

48 *Iphofen. Gürtelhaken und Armring aus einem Verwahrfund der mittleren Latènezeit. 1, 2 Maßstab 1:2; 2 a Maßstab 1:1.*

Stränge deutlich erkennen lassen. Wurde der Gürtel zu weit, so konnte er durch Einhaken der Gürtelschließe auf einen zweiten, vorgeschalteten Bronzering verkürzt werden, eine Möglichkeit, die auch die Vergleichsfunde bieten.

Die Bearbeitung der Vogelkopfgürtelhaken durch H. Behaghel weist unser Stück mit den seitlichen Stielaugen in Verbindung mit der schlichten Kettenform in die Latènestufe C 1, absolut zeitlich ins 3. Jahrhundert v. Chr. Im Zusammenhang damit sei auf die Verknüpfung eines frühen Mittellatènefundes über Hohlbuckelarmringe von Korinth mit historischen Nachrichten durch W. Krämer verwiesen (Das archäologische Jahr in Bayern 1981, 124).

Bemerkenswert ist es, daß die auffallende topographische Situation unseres Deponierungsplatzes nicht ohne Parallelen dasteht. So wurde vom Hesselberg in Mittelfranken, der ein ähnlich reiches Fundspektrum wie der Schwanberg aufweist, ebenfalls auf einem abgesonderten Ausläufer, dem »Schlößleinsbuck«, ein Mittellatènefund bekannt. Auch andere Berge Mitteleuropas weisen Einschlägiges auf, Verwandtes sogar in Gürtelhaken der Dünsberg im Lahn-Dill-Kreis (Hessen) und der Niederhausberg bei Hürnheim, Landkreis Nördlingen (Bayern).

Die Bedeutung des unterfränkischen Fundes wächst noch, sieht man ihn zusammen mit den von L. Wamser (Das archäologische Jahr in Bayern 1982, 83 ff.) geäußerten Überlegungen zur Rolle des Schwanbergs im Siedlungsgefüge seines Umlands (Abb. 47): Die vom Verfasser durch Ausgrabungen erarbeitete Zuweisung des Schwanbergs als keltisches Oppidum wird bestätigt und präzisiert, der Bullenheimer Berg als oppidumähnlich angesehen. Wie unser Neufund nahelegt, hatte der Schwanberg mit seiner beherrschenden Lage offenbar schon während der Mittellatènezeit eine zentralörtliche Funktion inne.

Chr. Pescheck

Ein mittellatènezeitlicher Grabfund von Endsee

Gemeinde Steinsfeld, Landkreis Ansbach, Mittelfranken

Gräber der Mittellatènezeit gehören wie vor 50 Jahren so auch heute noch zu den ganz ungewöhnlichen Erscheinungen in Nordostbayern. Um so mehr wird man es begrüßen, daß im Juni 1984 dank der Aufmerksamkeit von H. Brehm (Rothenburg) bei Endsee ein Neufund dieses Zeitabschnittes geborgen werden konnte. Bereits der Fundplatz ist bemerkenswert. Es handelt sich dabei um den nach Nordosten auslaufenden Fuß des Endseer Berges, eines der steil abfallenden Frankenhöhe vorgelagerten Zeugenberges. In einer entsprechenden Geländesituation, nämlich unterhalb einer markanten Anhöhe, kamen zwei der wenigen weiteren mittellatènezeitlichen Grabfunde Nordostbayerns zum Vorschein, ein um 1900 entdecktes Männergrab am östlichen Ausläufer des Hesselberges sowie jüngst ein Frauengrab am Schwanberg (vgl. S. 80). Nachdem jetzt das dritte Beispiel für eine derartige Bestattungsplatzlage in Nordbayern bekannt ist, wird man hier von einem Typus der Geländesituation sprechen dürfen.

Das Endseer Grab, beim Humusabräumen für ein Bauvorhaben entdeckt, bestand aus drei außerordentlich dicht beieinanderliegenden Stellen mit Leichenbrand. Stelle 1, eine 7 cm tiefe Mulde von rund 50 cm Durchmesser, enthielt außer zwei kleinen uncharakteristischen Scherben und 332 g Leichenbrand (darunter Stücke von 5,5 cm Länge) eine große Eisenfibel vom Mittellatènetyp von 17,5 cm Länge (Abb. 49, 6). Stelle 2 schloß mit einem Abstand von 20 cm südlich an Stelle 1 an. Sie gab sich lediglich als eine diffuse längliche Verfärbung von fast 1 m Länge bei jeweils 40 cm größter Breite und Tiefe zu erkennen. Hier wurden sowohl in einer oberen, rund 15 cm starken dunklen Einfüllung als auch in einer rund 25 cm darunter liegenden dunklen Füllung etwas Leichenbrand und Holzkohle gefunden. Der Leichenbrand von Stelle 2, der insgesamt nur 73 g wiegt, ist besonders kleinstückig (das größte Bruchstück mißt 2,5 cm). Während in der oberen dunklen Verfärbung dieser Stelle geringe Reste einer kleinteiligen Eisenkette als einzige Beigabe entdeckt werden konnten (Abb. 49, 1), lieferte die untere dunkle Verfärbung ein Stück der eisernen Schwertkette aus Stelle 3 (Abb. 50, 4).

Stelle 3 schließlich, 15 cm südöstlich von Stelle 1 angetroffen, bestand aus einer flachmuldenförmigen Vertiefung von 45 zu 30 cm Durchmesser, die wiederum Leichenbrand (im Gewicht von 336 g, wobei sich Stücke bis 4 cm Länge befinden) sowie etwas Holzkohle und mehrere Eisenobjekte ergab. Zunächst ist hier ein zusammengebogenes Schwert mit glockenförmigem Klingenansatz und kleiner Trageöse mit rundlichen Ansatzstücken am Scheidenmund zu nennen, die Breite der Klinge beträgt 4,5 cm (Abb. 50, 5). Das Ortband wird von dem unten V-förmig zulaufenden Rinnenfalz gebildet, mit dem die beiden Scheidenbleche zusammengehalten wurden. Beim Zusammenbiegen des Schwertes sind sowohl Teile der Scheide als auch des Rinnenfalzes abgebrochen (Abb. 50, 5). Weiterhin kamen zutage: ein zusammengebogener bandförmiger Schildbuckel mit sich verbreiternden Enden, der in der Mitte 9,5 cm breit ist (Abb. 50, 3), eine leicht umgebogene schmale Lanzenspitze von 28,5 cm ehemaliger Länge (Abb. 50, 1), ein tüllenförmiger Lanzenschuh von 4,5 cm Länge (Abb. 50, 2), Fragmente von fünf Fibeln vom Mittellatènetyp (Abb. 49, 2–5) und schließlich die Fragmente einer in alter Zeit in zahlreiche Stücke zerbrochenen Schwertkette aus bandförmig flachgehämmerten Gliedern mit Dellenverzierung (Abb. 50, 4).

Diese drei Stellen mit Leichenbrand gehen zweifellos auf einen einzigen Bestattungsvorgang zurück, wie sich bereits aus ihrem äußerst geringen gegenseitigen Abstand entnehmen läßt. Weiterhin handelt es sich bei der insgesamt sehr geringen Menge des kleinstückigen Leichenbrandes aus Stelle 2 offensichtlich um nach einer Auslese zurückgebliebene Reste. Schließlich darf daran erinnert werden, daß man am Boden von Stelle 2 auch einen Teil der Schwertkette von Stelle 3 gefunden hat.

Die Endseer Neufunde legen somit Zeugnis ab von einem in Bayern bisher noch nicht beobachteten komplizierten Bestattungsritual der mittleren Latènezeit (beginnendes 2. Jahrhundert v. Chr.). Ungewöhnlicherweise hat man hier

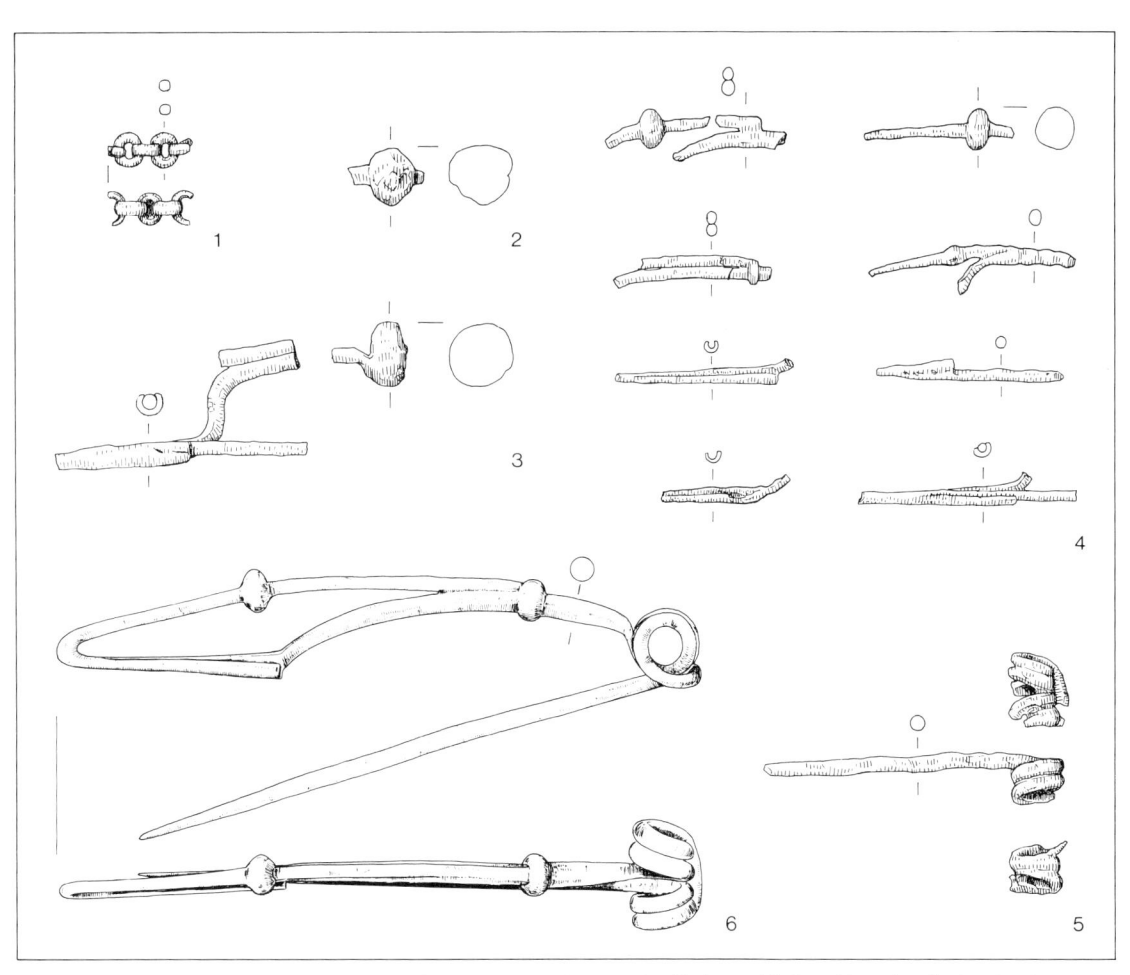

49 *Endsee. Eiserne Fibeln und Kettenfragment aus einem mittellatènezeitlichen Brandgrab. Maßstab 1:2.*

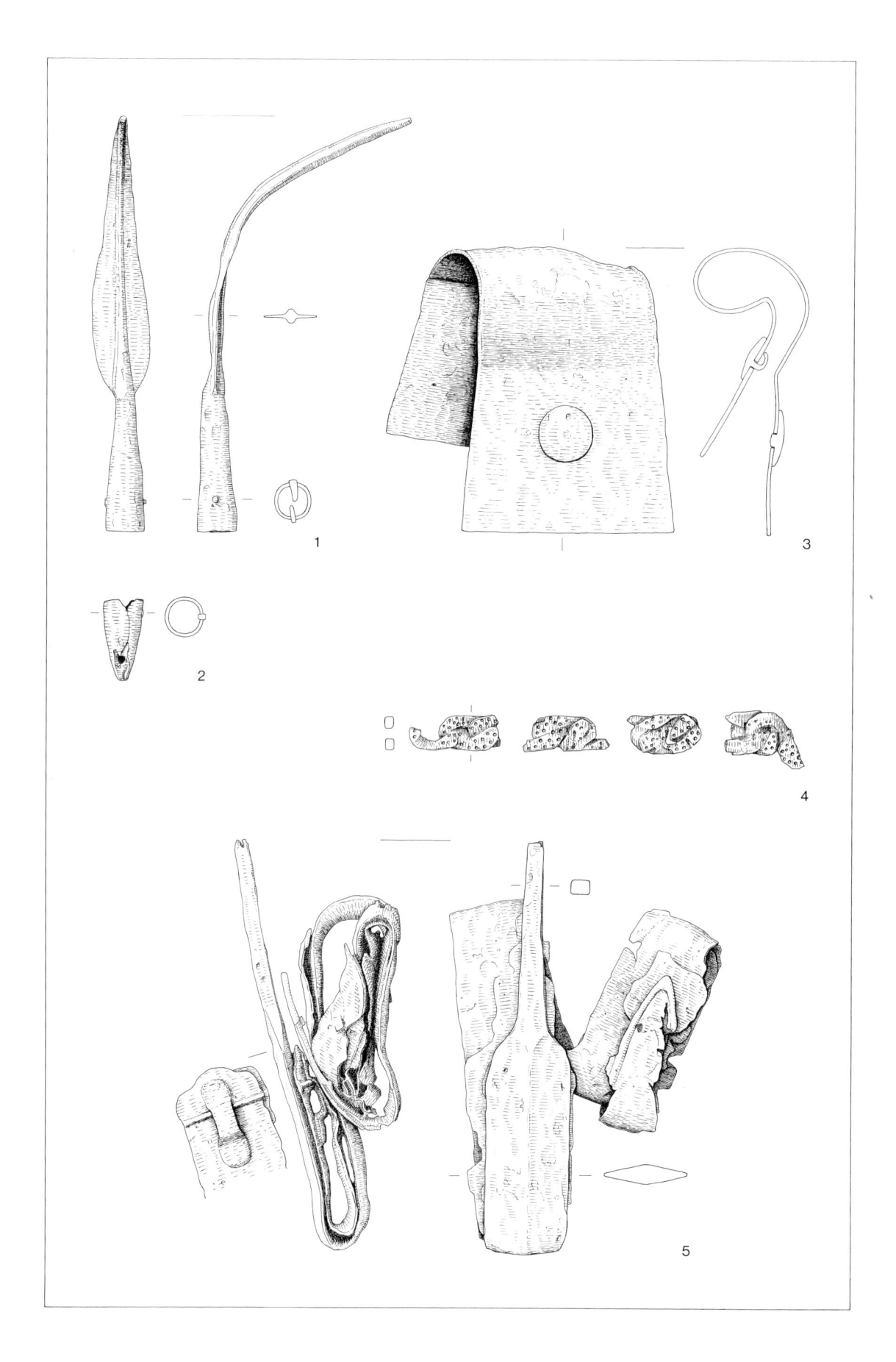

50 Endsee. Lanzenspitze, Lanzenschuh, Schildbuckel Schwertkettenteile und Schwert aus einem mittellatènezeitlichen Brandgrab. Maßstab 1:3.

nach der Verbrennung des Kriegers und der systematischen Zerstörung seiner persönlichen Ausstattung (Waffen und Fibeln) nicht die gesamten Reste in einer einzigen Grabgrube zusammen beigesetzt. Vielmehr deponierte man die zerstörten Objekte zusammen mit einem Teil des Leichenbrandes (Stelle 3). Ein weiterer Teil des Leichenbrands wurde separat beigesetzt (Stelle 1), wobei die unbeschädigte Fibel zum Zusammenstecken eines Tuches für den Leichenbrand gedient haben könnte. Schließlich wurde noch eine Opfergrube ausgehoben (Stelle 2), in die außer vermutlich flüssigen Opfergaben auch geringe Reste des Scheiterhaufens und des Leichenbrandes sowie wohl nur zufällig auch die beiden Kettenreste gelangten.

H. P. Uenze

Eine keltische Kleinsilbermünze von Kelheim-Mitterfeld

Gemeinde Kelheim, Landkreis Kelheim, Niederbayern

Bei regulären Ausgrabungen des Bayer. Landesamts für Denkmalpflege im Mitterfeld, Flur 2040 Steibl, kam 1984 im Bereich einer metallverarbeitenden Werkstätte als Streufund eine keltische Kleinsilbermünze zutage (Abb. 51). Nach Aussage des Ausgräbers B. Engelhardt fanden sich im Bereich des Fundorts der Münze hauptsächlich Funde der Zeitstellung Latène C2/D1.

Der Typus dieser Münze ist nach unserem Wissensstand bisher überhaupt noch nicht belegt. Deshalb erscheint eine Bekanntgabe mit genauer Beschreibung angebracht.

Kleinsilbermünze, Gewicht 0,592 g, Stempelstellung ↑↑. Vorderseite: Kopf nach links mit großem, mandelförmigem Auge mit deutlich angegebener Pupille und weit abstehender spitzer Nase; da die Münze dezentriert ist, ist das Kinn nicht mehr auf dem Schrötling. Es läßt sich daher nicht entscheiden, ob der Kopf mit Bart versehen ist. Oberhalb der wulstförmigen Stirn stehen einzelne Haarsträhnen ab, an den oberen Spitzen jeweils so gebogen, daß ein ungefähr symmetrisches Gebilde entsteht. Ein Ohr ist nicht erkennbar.

Rückseite: Pferd nach links galoppierend mit wehendem Schweif, oberhalb der Kruppe ein etwa V-förmiges Ornament, in dessen Zentrum oben zwei Kugeln zu sehen sind.

Der Stil dieser Münze weicht nicht erheblich von den bisher bekannten mittel- bis spätlatènezeitlichen Münzen aus Bayern ab. Die Vorderseite ist stark graphisch und mit sicherem Strich gestaltet. Das Pferdchen der Rückseite mit der durch Punkte gestalteten Mähne und den Kugelgelenken, beides durch Verwendung des Bohrers bei der Stempelherstellung entstanden, erinnert an das Kleinsilber des Typus Neuses aus Oberfranken (Das archäologische Jahr in Bayern 1981, 126), ohne daß man freilich aus dieser Ähnlichkeit weitgehende Schlüsse ziehen sollte.

Doch nicht nur in der völlig andersartigen Gestaltung der Vorderseite unterscheidet sich die Mitterfelder Kleinmünze deutlich vom Typus Neuses. Das Gewicht liegt erheblich über dessen Durchschnittsgewicht von 0,42/0,45 g. Nähere Folgerungen lassen sich daraus allerdings nicht ableiten, da das Gewicht einer einzelnen Münze statistisch in keiner Weise auswertbar ist. Auch die mittel- bis spätlatènezeitliche Siedlung von Pollanten, Gemeinde Berching, Landkreis Neumarkt i. d. Oberpfalz, in der zahlreiche Kleinsilbermünzen gefunden wurden, bietet nichts direkt Vergleichbares (Das archäolo-

51 *Kelheim-Mitterfeld. Kleinsilbermünze. Natürliche Größe und Maßstab 3:1.*

gische Jahr in Bayern 1982, 80 ff. Vom Vorderseitenbild her entfernt verwandt mag allenfalls die Nr. 11 der Abb. 63 sein).

Es bleibt festzuhalten: Die keltischen Münzen Bayerns sind mit den gleichen Methoden datierbar – oder nicht datierbar – wie das übrige archäologische Fundgut. Versuche einer Datierung nach Gewicht und Feingehalt sind ohnehin dubios und führen nur in die Irre, mit vermeintlich exakten Argumenten, die den prähistorischen Gegebenheiten der Technik der Metallverarbeitung und des Prägens sowie den damals gestellten Anforderungen an den Münzumlauf nicht gerecht werden. Damit läßt sich zur Datierung dieser Münze nicht mehr sagen als zu den archäologischen Funden ihres Fundplatzes. Es ergibt sich somit nur eine unsichere Zuweisung etwa in die Zeit des Übergangs der Stufe Latène C2 zu D1; in absoluten Zahlen ausgedrückt: nicht später als das frühe 1. Jahrhundert v. Chr. Kelheim-Mitterfeld liegt innerhalb des keltischen Oppidums Alkimoennis, am rechten Altmühlufer am Fuße des Michelsbergs. Es ist demnach nicht auszuschließen, daß diese Kleinsilbermünze des Typs Mitterfeld hier im Oppidum geprägt wurde. Solange allerdings keine weiteren Funde dieses Typs aus Alkimoennis vorliegen und eine entsprechende Prägestätte nicht nachgewiesen werden kann, muß auch dies eine Vermutung bleiben. B. Overbeck

Schneemerkmale im Gäuboden – die Haunersdorfer Grabenwerke

Gemeinde Otzing, Landkreis Deggendorf, Niederbayern

An den letzten Tagen des Jahres 1984 sanken die mittleren Tagestemperaturen in Ostbayern allmählich auf Werte unter den Gefrierpunkt. In der Folge bescherten leichte Schneefälle am 21. und 25. Dezember dem Gäuboden einen dünnen, weißen Schleier, der sich auf den Fluren zu Donau und Isar hin verdichtete. Wegen der vorhergehenden, guten Wasserversorgung hatte sich jedoch in den tieferen, durchfeuchteten Bodenschichten ein beachtliches Wärmepolster gebildet, das für ein ausgeprägtes Temperaturgefälle zur sich langsam abkühlenden Ackeroberfläche sorgte. So meldete der Deutsche Wetterdienst noch am 28. 12. aus den Donaustädten Regensburg und Passau mit 0,4 °C und 0,5 °C positive Werte für 20 cm Bodentiefe. Oben auf den Feldern waren die Temperaturen jedoch schon unter 0 °C abgesunken.

Damit war für die Ausbildung von negativen Schneemerkmalen eine ideale Situation eingetreten, die sich auf archäologischen Prospektionsflügen am 27. und 28. Dezember auch mit Erfolg nutzen ließ. Die in den unterirdischen Gruben und Gräben im humosen Füllmaterial gespeicherte hohe Bodenfeuchte gab ihren Wärmeüberschuß jetzt langsam durch Strahlung ab. Sie brachte so auch über den im Boden verborgenen Denkmälern von Haunersdorf den dort stellenweise nur hauchdünnen Schneeschleier an der Erdoberfläche zum Schmelzen. Das Luftbild vom 28. Dezember 1984 (Abb. 53) zeigt die nördliche, von einer Erdbrücke unterbrochene Front und zwei Ecken eines rechteckigen Grabenwerks, das mit einer Seitenlänge

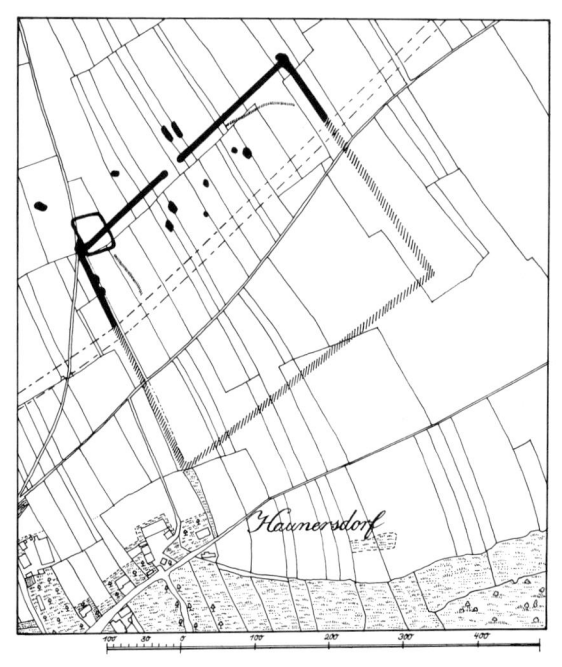

52 *Haunersdorf. Plan des Grabenwerks als Umzeichnung der digitalen Luftbildentzerrung in die älteste Flurkarte von 1827 (Plan Nr. 7342/413).*

53 *Haunersdorf. Grabenwerke und Gruben als negative (dunkle) Schneemerkmale auf Löß. Aufnahme vom 28. 12. 1984.*

von rund 375 m zu den größten Anlagen seiner Form in Bayern zählt. Mit der Nordwestecke überdeckt es eine kleine Befestigung, die ihrer quadratischen, abgerundeten Form nach als römisches Feldlager, ebensogut aber auch als hallstattzeitliche Befestigung der besonderen südostbayerischen Ausprägung anzusprechen wäre. Vom südlichen Teil der großen Befestigung bleiben die Gräben, wohl wegen überdeckender, den Wärmefluß dämmender Schwemmschichten, im Luftbild verborgen.

Auch wenn hier der Zufall seine Hand im Spiel haben mag, so erinnert die Verzahnung der beiden Haunersdorfer Grabenwerke doch in verblüffender Weise an ein ganz ähnliches Bild von der spätkeltischen Viereckschanze in München-Langwied, deren Nordostecke aus einem hallstattzeitlichen Grabenwerk herauszuwachsen scheint. Einige Stücke der wenigen, von den mit Gruben und zwei unregelmäßigen, schmalen Gräben bedeckten Lößäckern abgesammelten Keramik stammen aus der Urnenfelderzeit.

Eine sichere Datierung der Denkmäler ist damit jedoch nicht möglich.

Nach der Luftbildentzerrung durch H. Becker auf der digitalen Bildverarbeitungsanlage des Bayer. Landesamts für Denkmalpflege wurden die archäologischen Spuren aus mehreren Fotos in eine Umzeichnung der frühesten Flurkarte (1827) übertragen (Abb. 52). Dort wird im Verbund mit den Karteneintragungen der ersten bayerischen Geometer deutlich, daß sich im Norden die alten Feldgrenzen und im Westen zusätzlich ein Weg an die damals noch erhaltenen Spuren des mächtigen Grabenwerkes angelehnt haben.

Ein wohl auf der einstigen Wallkrone verlaufender Weg hat, wie spätere Kartenblätter ausweisen, die 1875 über die Befestigung hinweggebaute Bahnlinie Landshut–Bayerisch Eisenstein mit einer inzwischen wieder abgerissenen Brücke überquert. So kündet noch heute ein Stück dieses vor 110 Jahren für die Überführung nochmals erhöhten Wallrestes auch obertägig von der Bedeutung des Platzes.   O. Braasch

54 *Hartkirchen. Die Gräben der Viereckschanze erscheinen am 9. 7. 1984 als dunkle Bewuchsmerkmale im Weizen. Die Spuren der inneren Bauten sind erst schwach ausgeprägt.*

Beobachtungen an der spätkeltischen Viereckschanze von Hartkirchen

Gemeinde Pocking, Landkreis Passau, Niederbayern

Die Aufnahmedaten der Luftbilder von der Viereckschanze bei Hartkirchen liegen genau einen Monat auseinander. Das Grabenwerk wurde am 9. Juli 1984 entdeckt (Abb. 54) und am 9. August auf einem zweiten Flug erneut fotografiert (Abb. 55). Bereits im Juli zeigte sich an dem Denkmal als Besonderheit ein äußerer Graben, der an der Nordwestecke aus dem eigentlichen Schanzengraben herausläuft, um nach der Beschreibung zweier Winkel und rund 120 Streckenmetern parallel zur Nordwestseite der Anlage zu enden (Abb. 56). Das Augustbild – ein Stück der Schanze ist dort im abgeernteten und umgepflügten Feld bereits wieder verschwunden – ließ dann in der Innenfläche drei Stellen mit Spuren von Holzbauten, Gruppierungen heller Flecken an der Getreideoberfläche, welche Pfostengruben anzeigen, aufscheinen. Die Hartkirchener Fundstelle gesellt sich damit zu weiteren latènezeitlichen Grabenwerken, die ebenfalls mit Spuren einer Innenbebauung aufwarten. Zu ihnen gehören unter anderem die Denkmäler von Dengling, Egweil, Riekofen, St. Afra und Westenhausen.

55 *Hartkirchen. Das hochreife Getreide zeigt einen Monat später am 9. 8. 1984 die Gräben als helle Bänder an. Im Innenraum sind jetzt die Pfostengruben deutlich durch helle Flecken markiert.*

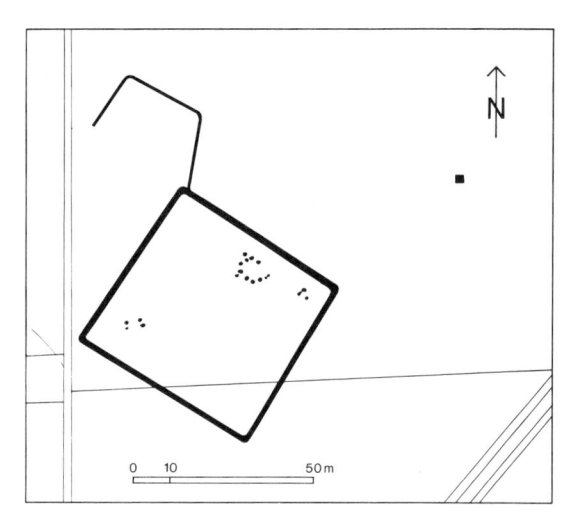

56 Hartkirchen. Umzeichnung des Luftbildbefundes auf Flurkartengrundlage nach digitaler Bildentzerrung und Merkmalverstärkung (Plan Nr. 7546/029).

Die zweite Befliegung brachte aber auch als Ergebnis die Farbumkehr aller Bewuchsmerkmale: Vorher dunkle Spuren hatten sich mit dem Fortschreiten der Getreidereife in helle verwandelt – ein häufig zu beobachtendes Phänomen, das bei der Suche nach archäologischen Bewuchsmerkmalen aus der Luft recht hilfreich ist. Bei dieser Erscheinung spielt offensichtlich der unterschiedliche Blattbesatz der Getreidepflanzen eine ausschlaggebende Rolle. Während die üppigeren Pflanzen in der Wachstumsphase durch größere Blattflächen ihr Grün stärker darstellen können als die schwächeren, niedrigeren Exemplare, kehren sich mit einsetzender Reife die welkenden Blätter der ersteren kräuselnd um und bringen uns so teilweise ihre helleren Unterseiten zu Gesicht. Die sich mit dem Reifefortschritt insgesamt aufrauhende Oberflächentextur in ihren Standrevieren unterstreicht das. Das Blattwerk der schwächeren, weniger hohen Pflanzen, die sich auch dem Windbruch besser widersetzen, bleibt hingegen länger in der Normallage und trägt so zu dem Farb- und Helligkeitswechsel bei. Es ist denkbar, daß sich während der Reife auch noch zwischen den Blättern der Pflanzengruppen Farbunterschiede durch differenziertes Verhalten der Blattgrünanteile ausbilden.

Die Bilder von Hartkirchen lassen aber auch in beiden Phasen erkennen, daß sich der Schanzeninnenraum in seiner Bodenbeschaffenheit von der äußeren Umgebung unterscheidet. Dort nämlich, wo die archäologischen Spuren nicht von dem geologisch bedingten, üppigen und breiten Pflanzenstreifen verwischt werden, unterscheidet sich der Grund von dem umgebenden Areal außerhalb des Bauwerkes durch eine hellere, später dann dunklere Tönung. Damit wird insgesamt für den Innenraum eine Aufschüttung bzw. Verfestigung angezeigt, die sich auf zahlreichen anderen Fotos von neu entdeckten Schanzen in Bayern niederschlägt. Für einige Fundstellen auf Lößböden lieferten flächige, rechteckige Verfärbungen überhaupt die ersten Hinweise auf derartige Anlagen.

G. Mansfeld, der durch Vermessungen an vier Schanzen in Baden-Württemberg eine Aufschüttung sicher nachweisen konnte, hält die Bodenanhebung bei den keltischen Kultstätten für den Regelfall.

O. Braasch

Ein keltisch-römischer Kultplatz in Gauting

Landkreis Starnberg, Oberbayern

Vor über zehn Jahren wurden südlich von Gauting, am Durchbruch der Würm durch die Endmoräne, auf einem frisch gepflügten Acker bei Flurbegehungen römische Ziegelfragmente und Teile einer römischen Inschrift gefunden. Damals waren noch zwei flache Erhebungen sichtbar, von denen eine nur Asche, die andere viele verbrannte kleine Knochenfragmente enthielt. In ungezählten Flurbegehungen konnten von Familie Faust aus Icking spätkeltische und römische Scherben, römische Glasfragmente, weitere Inschriftfragmente und eine Menge verbrannter Tierknochen aufgesammelt werden. Nachdem im Laufe der Jahre der Pflug die beiden Erhebungen immer mehr eingeebnet hatte und eine extreme Gefährdung des interessanten Fundplatzes vorlag, nahm die Prähistorische Staatssammlung im April 1984 archäologische

57 *Gauting. Teile einer römischen Standarte aus Bronze. Maßstab 1:1.*

Untersuchungen auf. Eine von H. Becker durchgeführte Magnetometerprospektion gab weitere wichtige Hinweise.

Schon nach den ersten Flächenaufdeckungen zeigte es sich, daß der Pflug bereits bis auf die Fundschichten durchgedrungen und ein Großteil der Befunde gestört war. Deutlich hob sich bei der Ausgrabung ein größerer Aschehügel von etwa 10 m Durchmesser ab, der nur Rückstände von verbranntem organischem Material enthielt. Die unterste Schicht bestand aus einer rechteckigen, ca. 3,0 x 0,4 m großen, sauber begrenzten, schwarzen Verfärbung, die mit Rollsteinen umgeben war, welche wohl die Ränder des Opferplatzes markierten.

Nördlich des Aschehügels ließ sich in einem 10 qm großen Areal eine Konzentration von kleinen und kleinsten verbrannten Tierknochenfragmenten feststellen. In diesem Bereich konnten auch mehrere Scherben spätlatènezeitlicher Kammstrichkeramik aus Graphitton geborgen werden. Unmittelbar westlich davon kamen bei der Aufdeckung einer weiteren Fläche viele römische Dachziegelfragmente und vor allem weitere Inschriftteile zutage.

Besonderes Interesse verdienen Teile einer römischen Standarte. Die in Abb. 57 wiedergegebenen springenden Löwen samt vier massiven Löwendoppelköpfen gehören zu einer Standartenform, die in Europa nur wenige Vergleichsstücke besitzt und deren nächste Parallelen von Flobeq (Hainaut) in Belgien sowie vom Paßheiligtum des Großen St. Bernhard stammen. Ob es sich bei diesen Standarten um Benefiziarierlanzen oder um spezielle Zeichen einer Kultgemeinschaft handelt, bedarf noch der Klärung.

Im Zuge der Bearbeitung des Gautinger Materials fand sich im Depot der Prähistorischen Staatssammlung ein weiteres Vergleichsstück zur Gautinger Standarte, ein springender Löwe aus dem Kastell Burghöfe (Abb. 58), der hier in einer Zeichnung zum erstenmal vorgestellt wird.

In der Umgebung der beiden Ascheplätze konzentrierten sich keltische Eisenfibeln (Abb. 59), keltische Glasarmringfragmente sowie keltische Keramik.

Etwa 25 m nordwestlich dieser Ascheplätze fanden sich Gruben mit keltischer Keramik und eine Grube mit einer größeren Menge verkohl-

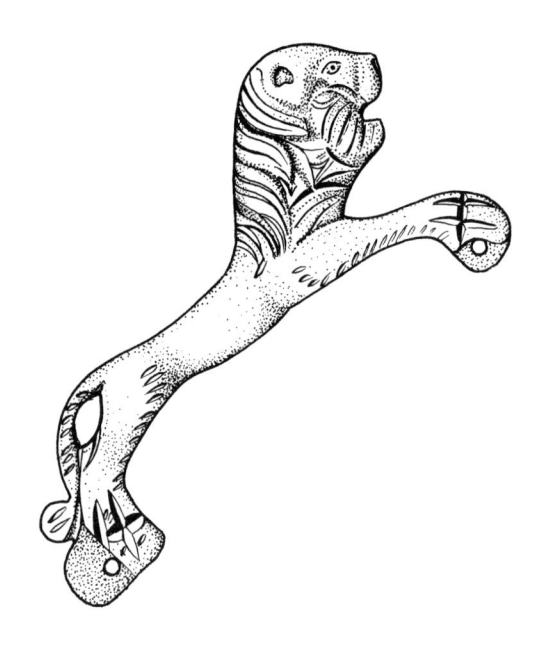

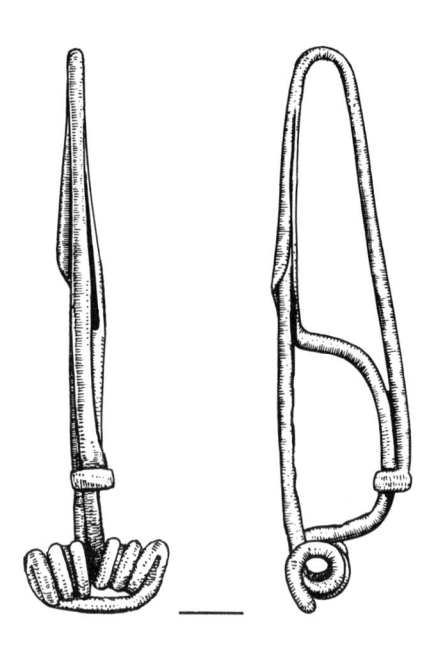

58 *Burghöfe. Bronzelöwe einer Standarte, ähnlich dem Exemplar aus Gauting. Maßstab 1:1.*

59 *Gauting. Keltische Fibel aus der Umgebung des Aschehügels. Maßstab 1:1.*

ter Getreidekörner. Dabei könnte es sich um eine abgebrannte Getreidedarre handeln, da noch größere verbrannte Holzstücke und verbrannter Hüttenlehmversturz der Abdeckung geborgen werden konnten.

Über die gesamte Ausgrabungsfläche verstreut lagen römische Fibeln, Gürtelschnallen, Schreibgriffel, Glasfragmente und anderes Eisengerät.

Interessant ist dabei, daß sowohl die keltischen als auch die römischen Metallfunde in der Umgebung der Ascheplätze deutliche Brandspuren zeigten, bzw. hohen Temperaturen ausgesetzt waren und Brandpatina trugen.

Zusammenfassend läßt sich das Ausgrabungsergebnis wie folgt interpretieren: Unmittelbar nördlich des Durchbruchs der Würm durch die Endmoränenhügel lag auf einer exponierten, von der Würm umflossenen Landzunge eine keltische Siedlung, in deren nächster Umgebung man zwei Opferplätze anlegte. In römischer Zeit war die Stätte sicher noch über Tage erkennbar und wurde auch von der Bevölkerung des nahegelegenen Bratananium aufgesucht. Im Zusammenhang damit entstand in unmittelbarer Nähe der beiden Aschehügel ein kleines Holzgebäude, in oder an dem auch eine kleine Inschrift auf Kalkstein angebracht war und in dem die kostbare Standarte aufgestellt gewesen sein könnte. Der kleine Holzbau scheint einem Feuer zum Opfer gefallen zu sein, worauf auch die Brandspuren an der Inschrift hinweisen. Eine Begehung des Platzes bis ins 3. Jahrhundert n. Chr. legen die Münzfunde (Probus) sowie eine silberne herzförmige Riemenzunge nahe. Ob die beiden Brandopferplätze auch in römischer Zeit wieder benutzt wurden und welche Rolle das genannte Gebäude spielte, muß die Gesamtauswertung des interessanten Fundstoffes dieses Platzes zeigen, der nur ca. 500 m südlich der römischen Straße nach Kempten liegt.

Zu danken habe ich vor allem der Gemeinde Gauting und dem Arbeitsamt Starnberg, die die Ausgrabungen in großzügiger Weise förderten, wie auch der Familie Faust, den Herren Brändle, Melzl und Garhammer sowie allen Grabungsteilnehmern, besonders aber auch Herrn Dr. Becker und Herrn Braasch vom Bayer. Landesamt für Denkmalpflege.

M. Egger

Frühkaiserzeitliche Kleinkastelle im Ulmer Winkel

Unsere Vorstellungen vom Ausbau und der Organisation der römischen Reichsgrenze an der Donau zwischen Iller- und Lechmündung ließen sich durch die Entdeckung eines frühkaiserzeitlichen Kleinkastells bei Nersingen, Landkreis Neu-Ulm, etwas modifizieren. Der Innenraum dieses kleinen Holz-Erde-Lagers mit Doppelgraben und Holz-Rasensodenmauer konnte im Sommer 1983 von der Kommission zur archäologischen Erforschung des spätrömischen Raetien der Bayer. Akademie der Wissenschaften fast vollständig untersucht werden (vgl. Das archäologische Jahr in Bayern 1983, 92 ff). Die Bearbeitung der Kleinfunde ergab, daß das Kleinkastell von Nersingen bereits in den späten dreißiger Jahren des 1. Jahrhunderts oder um 40 n. Chr. angelegt worden war.

In Zusammenhang mit den von uns vom 25. Juli bis 18. August 1984 in einer ähnlichen Doppelgrabenanlage bei Burlafingen (Stadt Neu-Ulm) durchgeführten Ausgrabungen bot sich ab 16. Juli 1984 die Möglichkeit, in Nersingen noch punktuell in stehengebliebenen Stegen vorgeschichtliche Hausgrundrisse und diejenigen von

60 *Neu-Ulm-Burlafingen. Luftbild des frühkaiserzeitlichen Kleinkastells während der Ausgrabungen am 31. 7. 1984 von Süden.*

römischen Holzbauten zu ergänzen bzw. eine Restfläche, die 1983 als Abraumhalde gedient hatte, in der Südecke der Anlage zu untersuchen. Im 22,2 x 25,2 m (= 560 qm) großen Innenraum des Kleinkastells ließ sich ein in Pfostenbauweise errichteter, 15 x 65 röm. Fuß großer Holzbau nachweisen, der sich aus einem 25 qm großen Raum und sieben kleineren Doppelräumen zusammensetzte. Bei letzteren handelt es sich um Mannschaftsunterkünfte mit sechs durchschnittlich 8 qm großen Contubernien für wohl jeweils nur zwei Soldaten und einen 14,4 qm großen Doppelraum für den diensthabenden Offizier. Ein zweiter, 15 x 60 röm. Fuß großer, langrechteckiger Holzbau mit einem geschlossenen Raum mit schuppenartigem Annex und einer zur Hauptachse des Lagers hin offenen Halle ist als Wirtschaftsbau zu interpretieren; am wahrscheinlichsten handelt es sich dabei um ein Verpflegungsmagazin und einen Wagenschuppen mit Stallungen für einige Zug- und Reitpferde.

Etwa 3,7 km westlich von Nersingen und ungefähr 4 km nördlich der unterhalb von Finningen vorbeiführenden römischen Donausüdstraße, dem »Äulesweg«, konnte O. Braasch seit 1977 eine auf der hier hochwassergefährdeten Donauniederterrasse gelegene Doppelgrabenanlage beobachten, über deren Zeitstellung sich mangels Oberflächenfunden nichts aussagen ließ (Abb. 60). Etwa ein Viertel der Anlage war bereits vor geraumer Zeit von einem Seitenarm der Donau abgetragen worden. Die Breite der sich im heranreifenden Getreide als positive Bewuchsmerkmale abzeichnenden, nur bis ca. 1,2 m tiefen Spitzgräben schwankte in der Regel zwischen 1,8 und 3,3 m. Von den Innenkanten des inneren Grabens gemessen beträgt die Größe der Anlage ca. 41 x 42 m. Anders als in Nersingen ließen sich im Wallbereich zu beiden Seiten des Tores trotz großflächiger Untersuchungen keine Pfostengruben beobachten, die mit einer Holz-Erde-Mauer in Verbindung zu bringen wären. Demnach kann man in Burlafingen als Umwehrung einen etwa 4,5 m breiten Rasensodenwall annehmen. Der Zugang zu dem Kleinkastell erfolgte von Südosten über eine Erdbrücke zwischen den Grabenköpfen und durch ein aufgrund der Torgassenbreite von ca. 2,4 m wohl zweiflügeliges Tor mit einer Holzbrücke über der Torgasse und einem von sechs Pfosten getragenen turmartigen Aufbau. Trotz der relativ geringen Größe des Kastells konnten wir sowohl in der Süd- als auch in der Westecke jeweils vier Gruben für die Pfosten von Turmgerüsten untersuchen. Ein weiterer Turm stand etwas aus der Mittelachse zur Nordecke hin verschoben an der dem Tor gegenüberliegenden, zur Donau hin gewandten Seite.

Im annähernd quadratischen, etwa 28 x 29,5 m (= 800 qm) großen Innenraum ließen sich keinerlei Spuren einer hölzernen Innenbebauung wie in Nersingen oder auch nur Gruben mit Siedlungsabfall feststellen. Dies spricht ebenso wie der äußerst geringe Fundanfall für eine kurzfristige Nutzung des Kleinkastells von Burlafingen, das aufgrund weniger signifikanter Keramikfragmente in die späten dreißiger oder frühen vierziger Jahre des 1. Jahrhunderts n. Chr. zu datieren ist. Man darf damit rechnen, daß die Besatzung in leichtgebauten Unterkünften (*hibernacula*), möglicherweise aber auch nur in Zelten (*sub pellibus*) untergebracht war. Zu der Vexillation von wohl maximal Centurienstärke (ca. 80 Soldaten) gehörten aufgrund einer dreiflügeligen eisernen Pfeilspitze wahrscheinlich auch Bogenschützen (*sagittarii*). Weitere sichere Hinweise auf die Zusammensetzung der Truppe liegen bislang noch nicht vor, doch besteht möglicherweise ein Zusammenhang mit dem Burlafinger Legionärshelm.

Dank der Entdeckungen der Luftbildarchäologie ließ sich mit den beiden Kleinkastellen von Burlafingen und Nersingen ein bislang in Rätien unbekannter Typ frühkaiserzeitlicher Holz-Erde-Lager nachweisen. Diese kleinen Militärposten wurden hier erstmals mit dem in den späten dreißiger Jahren begonnenen und unter Kaiser Claudius um die Mitte des 1. Jahrhunderts n. Chr. abgeschlossenen Ausbau der Donaulinie in der Nähe des Flußufers angelegt. Dauerhaft eingerichtete Kleinkastelle wie Nersingen hatten zweifellos den grenzüberschreitenden Personen- und Warenverkehr zu kontrollieren, wohingegen die Garnisonen von kurzfristig genutzten Anlagen wie Burlafingen mit Sonderaufgaben betraut gewesen sein dürften.

Wie schon im Vorjahr erfreuten wir uns auch während dieser Grabungskampagne der vielfachen und uneingeschränkten Unterstützung der Gemeinde Nersingen, der Stadt Neu-Ulm, des Landkreises Neu-Ulm und des Bayer. Landesamts für Denkmalpflege. Besonders gedankt sei der Kreisheimatpflegerin des Landkreises Neu-Ulm, Frau Dr. E. Pressmar, für ihre Mitwirkung und mehreren freiwilligen Mitarbeitern für ihre tatkräftige Hilfe.

M. Mackensen und A. Marx

Römisches Militär an der Donausüdstraße – das Lager von Zell

Stadt Neuburg a. d. Donau, Landkreis Neuburg-Schrobenhausen, Oberbayern

Die Flugprospektion förderte bis zum Ende des Jahres 1984 rund 25 neue römische Feldlager und Kastelle in Bayern an den Tag. Zu den jüngsten Entdeckungen zählt das kleine Grabenwerk im Pfarrdorf Zell am Ostrand von Neuburg. Dort erstreckt sich der gut entwässernde Niederterrassenschotter in einem schmalen Band zwischen dem Donaumoos und den weiten, verlandeten Flußauen von West nach Ost. Jenseits des Flusses stellt sich der nahe Fränkische Jura den Wetterfronten aus dem Norden in den Weg und verhilft in seinem Windschatten dem Landstrich zu reduzierten Niederschlagsmengen, die in idealer Weise die Ausbildung von Bewuchsmerkmalen fördern. Diese Leewirkung bescherte hier selbst im verregneten Sommer 1984 der Luftbildarchäologie noch gute Beobachtungsmöglichkeiten und ließ in einem Weizenfeld den Graben eines kleinen römischen Lagers als positives, dunkles Be-

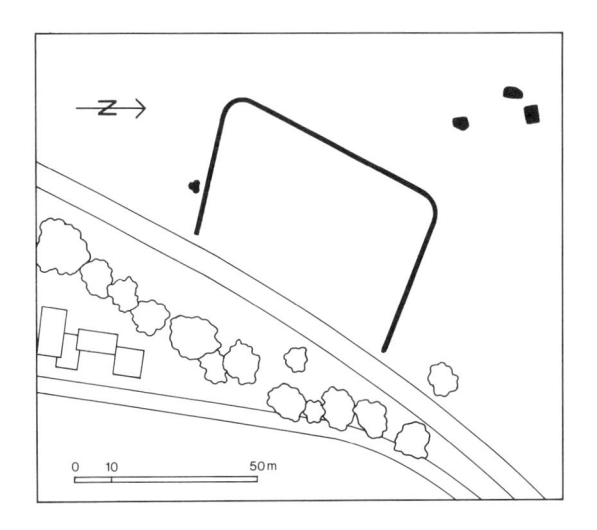

61 *Zell. Plan des römischen Lagers. Umzeichnung des mit Hilfe digitaler Bildverarbeitung entzerrten Luftbilds (Plan Nr. 7332/150).*

62 *Zell. Lagergraben und Gruben als positive (dunkle) Bewuchsmerkmale im Getreide. Aufnahme vom 24. 7. 1984.*

wuchsmerkmal auftauchen (Abb. 62). Die Befestigung wurde von der Kamera aber nicht vollständig erfaßt, ihre rechte, östliche Hälfte blieb unter Straße, Wiese und Bäumen verborgen. Nach Westen hin jedoch ist sie im Bild zur guten Hälfte mit einer vollen Grabenfront und zwei sauber ausgeformten Ecken zu sehen, die in ihrer exakten Form die römischen Baumeister verraten (Abb. 61). In der Nähe zeichnen sich vier Gruben als dunkle Flecken im Ährenteppich ab, ihre Zugehörigkeit zum Grabenwerk muß jedoch offenbleiben. Die Lagerwestseite erreicht eine Länge von ca. 65 m, die Innenfläche bot deshalb nur einer kleinen Truppe Platz, die zur Abschnittssicherung am frisch besetzten Donauufer oder zum Bau der wichtigen Straße, die vom römischen Neuburg zu den nächsten Stützpunkten im Osten bei Zuchering und Oberstimm führte, eingesetzt gewesen sein mag. So wird man den Stützpunkt wohl in die frühe Besetzungsgeschichte Rätiens zu datieren haben. Spätestens mit der Vorverlegung des Limes über den Fluß nach Norden um das Jahr 80 n. Chr. wird die Truppe, wohl unterhalb Kohortenstärke, dann mit übergesetzt sein. Lager mit ähnlich schlichter Bewehrung durch einen einzigen Graben begegnen uns an der Donau in Kicklingen, Schwaben, Zuchering (Lager I), Oberbayern und im niederbayerischen Straubing.

Die späte Entdeckung der Zeller Fundstelle, die nur einen guten Bogenschuß vom modernen Militärflugplatz entfernt liegt, beweist, wie sehr die Luftbildarchäologie, trotz rascher Anfangserfolge, auch ein Langzeitwerkzeug der Bodendenkmalpflege ist. Wurde doch der Neuburger Raum seit über zehn Jahren intensiv aus der Luft beobachtet, wobei mancher Flug auf der nahen Startbahn seinen Ausgang nahm. Damit werden Erfahrungen der Luftbildarchäologie des Auslandes bestätigt, die auf eine schier unabschätzbare Zahl von zeitlich gestreuten »Beobachtungsfenstern« für das Aufspüren von Denkmälern verweisen. Diese Gelegenheiten liegen am Boden einer Lostrommel, die ihren Inhalt aus Zugaben wie Klima, Bewuchs, Beleuchtung, Flugzeitpunkt und unwägbaren Glücksfällen mischt. Aussichten auf Gewinn müssen auch dort mit Ausdauer bezahlt werden.

O. Braasch

Kleiner Delphin als Kannendeckelgriff von frührömischer Station am »Thürlesberg« bei Buttenwiesen

Landkreis Dillingen a. d. Donau, Schwaben

Mit der Ausbreitung der römischen Macht und Kultur gelangen auch Bilder von exotischen Tieren des Südens sowie von Mythen- oder Fabeltieren der mittelmeerländischen Überlieferungswelt in den nordalpinen Raum. Von realen Landtieren braucht man hier nur an Löwen und Panther oder Leoparden in ihrer gefährlichen Wildheit und Stärke, von realen Wassertieren nur an die dem Menschen gegenüber freundlichen Delphine zu erinnern; all diesen Tieren kann auch symbolische und mythische Geltung zukommen. Von tierischen Mischwesen des Luft-, Land- und Wasserreichs genügt es, Greifen und Hippokampen zu nennen. Man wird die Wirkung solchen Bildguts und des zugehörigen Erzählguts auf die einheimische Bevölkerung der neugewonnenen Gebiete kaum überschätzen können.

Ein unscheinbares, doch reizvolles Sachbeispiel dieser alten Vorstellungswelt ist ein bronzenes Delphinfigürchen mit aufgestelltem Schwanz und angegossenem Befestigungsniet unter dem platten Vorderkörper, das neben anderen Kleinfunden in den Jahren 1976 bis 1979 auf dem »Thürlesberg« des südlichen Donautalrands bei Buttenwiesen zutage gebracht wurde. Dieses im Berichtsjahr 1984 konservierte Objekt ist in Abb. 63, 1.2 einem Delphinfigürchen gleicher Größe und Stilisierung gegenübergestellt, das als Griff eines gegossenen Scharnierdeckels dient, aus dem Kastellgelände von Burghöfe bei Mertingen stammt und die

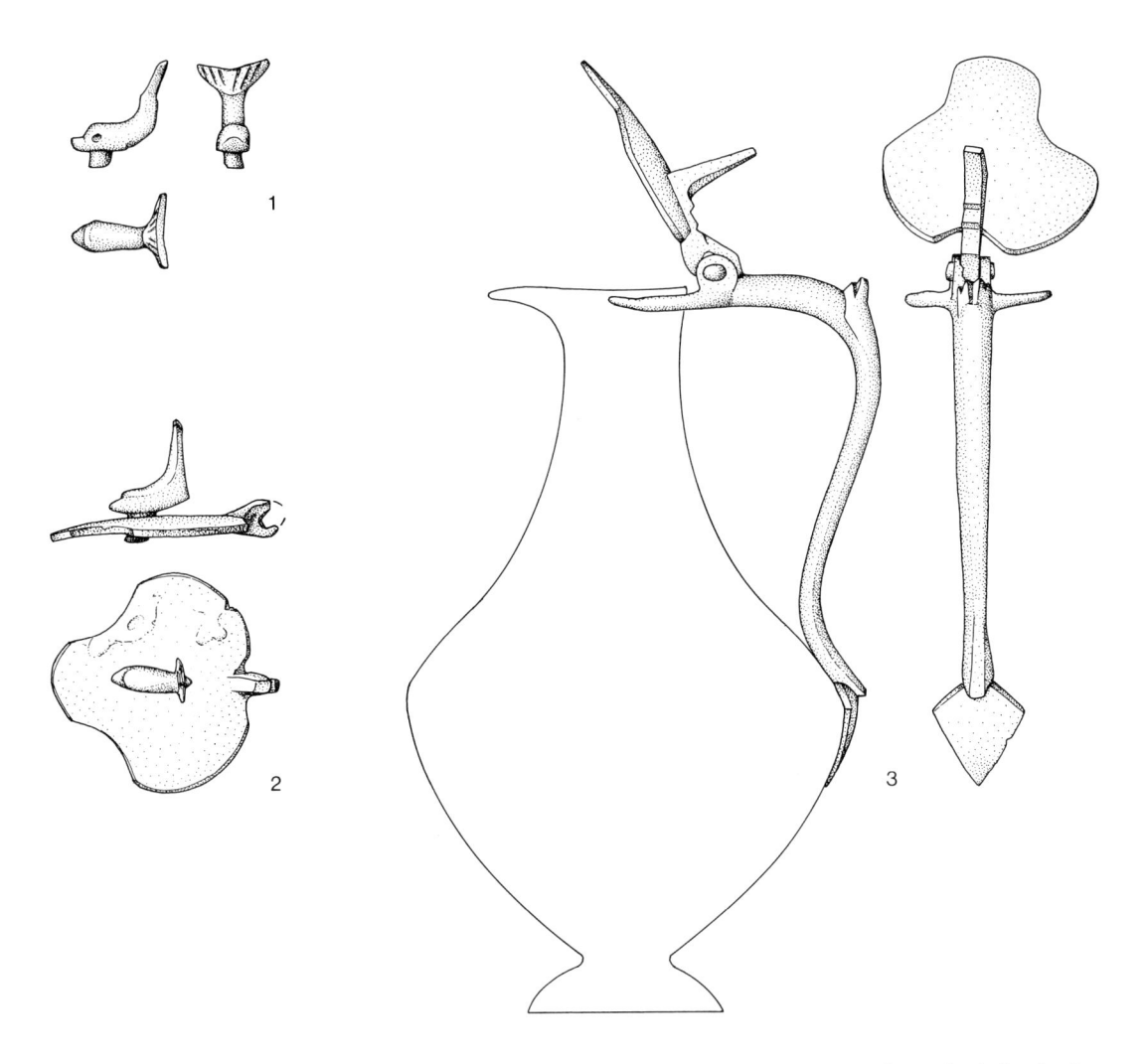

63 *Buttenwiesen. Delphingriff eines efeublattförmigen Bronzekannendeckels (1) und Vergleichsfunde efeublattförmiger Kannendeckel von den frührömischen Militärplätzen Burghöfe (2) und Vindonissa-Windisch (3). Maßstab etwa 3:4.*

Bestimmung des Neufunds ermöglicht: Es sind Deckel kleiner Bronzekannen mit vorgezogener Mündung, die trotz vieler solcher Deckelfunde nie in ganzer Erhaltung überkommen sind, aufgrund gelegentlich erhaltener Henkel aber Kielvasenform besessen haben müssen und kaum höher als 15 cm gewesen sein können (Abb. 63, 3). Die Umrisse der Deckel zeigen stets die Form stilisierter Efeublätter.

Nach allem dürfte es sich bei diesen Bronzekannen um Ritualgefäße, um Spendegefäße für Weinopfer gehandelt haben, wobei für diese Interpretation die efeublattförmigen Kannendeckel und deren Delphingriffe als dionysische Symbole entscheidend sind, diese Deutung aber durch die für praktisch-täglichen Gebrauch eher hinderliche Kleinheit der Kannen unterstützt wird. Rebe und Efeu sind ja die heiligen Gewächse des griechischen Weingotts Dionysos; Delphine spielen in den Geschichten um Dionysos und um dionysisches Fortleben des Menschen nach dem Tod eine Rolle, delphingestaltige Henkel erscheinen auch an für Rauschtrank bestimmten anderen römischen Gefäßformen und an Balsamarien.

Der Spendegefäß-Typus der Bronzekannen mit Efeublattdeckel und Delphingriff scheint besonders durch die römischen Truppenverschiebungen des 1. Jahrhunderts n. Chr. verbreitet worden zu sein; Funde von Deckeln oder Henkeln solcher Kannen liegen aus fast allen frührömischen Militärstationen längs der oberen Donau vor. Vielleicht fügt sich auch der neue Fundplatz »Thürlesberg« diesem Rahmen ein, wie verschiedene andere Gegebenheiten nahelegen könnten.

R. A. Maier

Schmuckfunde aus Augusta Vindelicum-Augsburg

Stadt Augsburg, Schwaben

Bei den verschiedenen, teils großflächigen Rettungsgrabungen innerhalb des Areals der römischen Provinzhauptstadt Rätiens kam 1983 und 1984 eine kleine Gruppe von herausragenden Schmuckstücken, Fingerringe, Gemmen sowie ein Kameo, zutage. Der kostbarste Fund, ein unversehrt erhaltener Fingerring aus Gold mit kleiner Gemme, wurde 1984 bei den Ausgrabungen im Garten des Bischofspalais am Hohen Weg (s. S. 121 f.) entdeckt. Der bandförmige, zur Oberseite sich stark verbreiternde Reif (1,4 bis 1,6 cm Durchmesser) trägt in leicht erhabener Fassung einen bräunlichen Karneol (Sarder) mit der eingeschnittenen Darstellung eines Fisches (Abb.64, oben links). Der Ring, aufgrund seiner Form vermutlich noch im 1. Jahrhundert angefertigt, entstammt einer Fundschicht des 2. Jahrhunderts. Der frühen römischen Kaiserzeit gehört eine Karneol-Gemme vom Gallusbergle 5 (1983) an: Der Stein zeigt eine auf einem Felsen sitzende Muse, vermutlich Euterpe, die phrygische Doppelflöte spielend (Abb. 64, oben Mitte). Vor ihr steht eine halbhohe Säule, ein ländlicher Altar, darauf vielleicht Priapus, jedoch nur in sehr feinen Linien eingeschliffen und daher schwer erkennbar. Eine weitere hervorragende Karneol-Gemme wurde 1984 bei den archäologischen Untersuchungen vor der Grufterweiterung an der Ostseite der Apsis von St. Stephan geborgen: Ein geflügelter Erot mit Dreizack reitet auf einem Delphin, vor sich das aus dem Fischmaul herausschauende, vom Wind aufgeblähte Segel haltend (Abb. 64, oben rechts). Der Stein stammt aus einem vermutlich als Abwassergräbchen zu interpretierenden Befund, der tiberische Gefäßkeramik enthielt. Der gleichen Fundschicht wurde auch ein kleiner Kameo entnommen. Auf einer blaugrünen Glasplatte ist in opaker weißer Glaspaste ein Erot in frontaler Ansicht dargestellt (Abb. 64, Mitte links).

Ein verbrannter Eisenring, gefunden 1984 bei den Ausgrabungen an der Kornhausgasse 4 (Neubau des Bayer. Verwaltungsgerichtes), enthält eine Gemme aus weißer Glaspaste mit der Abbildung einer Psychostasie, einer Seelenwägung (Abb. 64, Mitte). Die geflügelte Gottheit, die Waage mit ihren Schalen haltend, könnte Viktoria sein, doch ist dies bei dem weniger guten Erhaltungszustand nicht zweifelsfrei bestimmbar. Ein weiterer Eisenring, ebenfalls an der Kornhausgasse zutage gekommen, trägt eine Nicolo-Gemme, schwarz mit dünner blauer Oberschicht, mit der Darstellung des römischen Kriegsgottes Mars, in seiner Linken das Schwert, in der Rechten Lanze und Schild haltend (Abb. 64, Mitte rechts). Die feine Arbeit zeigt den nach rechts ausschreitenden Gott, nackt, mit kräftig ausgebildeter Muskulatur. Der Ring dürfte, dies gilt für die meisten Nicolo-Gemmen, der mittleren Kaiserzeit angehören; eine Datierung in das späte 1. oder in das 2. Jahrhundert liegt am nächsten. Dem gleichen Zeitraum entstammt eine dunkelrote Jaspis-Gemme mit Resten des Eisenringes, geborgen 1983 bei der Notgrabung an der Jesuitengasse (Neubau Kolpingbildungswerk). Der Stein zeigt uns die Büste der Minerva, nach links im Profil abgebildet, mit Helm und Lanze (Abb. 64, unten links). Das als Gryllos, als Karikatur, geschnittene Motiv enthält weitere Masken und Fratzen: so drei im Profil gezeichnete Gesichter im angedeuteten Brustpanzer (das mittlere liegend nach unten blickend) sowie im Helm zwei bärtige, kahlköpfige Silenmasken, nach hinten und nach oben gerichtet. Der Helmbusch erinnert an ein Meerestier. Der pantheistische und wohl auch apotropäische, Unheil abwehrende Symbolgehalt dieser Gemme sollte dem Träger des Ringes sicherlich Schutz bieten. Auch hier erkennt man die weit über die alltägliche Benutzung als Schmuck und zum Siegeln hinausgehende hohe Wertschätzung der Gemmen in der Antike, die gerade in der Darstellung von Gottheiten und mythologischen Szenen ihren besten Ausdruck fand.

64 *Augsburg. Fingerringe, Gemmen und ein Kameo aus verschiedenen Ausgrabungen in der Provinzhauptstadt Augusta Vindelicum. Maßstab 3:1.*

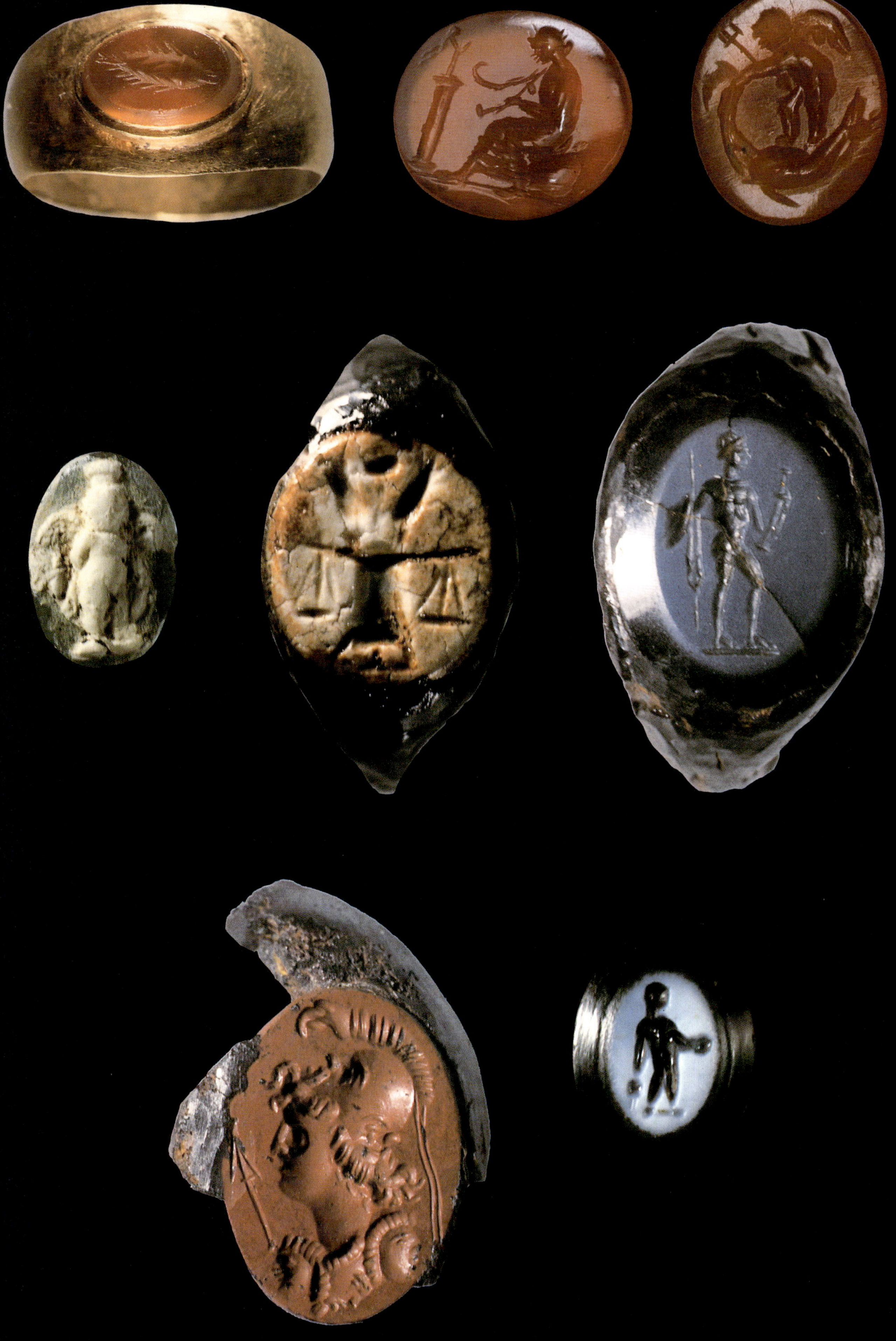

Die hier kurz vorgestellten Gemmen aus Augsburg, unter ihnen sehr gute Stücke der antiken Glyptik, zeigen deutlich auf, welch reichhaltiges Fundmaterial auch zu Schmuck und Tracht bei systematisch durchgeführten Beobachtungen und Rettungsgrabungen im Zuge von Baumaßnahmen innerhalb der Augusta Vindelicum aus dem Boden gehoben werden kann. Dies bestätigt ein im Frühjahr 1985 wiederum bei den Untersuchungen an der Kornhausgasse aufgefundener Nicolo-Intaglio (Abb. 64, unten rechts), aber auch ein dort trotz widriger Grabungsumstände ausgegrabener Keller eines Fachwerkhauses des 1. Jahrhunderts, aus dem rund 50 Gewandfibeln und vier steinerne Schminkplatten gesichert wurden.

L. Bakker

Der Gallorömische Tempelbezirk von Cambodunum-Kempten

Stadt Kempten (Allgäu), Schwaben

In Zusammenarbeit und in Abstimmung mit dem Bayer. Landesamt für Denkmalpflege konnte die Stadt Kempten (Allgäu) im Mai 1982 eine eigene Archäologische Abteilung ins Leben rufen. Neben den Belangen der Stadtarchäologie liegt die Hauptaufgabe dieser Einrichtung im römischen Cambodunum-Kempten, auf dem rechten, östlichen Hochufer der Iller, gegenüber dem heutigen Stadtzentrum.

Obwohl auf dem bis nach dem Zweiten Weltkrieg weitgehend unbebauten Gelände der römischen Stadt seit 1885 immer wieder Ausgrabungen stattfanden, steht diesen Aktivitäten ein großes Defizit an wissenschaftlicher Aufarbeitung und Veröffentlichung gegenüber. Vor diesem Hintergrund wurde ein vorläufiger Zehnjahresplan erstellt; hiernach sollen drei bzw. vier heute noch zugängliche Baukomplexe der römischen Stadt mit modernen archäologischen Methoden nach- und neu untersucht werden, um anschließend die neuen Befunde und Funde zusammen mit den alten wissenschaftlich auszuwerten und als weitere Bände der »Cambodunum-Forschungen« zu veröffentlichen. Die besondere Aufmerksamkeit ist dabei auf die frühe Geschichte der Stadt gerichtet, deren Holzbaustrukturen bislang nur in wenigen Ansätzen untersucht werden konnten. Durch die Sachbeihilfe der Deutschen Forschungsgemeinschaft wird es dankenswerterweise ermöglicht, den archäologischen Problemen und Fragestellungen gezielt nachzugehen.

Das erste archäologisch-denkmalpflegerische Projekt ist dem Gallorömischen Tempelbezirk und dessen Umfeld gewidmet. Der Bezirk liegt am Nordwestrand des zentralen Bereichs der römischen Stadt und ist bereits 1937/1938 von L. Ohlenroth untersucht worden. Zusammen mit dessen Ergebnissen stellt sich heute das folgende Bild dar: Der zuletzt in Stein errichtete Tempelbezirk ist auf einem Geländesporn des Illerhochufers gelegen (Abb. 65). Von hier aus hat man heute noch einen erstaunlich weiten Ausblick über das gesamte Tal der Iller und weit darüber hinaus, obwohl das Gelände nur knapp 30 m über dem Niveau des Tales liegt.

Den ersten römischen Soldaten und Siedlern in den zwanziger Jahren des 1. Jahrhunderts n. Chr. bot dieses Areal ein etwas anderes Bild, denn der Geländesporn war durch eine tiefe und breite Mulde vom übrigen Hochufer abgesetzt. Die westliche Grenze dieser Geländeabsenkung verläuft ungefähr von Süden nach Norden, ausgehend von einem Geländeeinschnitt südsüdöstlich des Tempelbezirks, unter der Südostecke der steinernen Doppelhalle hinweg in Richtung Nordnordosten (Abb. 66). Parallel zu dieser Linie ließ sich innerhalb der Mulde ein 60 bis 80 cm breiter und 50 bis 70 cm tiefer Graben, möglicherweise sogar ein Doppelgraben, feststellen. Da eingeschwemmtes Bodenmaterial in der Sohle der Gräben bisher nur an einigen Stellen in sehr geringer Menge zu beobachten war, dürften die Gräben nach kurzer Zeit wieder verfüllt worden sein. Aus dieser Verfüllung konnten bislang nur einige wenige Tierknochen ge-

65 *Kempten. Gallorömischer Tempelbezirk des römischen Cambodunum. Steinbauten nach der ersten Renovierung im Erhaltungszustand von 1937/38.*

borgen werden. Funde von Militaria, das sind Teile der Ausrüstung des römischen Militärs, aus dem Terrain und Umfeld des späteren Tempelbezirks können dazu verleiten, an eine erste militärisch bedingte Abtrennung des Geländesporns zu denken. In der Verteilung aller in Cambodunum gefundenen Militaria ist eine deutliche Häufung in diesem Bereich jedoch nicht festzustellen.

Keine der bislang aufgedeckten Holzbaustrukturen (Abb. 66) läßt sich dem Graben oder Doppelgraben zeitlich mit Sicherheit zuordnen. In der Mehrheit gehören die Holzbauten in jene Zeit, in der die oben beschriebene muldenartige Absenkung nach und nach durch Siedlungs-, Zerstörungs- und Bauschuttschichten aufgefüllt wurde.

Auf dem Plan der Holzbauspuren (Abb. 66) lassen sich die Schwellen- und Pfostenbauten unterscheiden. Die verschiedenen Strukturen wurden auf Abb. 66 in ihrer Zeitstellung untereinander nicht differenziert dargestellt. Soweit sich einige Gebäudegrundrisse rekonstruieren oder vermuten lassen, sind sie meist in Richtung Nordnordwest ausgerichtet. Diese Orientierung wird von der späteren östlichen, steinernen Doppelhalle des Tempelbezirks wieder aufgenommen.

Die übrigen späteren Steinbauten sind fast durchweg nach Nordwesten ausgerichtet. Es liegt auf der Hand, daß dieser Wechsel in der Gebäudeausrichtung auch mit der abweichenden Anordnung der Gebäudekomplexe und insulae in Zusammenhang zu bringen ist, wie sie im Nordwesten der Stadt gegenüber dem übrigen zentralen Ortsbereich zu beobachten ist. Einerseits erinnern die Holzbauten im Bereich des Tempelbezirks in mancher Hinsicht an jenes Areal im keltischen Manching, in dem man, wohl zu Recht, einen sakralen Bezirk zu erkennen glaubt. Unter diesem Gesichtspunkt könnte man einheimische, keltische Bautradition hinter der Anlage der Holzbauten vermuten. Andererseits reichen vor allem die Holzschwellenbauten im Süden deutlich über das Gelände des späteren in Stein erbauten Tempelbezirks hinaus und könnten ohne Not auch mit profaner Nutzung erklärt werden. Eine holzverschalte Zisterne (Abb. 66, Z) und ein Brennofen wohl zur Metallverarbeitung (Abb. 66, B) dürften noch in die Spätzeit der Holzbauten gehören. Die sich damit ergebende Frage, ob die Holzbauten schon zu einem sakralen Bereich gehörten, soll und kann hier nicht weiter erörtert werden, weil die gezielte Auswertung aller Funde noch aussteht und der bis heute nicht untersuchte Bereich südlich der steinernen Doppelhalle erst 1985 fertig aufgedeckt werden kann, um eine bessere Charakteristik der Holzbauten und damit eine Klärung der genannten Frage zu ermöglichen.

Die Steinbauten sind mit Sicherheit als Sakralbauten zu bezeichnen (Abb. 67). In der Mehrzahl dürften sie im 2. und in wenigen Teilen noch am Beginn des 3. Jahrhunderts n. Chr. entstanden sein. Eine U-förmige Doppelhalle umgab einen nach Norden hin offenen Bezirk, innerhalb dessen sich mindestens zwölf Steingebäude erhoben: ein gallorömischer Umgangstempel, ein fast quadratischer Bau mit sekundär angesetzter Apsis, sechs oder sieben kapellenartige Tempelchen, von denen drei oder vier als einfache *prostyloi* zu rekonstruieren sind, deren Dach über dem kleinen Vorraum von Stützen getragen wird. Zwei Bauten sind als Antentempel anzusprechen, bei denen das Dach über dem kleinen Vorraum von seitlich vorgezogenen Mauerzungen, den Anten, getragen wird. Der westliche Zugang durch die Doppelhalle ist auf die Längsachse des Umgangstempels ausgerichtet; der östliche ist auf ein kleines Kulthäuschen hin orientiert. Der Rundbau ist als Brandopferaltar mit innenliegender Grube *(bothros)* zu deuten. Zwischen und vor allem vor den Tempelbauten standen verschiedene Kleinaltäre sowie Podeste für Standbilder und diverse Weihegaben.

Noch während der Ausgrabungen 1983 bis 1985 wurden und werden die steinernen Bauten und Gebäudereste renoviert und teilrekonstruiert

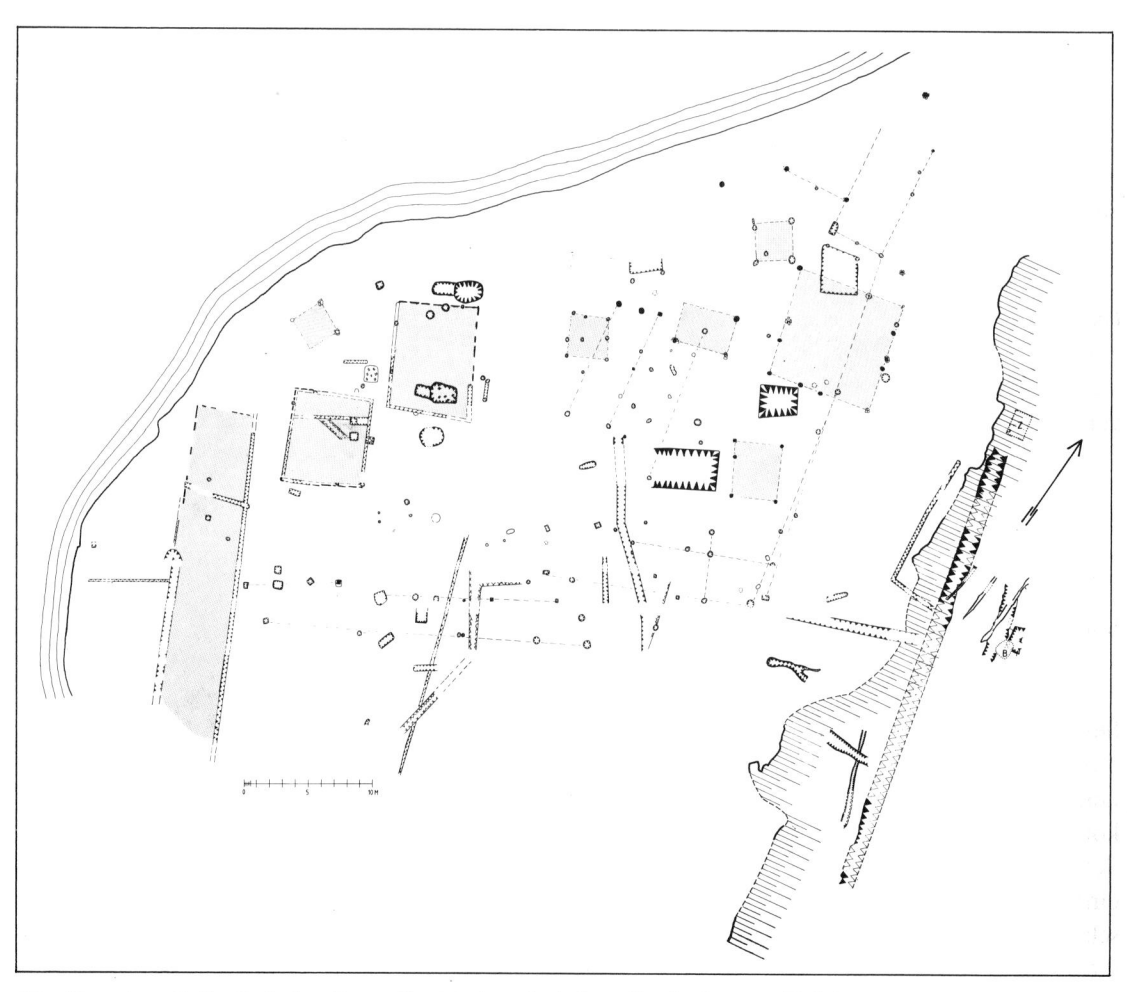

66 *Kempten. Gallorömischer Tempelbezirk des römischen Cambodunum. Holzbauten.*

a

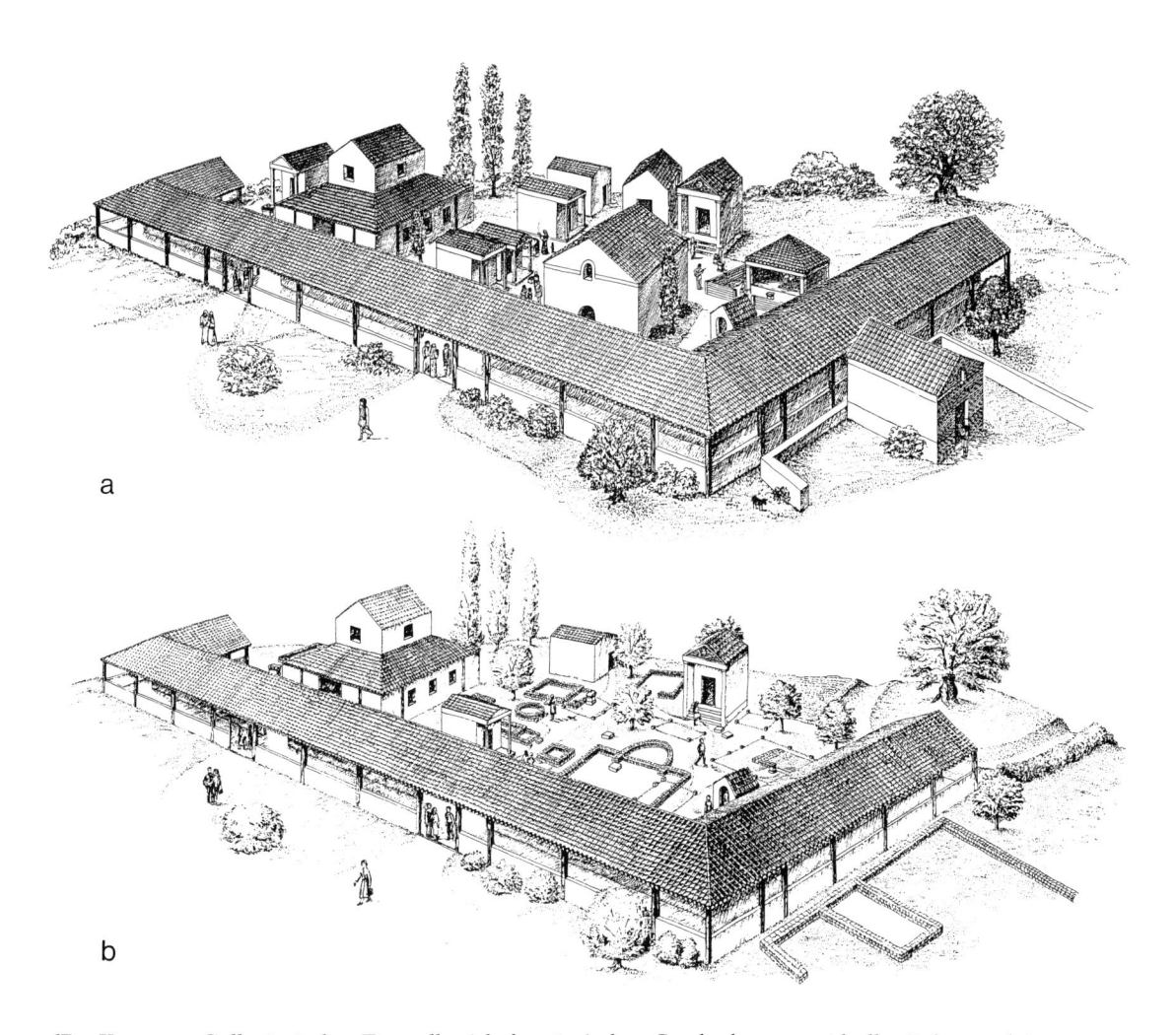

b

67 Kempten. Gallorömischer Tempelbezirk des römischen Cambodunum. a ideeller Rekonstruktionsversuch; b geplante Teilrekonstruktion.

(Abb. 67). Als archäologisches Freigelände (Abb. 65) bilden sie den ersten Teilbereich des zukünftigen »Archäologischen Parks Cambodunum«. Derartige Rekonstruktionen sind aus verschiedenen Gründen nur hier bei diesem ersten Teilprojekt vorgesehen. Zum Problem von archäologischen Freigeländen fand 1983 in Kempten ein internationales Symposium statt, dessen Ergebnisse Ende 1985 als Monographie veröffentlicht werden.

G. Weber

Ein neues römisches Kastell in Straubing

Stadt Straubing, Niederbayern

Seit 1977 wird in jährlichen Kampagnen das Areal des geplanten neuen Straubinger Krankenhauses archäologisch untersucht. Dabei konnten vor allem im östlichen Bereich entlang der St.-Elisabeth-Straße umfangreiche Spuren eines Handwerksviertels aus flavisch-trajanischer Zeit aufgedeckt werden. Als es 1984 galt, die neue Trasse der Elisabethstraße und die östlich daran anschließenden Baugrundstücke zu untersuchen, erwartete man weitere Aufschlüsse über Struktur und Ausdehnung des mittelkaiserzeitlichen Gewerbegebietes. Statt dessen kamen völlig überraschend die Reste eines neuen Kastells zutage (Kastell IV, Abb. 68). Von seiner ursprünglichen Fläche steht allerdings noch höchstens ein Drittel der Forschung zur Verfügung. Die weiter nördlich gelegenen Teile des Lagers sind bereits in den dreißiger

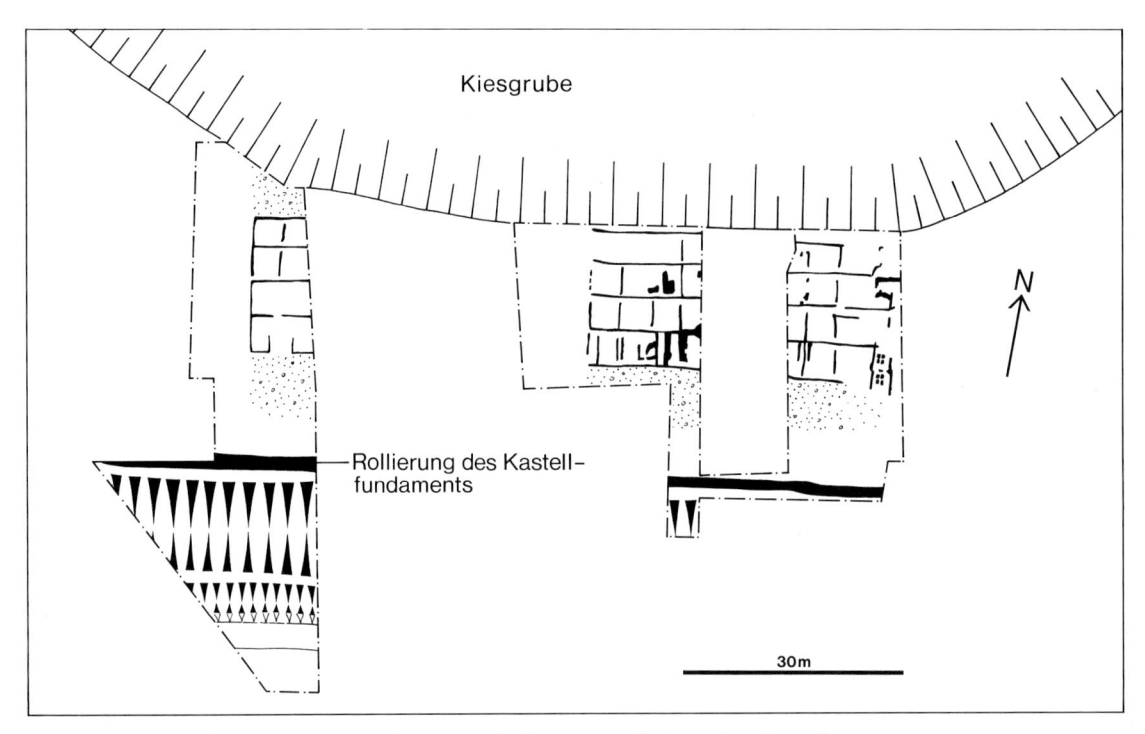

68 *Straubing. Plan der bisher ergrabenen Teile des neu entdeckten Steinkastells.*

Jahren unerkannt dem Kiesgrubenabbau zum Opfer gefallen.

Bei den Grabungen konnten bisher Teile der südlichen Umwehrung und Reste von Mannschaftsbaracken im Inneren aufgedeckt werden. Die Breite des äußeren Grabens betrug noch 5 m, seine Sohle lag 2,7 m unter der heutigen Oberfläche. Der innere Graben war mit 12 m Breite und 4,6 m Tiefe weitaus mächtiger angelegt. Von der dahinter liegenden Kastellmauer ließ sich nur noch die 1,2 m breite Rollierung des Fundaments ermitteln. Von der anschließenden Innenbebauung wurden die Reste von Mannschaftsbaracken zu beiden Seiten der vom Südtor zur Principia führenden Straße freigelegt. Die Baracken waren als Doppelbaracken ausgeführt. Die östlich der Straße gelegenen hatten eine Länge von 40 m bei einer Breite von 18 m. Die westliche Doppelbaracke konnte bisher nur auf 9 m Länge verfolgt werden.

Wie die jüngsten Grabungsfunde ergaben, sind der letzten Ausbauphase des Kastells in Stein mindestens zwei Holzbauphasen vorangegangen. Über die Datierung der einzelnen Bauphasen kann vor Abschluß der Grabungen noch nichts Verbindliches gesagt werden. Das älteste Kastell errichtete man offenbar in vespasianischer Zeit. Der Ausbau in Stein dürfte frühestens in hadrianischer Zeit erfolgt sein. Genauer läßt sich das Ende des Kastells bestimmen. Ein die südliche Lagermauer schneidender Brunnen, in dem sich späte Rheinzabernware fand, sowie ein über den östlichen Mannschaftsbaracken des Steinkastells errichteter Bau mit Hypokaustheizung, deren Ziegel mehrfach mit dem Stempel der III. Italischen Legion versehen waren, zeigen, daß das Kastell die Markomanneneinfälle nicht überstanden hat. Daß es nicht etwa planmäßig geräumt, sondern zerstört wurde, belegen die ausgedehnten Brandschichten im Bereich der jüngsten Mannschaftsbaracken.

Die Auffindung eines neuen Kastells in Straubing war um so überraschender, als in den Jahren 1976 bis 1978 bei Grabungen am Nordtor des bekannten Stein- und Holzkastells der 1. Canathenerkohorte zwei in flavisch-trajanische Zeit zu datierende Vorgängeranlagen gefunden wurden.

In Straubing haben somit von flavischer Zeit an bis zu den Markomannenkriegen zwei Lager in unmittelbarer Nachbarschaft bestanden. Das neu entdeckte Kastell unterstreicht erneut die strategische Bedeutung, die dem Platz am osträtischen Donaulimes zukam.   J. Prammer

69 *Wellheimer Trockental. Grabung an der römischen Sumpfbrücke.*

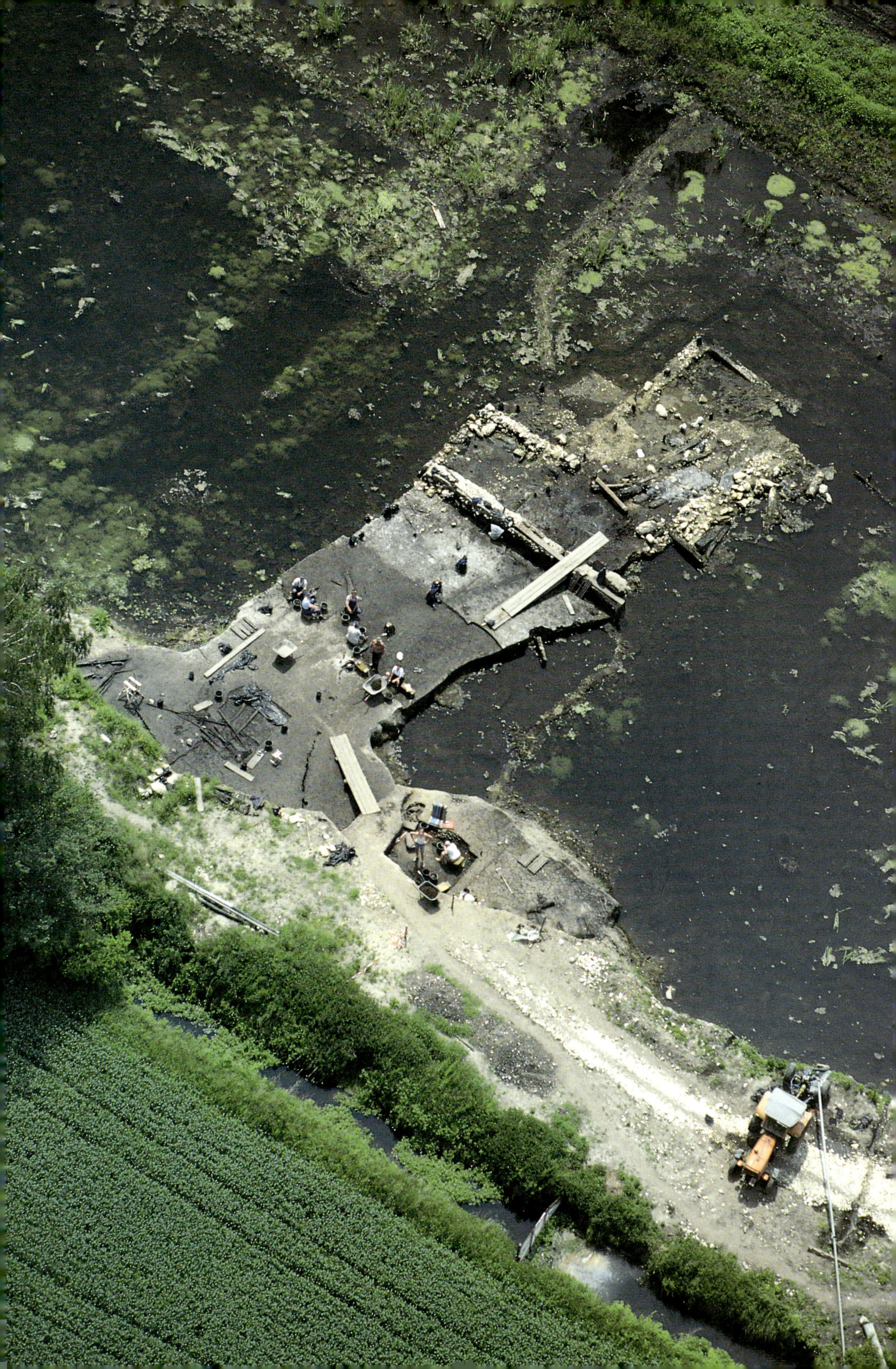

Eine römische Sumpfbrücke bei der Feldmühle im Wellheimer Trockental

Gemeinde Rennertshofen, Landkreis Neuburg-Schrobenhausen, Oberbayern

Wenig östlich der Feldmühle, wo man bei der Schutterregulierung schon 1887 auf ein antikes Straßenfundament, auf Holzpfähle und römischen Siedlungsschutt gestoßen war, kamen 1982 im Rahmen von Notgrabungen, die der Anlage von Fischteichen vorausgingen, in sumpfigem Gelände entsprechende Befunde zutage: eine kräftige Steinpackung, aufrecht stehende Eichenpfosten, waagrecht verlegte Holzbalken und Reste eines Knüppelweges, die nach römischen Tongefäßscherben in die mittlere Kaiserzeit zu gehören schienen.

Nach einer Absenkung des Grundwasserspiegels wurden die Untersuchungen 1983 fortgesetzt, wobei Kleinfunde erstmals andeuteten, daß die Nutzung des Platzes, sei es als Siedlung, sei es als Moor- oder Sumpfübergang einer Straße, einen wesentlich größeren Zeitraum umfaßte als ursprünglich angenommen, reichte das Keramikspektrum nun doch von der frühen Bronze- bis in die Völkerwanderungszeit. Einzelne Lesefunde gehörten dem jüngeren Abschnitt der Altsteinzeit an.

Nimmt man die 1984 erzielten Ergebnisse hinzu, so ergibt sich folgendes Bild: Klar erkennbar war der sich ins Moor absenkende Steinbelag einer Straße, die auf eine Holzbrücke traf (Abb. 69). Letztere wurde nach der Errichtung dreimal erneuert, wobei sich jeweils geringfügige Abweichungen von der ursprünglichen Richtung ergaben. Nach den Kleinfunden und der dendrochronologischen Altersbestimmung der Hölzer lassen sich die Baumaßnahmen ins 1. bis 3. Jahrhundert datieren. Als echte »Straßenfunde« sind Münzen, Achsnägel, Zügelringe und Schuhnägel anzusehen, während Näh- und Haarnadeln, Fibeln, Stili und Messer aus der nahegelegenen Siedlung stammen könnten. Zur Militärausrüstung gehörten Schwerttragebügel sowie das Fragment eines bronzenen Reiterhelms. Besonderes Interesse beanspruchen zwei ins Straßenfundament verbaute

70 *Wellheimer Trockental. Köpfe von Kalksteinstatuen.*

Köpfe von Kalksteinstatuen (Abb. 70), die aus Material bestehen, wie es im Steinbruch des Vicus Scuttarensium-Nassenfels gewonnen wurde.

Unter der Substruktion des römischen Straßenkörpers kamen die Spuren einer spätlatènezeitlichen Siedlung sowie die Lagerhölzer eines altersmäßig entsprechenden Talübergangs zutage. Noch weiter zurück reichen Kulturschichten der Hallstattzeit, in die ein Knüppelweg einbindet. Der Platz hat also verkehrsgeschichtlich eine lange Tradition. K. H. Rieder

Silvanus-Relief und Teile von Jupitergigantensäulen aus der Pfarrkirche St. Martin zu Mömlingen

Landkreis Miltenberg, Unterfranken

Bei Sicherungsarbeiten im Fundamentbereich der St.-Martins-Kirche zu Mömlingen konnten 1984 drei eingemauerte römische Bildwerke geborgen werden: ein Relief des Gottes Silvanus und zwei »Viergöttersteine«, die ehemals als Basisblöcke sogenannter Jupitergigantensäulen dienten. Die Spolien befinden sich heute im Museum der Stadt Aschaffenburg.

1. Silvanus-Relief (Abb. 71): Auf dem 1,38 m hohen Relief aus blaßrotem Sandstein ist ein bärtiger Mann mit Lockenfrisur dargestellt, der einen über der rechten Schulter gerafften Mantel sowie ein Untergewand trägt, dessen Konturen stark schematisiert sind. Die Rechte umfaßt den Schaft eines Speers, die Linke ist vor dem Leib abgewinkelt und hält einen gebogenen Gegenstand, der zuweilen als Schlegel, manchmal auch als Harpe des Silvanus gedeutet wird. Der Mantel verdeckt an der linken Gürtelseite einen Gegenstand, der wie das adlerförmige Griffende eines Schwertes aussieht. Die überknöchelhohen Schuhe sind ebenfalls schematisch angedeutet. Rechts neben der Figur ist der Rest einer Eberplastik sichtbar, deren Kopf und rechtes Bein abgeschlagen sind. Auf der Sockelvorderseite lassen sich die Reste einer Inschrift ――]IL[――― erkennen, die möglicherweise als [DEO SANCT] Ọ [S] IL (VANO) zu deuten sind. Silvanus, der Gott des Waldes, der Ackerfluren und Viehherden, in dessen Kult auch einheimische Gottheiten Eingang fanden, wurde auch im Bereich des vorderen Odenwaldes und Odenwaldlimesgebietes verehrt. Die Darstellungsart des Mömlinger Steines erinnert an eine Silvanus-Figur aus dem Kastell Lützelbach am Odenwaldlimes.

2. Großer Viergötterstein (Abb. 72, 4 a–d): Der aus blaßrotem Sandstein gearbeitete, 1,13 m hohe, größere Viergötterstein des Skulpturenfundes von Mömlingen zeigt im Gegenuhrzeigersinn Juno, Merkur, Herkules und Minerva. Juno, dem Betrachter frontal zugewandt, ist in ein faltenreiches Gewand gekleidet, das an das einer Vestalin erinnert. In ihrer rechten Hand hält sie eine Patera über einem säulenförmigen Opferaltar. In der abgewinkelten Linken trägt die Göttin ein Weihrauchkästchen. Merkur ist nur mit Flügelhut und Mäntelchen bekleidet. Seine Rechte umfaßt eine Portraitbüste, darunter befindet sich der kräftig ausgearbeitete Geldbeutel. Neben dem rechten Fuß sind die Schwanzfedern des Hahnes zu erkennen. Die abgestreckte Linke liegt auf dem Caduceus. Herkules, nackt dargestellt, stützt sich mit der Rechten auf die Keule, während die Linke das Fell des Löwen hält, dessen Gesicht menschliche Züge zeigt. Minerva trägt über einer Knotenfrisur den Helm mit nach rechts gebogener Zier und umfaßt mit der halberhobenen Rechten das Zepter. Links neben dem Haupt der Göttin ist auf einer Säule die Unterkörperpartie einer Eule zu erkennen. Die Aegis auf der Brustmitte der Göttergestalt zeigt eine katzenartige Fratze.

An den drei letztgenannten Bildseiten des Viergöttersteines lassen sich blaßrote Überfärbungen aus Kalktünche nachweisen, offenbar Reste der ursprünglichen Farbfassung. Die ausgesprochen provinzialrömische Arbeit mit ihren teils untersetzten Figuren entspricht im Stil der Ausführung einigen weiteren Viergöttersteinen aus dem Bereich des Odenwaldgebietes. Bei der Darstellung des Merkur fällt die rechts neben ihm stehende Büste auf. Vergleicht man diese mit derjenigen auf einem Relief, das in der Kirche des Nachbarortes Radheim eingemauert ist,

107

71 Mömlingen. Silvanus-Relief. a Detail der Eberdarstellung; b Vorderseite; c rechte Schmalseite.

so könnte sie die dem Merkur oftmals beigesellte Gefährtin Rosmerta wiedergeben.

3. Kleiner Viergötterstein (Abb. 72, 3 a–d): Der aus rotem, kristallinem Sandstein bestehende kleinere Viergötterstein besitzt eine Höhe von 0,87 m. Mittelalterliche Bearbeitungsspuren lassen darauf schließen, daß der Steinblock früher schon einmal als Spolie verwendet wurde. Auf ihm sind wiederum im Gegenuhrzeigersinn dargestellt: Viktoria, Herkules, Fortuna und Silvanus. Hinter der halbnackten Gestalt der nach links gewendeten Viktoria mit Lockenfrisur erkennt man die angedeuteten Flügel. Die abgewinkelte Rechte hält den Siegeskranz, während die linke Hand – nach unten abgestreckt – das Gewand der Göttin halten könnte. Der linke Fuß ruht auf der Weltkugel. Die nackte, offenbar männliche Gestalt mit ausschreitender Beinstellung ist wohl als Herkules zu deuten, dessen Keule rechts daneben in das Rahmenwerk des Bildnisses eingearbeitet zu sein scheint. Im Bauchbereich der Figur glaubt man eine nachträgliche (antike) Überarbeitung des Steines erkennen zu können. Sie deutet darauf hin, daß die Götterfigur durch Scharrierung und darüber aufgetragene Mörtelschichten neu gestaltet – vielleicht sogar umgewidmet – wurde. Die mit verschleiertem Haupt dargestellte Fortuna stützt sich mit der Rechten auf das Steuerruder, während die zur Gürtellinie herabgestreckte Linke das Füllhorn hält. Auffallend ist der markant ausgeprägte Gürtel der Göttin. Über die Brust des Silvanus, dessen Gewand durch Falten angedeutet ist, verläuft die Halterung des Köchers. Die Linke umfaßt das Zepter, welches in einem vogelähnlichen Gegenstand endet. In der abgestreckten Rechten hält der Gott einen leicht gebogenen Gegenstand, bei dem es sich um das Sichelmesser, ein ihm häufig beigegebenes Attribut, handeln könnte. Darunter kauert ein Hirsch mit starkem Geweih. Neben dem linken Fuß des Gottes erkennt man einen sitzenden Hasen.

Auch bei diesem Stein, der blaßrote Farbspuren aufweist, läßt sich an den untersetzt ausgeführten Figuren die provinzielle Kunstauffassung er-

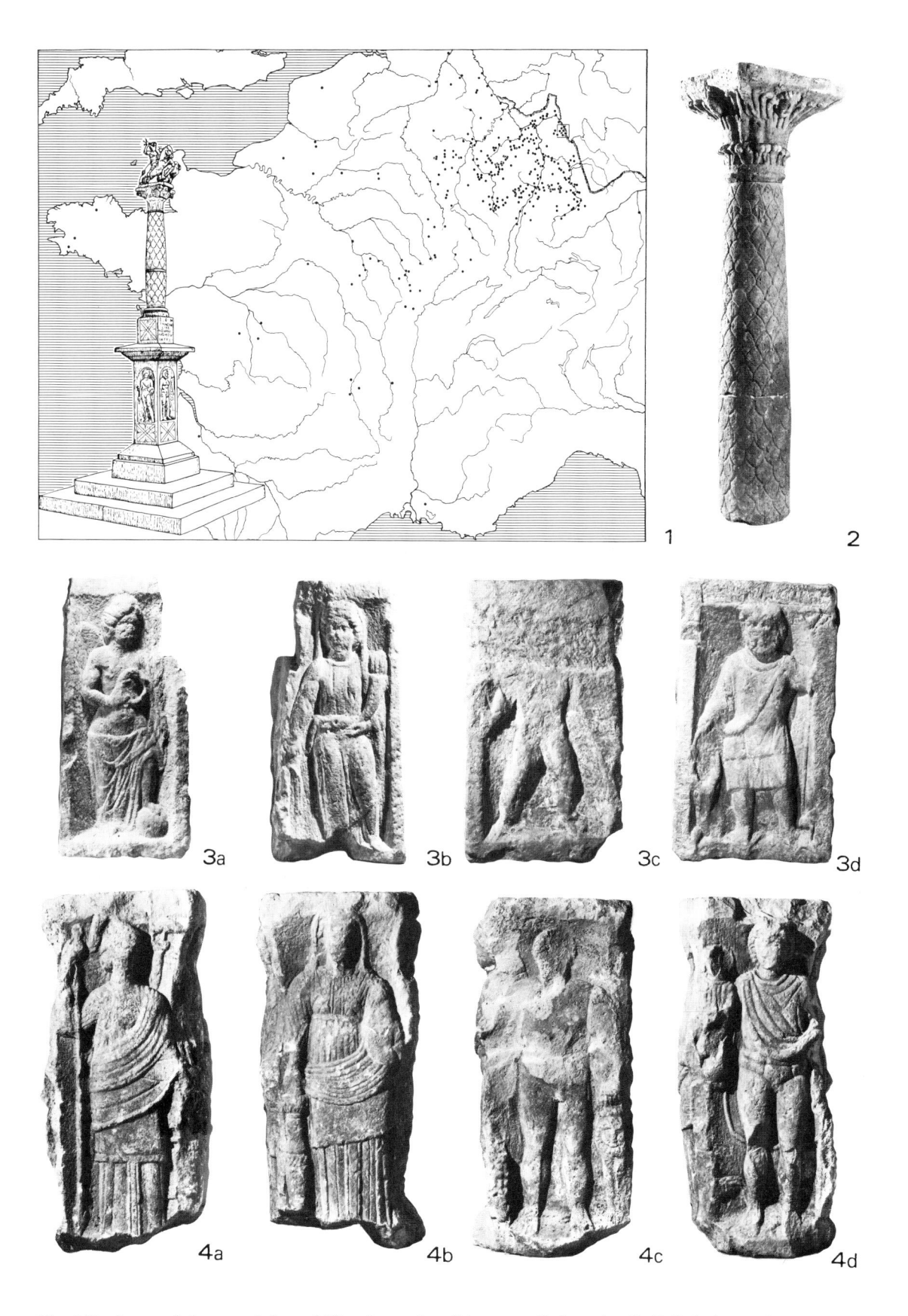

72 Mömlingen. Schuppensäule und Viergöttersteine. Die untere Reihe zeigt die Reliefs des größeren Viergöttersteins, darüber sind die des kleineren Steins gestellt. Der obere Abbildungsteil zeigt neben der Schuppensäule das Verbreitungsbild der Jupitergigantensäulen in Ober-, Niedergermanien und Gallien (nach G. Bauchhenß) mit der schematisierten Darstellung einer vollständigen Jupitergigantensäule. Der Bereich von Mömlingen mit seiner Konzentration derartiger Monumente ist durch ein Viereck hervorgehoben.

kennen, wobei es für die Art der Darstellung eindeutige Parallelen im vorderen Odenwaldgebiet gibt. Interessant ist, daß eine ältere Fassung des Bildwerks möglicherweise umgearbeitet wurde.

Die Jupitergigantensäulen, zu denen die beiden Viergöttersteine gehörten, dürften im näheren Umkreis von Mömlingen auf römischen Landgütern (villae rusticae) gestanden haben. Schon 1979 kamen in demselben Ort beim Entfernen eines Garagenbodens Teile einer zerschlagenen Jupitergigantensäule aus weißem Sandstein zutage (Abb. 72, 2). Es handelte sich dabei um die Schuppensäule mit Vierjahreszeitenkapitell.

Das Verbreitungsbild der Jupitergigantensäulen (Abb. 72, 1) läßt erkennen, daß diese Form des Jupiterkultes vor allem im Raum zwischen Neckar und Mosel ausgeübt wurde. Gerade in der näheren Umgebung der neuen Fundstelle von Mömlingen ergibt sich in Obergermanien eine gewisse Konzentration solcher Monumente, die hier sicherlich alle dem Bereich römischer Landgüter zuzuordnen sind. Kennzeichnend bei dieser Fundgruppe ist die relativ einheitliche Stilauffassung bei der Ausgestaltung der Figuren, die eine Datierung der Mömlinger Steine an das Ende des 2. und in den Beginn des 3. Jahrhunderts n. Chr. gerechtfertigt erscheinen läßt.

E. Schallmayer

Neue Inschriftenfunde aus Augusta Vindelicum-Augsburg

Stadt Augsburg, Schwaben

Das vergangene Jahr erbrachte für die Provinzhauptstadt Rätiens einen erfreulichen Zuwachs an römischen Steininschriften: Insgesamt sechs wurden bei den Ausgrabungen der Stadtarchäologie Augsburg an der Rugendasstraße, der Kornhausgasse und im Garten des bischöflichen Palais am Hohen Weg/Kustosgäßchen (S. 121 f.) geborgen. Von ihnen seien zwei, eine Weihinschrift (Abb. 73) und ein Grabmal (Abb. 74) hier vorgestellt, die bei den Untersuchungen an der Kornhausgasse 4 (Neubau des Bayer. Verwaltungsgerichtes mit Tiefgarage) zutage kamen.

1 I(ovi)·O(ptimo)·M(aximo)
2 P(ublius)·P(-----)·HELIVS
3 COLVMNAM
4 CVM·SIGNO
5 V(otum)·S(olvit)·L(ibens)·
  L(aetus)·M(erito)

»Dem gnädigsten und größten Jupiter (errichtet) Publius P. Helius eine Säule mit Götterbild; das Gelübde erfüllt er gern und fröhlich (für den Gott) nach (dessen) Verdienst.«

Die Inschrift auf dem mächtigen Kalksteinblock nennt die Aufstellung einer Jupitersäule, das Weihegeschenk des Publius P. Helius. Sie stellt das zweite Zeugnis dieser Denkmälergattung aus Augsburg dar, die in den gallischen und germanischen Provinzen überaus verbreitet war, in Rätien jedoch wesentlich seltener vorkommt.

Handelt es sich bei diesem Stein um einen Teil des Altars, der neben der Säule aufgestellt war, trägt das zweite Augsburger Beispiel, das Denkmal des Ael. Mont(anius) Phaeder aus dem Jahr 203 n. Chr., als Sockelblock der Säule neben der Weihinschrift auf drei Seiten die Reliefs von Mars, Viktoria und Merkur (sogenannter Viergötterstein; Vollmer, IBR Nr. 113). Ob Jupiter als Thronender oder eher als Gigantenreiter auf unseren beiden Jupiterpfeilern aus Augsburg dargestellt war, steht dahin. Die neu gefundene Inschrift dürfte den letzten Jahrzehnten des 2. bzw. der ersten Hälfte des 3. Jahrhunderts entstammen. Die textliche Erwähnung einer *columna* für Jupiter findet ihre nächste Parallele in einem Altar von Niederstotzingen (Lkr. Heidenheim; CIL III 11900). Interessant erscheint, daß der Name des Stifters im Stein starke absichtliche Verletzungen aufweist, die auf eine bewußt angefangene Tilgung schließen lassen, deren Ursachen und Zeitstellung uns jedoch unbekannt bleiben. In nachantiker Zeit diente der Inschriftenblock als Belag im Straßenpflaster der Bischofsstadt, wie die abgefahrene und abgelaufene rechte Seite mit Karrenspuren deutlich zu erkennen gibt. Offensichtlich hatte man (zuvor?) begonnen, den Stein von der Rückseite her durchzusägen, um ihn längs zu zerteilen, diesen Versuch jedoch nach etwa einem Viertel aufgegeben.

73 *Augsburg, Kornhausgasse. Altar des Jupiter, geweiht von Publius P. Helius. Jura-Kalkstein; Höhe 0,96 m.*

74 *Augsburg, Kornhausgasse (folgende Seite). Grabinschrift für Aurelius Marcus und seine drei Söhne, aufgestellt von seiner Gattin Aurelia Decorata. Jura-Kalkstein; Höhe 0,52 m.*

1 D(is) M(anibus) AVRELIO MARCO DVPLARIO LEG(ionis) III ITAL(icae)
2 CONIVGI CARISSIMO QVI VIXIT ANN(os) XXXX ET
3 AVRELIS MARCIANO QVI VIXIT ANN(os) XIII ET
4 [----]MO QVI VIXIT ANN(os) XI ET MATVRO QVI
5 VIXIT ANNVM I MENS(es) VII FILI(i)S DVLCISSIMIS
6 ET AVRELIAE SEVERAE MATRI BENE VALENTI
7 AVRELIA DECORATA ET SIBI VIVA ↓ F(aciendum) C(uravit).

»Den Totengottheiten. Dem Aurelius Marcus, Duplarius der 3. Italischen Legion, dem wertesten Gatten, der vierzig Jahre lebte, und dem Aurelius Marcianus, der dreizehn Jahre lebte, und dem (Aurelius) ----mus, der elf Jahre lebte, und dem (Aurelius) Maturus, der ein Jahr und sieben Monate lebte, den geliebtesten Söhnen, und der Aurelia Severa, der Mutter, wohl lebend, und für sich zu Lebzeiten (hat) Aurelia Decorata für die Herstellung (des Grabmals) gesorgt.«

Die Grabinschrift nennt uns Aurelius Marcus, einen Unteroffizier (*principalis*) im doppelten Besoldungsrang (*duplicarius*) der in Regensburg stationierten 3. Italischen Legion, der offensichtlich am Sitz des Provinzstatthalters Dienst tat. Hier lebte er auch mit seiner Familie, ehe ihn und seine drei Söhne der Tod ereilte.

Abweichend vom Regelfall werden in dieser Familiengrabinschrift mit der Mutter drei Generationen aufgeführt. Alle Familienmitglieder tragen den Gentilnamen Aurelius oder Aurelia. Dies geht wohl auf die Bürgerrechtsverleihung unter Caracalla 212 n. Chr., die *Constitutio Antoniniana*, zurück: Wie alle Freien im Reich durften auch die hier aufgezählten Personen bzw. ihre Vorfahren damals das Bürgerrecht erlangt haben. Aufgrund des Textes datiert die Inschrift in das 3. Jahrhundert; der Schriftduktus mit Anklängen an die lateinische Kursive scheint für einen Zeitansatz des Grabsteins in die Mitte oder zweite Hälfte des 3. Jahrhunderts zu sprechen. Er zählt zu den spätesten Inschriften aus dem römischen Augsburg. Das Grabmal, in der römischen Innenstadt in der Nähe der *via decumana* in nur 1 m Tiefe unter der heutigen Oberfläche aufgefunden, wurde wohl im Mittelalter als Baustein aus einem römischen Friedhof herangeschleppt, blieb aber dann unbenutzt liegen. Von den weiteren Inschriften des Jahres 1984 seien hier ein Marmorplattenfragment von der Rugendasstraße (Weihestein?) sowie eine Weihung an VICTORIAE AVGVSTORVM und eine fragmentiert erhaltene Kaiserinschrift der Severerzeit, beide aus einem spätantiken Fundament am Bischofspalais freigelegt, genannt. Die ausführliche Publikation aller Inschriften-Neufunde wird an anderer Stelle erfolgen.

L. Bakker

Das Hauptgebäude der Villa rustica von Treuchtlingen-Weinbergshof

Landkreis Weißenburg-Gunzenhausen, Mittelfranken

Von April bis Oktober 1984 wurde im Zuge der Flurbereinigung das Hauptgebäude einer römischen Villa am Weinbergshof, nordöstlich von Treuchtlingen, freigelegt. Der Gutsbezirk liegt in etwa 450 m Höhe über NN am sanft zum Schambachtal auslaufenden Südhang des Nagelberges. Eine an der Schichtgrenze von Ornatenton zu Malm-Alpha austretende Quelle wenig östlich des Gebäudes wird die Wahl des Standortes mit beeinflußt haben.

Den Siedlungsplatz hatte bereits Fr. Winkelmann in seinem 1926 erschienenen Inventarwerk als Fundstelle römischer Scherben verzeichnet. Endgültig lokalisiert wurden das Wohn- und ein östlich davon gelegenes Wirtschaftsgebäude durch Luftaufnahmen von J. Mang (Segelflugverein Weißenburg i. Bay.) im August 1982. Im Juli 1984 gelangen dem Luftbildreferat des Bayer. Landesamts für Denkmalpflege Aufnahmen, die südöstlich der Gra-

75 *Treuchtlingen-Weinbergshof. Hauptgebäude, von Nordwesten gesehen. In der rechten oberen Bildecke sind Strukturen zweier Nebengebäude zu erkennen.*

bungsstelle drei weitere Nebengebäude, darunter ein Bad, als negative Bewuchsmerkmale erkennen ließen (Abb. 75 und 76).

Das ausgegrabene Gebäude gehört dem weit verbreiteten Typus der Portikusvilla mit Eckrisaliten an. In der die Südfront bildenden Säulenhalle hatten sich auf gesamter Fläche ein Kalkmörtelestrich und noch bis zu 0,5 m Höhe rot gestrichener Wandverputz erhalten. Aus dem Schutt der Portikus konnten die Fragmente mehrerer Säulen aus Kalktuff geborgen werden, die bei der Zerstörung der Anlage nach innen gestürzt waren (Abb. 77). Ein Durchgang in Portikusmitte führte über eine von einer Mauer begrenzten Rampe oder Treppe in den Innenhof. Fünf Fundamentquader im nördlichen Drittel des Hofes sind als Basen von Holzbalken zu interpretieren, die das Dach einer hofseitig offenen Halle stützten. Zwischen der Quaderreihe und der Nordmauer, nicht aber im südlich davon gelegenen Hof, war, wie nahezu in der gesamten Anlage, ein deutlich ausgeprägter Brandhorizont zu beobachten. Das Fehlen weiterer Fundamentierungen und die lichte Weite von etwa 20 auf 15 m, die nicht frei überspannt gewesen sein konnte, belegen, daß der zentrale Platz des Wohngebäudes kein Dach trug. Die mit einem Kalkmörtelestrich befestigte Hofflä-che war zum Ausgleich der Hangneigung mehrfach abgestuft. Etwa einen halben Meter über diesem Laufhorizont hatten sich inselartig Reste eines jüngeren Hofestrichs erhalten, und in einer ebenfalls späteren Phase wurde der langgestreckte Raum mit Keller an die bestehende westliche Hofmauer angebaut. In den beiden Risaliten und in zwei Räumen des Ostflügels ließen sich Reste von Kalkmörtelestrich nachweisen. Verstürzte Fußbodenteile aus einem Profil im Westrisalit sprechen für das Vorhandensein eines Obergeschosses. Parallel zur Nordmauer zog sich, beginnend im nördlichsten Raum des Ostflügels, ein Abwassergraben durch das gesamte Gebäude. Eine eigentlich zu erwartende Hypokaustheizung war zumindest im jüngsten Bauzustand nicht vorhanden.

Zeitlich läßt sich die Zerstörung der Villa rustica mit den im Bereich des rätischen Limes gut dokumentierten Alamanneneinfällen des zweiten Drittels des 3. Jahrhunderts n. Chr. in Zusammenhang bringen, wobei ein im Brand verschmolzener Denar der Iulia Mamaea, geprägt im Jahre 222 n. Chr. in Rom, einen terminus post quem liefert. Unter den Kleinfunden, die in die neu eingerichtete archäologische Abteilung des Heimatmuseums Treuchtlingen kommen sollen, verdienen das eiserne Hinterhaupt-

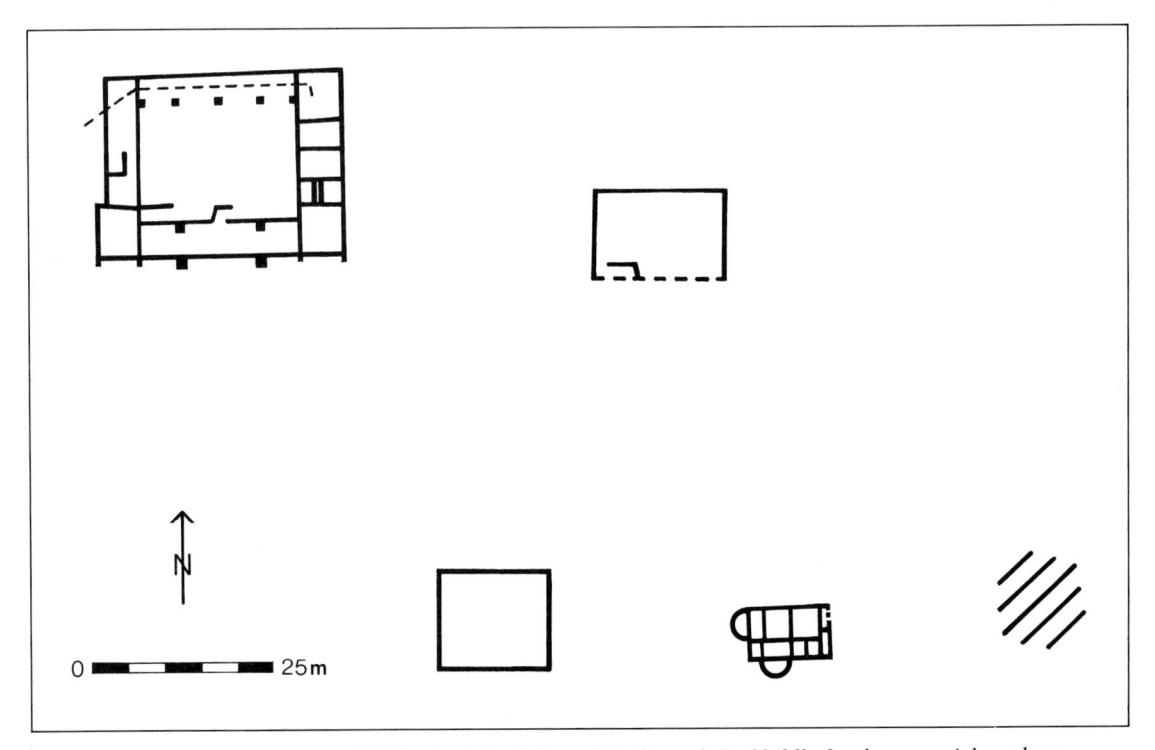

76 *Treuchtlingen-Weinbergshof. Villenbezirk. Nebengebäude nach Luftbildbefund umgezeichnet bzw. schraffiert (Luftbildentzerrung durch H. Becker, Plan Nr. 7130/32).*

77 Treuchtlingen-Weinbergshof. Fragmente einer Säule in der Portikus.

teil eines Paradehelms und eine Goldkette mit Granatperlen und Lunulaanhänger besondere Erwähnung.

Im Sommer 1985 wird das Hauptgebäude als restauriertes Bodendenkmal der Öffentlichkeit übergeben werden. Die Kosten für Ausgrabung und Restaurierung trugen in erster Linie die Bundesanstalt für Arbeit, die Flurbereinigungsdirektion Krumbach/Schwaben und die Stadt Treuchtlingen. H. Koch und W. Grabert

Zwei römische Brunnen aus einer Villa rustica in Regensburg-Harting

Stadt Regensburg, Oberpfalz

Bei den Ausgrabungen auf dem Werksgelände des Zweigwerkes der Bayerischen Motorenwerke in Regensburg-Harting wurde u. a. auch eine römische Villa vollständig freigelegt (Abb. 78). Sie liegt unmittelbar nördlich des Ost-West verlaufenden Schwindgrabens, der bis zur Errichtung der Werksanlagen die südliche Grenze der Ortsflur Harting gebildet hat. Schon im frühen Mittelalter wurden die römischen Ruinen als Steinbruch benutzt. In späterer Zeit sorgte dann der intensive Ackerbau – Anfang dieses Jahrhunderts wurde nachweislich ein tief in den Boden eingreifender Dampfpflug benutzt – für eine weitgehende Zerstörung der Bausubstanz. Die Gebäude konnten zum großen Teil nur noch in ihren Fundamentlagen oder deren Ausbruchsgräben nachgewiesen werden. Trotzdem ist es gelungen, das Wohngebäude, einen Speicher, einen Stadel, gewerbliche Einrichtungen wie Schmiede und Mühle so-

115

wie eine überraschend komfortable Badeanlage wieder zu entdecken (Das archäologische Jahr in Bayern 1983, 148 ff.). Zeitlich läßt sich die Nutzung des landwirtschaftlichen Hofes aufgrund der Münzfunde vom Ende des 2. bis in die Mitte des 4. Jahrhunderts nachweisen. Die überraschendsten Funde und Befunde stammen aus zwei Brunnen, von denen der aus Holz gebaute im Zentrum des Gutes, der aus Stein bestehende beim Bad lag, das er mit Frischwasser versorgte (Abb. 79).

Obwohl die Entfernung zwischen beiden Brunnen nur etwa 45 m beträgt, haben sie in unterschiedlicher Tiefe grundwasserführende Schich-

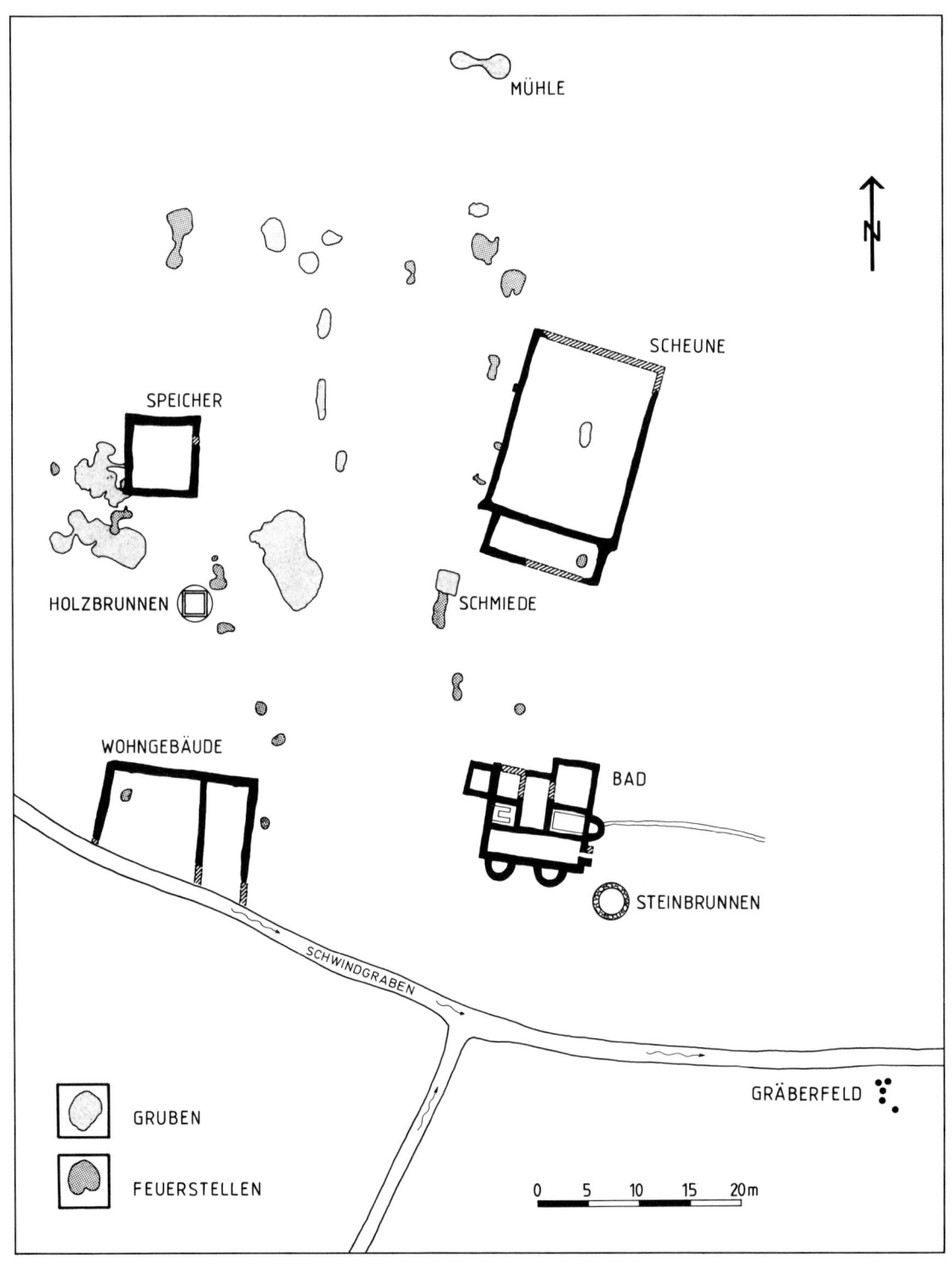

78 *Regensburg-Harting. Übersichtsplan der römischen Gebäude der Villa rustica auf dem BMW-Gelände südlich von Harting.*

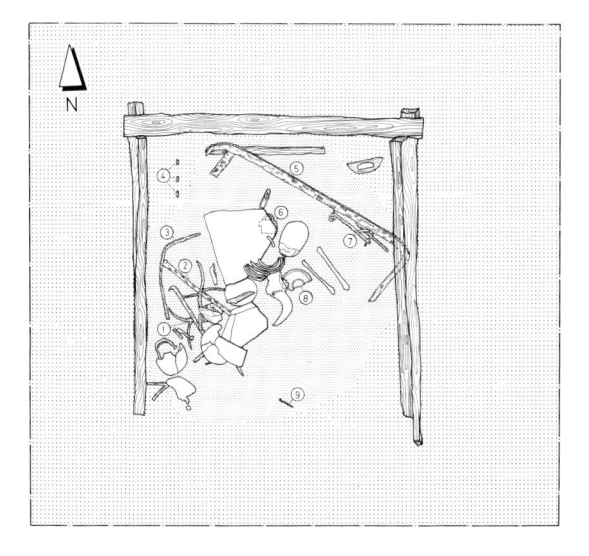

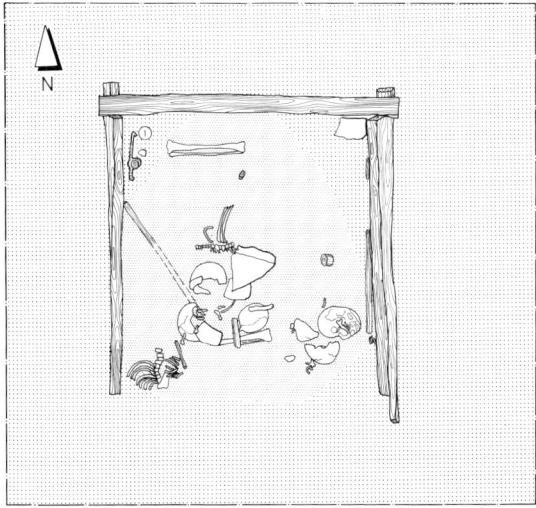

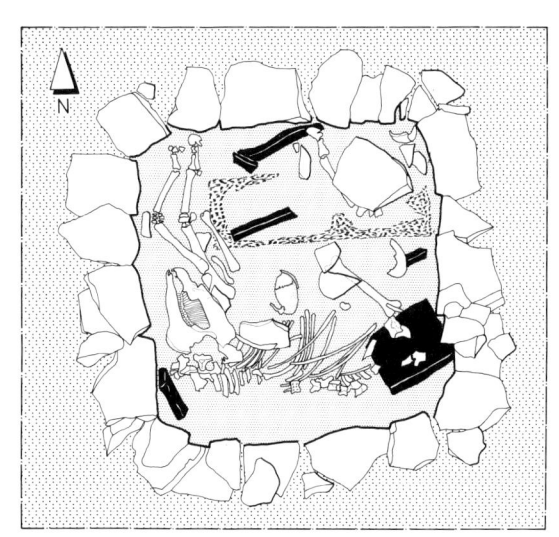

79 *Regensburg-Harting. Die wichtigsten Ausgrabungsphasen des Holz- (links) und des Steinbrunnens (rechts). Der obere Balken des Holzbrunnens ist 1,58 m lang.*

ten erreicht. So ist der Holzbrunnen etwa 5,4 m, der Steinbrunnen 8 m abgeteuft. Im oberen Teil waren die Brunnenschächte kreisrund und mit Trockenmauerwerk versteift. Erst von der Höhe der Brunnenstuben abwärts wurde eine annähernd quadratische Konstruktion gewählt. Beim Badebrunnen (Steinbrunnen) bestand sie ebenfalls aus Bruchsteinmauerwerk, beim Holzbrunnen war sie aus 60 cm hohen und 1,58 m langen Eichenbohlen in einer Art Blockbautechnik zusammengefügt. Von dieser Holzkonstruktion konnten drei Lagen festgestellt werden.

Beide Schächte waren zu vier Fünfteln mit Ziegel- und Bruchsteinschutt der umliegenden zerstörten Gebäude aufgefüllt. In den beiden Brunnenstuben zeichnete sich eine sehr ähnliche Schichtenabfolge ab. Zunächst wurden zerstückelte, teilweise aber auch zusammenhängende Tierkadaver gefunden.

In einer nachfolgenden, 40 bis 50 cm starken Schicht zeichnete sich ein graueneinflößender Befund ab. Insgesamt ließen sich in beiden Brunnen Schädel, zerteilte Körperteile und Gliedmaßen von 14 Menschen nachweisen, bei denen es sich mit großer Wahrscheinlichkeit um eine von Germanen ausgerottete romanische Siedlerfamilie handelt. Alle Schädel zeigten Stirnverletzungen durch brutale Schläge, hinzu kommen Schnittspuren, vielleicht von Schwert oder Axt, an Wirbeln und Gliedmaßen. Der Ermordung der Villenbewohner dürfte demnach ein allerdings sehr einseitiger Kampf vorausgegangen sein (vgl. S. 118 ff.).

Nur in dem zentral gelegenen Holzbrunnen konnten unter dem Skeletthorizont weitere Funde geborgen werden. Fast auf dem Brunnenboden hat man offensichtlich mit Absicht eine größere Anzahl von Eisengeräten deponiert. Unter diesen Geräten fallen drei große

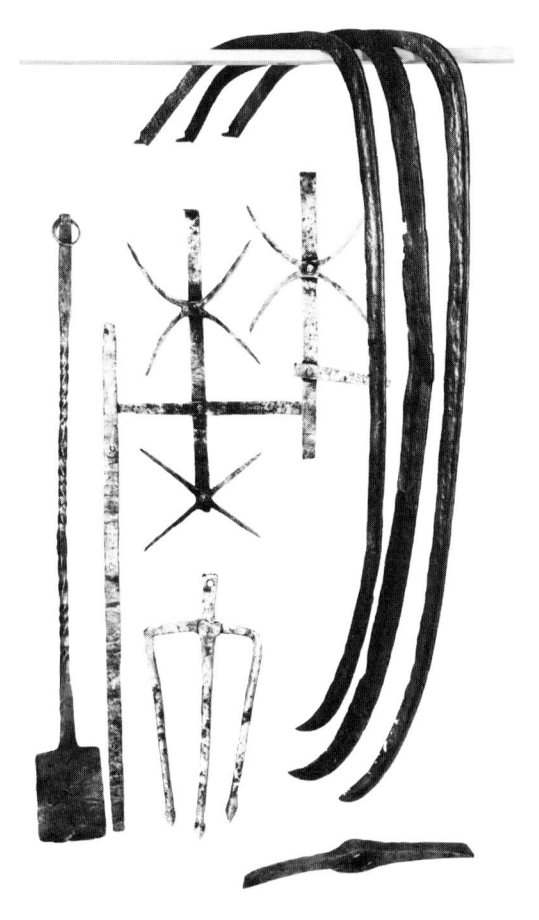

80 *Regensburg-Harting. Die Eisenfunde aus den untersten Schichten des Holzbrunnens. Die größte Sense ist 1,35 m lang.*

Sensen (*falcas*) von 1,4 m Länge, eine große Forke (*furca*) von 0,5 m Länge, eine Kreuzhaue und eine Schürschaufel auf. Zwei eiserne Fensterkreuze, zusammengerollte Eisenbänder und die fast vollständig erhaltenen eisernen Bestandteile einer Holztür ergänzen diesen ungewöhnlichen »Hortfund« (Abb. 80).

Die Befunde aus den beiden Brunnen der römischen Villa von Harting lassen für den südbayerischen Raum erstmals erahnen, mit welcher Brutalität die germanische Soldateska in römischen Provinzen gewütet hat. Etwa ein Jahrhundert später berichtet Ammianus Marcellinus über ähnliche Verhaltensweisen der in die Länder an der unteren Donau eingefallenen Goten. Die Schilderung der Gotenkriege durch Ammianus Marcellinus liest sich wie eine Illustration unseres Befundes. Er berichtet: »Denn ohne Unterschied des Alters und Geschlechts ward alles durch Mord und Brand vernichtet: die Säuglinge wurden von der Mutterbrust gerissen und getötet, die Mutter weggeschleppt, vor den Augen der Frauen wurden die Männer erschlagen«, und an einer anderen Stelle fährt er fort (Fortuna ist gemeint): »hast ihn einem rohen Sieger preisgegeben, um von ihm gliederweise zerfleischt zu werden oder unter Peitschenhieben und Martern sein Sklave zu sein«.

U. Osterhaus

Skelettreste aus zwei römischen Brunnen von Regensburg-Harting als archäologische Belege für Menschenopfer bei den Germanen der Kaiserzeit

Stadt Regensburg, Oberpfalz

Bei der Ausgrabung eines römischen Gutshofes auf dem Gelände des neuen Regensburger BMW-Werkes wurden zwei ungefähr 30 m voneinander entfernte Brunnen untersucht. Der eine (Brunnen 1) diente wohl der allgemeinen Wasserversorgung, der andere (Brunnen 2) lieferte offenbar das Wasser für den Betrieb des unmittelbar benachbarten Badegebäudes. Die Befunde und Funde werden an anderer Stelle ausführlich beschrieben (S. 115 ff.). Hier sollen einige Ergebnisse aus der laufenden Bearbeitung der zahlreich in den beiden Brunnenstuben angetroffenen menschlichen Skelettreste mitgeteilt werden (die Bestimmung der Tierknochen ist noch nicht abgeschlossen). Mit den häufig im Auffüllmaterial aufgegebener Brunnen beobachteten Knochen bzw. mit vereinzelten Tierknochen oder den Überresten eines Verunglückten, vielleicht auch einer achtlos beseitigten Leiche, in Brunnensedimenten lassen sich die Hartinger Befunde nicht vergleichen. Körper bzw. Kadaver- und Leichenteile wurden absichtlich in die noch funktionierenden Brunnenstuben eingebracht.

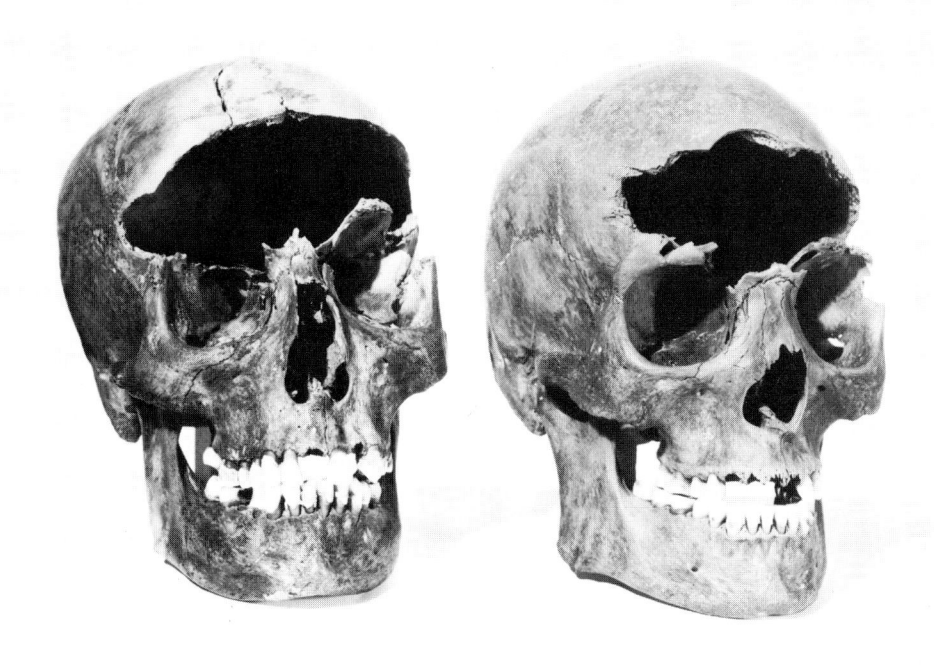

81 *Regensburg-Harting. Zwei Schädel mit eingeschlagener Stirn aus Brunnen 1.*

Brunnen 1: Die Brunnenstube enthielt Schädel von neun Individuen, sieben erwachsenen Frauen und Männern sowie zwei Nichterwachsenen, jedoch nur sehr wenige Reste der zugehörigen Körperskelette. Bisher konnten erst einige Knochen mehr oder weniger sicher bestimmten Schädeln zugeordnet werden, und der Erhaltungszustand des Materials läßt befürchten, daß auch nach Analyse der Grabungsdokumentation ein größerer Bestand unzuweisbarer Knochen und Fragmente übrigbleibt. Sämtliche Schädel zeigen Spuren eines gewaltigen Hiebes bzw. Schlages mit einer scharfen Waffe (Schwert, Axt) oder einer Art Stange quer über die Unterstirn-Augen-Region (Abb. 81), der in manchen Fällen mit so großer Wucht erfolgte, daß der Kopf geradezu »gesprengt« wurde. Vielen Schädeln fehlt Basis und Gesichtsskelett, bei anderen spricht der Erhaltungsgrad für die Versenkung vollständiger Köpfe. Zuweilen läßt sich direkt belegen, daß der Kopf gewaltsam vom Rumpf getrennt wurde. An einigen Schädeln finden wir außer dem tödlichen Querschlag weitere Verletzungen durch eine scharfe Waffe (Abb. 82) oder stumpfe Gewalt. Schnittspuren an weiblichen Schädeln belegen, daß Frauen skalpiert wurden.

Manche Wirbel, Brustbeine und Beckenknochen sind mit einem scharfen Instrument durchgetrennt, viele Stücke weisen Schnitt- und Hackspuren auf, z. B. Schlüsselbeine, Arm- und Beinknochen. Kein langer Extremitätenknochen ist vollständig erhalten oder ließ sich aus den vorliegenden Fragmenten einigermaßen komplett zusammensetzen. Relativ kräftige Knochen wie Oberschenkelbeine wurden anscheinend zerschlagen. Die Brüche sind wohl nicht im Sediment nach dem Verwesungsprozeß durch den Druck der Verfüllungsmasse entstanden. Im Unterschied zu den starken Knochen sind nämlich zwei Schulterblätter mit fast papierdünnen Partien unbeschädigt erhalten.

Brunnen 2: In der Brunnenstube lagen Schädel von vier Individuen, darunter einem Kind. An ihnen finden wir ähnliche Befunde wie im Brunnen 1: den wuchtigen Querschlag, weitere Hieb- und Schlagverletzungen und zweimal Schnittspuren einer Skalpierung. Im Unterschied zum anderen Brunnen ist das Körperskelett eines Erwachsenen ziemlich vollständig und weist kaum Schnittspuren (an einem Oberschenkelbein) auf. Dagegen sind die wenigen Kinderknochen, die wahrscheinlich zu dem erwähnten Schädel gehören, teilweise stark zertrümmert und zeigen mehrere Schnitt- und Hackspuren. Von einem dritten, wohl erwachsenen Individuum ist anscheinend nur ein ausgebrochenes Femurschaftstück vorhanden.

Die Rekonstruktion des Ereignisses aus den an den Knochen beobachteten Spuren ist natürlich mit Unsicherheiten behaftet. Wie die Funde aus den beiden Brunnenstuben belegen, wurden vom Menschen vor allem Körperteile, insbesondere einigermaßen vollständige oder »gesichtslose« Köpfe versenkt. Die in jedem Falle tödlichen Querhiebe bzw. -schläge sind nach Lage und Regelhaftigkeit nicht im Kampf angebracht worden, sondern wahrscheinlich bewegungsunfähigen, liegenden Personen. Ihnen gehen in einigen Fällen vermutlich im Verlauf eines wohl recht einseitigen Kampfes entstandene teilweise schwere Kopfverletzungen und das Skalpieren voraus. Daß relativ viele Frauen skalpiert wurden, dürfte mit der Haartracht zusammenhängen (Männer trugen das Haar recht kurz). Nach dem Querhieb wurden die Köpfe abgetrennt, sofern dies überhaupt noch erforderlich war, und die Körper zerlegt. Ob die festgestellten Brüche, Durchtrennungen, Hack- und Schnittspuren gänzlich auf den Zerlegungsvorgang oder auch auf Marterung oder Verstümmelung der Toten zurückzuführen sind, muß vorerst offenbleiben.

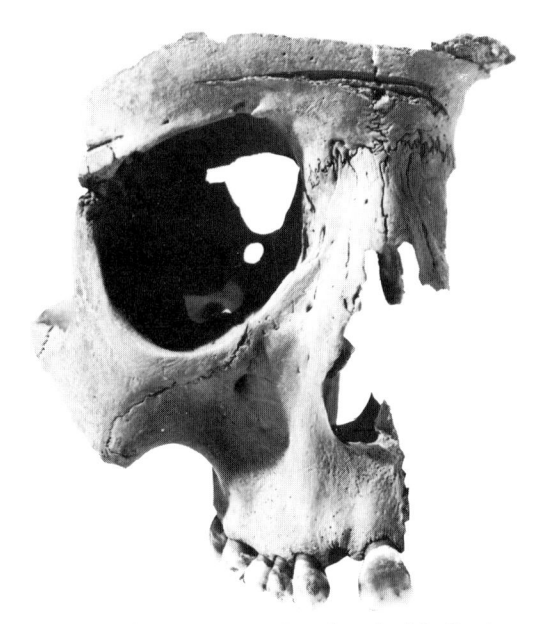

82 *Regensburg-Harting. Gesichtsschädelteil mit Hiebspuren aus Brunnen 1.*

Wer waren die Opfer, wer die Täter? Die Merkmalsbefunde an den Skelettresten sprechen für Angehörige der einheimischen, provinzialrömischen Bevölkerung, die Häufigkeit einer anatomischen Variante, der persistierenden Stirnbeinnaht (bei fünf von 13 Individuen = 38,5%), deutet verwandtschaftliche Beziehungen innerhalb der Gruppe an, so daß wir hier wohl die Bewohner des Gutshofes vor uns haben. Die Täter sind mit einiger Sicherheit unter den Germanen zu suchen, die im 3. und 4. Jahrhundert immer wieder in die römischen Grenzprovinzen einfielen und auch das Umland Regensburgs heimsuchten.

Aus den Spuren an den menschlichen Skelettresten läßt sich ein eher komplexer Vorgang erschließen, der nicht in das von antiken Schriftstellern überlieferte Bild germanischer Kriegsgreuel paßt. Im Blutrausch erschlagene Feinde oder abgeschlachtete Gefangene hätte man wohl einfach liegenlassen, und die Vergiftung der beiden Brunnen wäre sicher mit geringerem Aufwand möglich gewesen. Auch Anthropophagie scheidet als Hauptmotiv aus. In den Brunnen wurden nicht die Abfälle einer kannibalischen Mahlzeit beseitigt. Durch den Zusammenhang mit den tierischen Resten, unter anderem einem Kalbfell mit anhängenden Hufen in Brunnen 2 (belegt durch die Knochen der im Carpus und Tarsus abgesetzten Füße), und mit den am Grund von Brunnen 1 deponierten Eisenobjekten wird der Opfercharakter der menschlichen Körperteile deutlich. Menschenopfer waren den kaiserzeitlichen Germanen nicht fremd. Skalpieren und vielleicht Martern der Gefangenen ist in Harting anscheinend Teil der blutigen Opferzeremonie, mit der möglicherweise kultische Anthropophagie einherging. Zum auffälligen, regelhaften »Querschlag« finden wir Parallelen in Kaiseraugst (Nordschweiz). In einem römischen Brunnen lagen die knöchernen Überreste zahlreicher Leichen bzw. Kadaver von Menschen, Pferden, Eseln und Hunden. Die Menschen wurden durch wuchtige, teilweise schädelspaltende Axthiebe quer über die Augen getötet. Die 13 erschlagenen Bewohner des römischen Gutshofes von Harting fielen nicht Rachsucht, Wut und Blutdurst einer germanischen Schar zum Opfer, sondern wurden den Göttern dargebracht, vielleicht als Bitt- oder Dankopfer für den Sieg.

P. Schröter

Ausgrabungen im Garten des Bischofspalais zu Augsburg

Stadt Augsburg, Schwaben

Als im April die Planung einer Tiefgarage unter dem Garten des Bischofspalais am Hohen Weg/ Kustosgäßchen bekannt wurde, war die Stadtarchäologie Augsburg davon völlig überrascht, zumal schon der Einsatz aller Kräfte für die Ausgrabungen an der Kornhausgasse vorgesehen war und andere Untersuchungen, wie am Gräberfeld von St. Ulrich und Afra, noch nicht völlig abgeschlossen waren. In sehr bereitwilliger Weise entschloß sich die Diözese Augsburg als Bauherr, die notwendig werdenden Ausgrabungen von Juni bis November durch die Übernahme von Personalkosten großzügig zu unterstützen; dafür sei ihr an dieser Stelle, insbesondere Herrn Dr. H. Weber (Bischöfliche Finanzkammer), bereits aufrichtig gedankt.

Die bis zum Jahresende weitgehend abgeschlossene Untersuchung der Flächen für die Tiefgarage und den entlang des Kustosgäßchens neu errichteten Wohntrakt des Bischofspalais erbrachte einen weiteren Ausschnitt der Römerstadt Augusta Vindelicum (die südlich anschließenden Parzellen Hoher Weg 14/Spenglergäßchen wurden bereits 1980 von J. Heiligmann beim Bau einer Tiefgarage archäologisch erforscht). Nur wenige Spuren von Steingebäuden des 2./3. Jahrhunderts waren in diesem Gelände enthalten; offensichtlich befinden wir uns in einem rückwärtigen, hofartigen Teil der römischen Bebauung. Eine von Nordwest nach Südost das Areal durchquerende Steinmauer, nur mit ihrem Rollkiesfundament erhalten, könnte als Parzellengrenze anzusehen sein. Einige verfüllte Gruben und holzverschalte Zisternen lieferten sehr reichhaltige Keramikfunde des 2. Jahrhunderts, darunter zahlreiche nahezu vollständig erhaltene Gefäße. Als herausragender Kleinfund aus den insgesamt über zweieinhalbtausend Fundkomplexen ist ein unversehrter Goldring mit Gemme (S. 98 f.) anzuführen. Der wichtigste Befund kam im Osten der Baufläche, direkt nördlich an der bestehenden Bischofskapelle, zutage. Nach dem Abbruch des alten Gebäudeflügels zeigte sich dort ein quadratisches Fundament von 9,25 m Seitenlänge bei 1,20 m Mauerstärke. Der kellerartige

83 *Augsburg, Garten des Bischofspalais. Blick von Norden auf das quadratische Mauerfundament spätrömischer Zeit; in der äußeren Schale des Mauerwerks sind die Spolien deutlich sichtbar. Im Vordergrund ein Kellerabgang in das frühneuzeitliche Tonnengewölbe.*

84 Augsburg, Garten des Bischofspalais. Die Nordostecke des römischen Kellers mit Fenster-/Belüftungsschlitz und einer Wandnische in der Nordwand. Im Bereich des Fensters trägt das Mauerwerk Fugenstrich.

Raum war noch 2,60 m bis 3,60 m hoch erhalten; das Mauerwerk, ein Zweischalenmauerwerk mit Gußkern, besaß innen sauber gesetzte Lagen von Handquadern, außen massive Kalksteinblöcke, meist Spolien (Abb. 83). Bei der später einsetzenden Baumaßnahme konnten einige Spolien, darunter zwei Inschriften (vgl. S. 110 ff.) und zwei reliefierte Blöcke von Grabdenkmälern aus den oberen Lagen des Mauerwerkes geborgen werden. Zwei nach außen sich stark verengende Fenster- bzw. Lüftungsschlitze in der Ostseite mit dazwischenliegendem Türbogen aus sorgfältig zugerichteten Tuffquadern sowie zwei Nischen in der Nordwand sprechen ebenso wie die Mauertechnik für eine römische Zeitstellung (Abb. 84). Das Auftreten so zahlreicher wiederverwendeter Architekturteile läßt dabei nur das ausgehende 3. und das 4. Jahrhundert für die Datierung in Betracht kommen. Römische Benutzungsniveaus und zugehörige spätrömische Funde waren wegen der nachfolgenden mittelalterlichen und neuzeitlichen Weiterbenutzung des römischen Mauerkerns nicht mehr anzutreffen. In der frühen Neuzeit war ein Tonnengewölbe in das römische Mauergeviert eingebaut worden, das mehr als 2 m unter die römischen Fundamente hinunterreicht.

Interessant erscheint, daß dieses Gebäude mit fast genauer Nord-Süd-Orientierung von den mittelkaiserzeitlichen Baufluchten in der gleichen Ausgrabungsfläche, aber auch den benachbarten Parzellen (soweit Aufschlüsse zur römischen Steinbebauung vorliegen) abweicht; eine Erscheinung, die auch bei den Untersuchungen von W. Sage unter der Krypta des Augsburger Domes 1979 für die jüngste spätrömische Bauperiode bereits festgestellt wurde (vgl. Das archäologische Jahr in Bayern 1980, 168 f.).

Sollte dies ein Hinweis auf die Anlage neuer Bau- und Straßenfluchten in der Spätantike sein, die dann nur als Folge massiver Zerstörungen der Provinzhauptstadt während der zweiten Hälfte des 3. Jahrhunderts oder innerhalb des 4. Jahrhunderts anzusehen wäre? Die weitere Bearbeitung der Ausgrabungsbefunde wird sich dieser Frage wie auch der Funktion des spätrömischen Gebäudes, das vielleicht schon in der Spätantike turmartig errichtet worden ist, zuwenden müssen. Im Mittelalter scheint das Gebäude als Wohnturm weiterbenutzt worden zu sein; nach überlieferten Aufmaßen um 1840 war es damals noch bis zu 6,50 m hoch in seiner römischen Substanz erhalten. Die aus der Spätantike stammenden Mauerreste blieben bei der jetzt verwirklichten Baumaßnahme unter dem Neubau in großen Teilen unberührt und wurden geschützt.

L. Bakker

Spätrömische Silbermünzen von Burghöfe

Gemeinde Mertingen, Landkreis Dillingen, Schwaben

Aus Lagervicus und Kastellareal von Burghöfe werden immer wieder Streufunde von Sammlern vorgelegt. Bei der stereotypen Zusammensetzung des Fundmünzenmaterials lohnt meistens keine besondere Publikation. Die hier vorgelegten zwei Fundmünzen aus Privatbesitz sind somit eine Besonderheit und bilden eine Ausnahme. Es handelt sich um Streufunde, deren genauer Fundplatz nicht mehr festzustellen ist. Historisch und numismatisch sind sie von großem Interesse.

1. Constantius II., Siliqua von reduziertem Gewicht; Gewicht 2,032 g, Stempelstellung ↑↓, 353 n. Chr., Münzstätte Trier. Vorderseite: D N CONSTA – TIVS P F AVG, Büste des Constantius II. nach rechts mit Perldiadem, Panzer und Paludamentum, Perlkreis. Rückseite: (F) EL TEMP–PARATIO, behelmter Soldat mit Rundschild nach rechts, den Fuß auf einen am Boden liegenden Rundschild setzend, in der ausholenden Rechten die Lanze, mit der er auf einen sich auf sein gefallenes Pferd stützenden Reiter einsticht. Dieser trägt eine Kappe und hält die Linke im Abwehrgestus gegen den Soldaten. Im Abschnitt TRP, Perlkreis (Abb. 85). Während Bronzen des gleichen Typs tausendfach belegt sind, ist eine Siliqua mit diesem Bild bisher überhaupt nicht bekannt geworden. Stilistisch unterscheidet sie sich von sonstigen Trierer Münzen ungefähr gleicher Zeitstellung nicht, sie weist aber gleich zweifach Fehler in der Umschrift auf. Statt korrekt CONSTANTIVS wird auf der Vorderseite der Name des Kaisers fehlerhaft mit CONSTATIVS angegeben. Völlig sinnentstellend zeigt die Rückseite die Umschrift FEL TEMP PARATIO anstelle des richtigen FEL TEMP REPARATIO = felicium temporum reparatio, Wiederherstellung glücklicher Zeiten. Die Fehlerhaftigkeit der Schrift will nicht recht zur Geläufigkeit der Bildgestaltung und der gesamten sauberen technischen Ausführung der Münze passen. Eine Erklärung für diese Diskrepanz bietet allerdings die Episode der Revolte des Poemenius in Trier im Sommer 353 n. Chr., von der uns Ammianus Marcellinus (15.6.4) kurz berichtet. Poemenius

85 *Burghöfe. Siliqua des Constantius II. aus Trier. Natürliche Größe und Maßstab ca. 3:1 (Staatliche Münzsammlung München).*

hatte zu Ende der Regierungszeit des Magnentius, als ein Sieg des Constantius II. absehbar war, in Trier gegen Magnentius rebelliert und die Tore der Stadt gegenüber dessen Bruder Decentius Caesar verschlossen. Bisher wurden Solidi und Bronzen mit Silbersud mit dieser Revolte in Verbindung gebracht. Aus Burghöfe liegt nun zum erstenmal der Beleg einer Silber-

86 *Burghöfe. Siliqua des Magnus Maximus aus Aquileia. Natürliche Größe und Maßstab ca. 3:1 (Staatliche Münzsammlung München).*

prägung aus genau dieser Zeit vor. Der Trierer Stempelschneider war es offensichtlich noch nicht gewöhnt, die neuen Münzumschriften für Constantius II. geläufig und fehlerfrei zu schneiden. Andererseits bemühte er sich erfolgreich um gute Gestaltung des Porträts und um ein für Constantius II. als typisch geltendes Rückseitenbild, das »Reitersturz«-Motiv, das auf eine Episode aus dem Perserkrieg des Constantius II. anspielt. Diese Umstellung war, was die Umschriften betrifft, mit Fehlern verbunden. Der »Reitersturz«-Typ ist zwar ohne Zweifel für Constantius II. typisch, wurde aber sonst ausschließlich für Bronzen, nie für Silber verwendet, wie es bei diesem Stück aus Trier der Fall ist.

Eine ausführlichere Publikation dieser Münze bereite ich vor.

2. Magnus Maximus, leichtgewichtige Siliqua, Gewicht 1,595 g, Stempelstellung ↑↗, 387/388 n. Chr., Münzstätte Aquileia. Vorderseite: D N MAG MA – XIMVS P F AVG, Büste des Magnus Maximus nach rechts mit Diadem, im Panzer und Paludamentum. Rückseite: VICTORIA – AVGVSTORVM, Victoria nach links mit Kranz und Palmzweig, im Abschnitt AQPS (Abb. 86).

Im Gegensatz zu Nr. 1 ist diese Siliqua zwar selten, aber durchaus in der Literatur bekannt. Die Münze weist auf beiden Seiten Spuren leichten Doppelschlags auf. Es ist anzunehmen, daß spätestens nach der Einnahme Italiens durch den westlichen Usurpator Magnus Maximus auch Rätien in seinen Machtbereich fiel. Die sehr gut erhaltene Siliqua wird also noch zur Zeit seiner Regierung an ihren Fundort gelangt sein, vermutlich im Rahmen von Soldzahlungen. Zweifellos war die Abhängigkeit Rätiens von Magnus Maximus sehr kurzlebig. Die Siege der Truppen des Theodosius I. bei Siscia und Poetovio sowie Kapitulation und Tod des Maximus bei Aquileia im Jahre 388 n. Chr. setzten seiner Herrschaft bald darauf ein Ende.

B. Overbeck

Eine Fibelgußform aus der germanischen Siedlung von Geldersheim

Landkreis Schweinfurt, Unterfranken

Aus dem freien Germanien sind in der römischen Kaiserzeit schätzungsweise mindestens 100 000 Fibeln bekannt. Die Zahl der Gußformen ist dagegen verschwindend gering. Jede neu entdeckte Gußform stellt deshalb eine erfreuliche Bereicherung des derzeitigen Bestandes dar und vermehrt unsere Kenntnis über das Metallhandwerk dieser Zeit.

In der bekannten germanischen Siedlung von Geldersheim konnte kürzlich ein solcher nicht alltäglicher Gegenstand als Einzelfund aufgelesen werden. Die bronzene Gußform ist unvollständig, denn die entsprechende spiegelbildliche zweite Hälfte fehlt. Sie besteht aus einer 3,8 x 2,9 cm großen und 0,8 cm starken Platte, deren Kanten abgerundet und profiliert sind. In dieser Platte ist das Negativ einer Fibel sichtbar (Abb. 87, 1). Als Halterung der entsprechenden Gegenplatte dienten drei Stifte, die mit Löchern und einer flachen Vertiefung die beiden Gußformhälften zusammenhielten. Praktischerweise war im Fibelkopf ein Nietloch, das später die gesondert angefertigte Spiralkonstruktion mit Achse aufnahm. In einem anderen Loch steckt noch der abgebrochene Niet. Die flüssige Bronze wurde in ein trichterförmiges Einfülloch gegossen und verteilte sich in den Hohlraum des Fibelnegativs. Nach dem Guß und dem Erkalten konnten die Niete entfernt und das gewünschte Objekt herausgenommen werden. In diesem Falle ist das Produkt eine Fibel mit hohem Nadelhalter, der aber noch die armbrustartige Spiralkonstruktion fehlt (Abb. 87, 2). Ihre Kennzeichen sind der genannte extrem lange Nadelhalter, ihre kurze, fast gestaucht wirkende Form und ein verdicktes, »abgeschnittenes« Fußende. Sie gehört zum Fibeltyp Almgren Gruppe VII, Serie 3 nach der Einteilung von Matthes und damit in die Zeit um 200 n. Chr. Allerdings setzt sich diese Serie wiederum

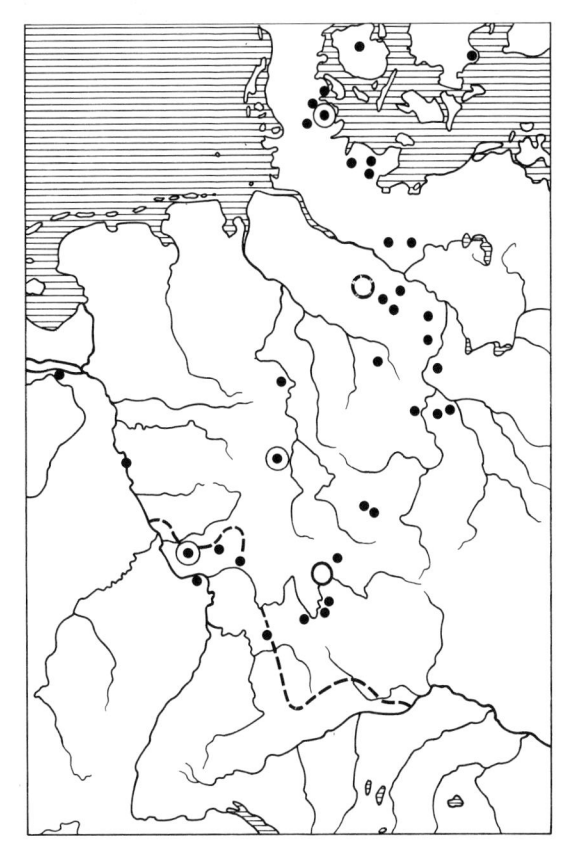

88 *Verbreitung der Fibeln mit hohem Nadelhalter, Almgren Gruppe VII, Serie 3 (Punkte). Offener Kreis: Geldersheim. Durchbrochener Kreis: Fibelgußform von Eitzen (Vergleichsstück zu Geldersheim). Punktkreis: nahestehende Parallelen zu Geldersheim (nach A. Böhme mit Ergänzungen).*

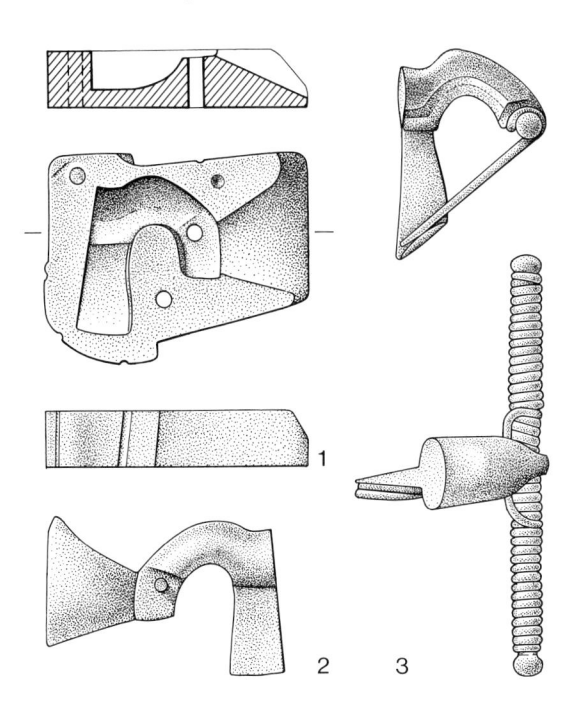

87 *Geldersheim. Fibelgußform mit Abformung; dazu Endprodukt von Gleichen, Lkr. Fritzlar-Homberg. Maßstab 1:2.*

aus mehreren Varianten zusammen. Nur die Exemplare aus der germanischen Siedlung von Gleichen, Landkreis Fritzlar-Homberg in Nordhessen, aus dem Moorfund von Thorsberg in Schleswig und dem Kastell Zugmantel am Taunus kommen der Fibel aus der Geldersheimer Gußform am nächsten. Auf der Verbreitungskarte (Abb. 88) sind diese wenigen Vergleichsstücke besonders hervorgehoben. Trotz des Überwiegens germanischer Fundstellen mit diesem Fibeltyp ist seine Herkunft zweifelhaft und eher in Werkstätten des Römischen Reiches zu suchen. Die Geldersheimer Gußform weist auf einen Handwerker hin, der sein Gewerbe berufsmäßig betrieb. Jedenfalls scheint die Gußform Bestandteil einer größeren spezialisierten Handwerkerausstattung gewesen zu sein. Ihre sorgfältige Zurichtung und vorzügliche Legierung weist auf häufigen Gebrauch hin. Ob ihr Besitzer nur für den beschränkten Bedarf seiner engeren Umgebung produzierte, erscheint zumindest fraglich.

D. Rosenstock

Eine germanische Siedlung des 4./5. Jahrhunderts n. Chr. bei Treuchtlingen-Schambach

Landkreis Weißenburg-Gunzenhausen, Mittelfranken

Bei der Verbreiterung der Bundesstraße 2 Weißenburg-Pappenheim wurde im Herbst 1976 in Höhe der Ortsflur Schambach und nordwestlich des Schambachs eine spätkaiserzeitliche germanische Siedlung angeschnitten und vom Bayer. Landesamt für Denkmalpflege, Außenstelle Nürnberg, auf einer Fläche von ca. 200 qm untersucht. Die 50 m lange und 3 bis 8 m breite Grabungsfläche lag zwischen der Trasse der Bundesstraße 2 und einer 9 m östlich derselben neu angelegten Umgehungsstraße. Im Planum (ca. 30 cm unter Bodenniveau) zeigten sich insgesamt 39 Verfärbungen, darunter die Gruben zweier Hütten, eine Anzahl vereinzelter Pfostenlöcher sowie eine 3 m breite Schotterung aus kleineren und größeren Steinen und Steinplatten, die parallel zur Bundesstraße über einen großen Teil des Grabungsbereichs zu beobachten war, welche L. Wamser als Instandsetzung der alten Römerstraße Weißenburg-Augsburg durch die Bewohner der germanischen Siedlung deutete.

Weitere Aufschlüsse zur Art und Ausdehnung der spätkaiserzeitlichen Siedlung ergaben sich im Herbst 1983. Anläßlich des Baus einer 70 x 11 m großen Maschinenhalle 30 m östlich der Bundesstraße führte das Bayer. Landesamt für Denkmalpflege, Außenstelle Nürnberg, auf einer 76 m langen und 12 bis 18 m breiten Fläche eine Notgrabung durch. Dabei konnten 178 Verfärbungen, die sich aus 60 größeren und kleineren Gruben, einem in Richtung Südost-Nordwest verlaufenden, ca. 40 cm breiten und gleichmäßig 15 cm tiefen Graben und zahlreichen Pfostenlöchern zusammensetzen, untersucht werden.

An der südöstlichen Grabungskante lag in einer flachen Mulde ein beigabenloses Skelett (Oberkörper mit angewinkelten Armen, Kopf im Osten), das im Beckenbereich von einem Pfostenloch gestört war (Abb. 89). In der Verfüllung und westlich des Pfostenloches befanden sich weitere Knochenfragmente, so daß diese Bestattung mit der Siedlung kaum in Verbindung stehen dürfte.

Im Sommer 1984 kam es schließlich wegen Aufschotterungsmaßnahmen im Osten, Norden und Süden der Maschinenhalle, unterstützt von der Außenstelle Nürnberg des Bayer. Landesamts für Denkmalpflege, zu einer erneuten Untersuchung und Befundaufnahme durch die Abteilung für Vor- und Frühgeschichte des Germanischen Nationalmuseums Nürnberg. Die im Norden der Halle 13 m lange und 3 m breite, im Osten 75 m lange und 4 bis 11 m breite Grabungsfläche schloß direkt an die Untersuchung des Vorjahres an. Der eigentliche Fundhorizont (die darüberliegende Schicht – »Rotlage« – war eine mit Funden bereits stärker durchsetzte Mischung aus Humus und Kulturschicht) lag 50 cm unter Bodenniveau. Die 192 Verfärbungen (ca. zehn verschieden große Gruben, zwei Gräben und 180 Pfostenlöcher) hoben sich deutlich dunkler vom hellgelben, aus Flußsand und feinem gelbem Kies zusammengesetzten anstehenden Boden ab (Abb. 89).

Aus dem zunächst verwirrenden Befundplan konnten bisher sechs Hüttengrundrisse anhand von Pfostenstellungen, mindestens vier Grundrisse von Grubenhütten (tiefe, ausgeprägte Profile, Pfostenlöcher im Inneren und hohe Funddichte), ein 66 m langer, teilweise unterbrochener Graben und zwei Herdstellen herausgearbeitet werden. Das gehäufte Auftreten von Pfostenlöchern (auch in Zweier- und Dreierstellungen) etwas rechts von der Mitte der Grabung 1984 läßt verschiedene Bauphasen und eine damit verbundene Änderung der Gebäudeausrichtung vermuten (Abb. 89).

Das Fundspektrum der drei Grabungskampagnen umfaßt eine große Zahl von Scherben handgeformter und scheibengedrehter, teilweise verzierter Gefäße, mehrere Tonspinnwirtel, Hüttenlehm, Tierknochen (vor allem vom Rind, Schwein, Schaf, Ziege, Pferd und Hund), Eisengegenstände, darunter vier Eisenmesser, eine beträchtliche Menge Eisenschlacke, neun blaue und weiße Glasperlen, zwei fragmentierte bronzene Armbrustfibeln des 4. Jahrhunderts, eine kleine durchbohrte römische Bronzemünze aus den Jahren 335/340 n. Chr. (Constantin I. oder Söhne), eine Knochennadel und einen dreilagigen Knochenkamm mit sechs Eisennieten, unverzierter dreieckiger Griff- und ausladender Zahnplatte vom Ende des 4. Jahrhunderts (Abb. 90). Die Fibeln, der

89 *Treuchtlingen-Schambach. Gesamtplan der Grabungskampagnen 1976 und 1983/84.*

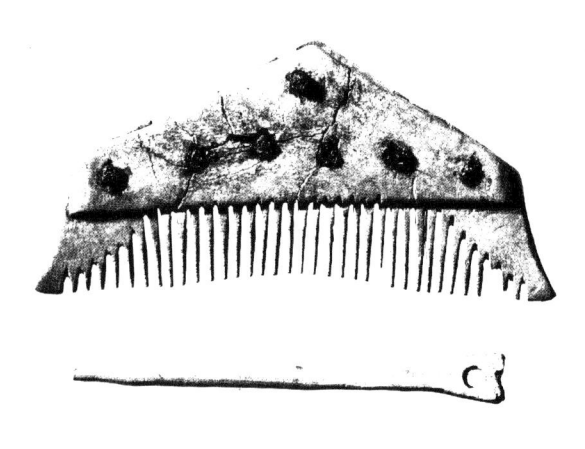

90 *Treuchtlingen-Schambach. Knochennadel und Knochenkamm, Ende 4. Jahrhundert n. Chr. Kammlänge 10,4 cm.*

Kamm und die Gefäße der Friedenhain-Přestovice-Gruppe weisen auf den elbgermanischen Charakter dieser Siedlung hin und erlauben eine Datierung in die zweite Hälfte des 4. Jahrhunderts bzw. in die erste Hälfte des 5. Jahrhunderts.

Neben dem germanischen Fundmaterial müssen auch noch römische Glasfragmente und Ziegelstücke sowie Scherben aus der Hallstattzeit erwähnt werden.

Im Zusammenhang mit der Siedlung sind zwei germanische Körpergräber (Männergrab mit Eisenmesser, Feuerstahl, eiserner Gürtelschnalle und bronzener Doppelöse; Kindergrab mit einhenkeligem Tonkrug) des 4. Jahrhunderts zu sehen, die während der Grabungskampagne 1981 im westlichen Bereich des hallstattzeitlichen Gräberfeldes 90 m östlich der Bundesstraße 2 zutage gekommen sind. Vermutlich ist in diesem Gebiet das zur Siedlung gehörige Gräberfeld zu suchen.

Die bis jetzt untersuchte Fläche von insgesamt 1900 qm läßt an keiner Stelle die Grenzen der ursprünglichen Bebauung erkennen. Zahlreiche germanische Lesefunde weisen darauf hin, daß sich die Siedlung auch jenseits der heutigen Bundesstraße 2 ausdehnte. Wegen eines weiteren Hallenneubaus sollen im Frühjahr 1985 die Untersuchungen 30 bis 40 m südöstlich der Maschinenhalle fortgesetzt werden.

E. Weinlich

Völkerwanderungszeitliche Körpergräber aus Dettingen

Gemeinde Karlstein, Landkreis Aschaffenburg, Unterfranken

Immer dringender zeigt sich die Notwendigkeit einer vorsorglich arbeitenden Bodendenkmalpflege, sollen nicht weiterhin in erschreckendem Ausmaße Geschichtsquellen zur Vor- und Frühgeschichte unseres Landes unbeobachtet zerstört werden. Soll sie über die Rolle des Hasen in dem bekannten Wettlauf mit dem Igel hinauskommen, müßte die Bodendenkmalpflege bei jeder geplanten Baumaßnahme bzw. jedem Bodeneingriff vorher verständigt werden und gegebenenfalls archäologische Untersuchungen einleiten.

Die Körpergräber von Dettingen sind nur eines der zahllosen Negativbeispiele für die zu späte Einschaltung der Archäologen. Ihnen wird es dann schon als Erfolg angerechnet, wenn sie wenigstens Restbefunde sichten und sicherstellen können. Was war geschehen? Außerhalb des alten Dorfkernes von Dettingen ist in einem seit längerem bestehenden Neubaugebiet eine Baugrube für ein Reihenhaus ausgehoben worden.

Als der Rohbau schon längst stand, bemerkte der Bauherr nach Monaten Scherben und Menschenknochen in der Profilwand. Herbeigerufene Hobbyarchäologen bargen die Gefäßreste und benachrichtigten dann das Bayer. Landesamt für Denkmalpflege in Würzburg.

Von dem Skelett hatte der Bagger nur die Unterschenkel übriggelassen; alles andere war unbeachtet fortgeschafft worden. Immerhin ließ ihre Lage erkennen, daß die Bestattung in 1,40 m Tiefe unter der heutigen Oberfläche angelegt und West-Ost ausgerichtet war, wobei der Kopf im Westen lag. Links neben dem Unterschenkel standen drei Tongefäße, von denen zwei in Scherben, das andere unversehrt geborgen werden konnten. Es handelt sich um einen Krug, Form Chenet 348 (Abb. 91, 3), einen Teller, Form Chenet 304 (Abb. 91, 1), und eine Schüssel, Form Chenet 320 (Abb. 91, 2), die mit einem Rollrädchenmuster ähnlich Chenet 154 verziert ist. Auf der gleichen Seite des Toten,

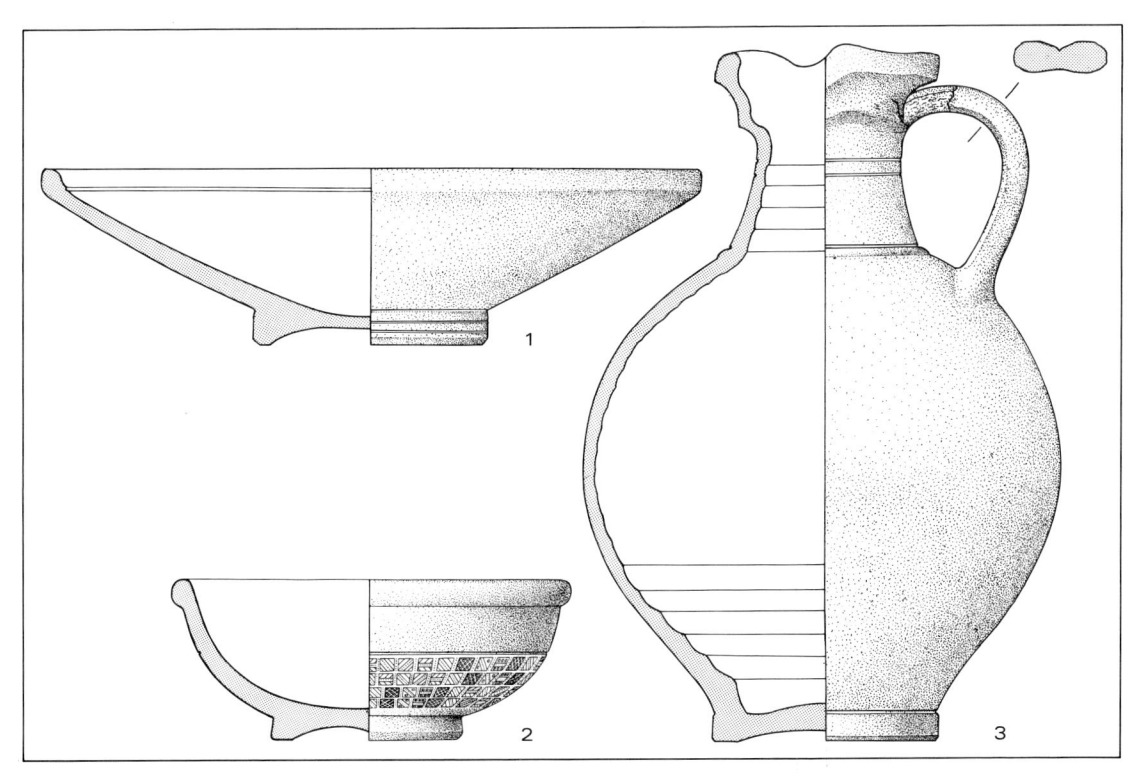

91 *Dettingen. Terra sigillata aus Körpergrab 1. Maßstab 1:3.*

neben den Füßen, hatten mehrere Knochen eines Rindes als Fleischbeigabe gelegen. Ganz in der Nähe ließ sich dann bei einer Nachgrabung noch ein weiteres alt beraubtes Körpergrab feststellen, von dem sich außer einigen Teilen des Skeletts noch eine vollständige gelbgrüne Glasschale mit Rankendekor (Abb. 92) erhalten hatte.

Alle drei Tongefäße und die Glasschale können nach zahlreichen Parallelen, vor allem aus provinzialrömischem Gebiet, in das letzte Drittel des 4. und in den Anfang des 5. Jahrhunderts datiert werden.

92 *Dettingen. Glasschale aus Körpergrab 2. Randdurchmesser 12,1 cm.*

Diesem Zeitraum mangelte es gewiß nicht an Turbulenzen; Alamannen und andere Stämme versuchten auf breiter Front, die Rheingrenze endgültig zu überwinden. Ihr nördliches Siedlungsgebiet während des gesamten 4. und zu Beginn des 5. Jahrhunderts zeigt Abb. 93. Auch jenseits des Rheins war es Alamannen gelungen, auf römischem Gebiet Fuß zu fassen, wo sie mit der einheimischen Bevölkerung verschmolzen. Die Bedrohung ging von den Gebieten östlich des Rheins aus. Aus dem nordalamannischen Gebiet sind sogar einige Principes der zweiten Hälfte des 4. Jahrhunderts mit den Namen Makrian, Hariobaudes, Hortar und Suomar bekannt. Innerhalb des Kartenausschnittes sind aber auch noch die Hinterlassenschaften der Burgunder zu vermuten. Leider ist die Forschung über ihre Sitze und materielle Kultur nur unzureichend unterrichtet. Hier tappt sie noch weitgehend im dunkeln. Es erscheint gar nicht einmal ausgeschlossen, daß die Dettinger Grabungen Burgunder bargen.

Vielleicht gehörte die eine oder andere germanische Höhenbefestigung im südlichen Kartenausschnitt zum Herrschaftsraum der Burgunder, bevor sie im Jahre 413 römische Föderaten auf der linken Rheinseite wurden und ihr aus der Nibelungensage bekanntes Reich um Worms begründeten. Zu nennen wäre in diesem Zusammenhang die erst kürzlich in ihrer Be-

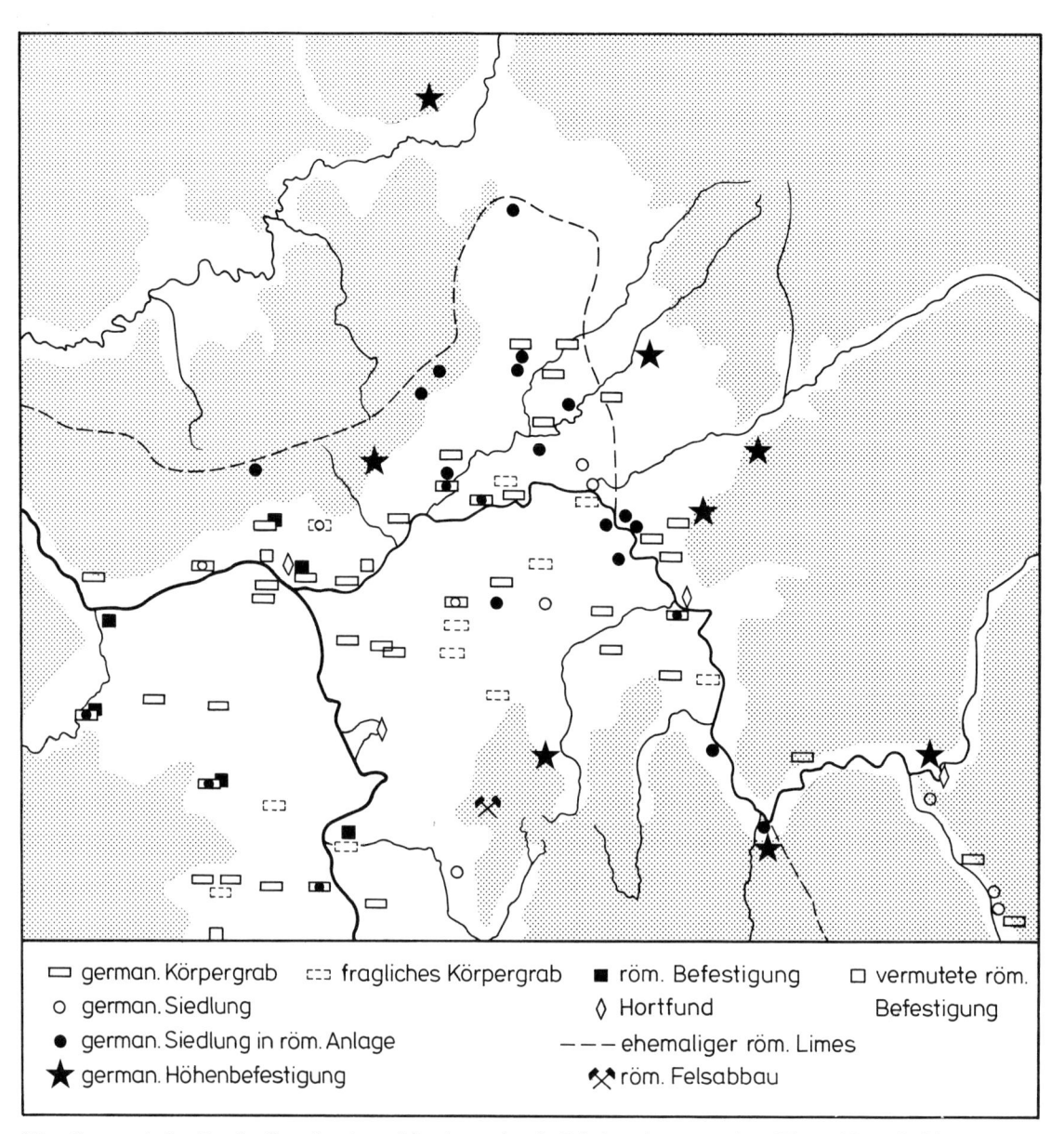

93 *Germanische Fundstellen des 4. und beginnenden 5. Jahrhunderts aus dem Rhein-Main-Gebiet.*

deutung erkannte Abschnittsbefestigung in der Mainschleife bei Kreuzwertheim (vgl. Das archäologische Jahr in Bayern 1981, 156 f.; 1982, 96 f.). Die auf dieser Anlage entdeckten überaus zahlreichen Gegenstände – nicht wenige römischer Herkunft – lassen einen engen Kontakt und mannigfachen Kulturaustausch zwischen den hier Ansässigen und Römern vermuten.

In dieses von römischen Kulturgütern geprägte Milieu paßt bestens das Dettinger Grab. Immer deutlicher wurde in den letzten Jahren, in welch starkem Ausmaß die unmittelbar östlich angrenzenden germanischen Anrainer an römischer Zivilisation Anteil hatten. Diese Verhältnisse bildeten eine der Voraussetzungen für die Ausbildung der nachfolgenden fränkischen Reichskultur in Mainfranken.

D. Rosenstock

Neue Untersuchungen im thüringisch-fränkischen Adelsfriedhof von Zeuzleben

Markt Werneck, Landkreis Schweinfurt, Unterfranken

Vom März bis August 1984 konnten die 1983 begonnenen Ausgrabungen in der neu entdeckten thüringisch-fränkischen Adelsgrablege planmäßig weitergeführt (vgl. Das archäologische Jahr in Bayern 1983, 133 ff.) und im Anschluß an die bisherige, heute bereits überbaute Grabungsfläche weitere 2500 qm untersucht werden. Die Grenzen des Friedhofes sind offenbar an drei Seiten – im Norden, Osten und Süden – erreicht.

Es versteht sich, daß zum gegenwärtigen Zeitpunkt nur ein vorläufiger Überblick über die bisherigen Grabungsergebnisse gegeben werden kann. Detaillierte Aussagen über Belegungsabfolge, Altersaufbau, soziale Gliederung oder Tätigkeit der dort bestatteten Personengruppe sind an dieser Stelle noch nicht möglich. Es seien hier daher nur einige bemerkenswerte Aspekte angesprochen. Bisher konnten in dem untersuchten Areal 68 Gräber freigelegt werden. Von diesen Gräbern enthielten 61 insgesamt 66 menschliche Bestattungen, darunter anscheinend nur drei Kinder oder Jugendliche. Dazu kommen nicht weniger als 17 Tierbestattungen (15 Pferde und zwei Hunde) aus insgesamt zehn Grabanlagen, die ebenfalls nachgewiesene Mitgabe von Pferdekiefern und -zähnen nicht mitgerechnet. Nach den bisher vorliegenden Anhaltspunkten scheint es sich um einen relativ kleinen Friedhof mit vielleicht 80 bis 85 menschlichen Bestattungen zu handeln, wobei allerdings erst noch definitiv zu klären ist, ob die bisher aufgedeckte, als Adels- und Gefolgschaftsgrablege anzusprechende Gräbergruppe tatsächlich – wie es den Anschein hat – fernab von den Bestattungen der übrigen Bevölkerung als Separatfriedhof oder als eigenständiger Gräberbezirk am Rande eines größeren Ge-

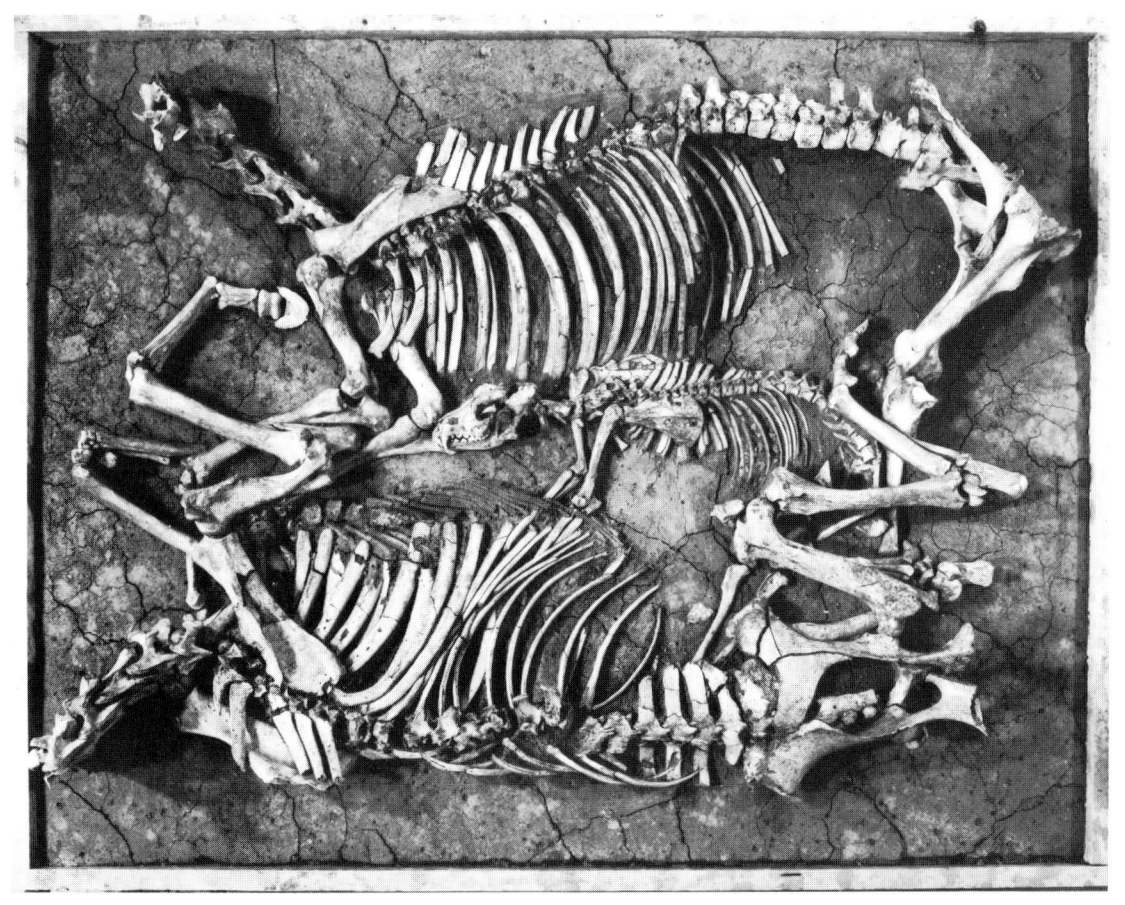

94 *Zeuzleben, Grab 45. Mehrfachbestattung zweier enthaupteter Pferde und eines Hundes.*

meinschaftsfriedhofes angelegt wurde. Die Belegung des ergrabenen Friedhofsareals scheint – soweit sich dies schon jetzt sagen läßt – etwa im zweiten Viertel des 6. Jahrhunderts zu beginnen und reichte offenbar bis ins frühe 7. Jahrhundert. Die Belegungsdauer läßt sich demnach mit Vorbehalt auf etwa 80 bis 90 Jahre, d. h. auf einen Zeitraum von maximal drei Generationen, einengen.

Nach den Beigaben und dem vorläufigen anthropologischen Befund war das zahlenmäßige Verhältnis von Männern und Frauen recht unausgeglichen: Nur bei etwa 30 bis 35 Prozent der Bestatteten handelte es sich um Frauen, wobei bei den Männern die Mitgabe von Waffen die Regel darstellt. Obwohl fast alle Gräber in antiker Zeit systematisch beraubt worden waren, ließ sich in den Männergräbern die Beigabe von Waffen bei etwa 95 Prozent aller Fälle noch eindeutig nachweisen. Diese Betonung des Kriegertums, die sich schon in dem unausgeglichenen Zahlenverhältnis von Männer- und Frauengräbern widerspiegelte, muß demnach eine besondere Bedeutung gehabt haben. Um so bemerkenswerter erscheint daher der Nachweis einer Frauenbestattung in Hauptgrab 25, einem ungewöhnlichen, mit großem Aufwand errichteten mehrgeschossigen Grabbau (Kubikinhalt der Grabgrube: 65 cbm). Die Eigenstellung dieser »zentralen« Anlage und ihre besondere Ausstattung (Wagen) hängen vermutlich mit der spezifischen Rolle der Hauptbestattung als »Gründergrab« zusammen, wie es auch andernorts innerhalb merowingerzeitlicher Friedhöfe begegnet.

Der im rechtsrheinischen Gebiet bisher einzigartige Befund einer solch aufwendigen Grabkonstruktion läßt nach vergleichbaren Grabbauten auf christlichen Friedhöfen im westlichen Frankenreich oder der Schweiz auf ihre einstige Funktion als eine Art Totenmemoria schließen. Ähnliche, allerdings bescheidener ausgeführte Grabbauten aus Holz sind vereinzelt auch von einigen beigabenführenden Reihengräberfeldern Süddeutschlands bezeugt, wo zumindest einige dieser Bauten im Umkreis christlichen Glaubensgutes über den Grabstätten besonders geachteter bzw. verehrungswürdiger Personen errichtet wurden. Aber auch in Zeuzleben selbst gelang in unmittelbarer Nachbarschaft des Hauptgrabes, über den großen Kammergräbern 23 und 24, ferner über dem mehr randlich liegenden Grab 64, der Nachweis von drei weiteren derartigen Grabhäusern.

Während die Grabhäuser über den Gräbern 23 und 24 jeweils eine (voneinander abweichende) 4,1 x 2,2 m bzw. 2,8 x 2 m große Sechspfostenkonstruktion aufwiesen, handelte es sich bei dem kleineren Grab 64 um einen 2,8 x 1,6 m großen Vierpfostenbau mit kryptaartigem, holzverschaltem Zwischengeschoß über der hölzernen Grabkammer, die jedoch im Unterschied zum Hauptgrab einen Baumsarg mit einer ungestörten Frauenbestattung enthielt. Es kann daher nicht völlig ausgeschlossen werden, daß die teilweise mehrgeschossigen, rund 100 Jahre vor Beginn der fränkisch geleiteten Missionierung des Landes erbauten Grabhäuser von Zeuzleben bereits als Zeugnisse christlicher (arianischer?) Glaubensvorstellungen zu werten sind.

Vermutlich können wir in Zeuzleben die Mitglieder einer adligen – einheimisch-thüringischen – Grundherrschaft mit Kriegergefolge und Gesinde fassen, deren Ansiedlung im staatspolitisch fränkisch gewordenen, bisher nur wenig strukturierten Verbreitungsgebiet der mainländischen »-leben-Orte« (einem Teilgebiet der Thuringia) offenbar in der ersten Hälfte des 6. Jahrhunderts erfolgte. Die in zahlreichen Funden und Befunden faßbaren Kulturmerkmale des östlichen – unter anderem thüringisch-langobardisch geprägten – Reihengräberkreises (z. B. Art und Zusammensetzung von Bewaffnung und Keramik, Belegungsdichte, Bauweise der Grabkammern vermittels tief fundamentierter Holzpfosten, etagenartige Doppelbestattungen von Pferd und Reiter, Mehrfachbestattungen von Pferden (Abb. 94), Hundebeigaben in Pferdegräbern, Mitgabe von Pferdekiefern und -zähnen sowie großer Raubfische) weisen deutlich auf die Herkunft jenes ranghohen, in Zeuzleben bestatteten Personenverbandes hin, vielleicht auch auf dessen weitreichende Bindungen, die er beispielsweise im Zusammenhang mit überörtlichem Streubesitz unterhielt. Daneben ist im Fundbestand aber auch fränkischer Import recht gut vertreten (z. B. Keramik, Glas- und Bronzegefäße, Zubehör von Tracht und Wehrgehänge). Die besondere geographisch-politische Situation im Grenz-

95 *Zeuzleben. 1 a, b Tierornamentik eines Trinkschalenbeschlags, dazu Rekonstruktionsvorschlag; 2 a, b Schwertgurtbeschlag mit nielliertem Tiergeflecht; 3, 4 Almandinbroschen; 5, 6 S-Fibeln. Verschiedene Maßstäbe.*

133

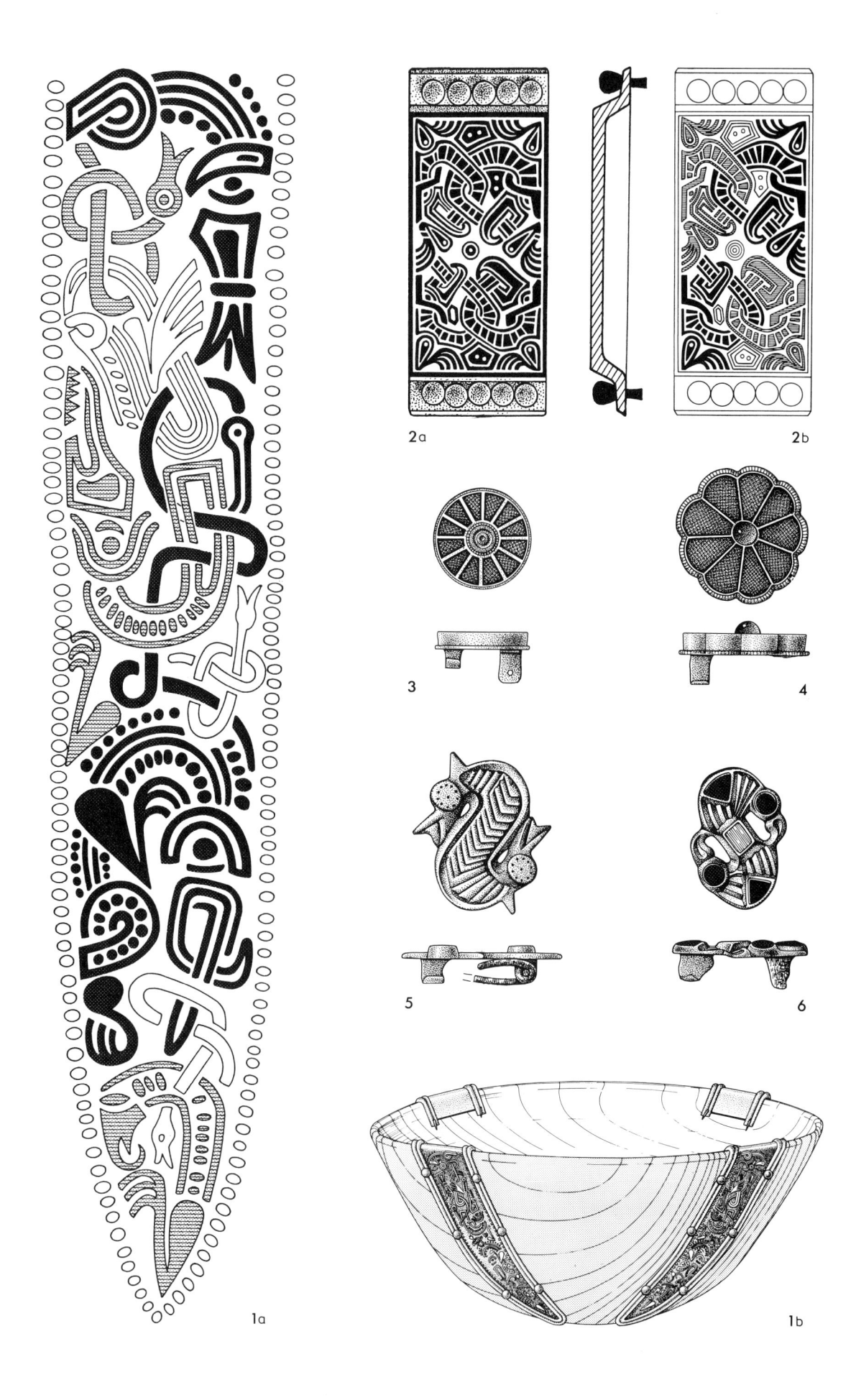

raum des fränkisch-thüringischen Siedlungsgebietes während des frühen 7. Jahrhunderts – insbesondere die verstärkte Integration der Thuringia in den fränkischen Staatsverband, die Aufsiedlung des Grabfeldgebietes durch die Franken, die Rolle des fränkischen Amtsträgers bzw. Herzogs als Befehlshaber gegen die Slaven und dessen Autonomiebestrebungen gegenüber dem fränkischen Reich, die offenbar auch in der Anlage befestigter, strategisch wichtiger Stützpunkte der merowingisch-fränkischen Reichsgewalt ihren sichtbaren Ausdruck fanden (S. 136 ff.) – wirkte sich offenbar auch auf die politische Funktion der in Zeuzleben bestatteten Personengruppe aus und mag dazu Anlaß gegeben haben, Adelshof und Begräbnisplatz aufzugeben und nunmehr andernorts Präsenz zu zeigen.

L. Wamser

Die Grabungen 1984 im frühmittelalterlichen Friedhof in Westheim

Landkreis Weißenburg-Gunzenhausen, Mittelfranken

Die seit dem Jahre 1979 vom Germanischen Nationalmuseum in Zusammenarbeit mit dem Bayer. Landesamt für Denkmalpflege im frühmittelalterlichen Gräberfeld von Westheim (Das archäologische Jahr in Bayern 1981, 160 f.; 1983, 146 ff.) unternommenen Ausgrabungen konnten im Sommer 1984 fortgeführt werden. In einer zweimonatigen Kampagne untersuchten wir eine Fläche von ca. 1800 qm und legten 47 Bestattungen frei. 31 Gräber, deren Umrisse sich deutlich im Gelände abzeichneten, ließen sich wegen widriger Witterungsverhältnisse nicht mehr öffnen.

Von den 47 Bestattungen sind durch Beigaben zwölf als Männer, 17 als Frauen und aufgrund der Skelettgröße acht als Kinder bestimmt. Das Geschlecht von zehn Toten war wegen antiker Beraubung oder späterer Störung nicht mehr zu ermitteln. In der Mehrzahl handelt es sich um einfache, westöstlich orientierte Erdbestattungen mit einer Tiefe von 0,9 bis 1,8 m. 16 Grabgruben waren in den hochliegenden Felsboden eingetieft, wobei in neun noch zusätzlich Steinsetzungen an den Rändern und Steinpackungen über den Toten zutage kamen. Bei fünf Bestattungen ließen sich Totenbretter oder hölzerne Grabbegrenzungen beobachten.

Während bei früheren Grabungen bereits die nördliche Grenze des Bestattungsareals erreicht wurde, zeichnete sich 1984 die östliche ab, welche mit einem neueren Flurbereinigungsweg zusammenfällt. Im Areal in Richtung dieses Weges lagen die Gräber in weiten Abständen, teilweise ragten sie noch bis zur Hälfte unter den Straßenkörper. Jenseits des Weges kamen keine Bestattungen mehr zutage. Daher kann angenommen werden, daß der Friedhof im Osten schon in frühmittelalterlicher Zeit durch einen Weg begrenzt war, dessen Verlauf sich bis heute nicht änderte. Die Südgrenze dagegen ließ sich aufgrund erheblicher Störungen durch Steinbruchtätigkeit um die Jahrhundertwende weniger eindeutig bestimmen. Das westliche Areal war durch dicht gereihte Gräber gekennzeichnet, deren vollständige archäologische Untersuchung einer weiteren Grabungskampagne vorbehalten bleibt.

Bei den Männergräbern ist die reiche Ausstattung mit Waffenbeigaben bemerkenswert, die überwiegend aus Spatha, Sax, Gürtelbeschlägen, Schildbuckel mit Griffangel, Lanzen- und Pfeilspitzen bestand. Diese fast regelhafte Waffenausstattung wird in einem Fall noch durch einen Ango ergänzt. Einige Gräber zeigten deutliche Spuren antiker Beraubung wie Grab 204, in dem das Skelett durch das Herausreißen des Waffengurtes samt der Spatha vollkommen verzogen war. In dem Grab befand sich noch eine kurze Lanzenspitze, ein Ango, ein Schildbuckel mit Griffangel, Gefäßscherben sowie ein bronzenes Perlrandbecken, in dem ein Knochenkamm lag.

96 *Westheim. Scheibenfibel aus Grab 179. Durchmesser 4,6 cm.*

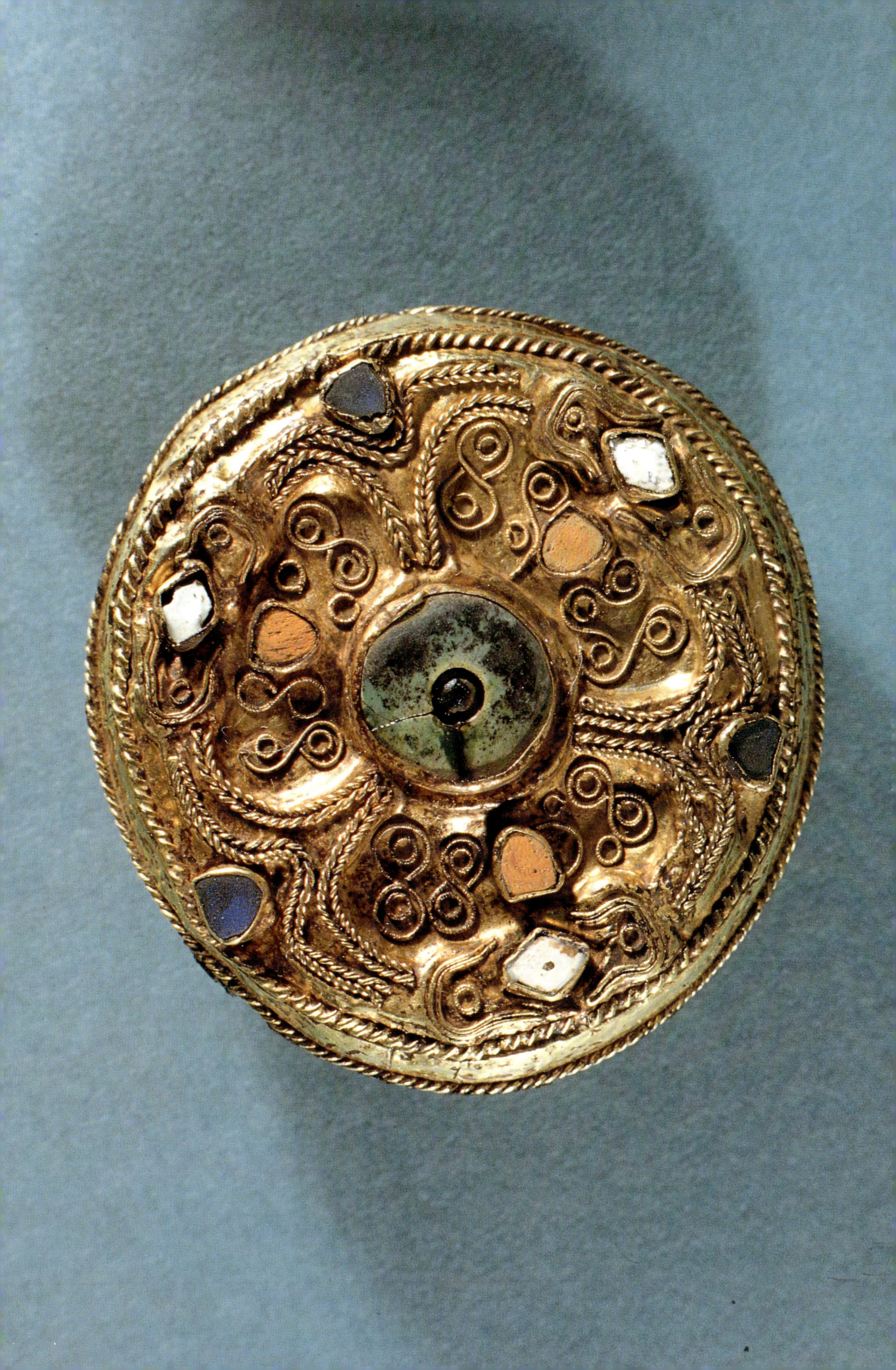

Den reichen Beigaben der Männergräber stehen die Inventare der Frauengräber nicht nach. Einige müssen zu den reichsten der bisher in Westheim geborgenen gerechnet werden, wie Grab 167, das eine verzinnte Bronzeschnalle mit dreieckigem Beschlag und Riemenzunge, einen Bronzeknopf mit Geweberesten, eine bronzene Schuhschnalle, eine eiserne Riemenzunge, zwei Silberohrringe, eine Kette aus 98 verschiedenfarbigen Ton-, Glas- und Bernsteinperlen, einen Knochenkamm, ein Messer sowie eine silbervergoldete Scheibenfibel mit Almandineinlagen im Tierstil II enthielt.

Eine entsprechend reiche Ausstattung wies das Frauengrab 179 auf; neben zwei Silberohrringen mit Polyederanhängern und Steineinlagen, einem Bronzering, einer Eisenschnalle, einer Perlenkette und einem Knochenkamm gehört eine goldene Scheibenfibel zu den qualitätvollsten Funden der Nekropole (Abb. 96). Die mit Zellwerk und Filigranauflage geschmückte, im Durchmesser 4,6 cm große Goldscheibe ist über einem Tonkern gearbeitet und auf einer silbernen Platte montiert, an der sich Nadel und Nadelhalter komplett erhalten haben. Ein gefaßter grüner Stein mit blauer Glaskugel als Mittelpunkt bildet die erhabene Mittelzelle. Davon ausgehend grenzen drei Tierkörper mit Flechtbandeinfassung, die sich in je zwei Hälse und Köpfe mit aufgerissenem Maul teilen, drei vertiefte, mit Filigranvoluten verzierte Felder voneinander ab. Die rautenförmigen Zellen zwischen den gegenständigen Tierköpfen sind mit weißer Glaspaste, die dreieckigen am Scheibenrand mit blauer und die in den Binnenfeldern mit hellbrauner Paste gefüllt. Die Einfassung der Deckplatte besteht aus geflochtenem, die der Grundplatte aus tordiertem Golddraht.

Hinsichtlich der Herstellungstechnik und der Verzierung hat die Fibel engste Parallelen in Arbeiten der sogenannten »Wittislinger Werkstatt«, der sich neuerdings neben der Fibel aus Westheim noch Funde aus Dittenheim in Mittelfranken und Kirchheim a. Ries zuordnen lassen. Diese Werkstatt dürfte in der ersten Hälfte des 7. Jahrhunderts gearbeitet haben. Ihr Absatzgebiet konzentriert sich rund um das Nördlinger Ries.

W. Pülhorn

Merowingerzeitliche Bergstationen in Mainfranken – Stützpunkte der Machtausübung gentiler Gruppen

Wie überall in den süddeutschen Landschaften rechts des Rheins beruht auch in Mainfranken unsere Kenntnis von der Merowingerzeit fast ausschließlich auf den Grabfunden dieser Epoche. Die wenigen aussagekräftigen Siedlungsbefunde vom Areal merowingerzeitlicher Hofgruppen, die gewöhnlich an Bachläufen unweit der einst zugehörigen Reihengräberfriedhöfe angelegt wurden, spielten demzufolge bei der Erforschung der mainländischen Siedlungs- und Kulturgeschichte bisher eine vergleichsweise untergeordnete Rolle. Angesichts dieser einseitigen Quellenlage darf daher der neuerliche Nachweis gleich mehrerer merowingerzeitlicher Bergstationen in Mainfranken zweifelsohne als landesgeschichtlich bedeutsamer Fortschritt gewertet werden.

Einen besonderen Stellenwert für die Interpretation dieser immer stärker ins Blickfeld der archäologisch-historischen Forschung rückenden Denkmälergattung nimmt hierbei eine Reihe von Einzelfunden aus Keramik, Glas und Metall ein, von denen nur einer bei einer amtlichen Plangrabung – in der Salzburg bei Bad Neustadt a. d. Saale (S. 147 ff.) – zutage kam. Sämtliche übrigen Funde verdanken ihre Entdeckung zumeist der planmäßigen Beobachtung von Erdaufschlüssen, in einigen Fällen auch dem Einsatz der Metallsonde. Bei allen geborgenen Objekten ist jedoch die Fundsituation zumindest so weit gesichert, daß ihre Herkunft von der Hochfläche bergiger Anhöhen als erwiesen gelten kann. Bis auf eine fragliche Ausnahme – dem Lesefund einer bronzenen Riemenschnalle von der Kuppe einer kleinen Erhebung bei Ostheim v. d. Rhön (Flur »Hohenroth«, Abb. 97, 8) – stammen diese Objekte ganz offenkundig aus Siedlungen, die nach der topographischen Beschaffenheit jener Plätze befestigte Anlagen, »Burgen« im weitesten Sinne des Begriffs, gewesen sein müssen. Es handelt sich durchweg um mehrphasige, schon in vorgeschichtlicher

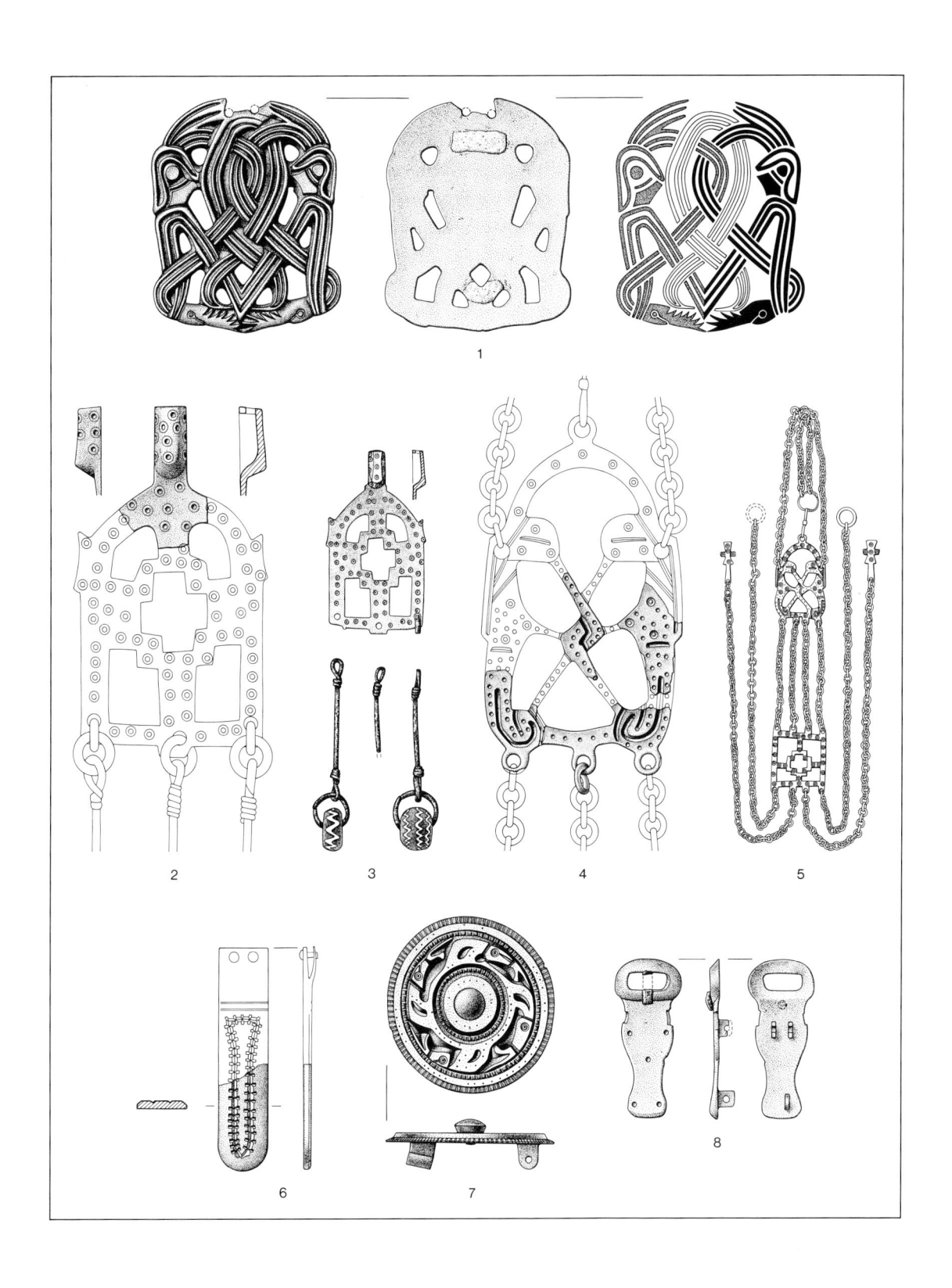

97 *Merowingerzeitliche Funde von nordunterfränkischen Bergstationen (1–2. 4. 6. 8) und aus dem Reihengräberfeld Kleinbardorf (7); dazu Vergleichsstücke (3. 5) zu den fragmentierten Kettengehängen 2 und 4 (1–2. 6–7 Kleinbardorf, 3 Krautheim, 4 Wechterswinkel, 5 Ötlingen, 8 Ostheim v.d.Rhön). Maßstäbe 2:3 (1–2. 4. 6–8), 1:2 (3) und 1:6 (5).*

137

Zeit an strategisch günstigen Punkten angelegte Bergbefestigungen, die dann im frühen Mittelalter, manchmal obendrein noch in späterer Zeit, zumindest kurzfristig wiederbenutzt wurden, ohne daß derzeit Form, Aufbau und Alter ihrer Bewehrung mangels einschlägiger Ausgrabungsbefunde näher angegeben werden können. Es sind dies im einzelnen (Abb. 98):
1. der Ringwall auf dem Gangolfsberg bei Oberelsbach; daraus spätmerowingerzeitliche Funde: eiserner Schlaufensporn, eiserne Lanzenspitze; 2. der Ringwall »Schwedenschanze« bei Wechterswinkel (Abb. 100, 1); daraus Funde des 7. Jahrhunderts: Fragment eines bronzenen, in Durchbruchtechnik verzierten Kettengehänges vom Typ Ötlingen (Abb. 97, 4), bronzener Riemendurchzug mit zwei Nieten, stabförmiger Eisenanhänger mit keulenförmigem Abschluß; 3. die ehemalige Abschnittsbefestigung am Platz der hochmittelalterlichen Salz-

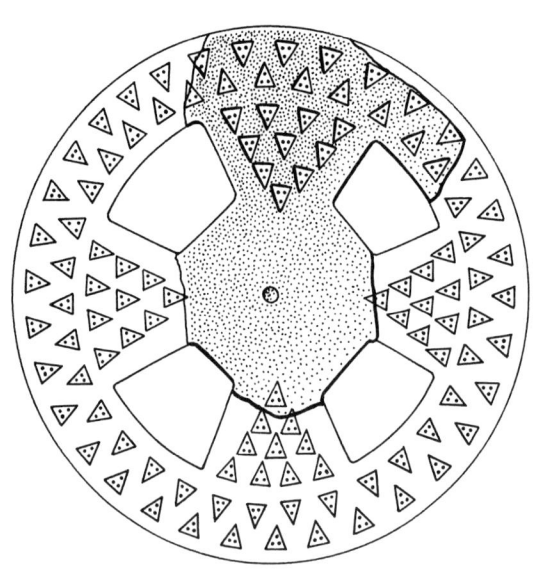

99 *Rödelsee. Durchbrochene Zierscheibe des 7. Jahrhunderts vom Schwanberg. Maßstab 2:1.*

burg bei Bad Neustadt a. d. Saale (Abb. 100, 2); daraus Fund des 6. (?)/7. Jahrhunderts: Gefäßfragment; 4. der Ringwall »Alte Schanze« auf dem Judenhügel bei Kleinbardorf (Abb. 100, 3. 4); daraus Funde des 7. Jahrhunderts: vergoldete Bronzebeschlagplatte mit qualitätvoller, durchbrochen gearbeiteter Tierstil-II-Verzierung (Umschlagbild u. Abb. 97, 1), Fragment eines bronzenen, in Durchbruchtechnik verzierten Gürtelgehänges vom Typ Krautheim-Nierstein (Abb. 97, 2), verzinnte Bronzeriemenzunge mit Punzdekor (Abb. 97, 6), zwei Eisenmesser; 5. die Abschnittsbefestigung auf dem Greinberg bei Gambach; daraus Fund des 7. Jahrhunderts: zungenförmiger Beschlag einer vielteiligen eisernen Gürtelgarnitur; 6. der Ringwall auf dem »Bullenheimer Berg«; daraus Fund des 6. (?)/7. Jahrhunderts: Gefäßfragment; 7. die Abschnittsbefestigung auf dem Schwanberg bei Rödelsee; daraus Funde des 6. (?)/7. Jahrhunderts: Gefäßfragment, Glasperlen, Fragment einer in Durchbruchtechnik verzierten Bronzezierscheibe (Abb. 99); 8. der Ringwall auf dem Gipfelplateau des Staffelbergs bei Staffelstein; daraus Funde des 7. Jahrhunderts: gleicharmige Bronzefibel, kreuzförmiger Riemenverteiler aus Eisen, Glasperlen.

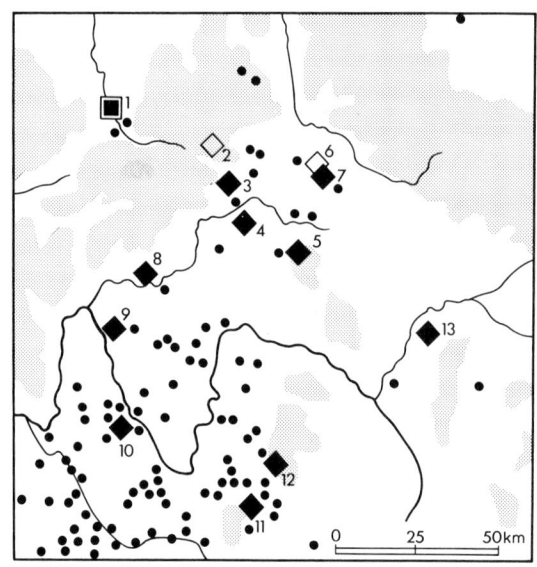

98 *Fundplätze des 7. Jh. im Fränkischen Gäuland. Punkte: Siedlung, Gräberfeld oder Einzelfund; Vierecke: befestigte Anlagen; umrandetes Quadrat: vermuteter Zentralort merowingisch-fränkischer Herrschaftsausübung; Rauten: befestigte Bergstationen (geschlossene Signaturen: durch Funde oder urkundliche Erwähnung erschlossene Burganlagen: offene Signaturen: aufgrund archäologischer Quellen vermutete Burgen). 1 Eiloha-Fulda; 2 Oberelsbach (Gangolfsberg); 3 Wechterswinkel (Schwedenschanze); 4 Bad Neustadt (Salzburg); 5 Kleinbardorf (Wartburg); 6–7 Römhild (Kleiner u. Großer Gleichberg); 8 Hamulum-Hammelburg; 9 Gambach (Greinberg); 10 Virteburch-Würzburg; 11 Bullenheim/Seinsheim (Bullenheimer Berg); 12 Rödelsee (Schwanberg); 13 Staffelstein (Staffelberg).*

Zur Kategorie dieser befestigten Höhensiedlungen burgartigen Charakters gehören wohl auch die beiden Gleichberge bei Römhild im thüringisch-fränkischen Grenzgebiet, von denen ebenfalls einige merowingerzeitliche Einzelfunde – ein eiserner Ango bzw. eine bronzene Ziernadel – vorliegen. Ebenso dürften die bereits 704 bzw. 716 urkundlich erwähnten Ka-

100 *Drei nordunterfränkische Bergbefestigungen des 7. Jh. in ihrem heutigen Erscheinungsbild (1–3) und historische Topographie von Kleinbardorf (4). 1 Wechterswinkel (Schwedenschanze); 2 Bad Neustadt (Salzburg); 3 Kleinbardorf (Alte Schanze); 4 A Ringwall »Alte Schanze« auf dem Judenhügel, 4 B frühmittelalterliches Reihengräberfeld. Maßstäbe 1:5000 (1–3) und 1:17500 (4).*

stelle *Virteburch*-Würzburg und *Hamulum*-Hammelburg schon im 7. Jahrhundert bestanden haben, wodurch sich die Zahl der bisher faßbaren Bergbefestigungen im Fränkischen Gäuland auf insgesamt zwölf erhöht.

Obgleich eine befriedigende Interpretation dieser Anlagen derzeit nicht möglich ist, geben die vorliegenden Funde bereits konkrete Hinweise auf die wichtige Rolle dieser befestigten Plätze bei der Ausbreitung bzw. Konsolidierung der fränkischen Herrschaft in Mainfranken während des 6. (?)/7. Jahrhunderts. Darüber hinaus erlauben sie erste Aussagen über die hohe soziale Stellung ihrer einstigen Inhaber und die Mitglieder der dort ansässigen oder verkehrenden Bevölkerungsgruppe. Dies belegen zum einen die spezifische Zusammensetzung des materiellen Kulturguts (Tracht-, Bewaffnungs- und Reitzubehör, Keramik), dessen Vorkommen ganz auf das fränkische und alamannische Siedlungsgebiet beschränkt ist, zum anderen der relativ hohe Anteil qualitätvoller Fundstücke, die hier, in der östlichen Grenzzone des Frankenreichs, nur in gut ausgestatteten Gräbern ranghöherer Personen begegnen. Zwei Objekte fallen hinsichtlich ihrer besonderen Ausführung so sehr aus dem Rahmen der übrigen Neufunde, daß sie nach Maßgabe qualitativ entsprechender Vergleichsstücke aus Gräbern am ehesten einem adeligen Personenkreis zuzuordnen sind. Es handelt sich um die Verteilerplatte eines reichen Kettengehänges vom Typ Ötlingen aus Wechterswinkel (Abb. 97, 4.5) und die exzeptionelle, anscheinend sekundär wiederverwendete Beschlagplatte einer Gürtelgarnitur (?) vom Judenhügel bei Kleinbardorf, deren prächtig ausgestaltete Schauseite sowohl durch die Qualität der Tierornamentik als auch ihre Ausstattung mit Gold besticht (Umschlagbild und Abb. 97, 1).

Weitere Konturen gewinnt das Bild der merowingerzeitlichen Besiedlung des Gemarkungsgebietes von Kleinbardorf noch durch den Nachweis eines Reihengräberfeldes am Westfuße des Judenhügels, von dem sieben Bestattungen des frühen 7. Jahrhunderts in einer Rettungsgrabung bereits 1983 archäologisch untersucht wurden (Abb. 100, 4 und 97, 7). Dieser Friedhof gehörte vermutlich zu einer im Bereich des heutigen Ortes gelegenen Ansiedlung, die vielleicht der befestigten Anlage auf dem Judenhügel zugeordnet war und wegen ihrer Lage am Schnittpunkt mehrerer Fernstraßen, darunter des wichtigen Verkehrsweges nach Thüringen, als Straßenstation diente.

Obgleich das neue Fundmaterial aus den genannten Burganlagen auch einen unverkennbaren alamannischen Einschlag aufweist, dürfen die verschiedenen Objekte im großen und ganzen durchaus als kennzeichnende Ausdrucksformen der fränkischen Reichskultur, als Zeugnisse der sich intensivierenden fränkischen Landeshoheit betrachtet werden. Sie lassen erkennen, daß bei Eingliederung dieses Gebietes in den fränkischen Staatsverband durch adelige Herrschaftsträger befestigte Bergstationen an strategisch wichtigen Punkten als Mittel zur Sicherung der fränkischen Oberherrschaft angelegt bzw. wiederbenutzt wurden. Einen ausschließlich militärischen Charakter wird man jedoch zumindest bei einem Großteil dieser Anlagen wegen des deutlich hervortretenden Anteils weiblicher Trachtbestandteile ausschließen dürfen. In den meisten Fällen wird es sich um besonders geschützte Aufenthaltsorte relativ mobiler Adelsfamilien und ihres Gefolges in bestimmten, oft kurzfristigen Situationen gehandelt haben, die wiederum mit der besonderen politisch-militärischen Lage dieser östlichen Randzone merowingisch-fränkischer Zivilisation im Grenzraum des fränkisch-thüringischen Siedlungsgebietes zusammenhingen. Die verstärkte Einbindung dieses Raumes in das merowingisch-fränkische Reich während des 7. Jahrhunderts, die zahlreichen kriegerischen Auseinandersetzungen der Franken mit den in die östliche Grenzzone des fränkischen Hegemonialbereichs vordringenden Awaren und Slawen, aber auch die schweren internen Differenzen mit einem Teil des wiedererstarkenden einheimischen Adels (Verselbständigungsbewegungen), schufen damals eine komplizierte, veränderte Konstellation an der Ostgrenze des Reiches, die offenbar ein stärkeres fränkisches Engagement, ein besonderes strategisch-administratives Konzept erforderte. Diese Annahme wird nicht zuletzt durch die auffallende Häufung befestigter Bergstationen im nordmainischen Unterfranken (Rhön-Grabfeld-Gebiet) nahegelegt, wo das archäologische Fundbild (Abb. 98) überdies deutlich vor Augen führt, daß sich dort die fränkische Landesherrschaft im Unterschied zu den südlicheren Teilgebieten des Fränkischen Gäulandes nicht auf eine breite Volkssiedlung stützen konnte. Denkbar erscheint ferner ein Bezug jener nordunterfränkischen Anlagen zu *Eihloha*-Fulda (Abb. 98, 1), wo bereits im 7. Jahrhundert ein befestigter Zentralort der merowingisch-fränkischen Reichsgewalt mit aufwendigen, repräsentativen Steinbauten linksrheinisch-fränkischer Art bestanden haben soll. Trotz der verstärkten Integration Nordunterfrankens in den fränkischen Staatsverband, in deren Gefolge auch christliche Glaubensvorstellungen (archäologische Belege, *Passio Kiliani*) und eine neue Judikatur *(lex salica)* zunehmend Bedeutung erlangten, scheint dieses bis dahin anscheinend mehr zur Thuringia gehörige Teilgebiet eine gewisse Eigenstellung bewahrt zu haben, worauf auch der durch Bonifatius im Jahre 738 überlieferte Eigenname »Grabfeldii« hinweist.

L. Wamser

Neue Ausgrabungen im Bereich des karolingisch-ottonischen Reihengräberfeldes von Alladorf

Landkreis Kulmbach, Oberfranken

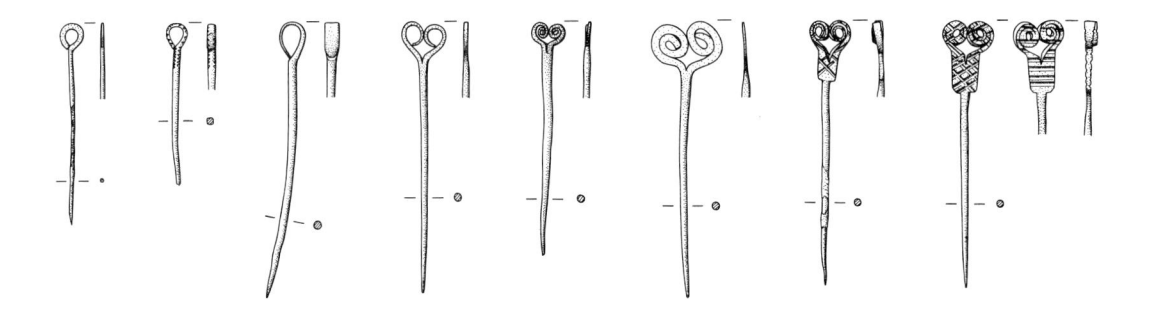

101 *Alladorf. Bronzenadeln aus verschiedenen Gräbern. Maßstab 1:2.*

Anläßlich von Bauarbeiten im Bereich des seit 1955 bekannten Reihengräberfriedhofes von Alladorf wurde vom Bayer. Landesamt für Denkmalpflege 1984 eine weitere Ausgrabung durchgeführt. Verschiedene Untersuchungen in den sechziger und siebziger Jahren, die Kreisheimatpfleger Dieter Schmudlach und seine Helfer sowie das Bayer. Landesamt für Denkmalpflege unternahmen, erbrachten 164 Bestattungen. Durch die Ausgrabung im Herbst 1984 erhöhte sich die Zahl der untersuchten Gräber auf 230.

Da dem Straßenbau zu Beginn der fünfziger Jahre wohl eine beträchtliche Anzahl von Bestattungen zum Opfer fiel, ein Teil des Gräberfeldes gegenwärtig nicht zugänglich ist und die Grenzen des Friedhofs nicht überall sicher erreicht sind, muß man die ursprüngliche Zahl der Gräber wohl beträchtlich höher ansetzen. Schon jetzt steht aber fest, daß es sich hier um den größten bekannten karolingisch-ottonischen Friedhof Nordostbayerns handelt.

Das Friedhofsareal liegt in einem deutlich nach Westen abfallenden Hang am Ortsrand von Alladorf und wird nach Süden von einem Hohlweg unbekannter Zeitstellung begrenzt. Es ist nicht völlig auszuschließen, daß sich das Gräberfeld nach Süden fortsetzt.

Abweichend vom Üblichen waren die Gräber nordsüdlich und in einem Fall entgegengesetzt ausgerichtet, ferner variierten die Grubentiefen beträchtlich. Einige Bestattungen lagen im Bereich des Rasenhumus und waren durch frühere landwirtschaftliche Nutzung des Geländes bereits mehr oder weniger stark in Mitleidenschaft gezogen worden. Besonders die stärker in den steinigen Juraboden eingetieften Gräber sind mit verschieden sorgfältig angelegten Steinsetzungen ausgekleidet. Holzspuren von Särgen oder Totenbrettern konnten in einigen Fällen nachgewiesen werden.

Der Friedhof ist unterschiedlich dicht belegt, denn im Süden nimmt die Zahl der Bestattungen deutlich zu. Während echte Grabüberschneidungen relativ selten bleiben, kommen Mehrfachbelegungen einzelner Grabgruben häufiger vor. Stellenweise scheinen bewußt Grabgruppen angelegt worden zu sein.

Der überwiegende Teil der Bestatteten war mit dem für die karolingisch-ottonische Zeit in Nordostbayern üblichen Trachtzubehör versehen. Für Mädchen- oder Frauengräber sind verschieden große silberne, seltener bronzene oder eiserne Ohrringe typisch, die meist einen S-förmigen Schleifenverschluß besitzen. In manchen Gräbern fanden sich vier oder auch sechs Ohrringe. Nur in einem Fall waren auf zwei von sechs Ohrringen zusätzlich filigranverzierte Silberblechhülsen sowie eine Silberblechperle aufgeschoben. Zur Totentracht der Frau gehörten außerdem häufig Bronzenadeln mit verschieden geformtem Kopf (Abb. 101). Diese lagen im Hüft- oder Armbereich, in einem Falle am Hinterkopf. In der Nähe der Ohrringe fanden sich häufig auch Glasperlen, meist aber in auffallend geringer Anzahl. Echte Perlenketten konnten bei der letzten Grabung nicht nachgewiesen werden. Neben den Ohrringen gehören einfache Eisenmesser zu den häufigsten Fundgegenständen aus Frauengräbern.

Schon bei den älteren Grabungskampagnen wurden einzelne Männerbestattungen freigelegt, die sich durch die Beigabe von Sporen als Angehörige einer gehobenen sozialen Schicht zu erkennen gaben. In den 1984 untersuchten Männer- und Knabengräbern kamen überwiegend Eisenmesser und einfache eiserne Gürtelschnallen mit festem Rechteckbeschlag zutage. Nur ganz selten fanden sich dazu weitere Gegenstände wie Eisenpfrieme oder Tüllen mit Holzschäftung.

Während geböttcherte Holzeimer, wie sie von mehreren Friedhöfen entsprechender Zeitstellung aus Nordostbayern vorliegen, im Gräberfeld von Alladorf bisher nicht festgestellt werden konnten, fand sich am Fußende eines Kindergrabes ein Tongefäß (Abb. 102). Die Sitte der Keramikbeigabe ist bisher nur von den karolingisch-ottonischen Gräberfeldern der Oberpfalz oder Thüringens belegt. Außer diesem Tongefäß, das wohl entsprechend den Holzeimern im Sinne einer echten Beigabe zur Aufnahme von Speise oder Trank bestimmt war, zeugen von echten Beigaben nur in wenigen Gräbern Tierknochen oder Eierschalen.

Eine genauere chronologische, ethnische und soziale Einordnung der Bestattungen im Rahmen der frühmittelalterlichen Aufsiedlung Nordostbayerns kann nur durch die Vorlage des gesamten Gräberfeldes und im Vergleich mit den benachbarten Friedhöfen dieser Zeit gelingen. Besonders bezüglich der Graborientierung müssen viele Fragen offenbleiben. Insgesamt liegt jedoch die Annahme nahe, daß sich auf dem untersuchten Friedhof die Ortsgründer von Alladorf und ihre Nachkommen mehrere Generationen lang beisetzen ließen.   H. Losert

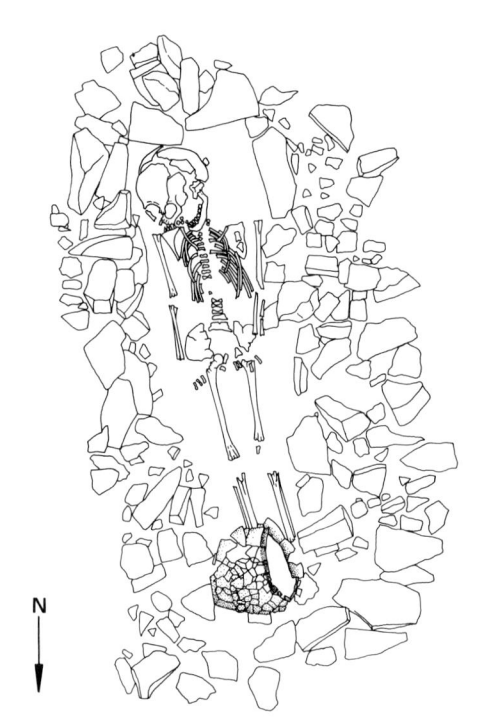

102 *Alladorf. Kindergrab 182 mit Keramikbeigabe. Maßstab 1:20.*

Ausgrabungen in der karolingisch-ottonischen Pfalz auf dem Kapellplatz in Altötting

Landkreis Altötting, Oberbayern

Im Zusammenhang mit Baumaßnahmen zur Verkehrsberuhigung fanden im Nordteil des Kapellplatzes bereits 1983 Rettungsbergungen statt (Das archäologische Jahr in Bayern 1983, 174 ff.), die im Berichtsjahr nach Süden ausgeweitet wurden und sich auf die Bereiche von Gnadenkapelle und Stiftskirche erstreckten (Abb. 103 und 104), auf Bereiche also, in welchen die landesgeschichtliche Forschung seit jeher einen 748 erstmals genannten herzoglichen Amtshof und eine aus diesem hervorgegangene Pfalz der Karolinger vermutete. Auf das unmittelbare Umfeld der Gnadenkapelle konnten sich die Ausgrabungen nicht ausdehnen, weil dies mit der Entfernung und Zerstörung des dort verlegten Steinpflasters verbunden gewesen wäre.

Auf dem 1984 aufgenommenen Plan beherrschen drei Befundgruppen das Bild: Siedlungsgruben, Pfostenstellungen und weitläufige Züge ausgebrochener Steinfundamente. Zusammengenommen bilden sie in Verbindung mit chronologisch aussagekräftigen Kleinfunden wesentliche Elemente für die Rekonstruktion der örtlichen Kultur- und Siedlungsverhältnisse.

103 *Altötting. Blick auf die Ausgrabungsfläche.*

GASTHOF
ALTÖTTINGER HOF
Spielwaren – Lederwaren
ST. ANTONIUS-BUCHHANDLUNG

Diese zu klären, wird jedoch noch geraume Zeit beanspruchen, weil die wissenschaftliche Auswertung der Untersuchungsergebnisse gerade erst begonnen hat. Beim gegenwärtigen Bearbeitungsstand empfiehlt es sich daher, historische Schlußfolgerungen mit der gebotenen Vorsicht zu ziehen, um korrekturbedürftige Aussagen zu vermeiden.

Unter den Sachfunden überwiegen zerbrochene Tongefäße, die im Datum weit streuen und sich nach einer ersten Durchsicht in einen kulturell der Jungsteinzeit verhafteten frühbronzezeitlichen (S. 43 ff.), einen früh- bis hochmittelalterlichen (Abb. 105) und einen spätmittelalterlich-frühneuzeitlichen Bestand gliedern. Man kann zwar annehmen, daß sich die aufgedeckten Baubefunde in diesen Rahmen einfügen, schlüssig beweisen läßt sich das aber nicht, weil sich wegen des Fehlens stratigraphisch auswertbarer Kulturschichten kaum einmal Verknüpfungsmöglichkeiten mit absolut datierbaren Kleinfunden ergeben.

Festen Boden im Blick auf das Alter bieten lediglich die im Norden und Westen der Gnadenkapelle angetroffenen Grundmauern, die 1674 bis 1678 gelegt wurden und zu einer von Enrico Zuccalli geplanten, aus Geldmangel aber nicht verwirklichten Votivkirche gehören. Abb. 106 gibt die bereits 1983 freigelegten Teile nochmals wieder und zeigt von den im Plattenbodenbereich der Gnadenkapelle nicht untersuchbaren Partien die äußere Umrißlinie.

Vor der Westseite der Gnadenkapelle überläuft der Unterbau des nicht vollendeten Wallfahrtsheiligtums die Ausbruchgräben von 1 m breiten Steinfundamenten, die an einigen wenigen Stellen in geringen Resten erhalten geblieben sind. Sie reichen zwischen 1,4 und 1,8 m unter die heutige Oberfläche und bestanden aus grob zugerichteten, in Trockentechnik gefügten Tuffquadern, die teils mit, teils ohne Rollsteinunterfütterung in den Boden gesetzt wurden. Gefüllt waren die Ausbruchgräben mit Tuffsand, Tuffknollen und Tuffbruch, mit Steinmetzschutt also, der nach einer 1622 geprägten Bronzemünze, bei einem der zahlreichen, im 17. Jahrhundert rund um den Kapellplatz verwirklichten Bauvorhaben angefallen und in die nach der Steinentnahme offenen Gräben eingebracht worden sein dürfte.

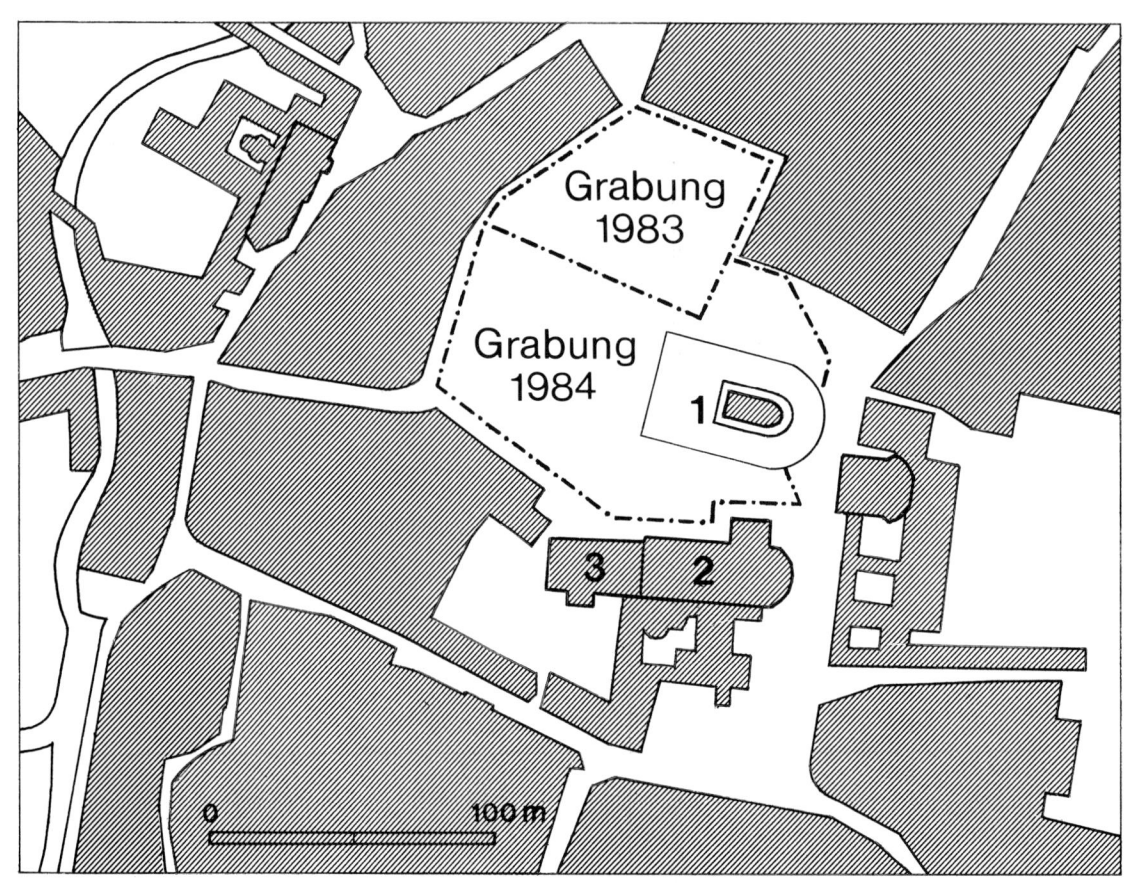

104 *Altötting. Ausschnitt aus dem Stadtplan mit den Ausgrabungsflächen von 1983 und 1984. 1 Gnadenkapelle; 2 Stiftskirche; 3 ehemalige Propstei.*

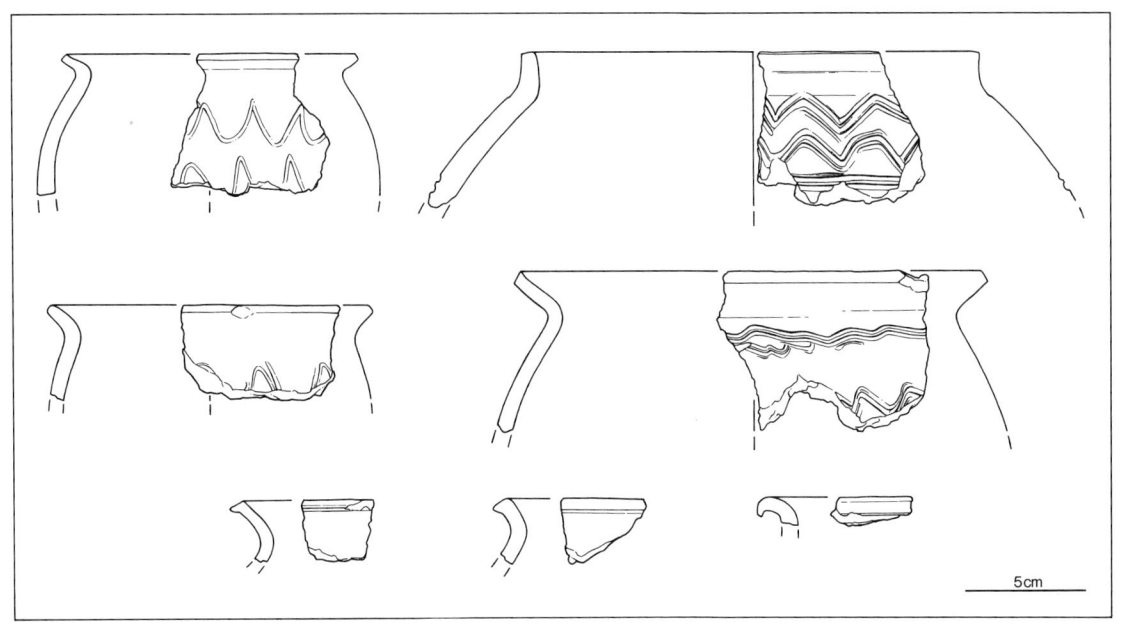

105 *Altötting. Keramikproben des 8. bis 11. Jahrhunderts.*

Größere Schwierigkeiten als die zeitliche Festlegung dieser Vorgänge bereitet die Beantwortung der Frage, wann man die aus den Fundamentspuren erschließbaren Gebäude errichtet und wie lange man sie genutzt hat. Am Ende des 16. Jahrhunderts existierten sie jedenfalls nicht mehr, denn auf der ältesten Ortsansicht Altöttings aus dem Jahre 1597 sind sie nicht verzeichnet. Wichtiger als diese Feststellung ist aber die Beobachtung, daß die von Nord nach Süd ziehenden Fundamentgräben bei geringfügiger Abweichung vom rechten Winkel auf die Nordseiten von Stiftskirche und ehemaliger Propstei ziehen und demnach auf diese im Kern romanischen Bauten oder auf noch ältere, entsprechend orientierte zu beziehen sind (Abb. 106). Von der Stiftskirche (geweiht 1511) wissen wir, daß sie eine auf Ludwig den Kelheimer zurückgehende Vorgängerin hat (geweiht 1245) und diese die 877 fertiggestellte alte Karlmannsbasilika ersetzte. Im Zuge der regen, mit Ludwig dem Kelheimer zu verbindenden Bautätigkeit entstand 1228 auch ein mit zwölf Kanonikern besetztes Chorherrenstift, rund 300 Jahre nach dem Untergang des Karlmannschen Pfalzstiftes in den Ungarnstürmen. Daß Pfalz- und Chorherrenstift südlich der Karlmannsbasilika bzw. der romanischen Stiftskirche lagen, ist nie ernsthaft in Frage gestellt worden. Auch vom archäologischen Befund her scheidet der Kapellplatz als Standort dieser Einrichtungen aus, weil das chronologisch einschlägige Keramikmaterial in das 8. bis 11. Jahrhundert gehört und damit in eine Zeit reicht, in der das Pfalzstift nicht mehr bestand (Abb. 105).

Andererseits kann man das Fehlen von Siedlungszeugnissen aus dem 12. und 13. Jahrhundert nur so interpretieren, daß die bei der Stiftskirche und der Gnadenkapelle in letzten Spuren erfaßten Steingebäude damals bereits aufgelassen waren. Zusammenfassend ergibt sich also, daß die auf dem Kapellplatz aufgedeckten Fundamentgräben weder mit dem Karlmannschen Pfalzstift noch mit Bauten etwas zu tun haben können, die Ludwig der Kelheimer in der ersten Hälfte des 13. Jahrhunderts errichten ließ. Vielmehr scheint der aus Ausbruchgräben und Fundamentresten erschließbare Baukörper, der offensichtlich einen Innenhof besaß, Teil der seit karolingischer Zeit literarisch nachweisbaren Pfalz gewesen zu sein, in der nach Aufenthalten Heinrichs III. und Heinrichs IV. bis ins 11. Jahrhundert staatliche Aufgaben wahrgenommen wurden. Zu dieser Interpretation paßt der großzügige Grundriß der Anlage, die sich, nimmt man die Nordseiten von Stiftskirche und ehemaliger Propstei als Meßlinie, in 30 m breitem Zug mehr als 60 m nach Norden vorschob und mit einem 9 m breiten, mehrfach gekammerten Trakt abschloß, der sich nach Osten zum Oktogon der Gnadenkapelle fortsetzte (Abb. 106).

Aus dem Fundamentbefund läßt sich nicht mehr klären, ob die darüber errichteten Bauten in einem Zuge oder in zeitlichem Nacheinander entstanden sind. Ungeklärt bleibt vermutlich auch, auf welche Weise das Oktogon der Gnadenka-

145

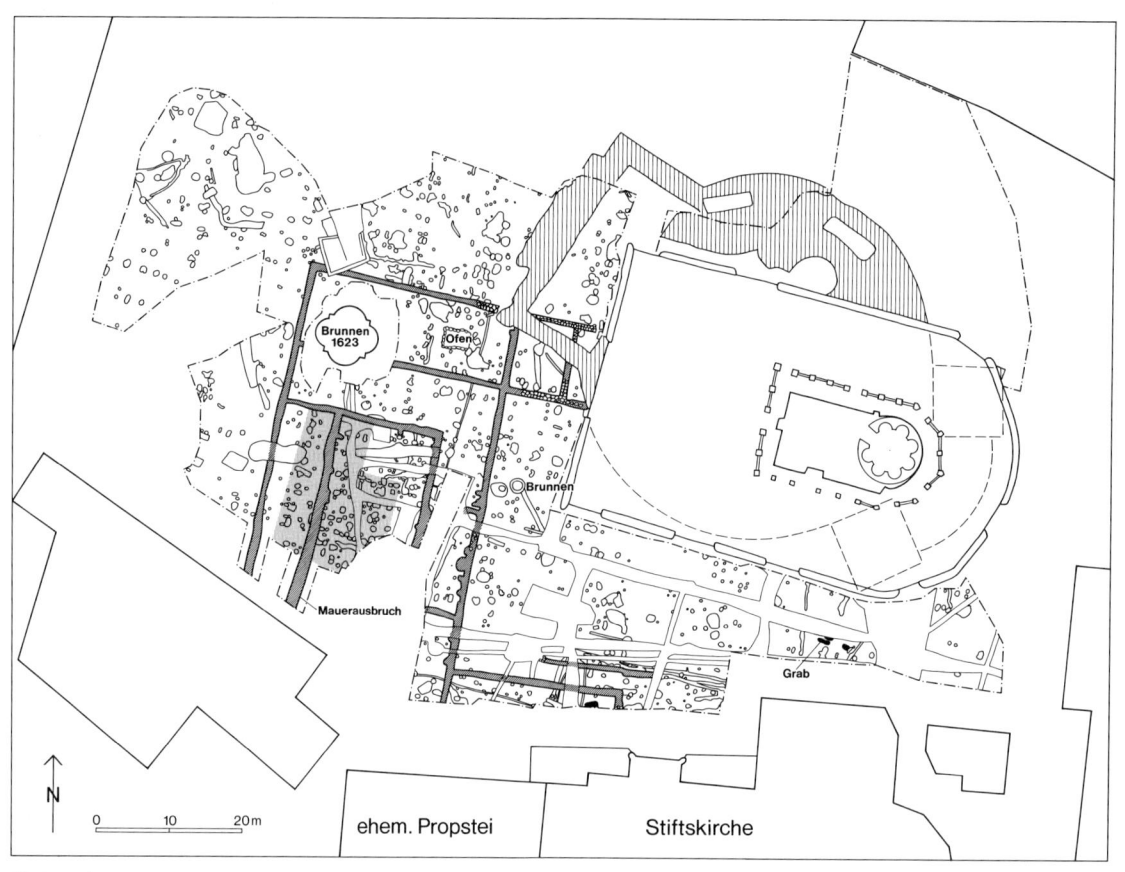

106 *Altötting. Befundplan der 1984 durchgeführten Grabungen.*

pelle in die Pfalz integriert war, weil die Fundamente der Zuccalischen Votivkirche alle älteren Befunde zerstört haben dürften.

Auf der Grabungsfläche kamen 1984 viele hundert Pfostengruben zutage, von denen sich ein Gutteil zu Hausgrundrissen ergänzen lassen wird, wenn man die in den unterschiedlichen Umrissen, Größen und Gründungstiefen steckenden Informationen nutzt. Im Zusammenhang damit sei der Blick auf eine Ansammlung sauber gereihter Pfostenstellungen im Zentrum des erfaßten Pfalzareals gelenkt, deren Fluchten mit denjenigen der ausgebrochenen Mauerfundamente übereinstimmen. Es spricht also manches dafür, daß der in Stein errichteten Pfalz ein Holzbau vorausging, dessen genaues Alter aber ebensowenig anzugeben ist wie desjenige von fünf beigabenlosen christlichen Bestattungen zwischen Stiftskirche und Gnadenkapelle.

Ein Wort des Dankes gebührt der Stadt Altötting, die alles getan hat, um den Ausgrabungen zum erwünschten Erfolg zu verhelfen.

E. Keller

Neue Befunde zur mittelalterlichen Topographie des fiscus Salz im alten Markungsgebiet von Bad Neustadt a. d. Saale

Landkreis Rhön-Grabfeld, Unterfranken

Die mannigfaltigen Nachrichten über den ausgedehnten Königsgutsbezirk Salz und die bedeutende gleichnamige Pfalz, in der zwischen 790 und 948 zahlreiche Könige und Kaiser weilten, haben die historische Forschung schon seit langem stark beschäftigt. Noch immer ungeklärt ist allerdings die Lage dieses am Ostrand des karolingischen Reiches gelegenen Zentralorts königlicher Herrschaft, und so ist es nicht weiter verwunderlich, daß die von der Fachwelt und von Lokalhistorikern immer wieder gestellte Frage ihrer Lokalisierung bis heute Gegenstand eines wahren Wirbels von widersprüchlichen Hypothesen geblieben ist. Eine wirkliche Entscheidung dieser Frage kann, wenn überhaupt, nur die archäologische Forschung bringen, die sich seit 1979 zunehmend darauf richtet, Alter und Eigenart der verschie-

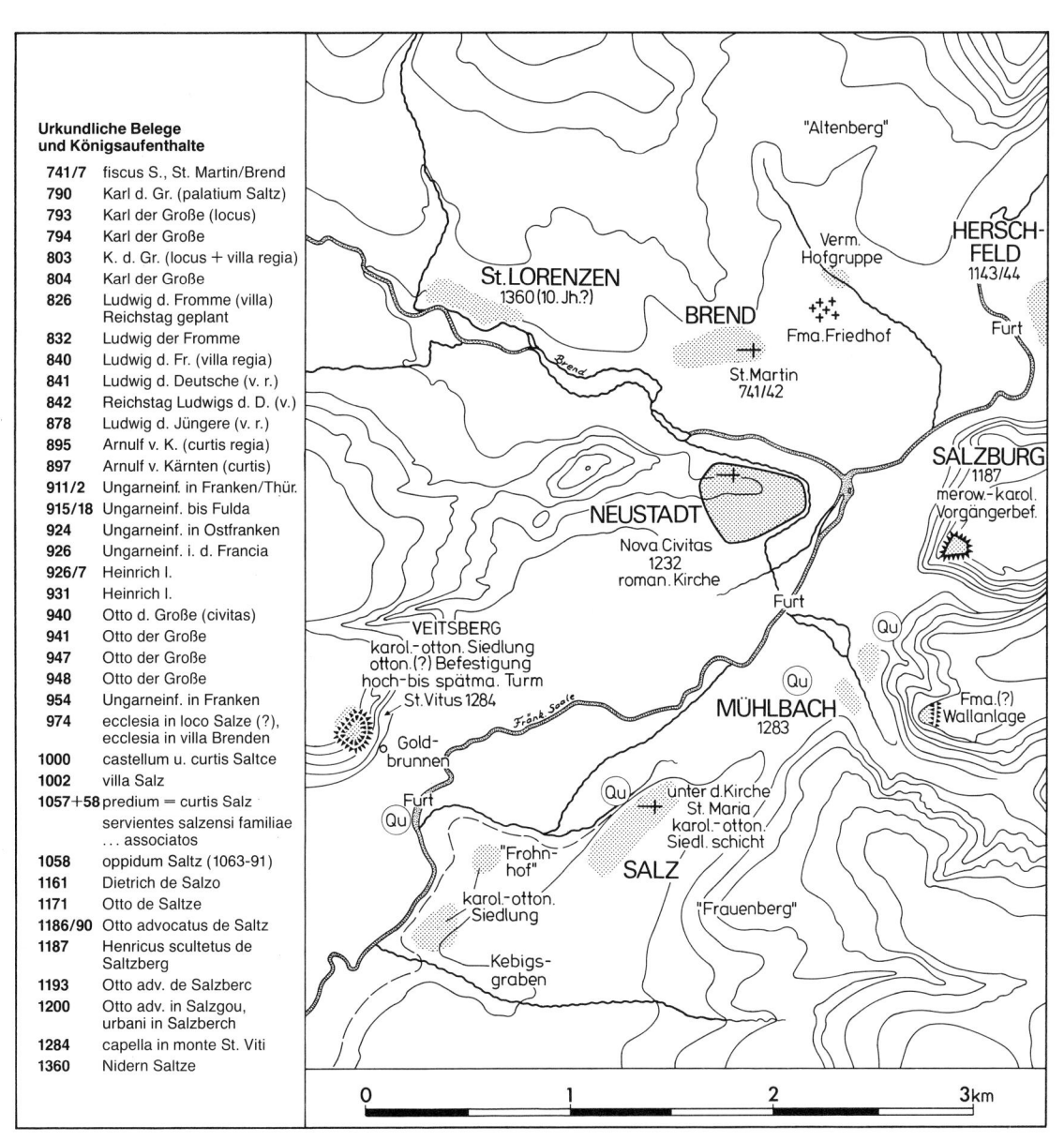

Urkundliche Belege und Königsaufenthalte

741/7	fiscus S., St. Martin/Brend
790	Karl d. Gr. (palatium Saltz)
793	Karl der Große (locus)
794	Karl der Große
803	K. d. Gr. (locus + villa regia)
804	Karl der Große
826	Ludwig d. Fromme (villa) Reichstag geplant
832	Ludwig der Fromme
840	Ludwig d. Fr. (villa regia)
841	Ludwig d. Deutsche (v. r.)
842	Reichstag Ludwigs d. D. (v.)
878	Ludwig d. Jüngere (v. r.)
895	Arnulf v. K. (curtis regia)
897	Arnulf v. Kärnten (curtis)
911/2	Ungarneinf. in Franken/Thür.
915/18	Ungarneinf. bis Fulda
924	Ungarneinf. in Ostfranken
926	Ungarneinf. i. d. Francia
926/7	Heinrich I.
931	Heinrich I.
940	Otto d. Große (civitas)
941	Otto der Große
947	Otto der Große
948	Otto der Große
954	Ungarneinf. in Franken
974	ecclesia in loco Salze (?), ecclesia in villa Brenden
1000	castellum u. curtis Saltce
1002	villa Salz
1057+58	predium = curtis Salz servientes salzensi familiae … associatos
1058	oppidum Saltz (1063-91)
1161	Dietrich de Salzo
1171	Otto de Saltze
1186/90	Otto advocatus de Saltz
1187	Henricus scultetus de Saltzberg
1193	Otto adv. de Salzberc
1200	Otto adv. in Salzgou, urbani in Salzberch
1284	capella in monte St. Viti
1360	Nidern Saltze

107 *Topographie des fiscus Salz im frühen und hohen Mittelalter nach dem derzeitigen Forschungsstand (Qu = Salzquellen).*

denen, auf engem Raum konzentrierten Anlagen (Abb. 107) und ihr zeitliches Verhältnis zueinander zu bestimmen. Jeder einschlägige, noch so unscheinbar wirkende Einzelbefund kann sich daher als wichtiger Mosaikstein für die Rekonstruktion der historischen Topographie dieses landesgeschichtlich hochbedeutenden Platzes erweisen und damit konkret – und sei es nur indirekt im Ausschlußverfahren – zur Standortbestimmung der Pfalz beitragen.

Der bevorstehende Einbau einer Heizung in der Pfarrkirche Mariä Himmelfahrt zu Salz, dem einzigen größeren Bauwerk des Ortes, führte bereits 1979 zur Forschung nach möglicherweise erhaltenen Bauresten der karolingischen Zeit durch das Bayer. Landesamt für Denkmalpflege, Außenstelle Würzburg. Stimmt doch die Lage des heutigen Dorfes Salz auf einer niedrigen, hochwassergeschützten Bodenwelle dicht östlich des alten Saalelaufs recht gut mit den Angaben des Chronisten Einhard und des Poeta Saxo überein, die beide von einer 790 auf den Flüssen Rhein, Main und Saale unternommenen Wasserfahrt Karls des Großen von Worms bis zu seiner Pfalz Salz berichten. Poeta Saxo spricht hier von einem »palatium« mit Mauern nahe am Ursprung der Saale, die diese Pfalz umfließt. 1921 veranlaßte Nachgrabungen am Nordschiff der Kirche ließen überdies vermuten, daß ihr dreischiffiges Langhaus, dessen (rekonstruierter) Grundriß ein basilikales, der Einhardsbasilika zu Steinbach im Odenwald vergleichbares Schema aufweisen soll, »die letzten Reste der ehemaligen Pfalzkirche, zum mindesten die der 974 erwähnten Kirche« darstellt (K. Gröber, 1922).

Die 1979 in der Osthälfte des Kirchenschiffs, quer zu dessen Längsachse gelegten beiden Grabungsschnitte des Landesamtes erbrachten jedoch keinerlei Anhaltspunkte baulicher Natur, die auf das Vorhandensein vorgotischer Steingebäudereste oder gar einer karolingischen Pfalz im Bereich der Grabungsstelle hätten hinweisen können. Keine der angetroffenen Bestattungen kann nach Ausweis der Beigaben (Schwerter, Parierdolche) wie auch nach dem stratigraphischen Befund vor das 15./16. Jahrhundert datiert werden. Es fanden sich auch nirgends umgelagerte Skelettreste einer zerstörten älteren Gräberschicht, die auf einen vorgotischen Friedhof bzw. die Nähe einer älteren Vorgängerkirche schließen lassen könnten. Über dem gewachsenen Boden zeigte sich lediglich eine schwach ausgeprägte, stellenweise 0,5 m mächtige, mit etwas Brandschutt, Tierknochen und wenigen Scherben des 8./9. bis 11. Jahrhunderts durchsetzte Siedlungsschicht, die einige nicht näher datierbare pfostenlochartige Verfärbungen überlagerte. Die 974 »in loco Salze« erwähnte Kirche ist demnach an anderer Stelle – innerhalb oder außerhalb des heutigen Weichbildes von Salz, sicherlich jedoch im näheren oder weiteren Quellgebiet der namengebenden Salzquellen (Abb. 107) – zu suchen. Dies gilt sinngemäß auch für die Pfalz Salz, die entsprechend den Gepflogenheiten der karolingischen Zeit vermutlich keine ausgesprochene Bergbefestigung darstellte, sondern am ehesten als verhältnismäßig schwach-, vielleicht sogar unbefestigte Anlage am Rande der Saaleniederung gelegen haben dürfte.

Für die Topographie und Geschichte der heutigen Gemarkung Salz gibt sodann die Feststellung einer früh- bis spätmittelalterlichen Wüstung ca. 1400 m westsüdwestlich der Kirche neue wichtige Gesichtspunkte. Auf der dortigen, nur schwach ausgeprägten Erhebung des östlichen Saaleufers (unweit der alten Furt) las in den vergangenen Jahren W. Wagner im Bereich angeackerter dunkelerdiger Erdverfärbungen neben vor- und frühgeschichtlicher Siedlungskeramik auch Tonware des 8. bis 12. Jahrhunderts auf, die offenbar den Platz einer abgegangenen, bisher noch nicht eindeutig zuweisbaren Ansiedlung (»Salz im Grabfeld«, »Nider Salz«, »Bi(l)tzenhausen«?) anzeigt und vielleicht mit einem der Pfalz zugeordneten Wirtschaftshof (Dominialgut) in Beziehung zu bringen ist. Für letztere Annahme könnte auch sprechen, daß ein Zusammenhang dieser Wüstung mit einem »Fro(h)nhof« gut denkbar erscheint, der heute nur noch als Flurbezeichnung für das unmittelbar westlich anschließende Areal überliefert ist und möglicherweise mit dem 1057 bezeugten Eigengut der Polenkönigin Richeza (»predium« bzw. »curtis Salz«) in Verbindung gebracht werden kann (H. Wagner, 1982).

Zum Domänenkomplex des Königsgutes Salz gehörte vermutlich auch eine karolingisch-ottonische Siedlung auf dem Veitsberg gegenüber der heutigen Ortschaft Salz, einer stumpfen, zur Flußniederung vorgeschobenen Bergnase über dem rechten Saale-Steilufer. Auf dieser Anhöhe über der alten Furt entdeckte 1983 H. Bauersachs bei Befliegungen eine ca. 175 x 160 m große, schon weitgehend verebnete Wallanlage (Abb. 108). In ihrem Zentrum stand

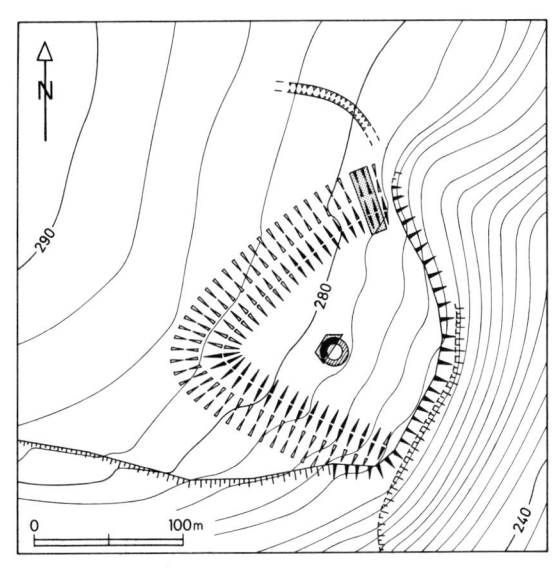

108 *Bad Neustadt a. d. Saale, Veitsberg. Plan der weitgehend verebneten Befestigung, rekonstruiert nach den Ergebnissen der bisherigen archäologischen Untersuchungen und des Luftbildbefunds.*

einst eine – durch fortwährenden Mauerausbruch bereits großenteils zerstörte – Steinrotunde von ca. 13 m Durchmesser, deren Überreste 1983 bei einer ersten amtlichen Rettungsgrabung (S. Moser) dokumentiert werden konnten. Sie stammen wohl von einem hochmittelalterlichen Wehrbau (Mauerstärke mindestens 2,3 m), vielleicht einem Sitz der im 11./12. Jahrhundert mehrfach bezeugten Ministerialenfamilie von Salz. 1984 führte sodann ein Schnitt durch die Umwehrung zur Feststellung eines reinen Erdwalls, dessen Krone möglicherweise eine (sekundär errichtete?) steinerne Brustwehr trug, sowie eines 16 m breiten und 4,3 m tiefen Spitzgrabens. Nach dem Ausgrabungsbefund wurde dieses Wall-Graben-System frühestens im 10. Jahrhundert, vielleicht nach einem Ungarneinfall, auf den Überresten einer mehrphasigen, unmittelbar zuvor aufgelassenen oder reduzierten Siedlung wohl des 8.(?)/9. bis 10. Jahrhunderts angelegt, auf deren einstige Begrenzung vielleicht der Luftbildbefund eines bogenförmig verlaufenden Grabenstücks im nördlichen Vorgelände der Wallanlage hinweist. Von den zahlreichen vorwallzeitlichen Siedlungshinterlassenschaften (Abb. 109) verdient zunächst der Befund eines mindestens 15 x 8,5 m großen mehrgliedrigen Hauses mit gemauerter Herdstelle aus Phase 2 besondere Beachtung, das in einer bemerkenswerten Kombination von herkömmlicher Pfostenbauweise und früher Fachwerkkonstruktion errichtet war und in seinem trocken verlegten Schwellriegelfundament einige wiederverwendete Bruchsteinspolien aus einer gemörtelten(!) Mauer aufwies. Die Tätigkeit spezialisierter Metallhandwerker während Phase 1 bezeugen schließlich das Bruchstück einer zweiteiligen Tonform für den Guß kleiner Rechteckbroschen(?) und ein Schlackenrest; sie stammen beide aus der Füllung einer kleinen Schmelz- oder Gießgrube unweit einer eingetieften, birnenförmigen Ofenanlage und deuten wohl die Nähe eines Zentralortes an, dessen Anbindung an einen organisierten Fernhandel wiederum die Voraussetzung zur Beschaffung der notwendigen Rohstoffe wie für den Absatz der fertigen Kleinprodukte schuf. Zur vorwallzeitlichen Siedlung gehörte möglicherweise auch eine noch nicht lokalisierte »capella in monte St. Viti«, aus deren erster urkundlicher Nennung (1284) ausdrücklich hervorgeht, daß diese Kirche (Veitspatrozinium!) seit unvordenklichen Zeiten (»ab illis temporibus quorum non extat memoria«) der bereits 741 erwähnten Mutterkirche St. Martin zu Brend unterstellt gewesen sei.

Unbestätigt bleiben müssen vorerst neuerliche Bestrebungen, die karolingische Pfalz auf dem Stadthügel des späteren Neustadt (»nova civitas«, 1232) zu lokalisieren, das nach einer erzählenden Quelle auf eine Vorgängersiedlung Obersalz zurückgehen soll. Jedenfalls führten die bisherigen Feststellungen (Testgrabungen und Baustellenbeobachtungen), die in den vergangenen Jahren an verschiedenen Stellen des Stadtgebietes getroffen wurden, noch nicht zum Nachweis vorromanischer Bauteste. Immerhin erbrachten die 1983/84 durch den Bau eines Behindertenweges notwendigen Rettungsgrabungen im Bereich der 1794 erbauten Stadtpfarrkirche St. Oswald (J. Wabra, L. Benkert) eine reiche baugeschichtliche Entwicklung der Kirche, deren ältester, in romanischer Zeit errichteter Vorgänger bereits als stattliches, solide gemauertes Bauwerk ausgeführt war und die gehobene Bedeutung Neustadts schon zu Beginn – wenn nicht gar vor – der hochstiftlichen Zeit widerspiegelt. Ein Zusammenhang mit der 974 »in loco Salze« genannten Kirche läßt sich derzeit allerdings nicht erweisen.

1984 stellten sich bei bauarchäologischen Sicherungsgrabungen des Bayer. Landesamts für Denkmalpflege (P. Vychitil) konkrete Hinweise auf eine Vorgängerbefestigung am Platz der 1187 erstmals genannten Salzburg ein, die

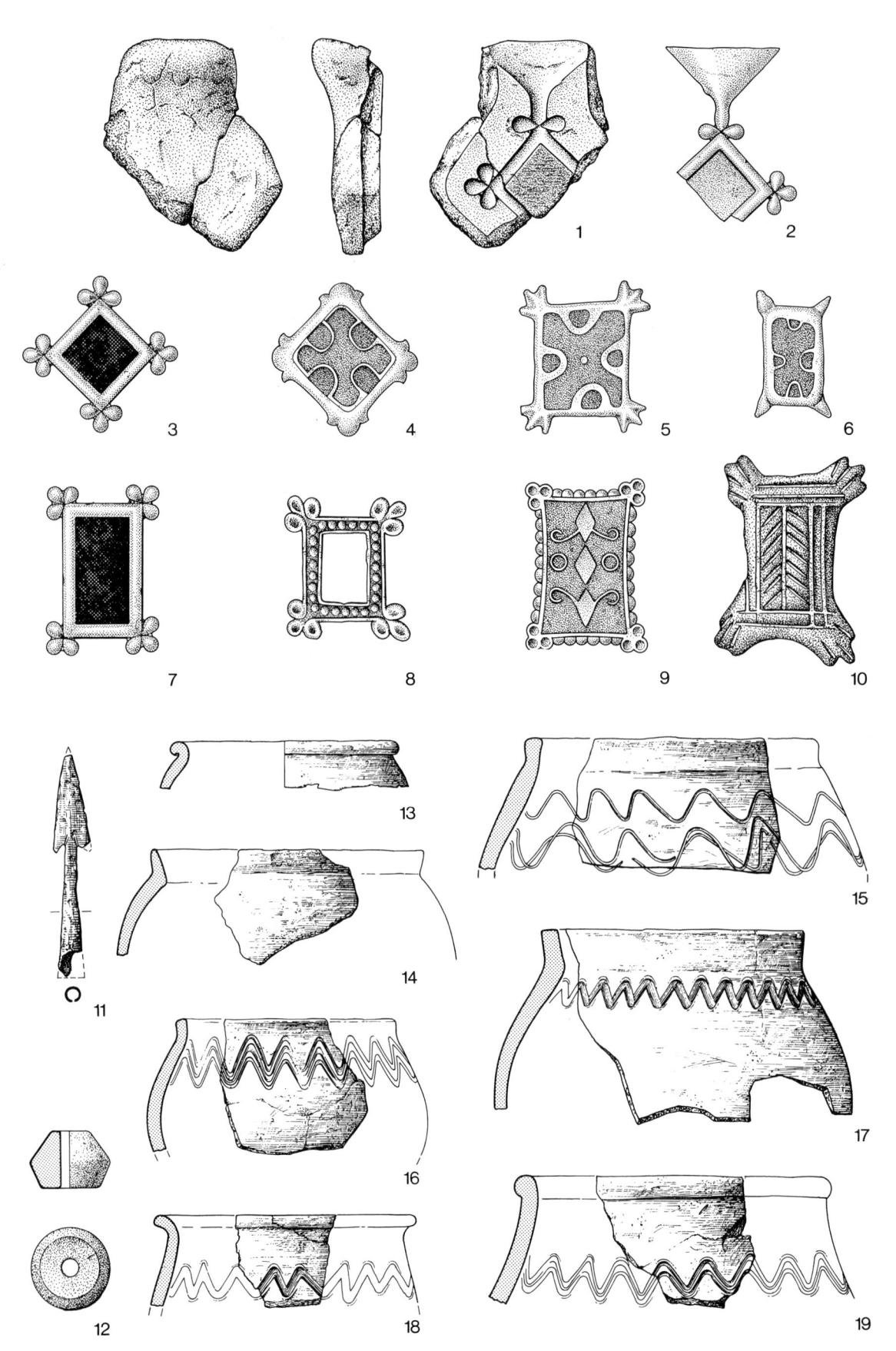

109 *Bad Neustadt a. d. Saale, Veitsberg. 1–2. 6. 10–17 früh- bis hochmittelalterliche Funde aus der vorwallzeitlichen Siedlung. 1 a–d Fibel(?)gußform mit Ausformung; dazu zwei Rekonstruktionsmöglichkeiten (2 und 6) und Vergleichsstücke aus Nassau (3), Schouwen (4), Paderborn (5), Birka (7–8) und Domburg (9). 1–9 Maßstab 2:3; 10–11 Maßstab 1:3; 12–17 Maßstab 1:4.*

als eine der größten Burganlagen dieser Zeit zugleich das beste Beispiel einer »Ganerbenburg« darstellt (S. 139, Abb. 100, 2). Während ein Teil der jüngeren Forschung diesen Platz für die Lage der urkundlich genannten »civitas Salz« (940) bzw. des »castellum Salz« (1000) in Anspruch nimmt, möchten andere Bearbeiter diese Nennungen eher mit dem (damals bereits befestigten?) Stadthügel von Bad Neustadt in Verbindung bringen.

Die begrenzte Untersuchung erstreckte sich auf ein Flächenstück südöstlich des Torturms, wo drei – teils innerhalb, teils außerhalb der Ringmauer angelegte – Grabungsschnitte zunächst den Nachweis einer urnenfelderzeitlichen Siedlungsschicht erbrachten. Zu ihr gehörte vermutlich eine – in Wallresten noch erhaltene – Abschnittsbefestigung, die einst die heute fast gänzlich abgeräumte Fläche zwischen Ringmauer und Graben einnahm und damit zugleich eine Erklärungsmöglichkeit für deren Verlauf bzw. die ungewöhnliche Ausdehnung der hochmittelalterlichen Burg gibt. Je ein Bruchstück vom Unterteil eines scheibengedrehten merowingerzeitlichen Knickwandgefäßes und von der Schulter eines ziegelroten, hart gebrannten karolingerzeitlichen Topfes belegen eine mehrmalige Nutzung (und Ausbau?) dieser Anlage während des Frühmittelalters. Hervorzuheben ist ferner, daß neben Überresten der spätmittelalterlichen und frühneuzeitlichen Innenbebauung auch eine anfängliche Holzumwehrung der hochmittelalterlichen Burg nachgewiesen werden konnte. Vorhanden sind davon noch ein gut metertief aus dem anstehenden Fels herausgehauenes Palisadengräbchen, das ca. 1 m innerhalb der jüngeren Ringmauer parallel zu dieser verläuft und sich nach einer Gabelung in Richtung Torturm als parallel laufendes Doppelgräbchen (mit einem Zwischenraum von etwa 0,5 m) fortsetzt, wohl um die Fundamente eines Wehrgangs über dem Torbereich aufzunehmen. Die Untersuchung hat somit einige bemerkenswerte Ergebnisse zur Baugeschichte der Salzburg erbracht und zugleich einen – derzeit noch nicht näher bestimmbaren – Zusammenhang dieser befestigten Bergstation mit den tiefer gelegenen, zur Pfalz Salz gehörenden Anlagen erwiesen.

L. Wamser

Neues von der Wischlburg – Luftbilder belegen im Innern eine untergegangene Befestigung

Gemeinde Stephansposching, Landkreis Deggendorf, Niederbayern

Die willkommenen Schneemerkmale, die zur Jahresneige 1984 der Luftbildarchäologie im niederbayerischen Gäu in nur wenigen Flugstunden eine reiche Bilderernte bescherten (dazu auch Abb. 53), bezeugten für das Innere der Wischlburg eine zweite Befestigung, die heute völlig verebnet ist (Abb. 111).

Über mehrere Flugjahre hinweg wurde die Wehranlage am südlichen Donauufer zwischen Straubing und Deggendorf immer wieder nach ergänzenden Spuren für eine Innenbebauung abgesucht; ab dem ersten frühsommerlichen Auftreten von Bewuchsmerkmalen in anderen Feldern der Region war das Denkmal regelrecht aus der Luft »belauert« worden – doch vergeblich: Die Lößdecke über dem pleistozänen Hochterrassenschotter verschluckte im Gepflügten Bodenmerkmale ebenso hartnäckig, wie sie im sommerlichen Grün der noch nicht durch neuzeitliche Überbauung verdorbenen Restflächen alle Anzeichen für antike Eingriffe in den Boden unterdrücken ließ. Die Gründe für das Versagen der beiden sonst so brauchbaren Merkmalgruppen sind hier wohl vor allem in der Mächtigkeit der Deckschicht zu suchen. Andere Hinweise auf eine innere Gliederung der heute aus drei nicht mehr miteinander verbundenen Flächen bestehenden Burg, etwa durch Auffälligkeiten im Relief, fehlen. So wundert es auch nicht, daß K. Schwarz hier von einer von vornherein eingliedrigen Anlage ohne Haupt- und Vorburg ausging. Die mächtige Befestigung, die insgesamt eine Fläche von 5,5 ha umschließt, sah er, nicht zuletzt wegen fehlender archäologischer Quellen, als eine Landesburg des frühen 10. Jahrhunderts an. Der beigege-

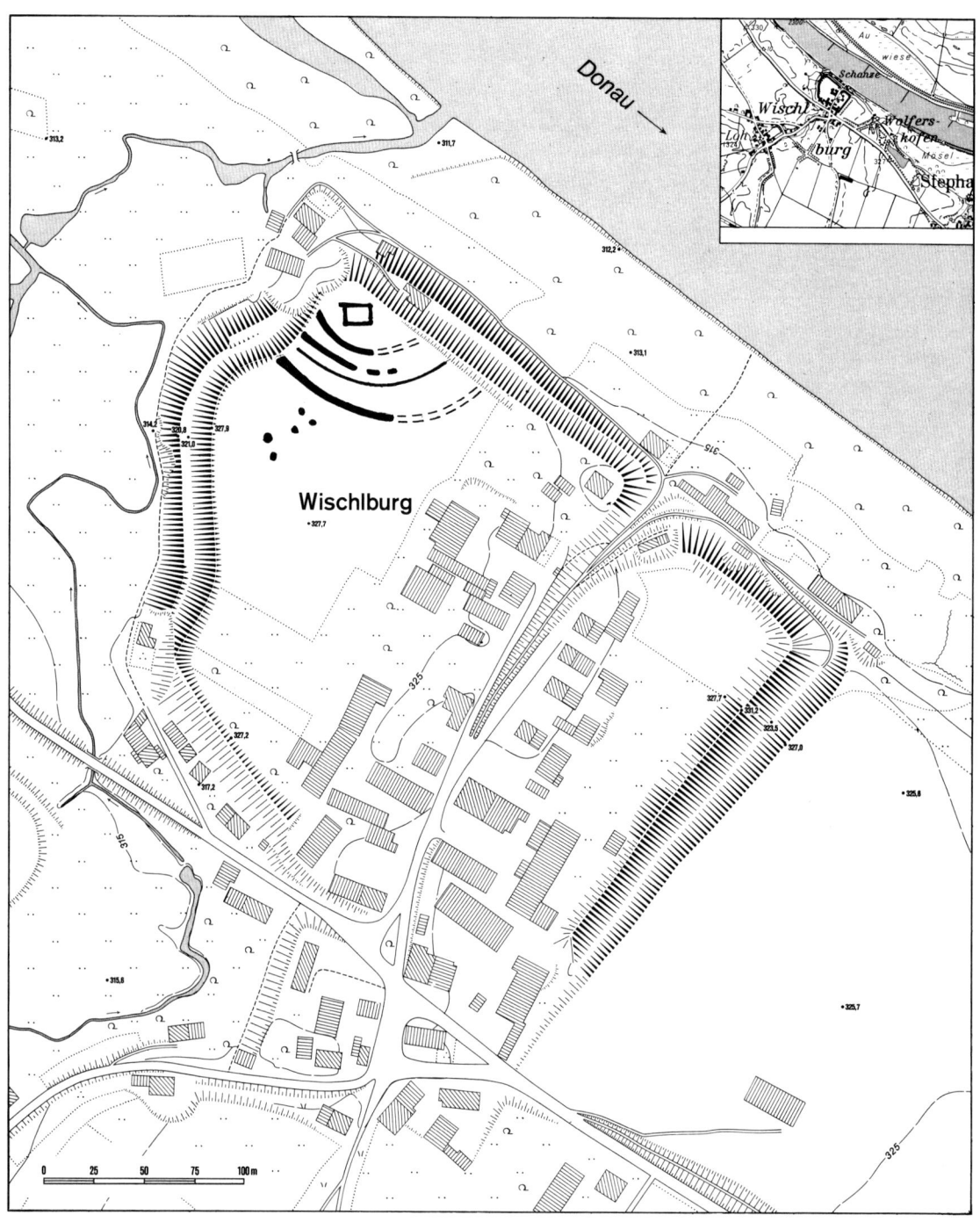

110 Wischlburg. Plan der neu entdeckten Befestigung, basierend auf der digitalen Entzerrung der Luftbilder und der topographischen Aufnahme (Plan Nr. 7142/006, Top. Nr. 830).

111 Wischlburg. Nordwestecke mit neu entdeckter Befestigung und Donau im Hintergrund. Die Gräben erscheinen als negative Schneemerkmale. Infrarotfehlfarbenfilm, Aufnahme vom 27. 12. 1984.

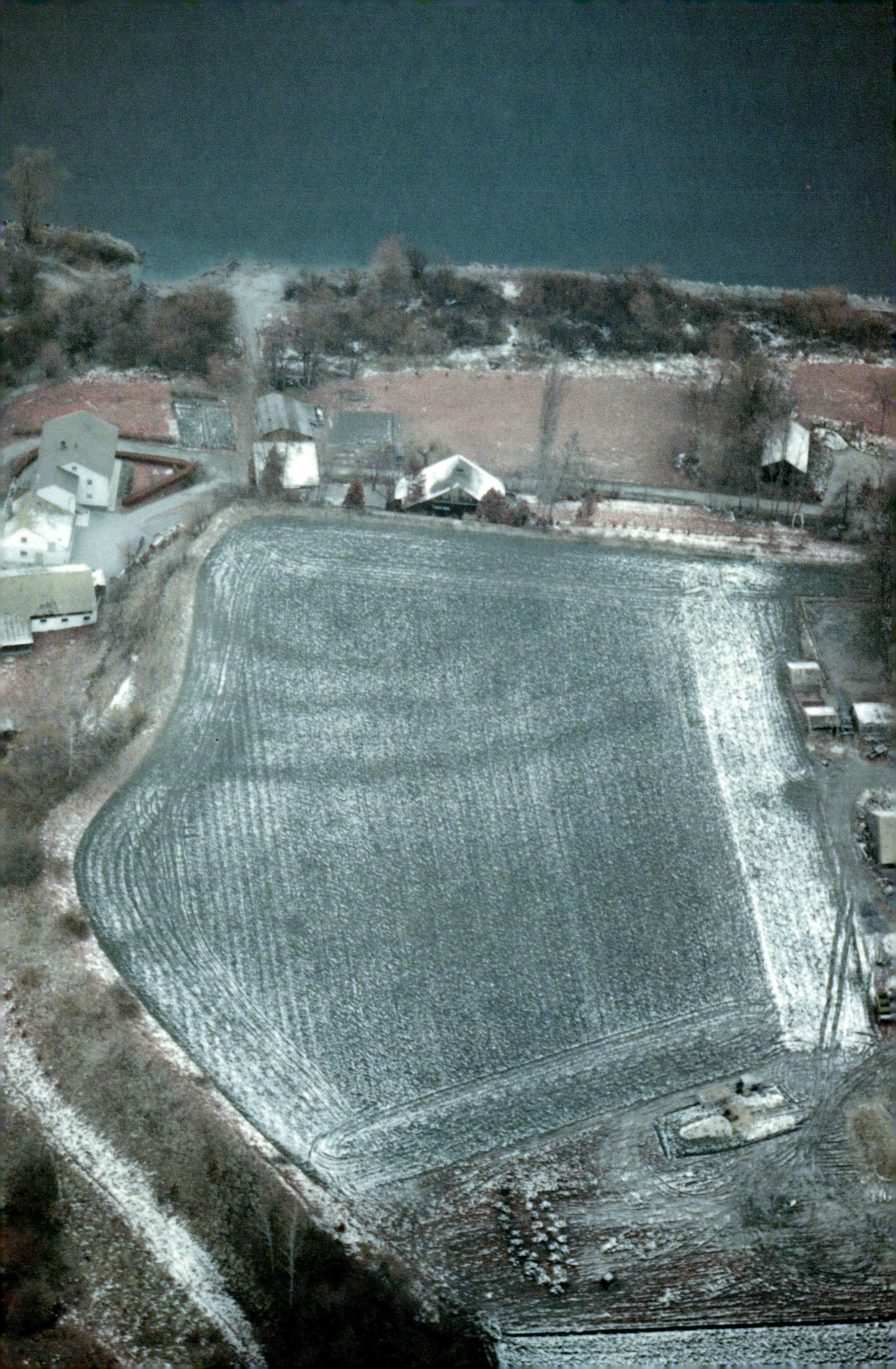

bene Plan (Abb. 110), durch W. Kirmaier 1962 aufgenommen, wurde mit den Luftbildbefunden aus mehreren Schrägaufnahmen vom 27. und 28. Dezember versehen. H. Becker erstellte dafür auf der Münchner Anlage für digitale Bildverarbeitung eine Vorlage mit den entzerrten archäologischen Spuren.

Am nordöstlichen Ende eines Geländesporns, zur Donau hin durch einen bis zu 12 m hohen Prallhang geschützt, kommen drei parallele Gräben und der schmälere Zug einer möglichen Palisadenreihe als negative Schneemerkmale zum Vorschein. Sie werden im Vorfeld von verstreuten Gruben begleitet. Im Innern des derart stark geschützten Bollwerks deutet sich in schwachen Umrissen das Geviert eines ausgebrochenen Mauerzuges an, das mit dem rechteckigen Steinfundament auf dem späteren Turmhügel innerhalb des karolingischen Kastells von Langenerling Ähnlichkeit aufweist.

Die dreifache, dichte Grabenbewehrung spricht in ihrer Form eigentlich für einen nachträglichen, hochmittelalterlichen Einbau in die frühe Vuiscilíburg, die sich in der ersten Hälfte des 10. Jahrhunderts im Besitz der Luitpoldinger befand, bevor sie Otto II. im Jahr 976 dem Kloster Metten zurückgab. Wer indes die durch ober- und unterirdische Spuren bezeugten Wehrbauten des Platzes wirklich schuf, muß wohl bis zu einem Nachweis durch Ausgrabungen offenbleiben.

O. Braasch

Die Ausgrabungen in den Chiemseeklöstern 1984

Gemeinde Chiemsee, Landkreis Rosenheim

Im Herbst 1983 wurde bekannt, daß der Konvent des Klosters Frauenwörth eine Neugestaltung des im inneren Klausurbereich gelegenen Kreuzgartens plante. Gleichzeitig unterbreitete uns die Hochw. Frau Äbtissin M. Domitilla Veith das Angebot, in diesem Bereich archäologisch tätig zu werden. Die Gelegenheit dazu nahmen wir in den Monaten April und August bis Oktober 1984 wahr. Dies war nur möglich, weil die Stiftung zur Förderung der Wissenschaften in Bayern und die Archäologische Kommission zur Erforschung des spätrömischen Raetien der Bayer. Akademie der Wissenschaften weitgehend die Finanzierung übernommen hatten. Ziel der Untersuchung war es, weitere Aufschlüsse über die Anfänge des frühmittelalterlichen Klosters zu gewinnen. Seine Geschichte reicht vermutlich mindestens bis in die Zeit Herzog Tassilos III. (abgesetzt 788) zurück. Archäologisch zu fassen in den Überresten seiner Bauten ist es indessen nach landläufiger Ansicht erst seit der Zeit Ludwigs d. Deutschen, und zwar etwa seit 860.

Entgegen unseren Erwartungen stellte sich heraus, daß der Bezirk südlich des Münsters, der Standort des bestehenden Klosters, erstmals seit dem 11. Jahrhundert überbaut wurde. Es gelang, die seit dieser Zeit entstandene Kernbebauung des hochmittelalterlichen Klosters, eine vierseitige Anlage mit Kreuzgang, angelehnt an die damals entstandene Kirche, zu erfassen und in den Grundzügen ihrer Baugeschichte zu erschließen.

Dieser Befund südlich der Kirche gibt – in Verbindung mit gewissen Beobachtungen am Gesamtplan der mittelalterlichen Bebauung – den Weg frei zu einer Neuinterpretation der älteren Grabungsbefunde nördlich der Kirche. Diese kann allerdings nur in Verbindung mit einer Auswertung der damaligen Funde anhand der seinerzeitigen Grabungsdokumentation erfolgen.

Die Ausbeute an Funden war relativ gering. Zu den wichtigsten Stücken zählen zwei Knochenbeschläge eines byzantinischen Hochzeitskastens etwa des 11. Jahrhunderts (Abb. 113). Der eine ist eine Zierleiste mit Blütenrosetten, der andere zeigt das Motiv des »trauernden Herakles«. Derartige Kästen dienten im Westen als Reliquienschreine und sind nördlich der Alpen nur selten belegt.

Parallel zu der Grabung auf der Fraueninsel wurde ab Mai in einer mehr als fünfmonatigen Kampagne die Untersuchung des Männerklosters auf der Herreninsel fortgesetzt (Abb. 112). Hier ließ sich für den Bereich der beiden Flügel der Konventsgebäude im Westen und Süden die Abfolge der sechsperiodigen Be-

112 *Herrenchiemsee, Männerkloster. Blick auf die Ausgrabung.*

113 *Frauenchiemsee, Kloster Frauenwörth. »Trauernder Herakles«, Knochenbeschlag eines byzantinischen Hochzeitskastens.*

bauung klären. Sie setzt ein mit einem nordsüdlich gerichteten Holzgebäude wohl des 7. Jahrhunderts, dessen weltliche (oder klösterliche?) Zweckbestimmung zumindest vorläufig noch ungeklärt ist. Der Holzbau wurde spätestens im 8. Jahrhundert durch zwei rechtwinklig einander zugeordnete Steingebäude abgelöst, mit denen die klösterliche Geschichte der Insel allemal einzusetzen scheint. Die beiden Bauten wurden noch während der Karolingerzeit verändert und miteinander verbunden und wohl damals bereits um einen Kreuzgang erweitert. Besonders bemerkenswert ist, daß trotz dreier weiterer noch folgender einschneidender Baumaßnahmen des Mittelalters die Baurichtung des erwähnten Holzgebäudes der Merowingerzeit weiter tradiert wurde und – trotz zwischenzeitlich erfolgter Neuorientierung der Kirche – noch für den Stiftsneubau des 17./18. Jahrhunderts verbindlich blieb.

Unter den diesjährigen Funden von der Herreninsel sind neben dem Knochenbeschlag eines Kastens der Karolingerzeit vor allem mehrere Fragmente von Sandsteinbalken und -platten der Chorschrankenanlage aus der Kirche der frühen Karolingerzeit bemerkenswert.

H. Dannheimer, P. Haller und K. Zeh

Sondagen im ehemaligen Wasserschloß von Treuchtlingen

Landkreis Weißenburg-Gunzenhausen, Mittelfranken

Die Anfang Mai im westlichen Hofbereich des alten Treuchtlinger Schlosses während überraschend begonnener Abbaggerungsarbeiten zur Errichtung eines Kurmittelhauses freigelegten Reste älterer Vorgängerbauten veranlaßten das Bayer. Landesamt für Denkmalpflege, Außenstelle Nürnberg, zu einer sofortigen Befundrettung durch mehrwöchige Sondagen. Trotz der geringen Grabungsdauer, der bereits erfolgten Zerstörungen, der zahlreichen neuzeitlichen Umbauten und des unumgänglichen Einsatzes von Baggern ergab sich ein unerwartet komplexer Befund.

Der Befundinterpretation seien kurz die wesentlichsten Geschichtsdaten dieses Platzes vorangestellt: Schon im späten 11. Jahrhundert wird für das 893 erstmals erwähnte Treuchtlingen ein eigener Ortsadel faßbar; zur Zeit des 1228 beurkundeten Ulrich de Truchtelingen dürfte Treuchtlingen unter Besitzstreitigkeiten zwischen den Pappenheimern auf staufischer Seite und den bayerischen Herzögen gelitten haben; in die Mitte des 13. Jahrhunderts gehört wohl auch die sogenannte Obere Burg. 1346 erscheint die »nidern vest ze Truhtlingen« – das spätere Wasserschloß – erstmals urkundlich; 1406 geht sie an die Grafen von Seckendorf, 1447 von diesen an die Marschälle von Pappenheim. Die 1495 vermutlich durch den Stadtgroßbrand beschädigte Burg wird 1575 durch Veit I. »ganz new und wohl erbauet«. 1647 kommt das Schloß an die Markgrafen von Brandenburg-Ansbach, 1717 das zwischenzeitlich darin installierte Fraisch- und Verwalteramt an das Oberamt Hohentrüdingen.

In der zweiten Hälfte des 19. Jahrhunderts

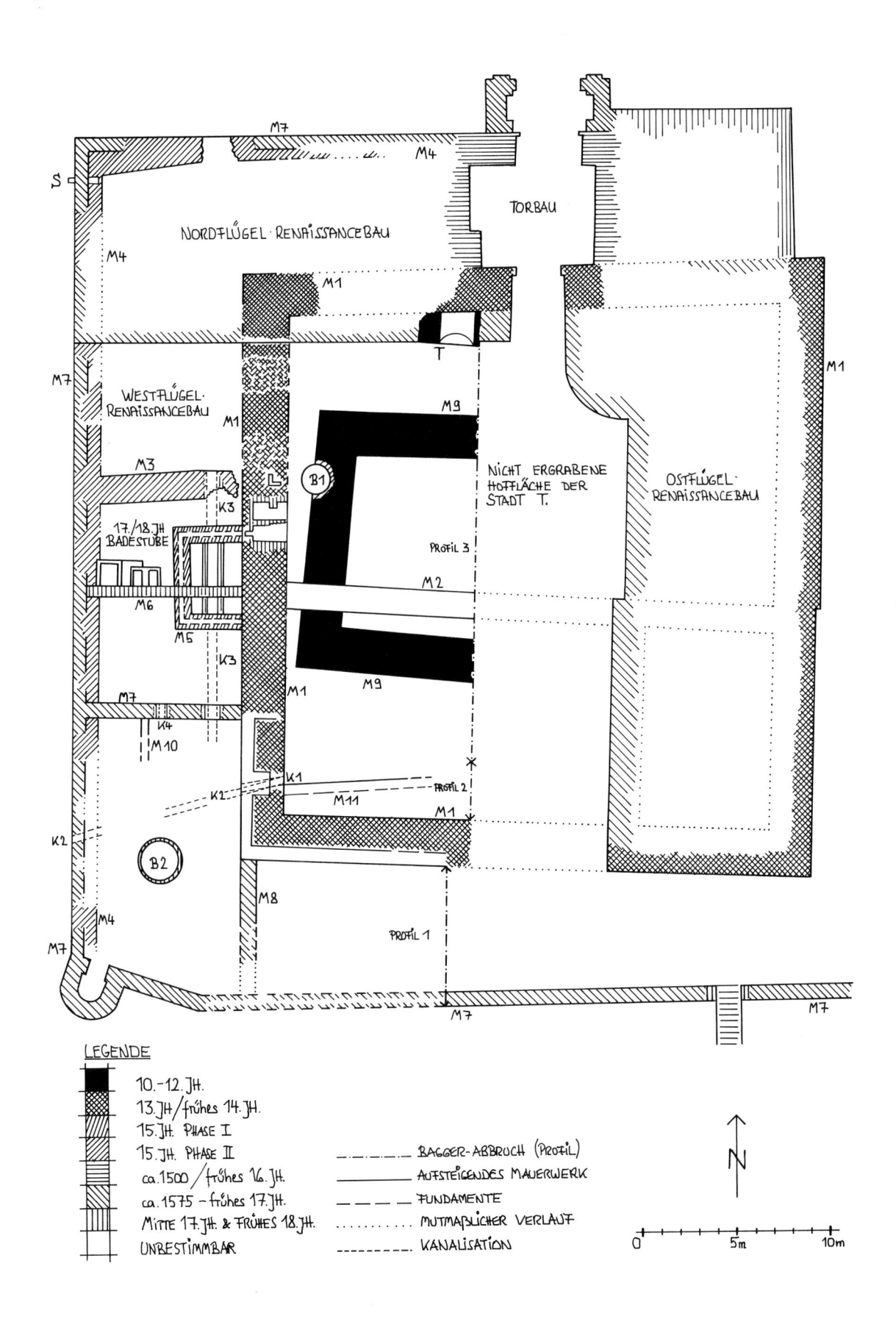

114 *Treuchtlingen. Plan des Stadt- bzw. Wasserschlosses nach dem Befund der Sondagen.*

nimmt man am Schloß tief eingreifende Umbauten vor. Das ehedem von der gleich nördlich vorbeifließenden, in den zwanziger Jahren umgeleiteten Altmühl gespeiste Wasserschloß verstärkte früher die Nordostseite der alten Stadtbefestigung.

Aufgrund der erschwerten stratigraphischen Befundaufnahme dienten zur Erstellung einer Bau- und Siedlungschronologie architektonisch-typologische Merkmale, Streu- und Lesefunde sowie ein durch den Baggerabbruch an der Ostseite des Hofes entstandenes 23 m langes, bis zu 5 m hohes, leider arg verschliffenes, vielphasiges Profil.

Als früheste Siedlungsspuren fanden sich im anstehenden Boden Pfostenlöcher der Urnenfelderzeit, während sich eine frühmittelalterliche Besiedlung nur anhand einiger verlagerter Keramikscherben der sogenannten »Burgheimer Ware« abzeichnete.

Als älteste Steinphase stieß man in ca. 4 m Tiefe auf die Fundamente (Abb. 114, M 9) eines massiven Gebäudes mit ca. 2 m dicken, vermörtelten Bruchsteinmauern, dessen östlicher Teil allerdings in das nicht ergrabene, angrenzende Grundstück der Stadt Treuchtlingen hineinragt; dieses Gebäude von 13 m Länge und mindestens 9 m Breite dürfte aufgrund vermutlich größengleicher Vergleichsbeispiele (Querfurt, Düren/Saarlouis) als »festes Steinhaus« des 10. bis 12. Jahrhunderts zu deuten sein. Aufgelesene geglimmerte Keramik bestätigt diesen Zeitansatz. Zu diesem Steinhaus gehörten eine schmale, gewölbte (Tor?-)Passage (Abb. 114, T) sowie ein südlich angeschnittener Graben.

Diese Fundamente abschneidend, belegt die Steinpackung eines nicht viel jüngeren Hofniveaus die kurze Existenz des eventuell im zweiten Viertel des 13. Jahrhunderts niedergeworfenen Steinhauses; eine in dieses Hofniveau eingebundene, 1,3 m starke Mauer (Abb. 114, M 2) stößt – obwohl bauchronologisch älter – mit einer klaren Fuge an die jüngere Ringmauer des 13./14. Jahrhunderts.

Vermutlich im 13. oder frühen 14. Jahrhundert errichtete man eine leicht trapezoide Burg des sogenannten Kastelltyps von außen 29 x 30 m, deren Ummauerung (Abb. 114, M 1) ein 2,2 m dickes Zweischalenmauerwerk aus schön bearbeiteten, gut geschichteten, grobbuckligen Kalksteinquadern mit Füllwerk zeigte. Noch ausstehende dendrochronologische Datierungen des Holzfundamentrahmens eines eventuell mit dieser Kastellburg in Bezug stehenden

115 *Treuchtlingen. Profil 1 von Westen: links die Ringmauer (M 1 in Abb. 114) des 13./14. Jh., rechts die Mauer (M 7) des späten 16./frühen 17. Jh., dazwischen als dunkle Verfärbung die Lehmböschung des breiten Burggrabens vom Ende des 15. Jh. (?). Die spätere Aufschüttung dieses Grabenteils beim Bau der jüngeren Mauer ist deutlich zu erkennen. Meterstab 1 x 1 m.*

Brunnens (Abb. 114, B 1) geben nicht nur einen Datierungsanhalt hinsichtlich dieser Bauphase, sondern auch einen »terminus ante quem« zum Steinhaus, dessen damals nicht mehr sichtbare Westseite das Unterteil des Brunnenschachts durchschneidet. Fast klingend hart gebrannte Keramik mit einfachen Kragenrändern des 13. bis 14. Jahrhunderts mag dieser oder auch nachfolgenden Bauphasen zuzuordnen sein.

Wohl kurz darauf errichtete man an der Westmauer einen kleinen Turmbau (Abb. 114, M 5) von 3,5 x 5,0 m mit nur 0,9 m Mauerstärke, den ein Balkenanker notdürftig in die Ringmauer einband. Bald danach, eventuell in der Mitte des 15. Jahrhunderts, erweiterte man die Burganlage um 6 bis 7 m nach Norden und Westen, wobei ein sehr schön erhaltener Schüttstein (Abb. 114, S) in der Nordwestecke der neuen, 1,3 m starken Umwehrung (Abb. 114, M 4) auf ehemalige Baulichkeiten in diesem Burgbereich verweist.

Die am Profil ablesbare Stratigraphie zeigte, daß der breite Wassergraben, dessen Außenböschung noch östlich der Burg sichtbar ist, zwischen dem Bau der Ringmauer des 13./14. Jahrhunderts und der teilweisen Aufschüttung im späten 16. Jahrhundert entstand; ein Datum Ende des 15. Jahrhunderts, als man vielerorts die veralteten Befestigungen durch Erdarbeiten den neuen Artilleriewaffen anpaßte, käme am ehesten in Betracht (Abb. 115).

Ungefähr 1575 erfolgte dann unter Veit I. der substanzverändernde Umbau der Wasserburg in ein dreiflügeliges Renaissanceschloß; der Errichtung des Westflügels ging eine meterhohe Auffüllung des westlichen Burgbereichs mit sandigem Material voraus, das zahlreiche Keramikfragmente des 15./16. Jahrhunderts sowie Teile einer spätmittelalterlichen Becherkachel enthielt. Parallel zur Erhöhung des gesamten Hofniveaus erfuhr die Anlage eine zusätzliche Erweiterung nach Süden und Osten, da kleine Schlüsselscharten des späten Miniaturtyps die neue Umwehrung (Abb. 114, M 7) eindeutig ins späte 16. oder 17. Jahrhundert datierten.

Der bereits teilzerstört vorgefundene, zudem durch neuzeitliche Kanalisationssysteme (Abb. 114, K 3. K 4) empfindlich beeinträchtigte Westflügel von 1575 zeigte über dem Pflasterboden des 16. Jahrhunderts zwei direkt einander aufliegende Ziegelfußböden des 17. oder frühen 18. Jahrhunderts, deren oberster noch die intakte Fußbadewanne einer ehemaligen Badestube besaß (Abb. 114, M 6). Obwohl eine Baubeschreibung des späten 16. Jahrhunderts neben gemeinen Stuben, Pfisterei, Torstuben, zwei Küchen, einem Keller und sechs Gewölben auch ein »badt« erwähnt, dürfte es sich bei dieser Badestube aufgrund der hier aufgelesenen Keramik des 17./18. Jahrhunderts um eine spätere Räumlichkeit handeln; von der ehemaligen Beheizbarkeit zeugen Fragmente grün glasierter oder schwarz graphitierter Blatt- und Gesimskacheln.

Im späteren 17. oder frühen 18. Jahrhundert legte man nahe der Südwestecke einen kleinen Barockgarten an, in dessen ziegelgefaßtem Wasserbecken (Abb. 114, B 2) sich zwei Münzen aus der ersten Hälfte bis Mitte des 18. Jahrhunderts fanden.

Dieser mehrphasige, typologisch-chronologisch interessante und vielsagende Befund aus frühem »festen Steinhaus«, späterer Kastellburg und noch jüngerem Wehrturm offenbart eine enge Analogie zu der durch D. Lutz ergrabenen Burg von Bruchsal, wo die gleiche Bauchronologie festgestellt wurde. J. Zeune

Die Ausgrabung im Regensburger Dom

Stadt Regensburg, Oberpfalz

Als im April 1984 mit den Ausschachtungsarbeiten für den Bau einer Bischofsgruft im Mittelschiff des Regensburger Domes begonnen wurde, stieß man nur wenige Zentimeter unter dem heutigen Fußboden auf zwei vollständig erhaltene romanische Pfeiler. Die daraufhin sofort eingeleitete Ausgrabung galt zunächst den 3 m hohen Aufschüttungen unter dem gotischen Dom, denen man den guten Erhaltungszustand der romanischen Bauteile zu verdanken hat. Die Untersuchung dieser Schichten erbrachte wichtige Einzelheiten zur äußerst ökonomischen Arbeitsweise der gotischen Bauhütte und zur Bauabfolge des Domes. Zwei Nord-Süd gerichtete Mauern zwischen dem ersten und zweiten Mittelschiffpfeilerpaar markieren die von Osten nach Westen fortschreitende Fertigstellung jeweils eines Joches des gotischen Domes (Abb. 116). Diese Mauern hatten die Funktion einer provisorischen Trennwand zwischen den fertigen, liturgisch benützbaren Teilen des Domes und der Baustelle westlich davon. Besonders die westliche der Trennmauern mit dem Rest eines gotischen Portals, das von der Baustelle her auf einer festgetrampelten Erdrampe zugänglich war und von dem aus Stufen bis auf das gotische Fußbodenniveau in den Ostteilen führten, veranschaulicht dieses Provisorium, das wegen des stockenden Baus der Westteile des Domes etwa 150 Jahre bestanden hatte. Einbezogen in diese Trennwand sind die romanischen Pfeiler unversehrt stehengeblieben.

Durch frühere Ausgrabungen sind die romanischen Vorgängerbauten im Dombereich in Grundzügen erfaßt (Abb. 116). 1924 hatte der Dombaumeister K. Zahn östlich des gotischen Domes den Grundriß der romanischen Bischofskirche ergraben. Sie war eine dreischiffige Pfeilerbasilika mit einer kleinen Apsis im Osten und einem breiten Westquerhaus mit Chor. Dieser wurde von zwei Türmen flankiert, von denen der nördliche, der Eselsturm, noch steht. Bei Fundamentuntersuchungen der

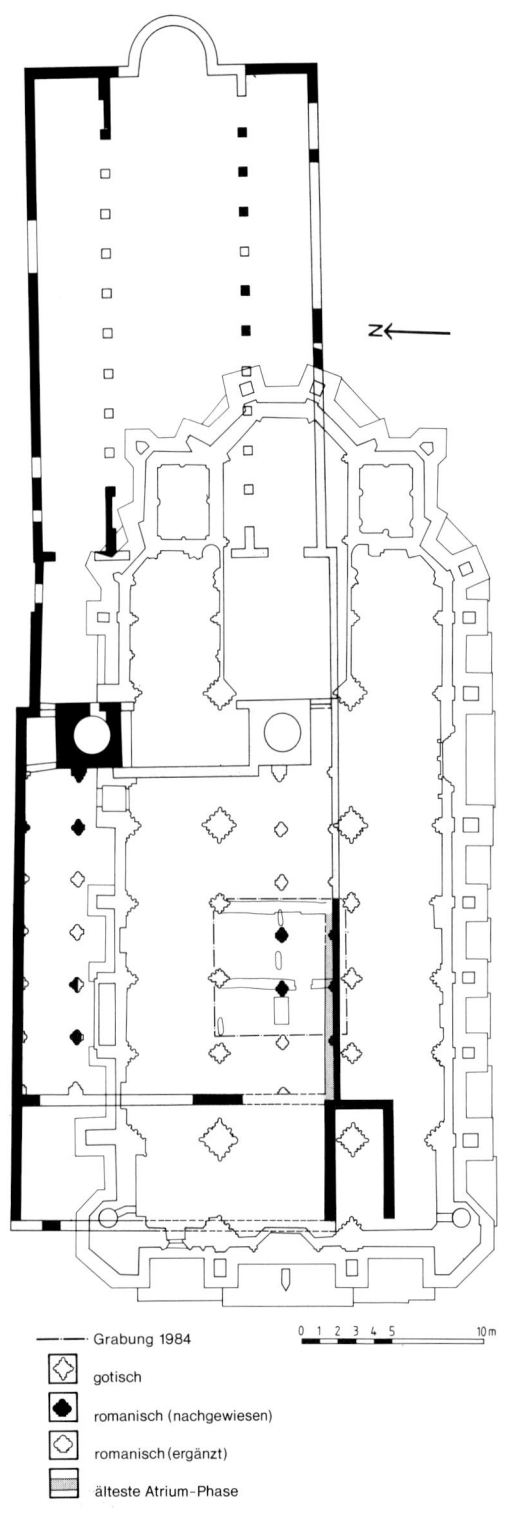

116 *Regensburg. Grundriß des gotischen und romanischen Doms mit Atrium und westlich anschließender Taufkirche. In der Grabungsfläche die provisorischen Trennmauern der gotischen Baustelle und ergrabene Bischofsgräber.*

117 *Regensburg, Dom. Wandpfeiler und Umfassungsmauer des romanischen Atriums. Links die provisorische gotische Trennmauer.*

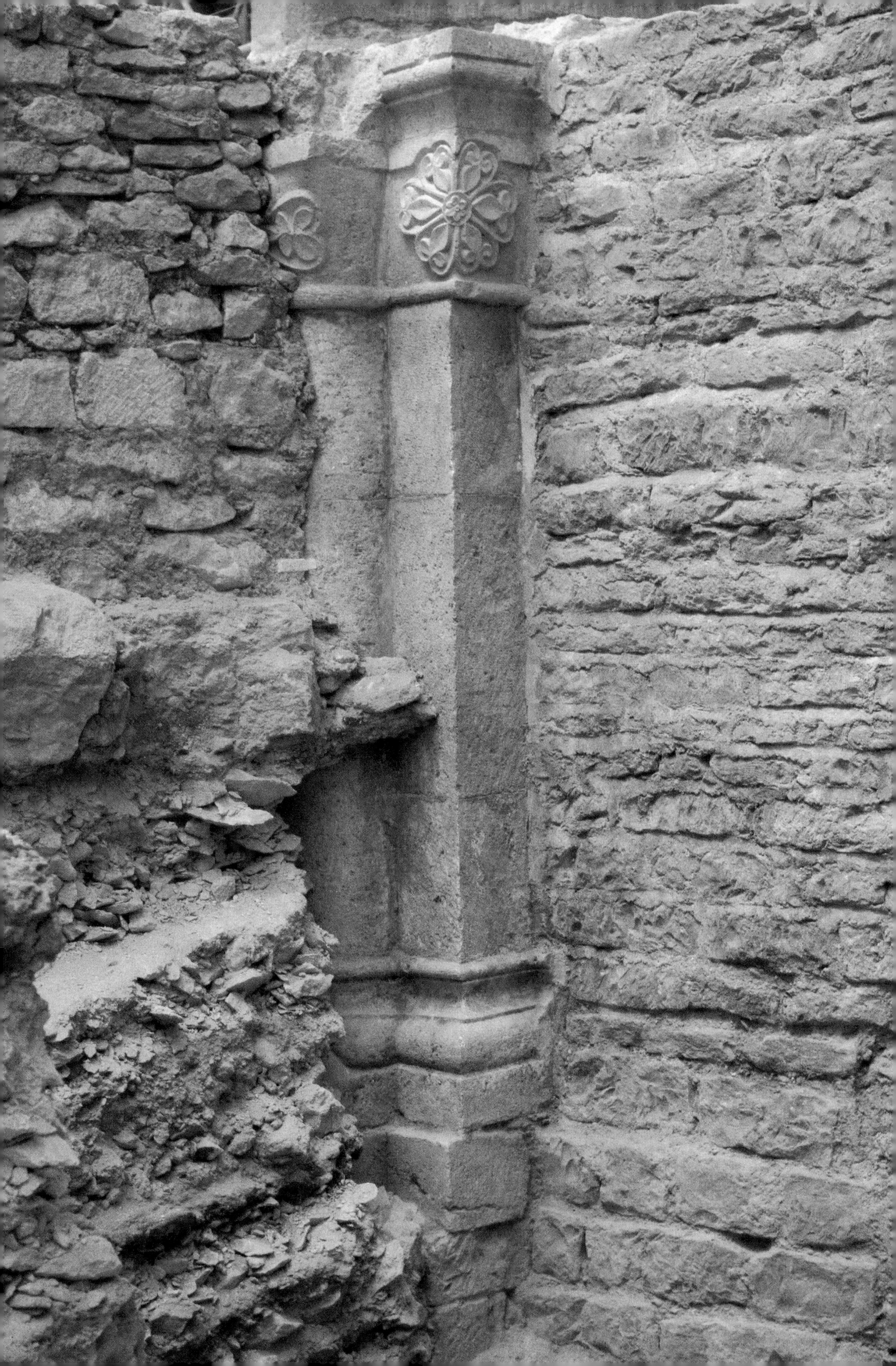

Turmpfeiler und der Westfassade des gotischen Domes waren 1859 außerdem die Umfassungsmauern eines Nord-Süd gerichteten Gebäudes entdeckt worden. Die Fortsetzung dieser Mauern fand Zahn nördlich des Domes und konnte sie der quergestellten Taufkirche St. Johann zuweisen. Letztere war im Norden durch einen gewölbten Arkadengang mit dem romanischen Dom verbunden. Die noch vorhandenen Pfeiler des Ganges, jetzt im Stadtmuseum Regensburg, weisen frühgotische Knospenkapitelle auf, die um 1210/15 datiert werden.

Die neu entdeckten Pfeiler unter dem Mittelschiff des Domes sind Teile des südlichen Pendants zu diesem Gang. Zusammen mit dem Dom im Osten und der Taufkirche im Westen umschlossen sie einen freien Innenhof, ein sogenanntes Atrium. Gegen den Innenhof öffneten sich Arkaden auf massiven, 3 m hohen Freipfeilern. Der erhaltene Freipfeiler hat einen kreuzförmigen Querschnitt mit an drei Seiten vorgelagerten Halbsäulen und trug ein Kreuzgrat- oder Kreuzrippengewölbe (Abb. 118). Der mit einer Rundvorlage ausgestattete Wandpfeiler steht mit der noch 2 m breit erhaltenen Bruchsteinaußenmauer im Verband (Abb. 117). Das kreuzförmig verschlungene Flechtband auf dem Kapitell des Freipfeilers und die verschiedenen Blütenornamente des Wandpfeilerkapitells stehen noch in der schmuckfreudigen spätromanischen Tradition und dürften um 1205/1210, also kurz vor dem nördlichen Gang, entstanden sein. Im Verlauf der Grabung erschienen weiter östlich, in einem Achsenabstand von 5,5 m, die Basen des nächsten Pfeilerpaares und die noch 2 m hoch erhaltene Umfassungsmauer des Atriums. Letztere trägt auf der Innenseite den originalen hellgrauen Putz; die Außenseite war als Sichtmauerwerk belassen.

Die späte Datierung der Atriumsgänge ließ die Frage nach Vorgängerbauten aufkommen. St. Johann ist um die Mitte des 11. Jahrhunderts erstmals erwähnt, und die nachträglich an das spätkarolingische Langhaus angebauten Westteile des Domes sind wohl zu Beginn des 11. Jahrhunderts entstanden. Tatsächlich hafteten an den unteren Steinlagen der Umfassungsmauer des Atriums noch Putzreste, die durch das Fundament des Wandpfeilers des frühen 13. Jahrhunderts überlagert werden. Der Vorgängerbau stand daher an derselben Stelle, die ältere Mauer war aber zum Teil ausgebrochen

118 *Regensburg, Dom. Freipfeiler (links) und Wandpfeiler (rechts) des romanischen Atriumgangs (um 1205/10), eingebaut in die gotische Trennmauer mit den Resten des provisorischen Westportals (Bildmitte). Im Vordergrund Gewölbe der Ziegelgruft für Fürstbischof Anton Ignaz Fugger (gest. 1787).*

worden, um die moderneren Pfeiler zu setzen. Etwas tiefer erschien parallel dazu ein weiterer Mauerzug, der bisher die älteste erfaßte Phase des Atriums darstellt (Abb. 116). Die Flucht dieser Mauer entspricht derjenigen des ältesten Teils des romanischen Domes, des Langhauses. Alle drei Phasen weisen einen Gang auf. Das 2,1 m breite Spannfundament der jüngsten Atriumsgestaltung und die dichte Friedhofsbelegung im Innern des Ganges haben nicht nur sämtliche Fußböden, sondern auch die Spannfundamente der zwei älteren Phasen bis auf geringe Reste zerstört. Eine größere Anzahl von Kinder- und Frauengräbern läßt darauf schließen, daß dieser Begräbnisplatz nicht nur Klerikern zugänglich war. Erstaunlicherweise wurde im Atrium noch bestattet, als die Bauarbeiten am gotischen Dom bereits voll im Gange waren. Von der Fortführung der Grabung im Jahre 1985 sind weitere kirchen- und landesgeschichtlich bedeutsame Ergebnisse zu erwarten.

S. Codreanu

Die Kirche von Frauenwahl

Gemeinde Hausen, Landkreis Kelheim, Niederbayern

An der kleinen Kirche des Weilers Frauenwahl südlich von Kelheim war wegen des schlechten Bauzustandes eine gründliche Renovierung erforderlich. Gleichzeitig fand im Innern der Kirche Anfang 1984 eine Grabung statt, weil für die Bausanierung wertvolle Schichten im Fußbodenbereich abgetragen werden mußten. Leider waren die Filtergräben entlang den Wänden teilweise schon vor Beginn der Grabung eingebracht.

Der einfache Kirchenbau enthält keinen aufwendigen Architekturschmuck, so daß sich das Alter des Kirchleins kaum abschätzen ließ. Nur der polygonale Chor wies auf eine Entstehung in gotischer Zeit hin. Durch das Entgegenkommen der Kirchengemeinde konnten das Kirchenschiff ganz und der Chorraum teilweise untersucht werden. Im Laufe der Grabung kamen in dem 10 m langen und 4,7 m breiten Kirchenraum die Fundamente eines älteren Steinbaues zutage, der aus einem 5,5 m langen und 4,5 m breiten Kirchenschiff und einer leicht eingezogenen, halbrunden Apsis bestand. Vom Grundrißtyp her ist eine Entstehung in romanischer Zeit anzunehmen. Außerhalb der alten Apsis lagen mehrere Gräber, die den Beweis liefern, daß zur alten Kirche zumindest zeitweilig ein Friedhof gehörte.

Im Innern des Kirchenschiffes wurde zwar eine große Zahl von Gruben und jüngeren Störungen aufgedeckt; sie waren aber zu verschiedenartig und zu unregelmäßig, als daß man sie als Pfostenlöcher einer Vorgängerkirche aus Holz hätte ansprechen können.

Von der älteren romanischen Kirche steht heute nur noch eine kleine Partie aufrecht. Es handelt sich um einen Teil der südlichen Langhauswand zwischen der heutigen Eingangstür und dem früheren Ansatz der romanischen Apsis. Das Mauerwerk besteht aus sorgfältig zugerichteten Handquadern, die sauber verfugt sind, und es sitzt bündig auf dem alten Fundament auf. Die Nordwand des Langhauses ist gegenüber dem älteren Fundament geringfügig nach außen versetzt. Nach Westen zu wurde die Kirche zu einem unbekannten Zeitpunkt um ca. 2 m verlängert.

Unerwartet ergiebig war der Anfall an Kleinfunden. Sehr zahlreich sind Keramikscherben, darunter viele Randstücke von romanischen und frühgotischen Töpfen sowie von einigen großen Schüsseln. Manche Scherbe mag von außerhalb in die Kirche gelangt sein, als man Erde zum Ausplanieren benötigte. Dies trifft vor allem für die teilweise zerhackten Tierknochen zu, deren Auftreten im Kirchenschiff kaum anders zu erklären ist. Auch für einige der Eisenfunde, wie z. B. das Stollenende eines Hufeisens und eine Pfeilspitze mit Schaftdorn, darf man dies annehmen.

Dagegen wird der Schloßriegel mit zwei Führungszapfen zu einer früheren Kirchentür gehört haben. Bei Umbauarbeiten am Dachstuhl mag auch der große Löffelbohrer abgebrochen sein, dessen massiver, 35 cm langer Schaft in der Kirche liegengeblieben war.

Besonders ansprechend sind einige kleine Fundstücke aus Buntmetall (Abb. 119). Neben einer romanischen Gürtelschnalle aus Bronze, deren Blechbeschlag mit mehreren Reihen von kleinen Dreieckstempeln verziert ist, muß man vor allem eine winzige, im Lichten nur 1,3 cm große Ringfibel nennen, in deren flachen, feuervergoldeten Ringkörper Buchstaben eingepunzt sind; dabei kann es sich um eine stark abgekürzte Widmung oder einen Segensspruch handeln; den religiösen Charakter unterstreichen auch die zwei Hände in Gebetsgestus, die aus den zu Armstulpen ausgestalteten Enden des Ringkörpers herauswachsen. Ein dreieckiger Bronzeblechbeschlag, dessen ursprüngliche Funktion noch nicht näher bestimmt ist, zeigt auf der Schauseite einen schreitenden Löwen bzw. ein Greiftier mit einem riesigen, buschigen Schwanz.

Ein rechteckiges Bleiplättchen von 3,0 x 3,6 cm Größe ist ein Pilgerabzeichen aus Rom. Das besagt einwandfrei die Inschrift im Randstreifen. Sie lautet: SIGNA APOSTOLORUM PETRI ET PAULI; im Mittelfeld sind außerdem die Büsten der beiden Apostel mit ihren Attributen, Schlüssel und Schwert, dargestellt. Die Plakette, die einstmals an den heute fast ganz abkorrodierten Ösen an den Ecken auf einem Pilgergewand oder einem Pilgerhut aufgenäht war, hat im 13. Jahrhundert vielleicht ein Einwohner von Frauenwahl als Beweis für seine Pilgerreise aus Rom mitgebracht.   R. Koch

119 *Frauenwahl. Von oben: Ringfibel, Pilgerabzeichen aus Rom, Bronzeblechbeschlag, Bronzegürtelschnalle. Verschiedene Maßstäbe.*

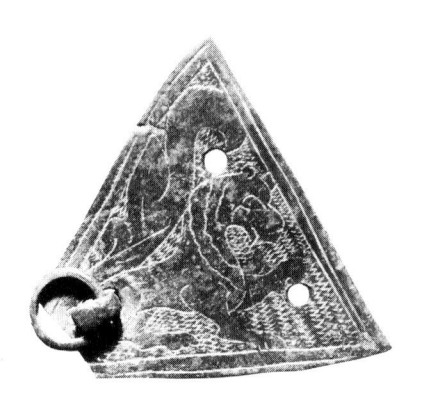

Tönerner mittelalterlicher Brotstempel mit geometrisch-figürlicher Ritzzeichnung von Bach a. d. Donau

Landkreis Regensburg, Oberpfalz

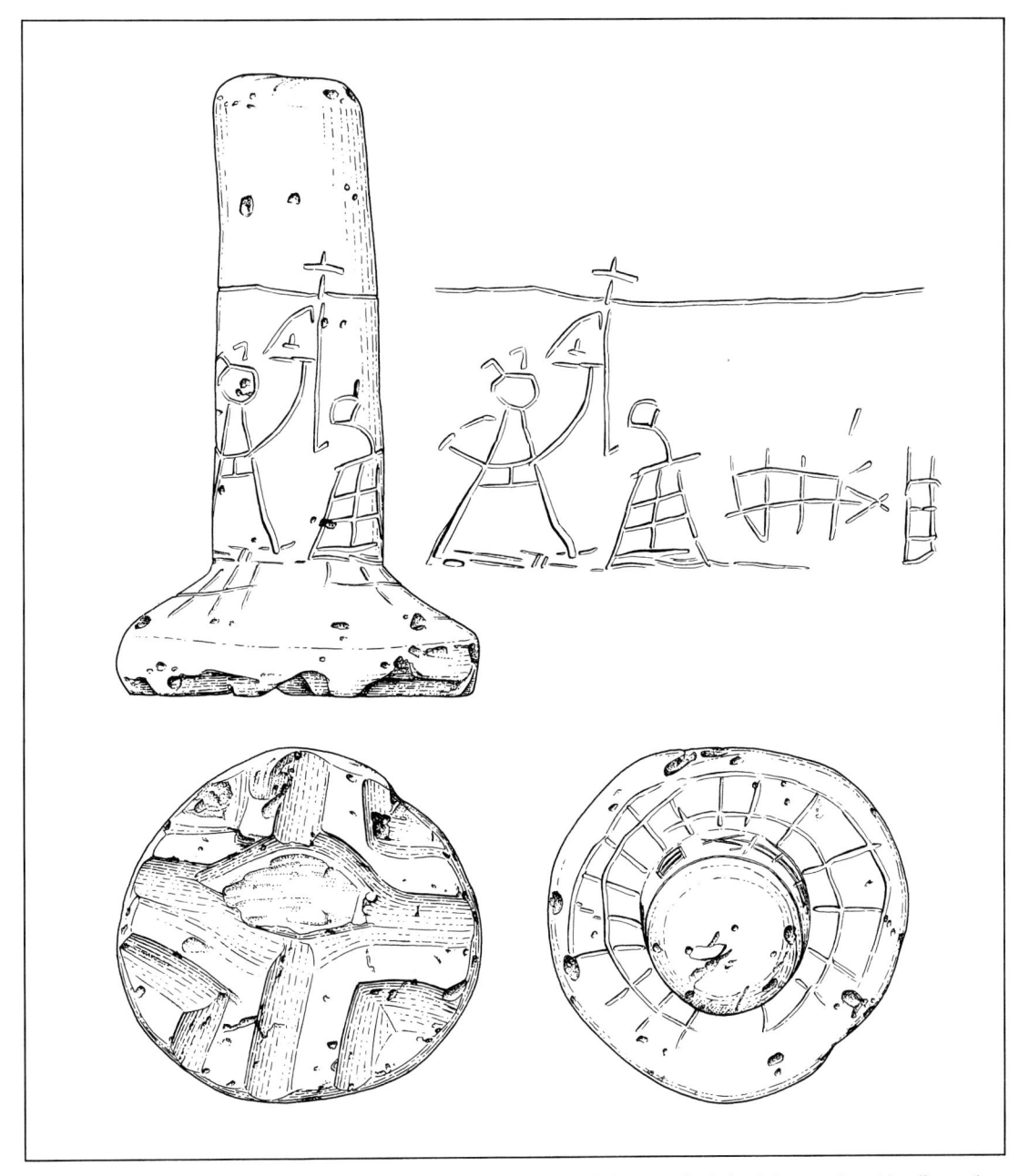

120 *Bach a. d. Donau. Tönerner Brotstempel des Hochmittelalters in drei Ansichten nebst Abrollung des figürlichen Bildstreifens auf dem Griff. Maßstab etwa 3:4.*

Brot ist eine Gabe Gottes und bildete neben Getreidebrei über lange Zeiten und alte Wirtschaftsperioden hinweg die tägliche Hauptnahrung des Menschen. Seit der frühchristlichen Epoche wird es »wie in den Mysterienreligionen als heiliges mit einem Brotstempel, entweder einem einfachen Kreuzzeichen oder anderen christlichen Symbolen« brauchmäßig gezeichnet und geweiht (C. Schneider, Geistesgeschichte der christlichen Antike, 1970).

Ein sehr altes Kreuzmuster, nämlich eine Art Doppelkreuz in grobem Kerbschnitt, zeigt auch die rundliche Platte eines mittelalterlichen Brotstempels, der 1982 am südlichen Donauufer bei Bach unterhalb der Stadt Regensburg gefunden wurde (Abb. 120). Er besteht aus grobgemagertem, ungleichmäßig gemischtem und hartgebranntem Ziegelton von scheckig-rötlicher Färbung; die dicke und flachkonisch ansteigende Stempelplatte geht in einen senkrechten stabrunden Griff von handlicher Länge über. Der Plattenkonus und Unterteil des Griffs tragen eine in Ritz- und Schnittechnik ausgeführte Zeichnung, deren geometrische und figürliche Teile der Gliederung der Stempelform angepaßt sind und oben am Griff durch eine umlaufende Linie begrenzt werden, so daß ein Bildstreifen entsteht: Er enthält über einer gerasterten Basiszone einzelne Rasterzeichen und stilisierte Menschenfiguren, vielleicht auch eine stilisierte Tierfigur. Von den beiden einander zugewandten Menschenfiguren scheint die eine einen bewimpelten Kreuzstab oder eine Fahnenlanze zu tragen, während die andere am Haupt wohl durch Feder- bzw. Helmschmuck und durch erhobene Arme charakterisiert erscheint. Vermutlich sind mit der naiven oder primitiven szenischen Darstellung Krieger oder Ritter gemeint.

Das rundgefaßte Kerbschnittkreuz der Stempelplatte wie auch die flächig-linearen und zu Dreieckzeichen verkürzten Menschenfiguren des Griffteils sind Momente volkstümlich-traditioneller Bildnerei und finden Vergleichsbeispiele aus der Ur- und Frühgeschichte, dem Mittelalter und der Neuzeit Europas; insofern können diese Motive auch als zeitlos-konvergente Elemente primitiver Bildnerei gelten. Zeitgebunden und zeitbestimmend sind dagegen gewisse heraldische Momente der Ritzung wie Wimpel, »Helmzier« und Rasterwerk, die sehr an die bekannten heraldischen Wandkritzeleien des 13./14. Jahrhunderts in der Bündner Burgruine Fracstein erinnern (M.-L. Boscardin u. W. Meyer, Burgenforschung in Graubünden, 1977). Mittelbar datierend wirkt schließlich auch das Material des neuen Fundes von Bach – solche Brotstempel können nunmehr ebenso wie die kerbschnittverzierten Lichtstöcke aus Ziegelton zu den Nebenprodukten der mittelalterlichen Zieglerei gerechnet werden. Und mit den mittelalterlich-neuzeitlichen Zeichen- und Schmuckziegeln sowie Schmuckfliesen zusammen geben diese Produkte ein schönes Zeugnis von traditioneller handwerklicher Zierfreude und naiver Volksphantasie.   R. A. Maier

Die Münchner Stadtmauer am Isartor

Landeshauptstadt München, Oberbayern

Die Schließung einer der letzten Baulücken am Altstadtring zwischen Isartor und Lueginsland gab im Herbst 1984 Gelegenheit zu einer Dokumentation der nur sehr rudimentär erhaltenen spätmittelalterlichen Münchner Stadtbefestigung.

Nur kurze Zeit hatte der hochmittelalterliche Mauerring der leonischen Stadt die rasch anwachsende Bevölkerung beherbergen können, so daß bereits im Jahr 1301 Herzog Rudolf den Rat des Gemeinwesens anwies, »seine Stadt München« zu befestigen und ringsum mit Mauern zu umgeben. Richtig in Gang kam das Unternehmen allerdings erst vom Jahr 1319 an durch Kaiser Ludwig den Bayern. Am zur Isar hingewandten Teil der Stadtwehr scheint zwar schon vor Rudolfs Erlaß gearbeitet worden zu sein, doch war noch bis zum Tode Ludwigs des Bayern eine in der Mitte des heutigen Tals gelegene »porta imma, iuxta Chaltenbach« der östliche Abschluß der Stadt. Erst 1380 wurde der Luger, später Lueginsland, der höchste Turm des Festungsringes, erwähnt. In den unruhigen Zeitläuften des 15. Jahrhunderts schließlich hat man die Stadt mit einer zweiten Befestigung, der vorgelagerten Zwingermauer, versehen.

121 *München, Isartor. 1 Plastische Applikation in Form eines gemodelten Frauenkopfs aus dem äußeren Stadtgraben; 2 gemodeltes Engelsköpfchen aus dem äußeren Stadtgraben; 3 Wandstück mit Rädchendekor aus der Testfläche zwischen Planum 1 und 2; 4 Flachdeckel mit aufgebogenem Rand und ausgehöhltem Knauf aus der Testfläche West zwischen Planum 4 und 5; 5 Bodenstück eines bauchigen Topfes (?), Fundschicht wie 4. Verschiedene Maßstäbe.*

1

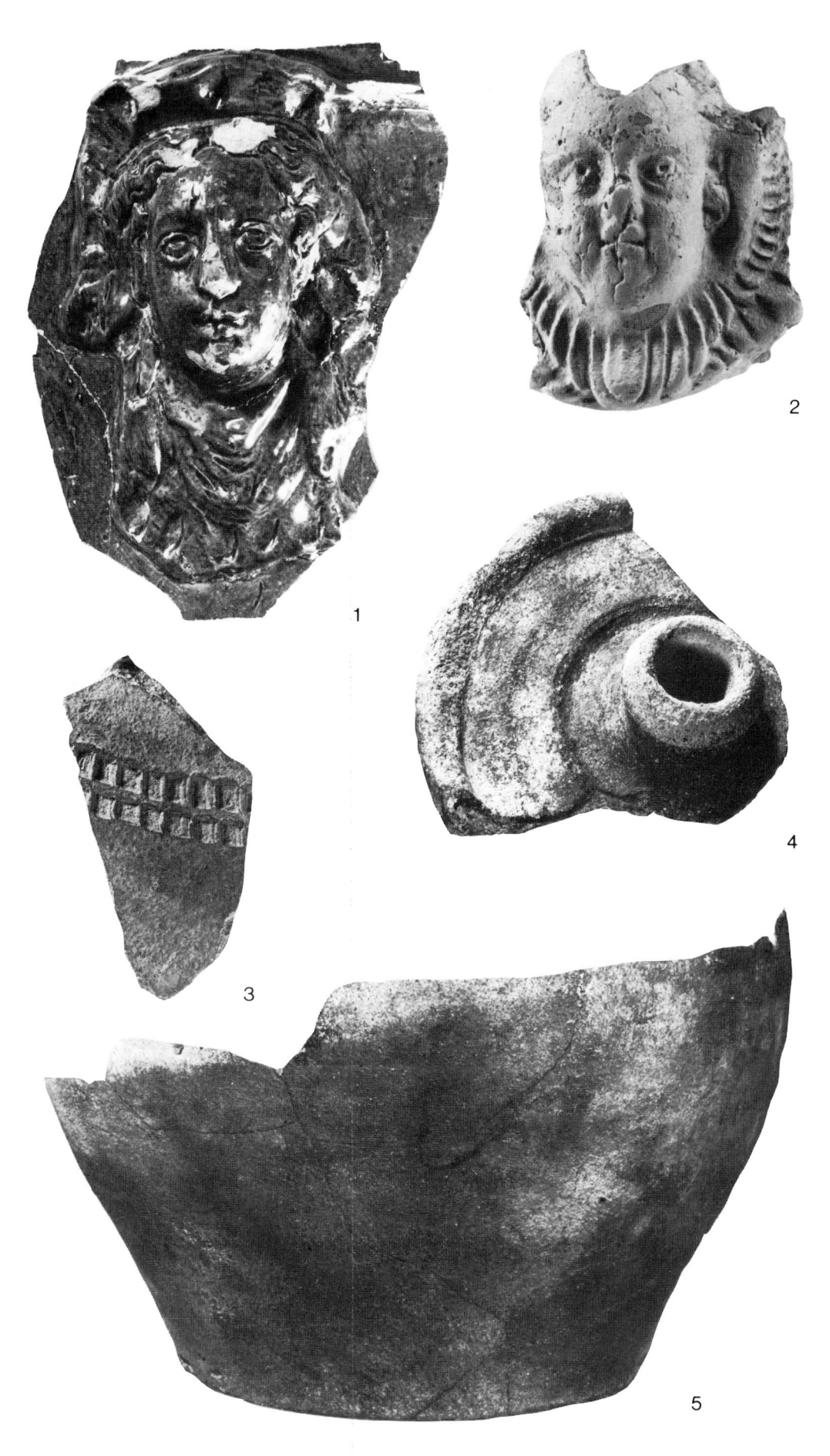

2

3

4

5

167

Auch das Isartor erhielt zu dieser Zeit sein heutiges Aussehen als mächtige Torburg.
Berichte und Darstellungen über die zu Beginn des 19. Jahrhunderts noch weitgehend vorhandene Mauer ergeben folgendes Bild: Die Höhe der inneren Stadtbefestigung, die eine Brustwehr und einen ziegelgedeckten Wehrgang besaß, betrug bei einer Breite von 2 m im Mittel 10 m. Die Zwingermauer maß an der Krone etwa 1 m in der Breite und verlief durchschnittlich 10 m vor dem eigentlichen Stadtwall. Ihre Höhe über dem vorgelagerten Graben, dessen Holzverbauung bei der Ausgrabung zutage kam, ist mit etwa 5 m zu veranschlagen. Bestückt war diese äußere Mauer mit den niederen Zwingertürmen, die so angelegt waren, daß sie jeweils in der Mitte der Zwischenräume der Ringtürme lagen.

Wie nicht anders zu erwarten, bestätigte sich dieses Bild, zumindest was den allein noch zu untersuchenden Untertagebefund betraf, bei der archäologischen Dokumentation. Neben baugeschichtlichen Details, wie der Errichtung aus Nagelfluhbuckelquadern oder der Gründung der Zwingermauer auf dem grauen Kies des alten Stadtgrabens, waren vor allen Dingen die Kleinfunde von Interesse.

Die bei der Grabung gewonnenen Keramikreste sind als Siedlungsfunde zu werten. Zahlreiche Fragmente weisen eindeutige Gebrauchsspuren (unter anderem Abrieb, Ruß) auf. Wenn auch das Material teilweise weit verstreut war, so konnten doch kleinere zusammenhängende Fundkomplexe geborgen werden.

Die ältesten Keramikfunde stammen von der Testfläche West zwischen Planum 4 und 5. Die Scherben sind überwiegend reduzierend, untergeordnet auch oxidierend gebrannt. Glasierte Stücke fehlen vollständig. Hierher ist das Bodenstück eines bauchigen Topfes(?) zu stellen (Abb. 121, 5). Die Bodenstücke weisen häufig Quellränder auf, während die Wandstücke zuweilen mit Drehrillen (Riefenzonen) versehen sind. Ein einziges Wandstück (Abb. 121, 3) ist mit einem rechteckigen Rädchendekor verziert. Die Randstücke lassen teilweise einen sehr einfachen, altertümlich anmutenden Wulstrand erkennen. Daneben wurden schmale Leistenränder sowie mehr oder minder breite Kragenränder (»Karniesränder«) beobachtet. Zur Gefäßkeramik ist ferner ein Flachdeckel mit aufgebogenem Rand und ausgehöhltem Knauf (»Eierbecherdeckel«) zu rechnen (Abb. 121, 4). Die Bau- bzw. Ofenkeramik wird durch Fragmente von Becher- und Schüsselkacheln vertreten.

Diese spätmittelalterliche Ware ist in das 14. Jahrhundert zu stellen, doch kann für Teile dieses Fundkomplexes das 13. Jahrhundert nicht mit Sicherheit ausgeschlossen werden. Das vorliegende Material zeigt eine große Übereinstimmung mit Keramikfunden von der Burg Baierbrunn südsüdwestlich von München, die 1421 zerstört wurde (Arbeit in Vorbereitung). Ein rädchenverziertes Wandstück kam unlängst auf einer Baustelle im Tal (unweit des Isartorplatzes) zutage. Die gleiche Art der Verzierung ließ sich auch an spätmittelalterlichen Scherben von Allmannshofen bei Augsburg beobachten.

Die geologisch-mineralogische Untersuchung des Scherbenmaterials ergab, daß ein Teil davon im Alpenvorland hergestellt wurde. Die Scherben erscheinen weißgesprenkelt, da in den Magerungsanteilen helle Karbonatgeröllchen überwiegen. Diese Kalke und Dolomite sind in den Bayerischen Alpen beheimatet. Weißgesprenkelte Scherben wurden auch im Fundkomplex von der Burg Baierbrunn häufig beobachtet. Es könnte sich hierbei durchaus um ein Erzeugnis Münchner Hafner handeln, doch fehlt hierfür noch der Beweis. Das übrige keramische Material enthält teilweise sehr viel Feldspat (Mikroklin) und wurde aus Niederbayern, vor allem aus der Gegend östlich Landshut, importiert.

Das 15. Jahrhundert ist nicht sicher belegt. In das 16. bzw. 17. Jahrhundert sind reduzierend gebrannte Scherben zu datieren, die an der Oberfläche geglättet erscheinen. Ferner gehören hierher zwei Schüsselreste (oxidierend bzw. reduzierend gebrannt), die auf der Außenseite unter dem Rand deutlich gekehlt sind. Dieser Schüsseltyp liegt inzwischen von Baierbrunn, Wolfratshausen, Dießen, Weilheim und Dasing vor. Auf der Innenseite grün glasierte Schüsselkacheln (Typus Wolfratshausen) sowie Fragmente von grün glasierten, verzierten Blattkacheln ergänzen den Befund.

Ein Werk Münchner Hafner könnte eine plastische Applikation in Form eines Frauenkopfs sein, die auf ein großes Gefäß aufgebracht wurde (Abb. 121, 1). Da das Fragment nur außen grün glasiert ist, liegt wohl der Rest einer großen Blumenvase vor. Besonderes Interesse verdient auch ein kleiner Engelkopf (Abb. 121, 2), der sehr wahrscheinlich als Halbfertigprodukt anzusehen ist und damit ebenfalls aus einer Münchner Werkstätte stammen könnte. Die

Oberfläche ist nur engobiert, nicht aber glasiert. Außerdem weist die Plastik einen Brennriß unterhalb der Nase auf.

Die jüngeren Fundschichten (18. und 19. Jahrhundert) sind durch Keramik reich vertreten. Es liegen zahlreiche Reste von Töpfen, Krügen und Schüsseln vor. Ein Teil der Ware ist sicher einheimisch, d. h. sie wurde im Alpenvorland erzeugt. Ein anderer Teil stammt aus Niederbayern. So weisen unter anderem blauglasierte Fragmente auf den Kröning östlich von Landshut hin.

Braun- und weißglasierte Kacheln des 19. Jahrhunderts mit geometrischem Dekor lassen auf eine Erzeugung im Münchner Umfeld schließen. Zu den jüngsten Funden gehören ferner mehrfarbige Bodenfliesen der Fa. Villeroy & Boch in Mettlach, die auf der Testfläche zwischen Planum 1 und 2 geborgen wurden. Auch Blumentöpfe fehlen nicht.

Vereinzelt wurden im Fundgut auch Reste von Fayence, Steingut, Porzellan und Steinzeug (unter anderem Pfeifenstiele) beobachtet. Unter den Glasfunden sind vor allem Bruchstücke von dünnwandigen Noppengläsern hervorzuheben, die im Stadtgraben außerhalb der Zwingermauer gefunden wurden. Aus der jüngsten Fundschicht stammt schließlich eine Mineralwasserflasche der Fa. Bachmann & Straus in München.

H. Hagn, P. Veit und S. Winghart

Mittelalterliche Funde aus der Latrine eines Regensburger Patrizierhauses

Stadt Regensburg, Oberpfalz

Während der Sanierung des Anwesens Vor der Grieb 1, 3 und 5 wurden im Sommer 1983 bei Aushubarbeiten im Erdgeschoß des Hauses Nr. 3 die Reste einer Unterkellerung mit den oberen Ausmaßen von ca. 3,8 x 2,7 m ausgegraben. Die zu Beginn der bauforscherischen Bestandsaufnahme durch H. Fastje aufgefundenen Teile eines hölzernen Abwurfschachts und die Tatsache, daß der Einbau vier nach innen geschrägte, d. h. sich von oben nach unten verengende Wände besaß, bestätigen die Annahme einer Versitzgrube. Ihre 6,8 m tiefe Grube war zunächst vollständig ausgehoben worden, dann zog man das Mauerwerk mit Hilfe von sechs Gerüstebenen auf, von denen sich die untersten Hölzer aufgrund des überdeckenden Grundwasserspiegels vollkommen erhalten haben.

Von September 1983 bis Oktober 1984 wurde die Latrine im Einvernehmen mit der Außenstelle Regensburg des Bayer. Landesamts für Denkmalpflege systematisch ergraben, wobei Architekt und Baufirma viel Verständnis für die langwierigen Arbeiten zeigten. Materielle Unterstützung gewährte der Sanierungsträger und Hauseigentümer, das Studentenwerk Regensburg, vertreten durch Herrn Nees. An ehrenamtlichen Helfern seien unter anderen Erik Piesch, Eugen Wiedemann und Stefan Ebeling (zeichnerische Fundaufnahme) dankend erwähnt. Das Fundmaterial verbleibt im Museum der Stadt Regensburg.

Nach dem Ausheben von ca. 2 m Bauschutt zeigten sich Kulturschichten mit Einschlüssen von Keramik, Ofenkacheln und Hohlgläsern, die durch einen Nürnberger Heller von 1626 datiert werden können. Darunter folgten relativ trockene, zur Mitte einfallende Abfallschichten mit Keramik, Glas, Brennholzresten, Ziegel- und Bruchsteinen, durchsetzt mit Obstkernen, Aschebändern und Erde. An den Rändern kam Fundmaterial eindeutig älteren Charakters zutage. Nach ca. 2 m tiefer Abgrabung vereinigten sich die an den Rändern der Latrine stehengebliebenen Schichten zu einem durchgängigen Horizont. Aus dem oberen Teil desselben stammt ein Golddukat von Ludwig III., Pfalzgraf bei Rhein (1410 bis 1436). Die eigentliche, oben ausgetrocknete Fäkalie setzte tiefer ein und endete auf einem Bett von Sand, Kies und Bruchsteinen über dem gewachsenen Felsen aus Grünsandstein. Die komplizierte Stratigraphie der Grube läßt in Verbindung mit dem Fundmaterial darauf schließen, daß bei der Aufgabe der Latrine lediglich die letzte Fäkalienschicht im

Innern verblieb. Danach benutzte man die Versitzgrube über einen längeren Zeitraum als Abfallschacht. Auf diese Weise blieben die seitlichen Fäkalienschichten erhalten, während in das Zentrum Abfall verfüllt wurde.

Die reichen Funde an Keramik und Glas erweitern unser Wissen über spätmittelalterlichen und frühneuzeitlichen Hausrat erheblich (Abb. 122). So lassen sich mehrere 100 Töpfe und über 50 Hohlgläser ergänzen. Im Horizont des 16. Jahrhunderts befanden sich an keramischem Inventar vorwiegend grün und ocker glasierte sowie reduzierend gebrannte (graue) konische Henkeltöpfe (»Schüsselhäfen«) und Kochtöpfe. Die Hauptmasse der Gläser setzt sich aus Krautstrünken und nuppenbesetzten Stangengläsern zusammen, daneben fanden sich doppelkonische Stülp- oder Stauchflaschen und Kuttrolfe. Herausragend sind die Funde eines konischen Bechers mit Emailmalerei in venezianischer Art und ein sogenannter Vogelnestpokal aus Waldglas. Beide Stücke dürften um 1530 bis 1550 entstanden sein, so daß die Auffüllung der Latrine um die Mitte oder in der zweiten Hälfte des 16. Jahrhunderts stattgefunden haben muß. Nur wenige Tongefäße weisen den für Regensburg in der zweiten Hälfte des 15. Jahrhunderts so charakteristischen Dreiecksrand auf. Vielmehr dominiert die Ware des frühen 15. und späten 14. Jahrhunderts mit Kremp- und Kragenrand, wie sie im Regensburger Hafenviertel Prebrunn in mittelalterlichen Bruchgruben belegt ist. Beim keramischen Inventar überwiegt ein breitmundiger und unglasierter Topftypus, der dem Anschein nach wohl seltener zum Kochen herangezogen wurde. Auffallend ist die große Fülle innen grün glasierter Gefäße (Töpfe, Krüglein, Trinknäpfe, Kannen) in diesem Horizont, die man bisher durchwegs zu spät datierte. Neben zahlreichen Schüsselkacheln sind zwei grün glasierte gotische Maßwerkkacheln zu erwähnen. Möglicherweise gehört zum gleichen Kachelofen des 14. Jahrhunderts eine balusterförmige Konsole mit Frauenköpfen in Kruselerhauben. Als seltenere Gefäßtypen können Schenkkannen, Kleeblattkrüglein, Bügelkannen, Plutzer, Lampenschalen, Näpfe und Bügeltöpfe gelten. An Gläsern begegnen in diesem älteren Horizont große schwere Krautstrünke aus Waldglas, zierliche Becher mit kleinen Noppen (teilweise aus entfärbtem Glas), Stülpflaschen und eine größere Menge von farblosen, trichterförmigen Flaschenhälsen mit blauer Glasfadenumwicklung.

Schließlich sei noch ein venezianisch anmutendes farbloses Glas in der Art des »Basler Typus« mit blauen geknifften Fadenauflagen genannt, das sicher dem 14. Jahrhundert angehört.

An sonstigen Funden sind Holzgefäße und Metallgegenstände (unter anderem Küchenmesser, Stecknadeln) erwähnenswert. Unter den Lederfragmenten befinden sich zwei Pantinen (Strippen) mit hochhackigem Holzabsatz. Viele Knochengeräte (Kamm, Beinringlein, Spielwürfel, Spachtel) mögen im Haus selbst entstanden sein, wie zahlreiche Rohprodukte und Abfälle vermuten lassen. Hinzu kommen Filz- und Stoffreste. Die unzähligen Obstkerne, Samen, Essensreste und Tierknochen werden nach ihrer Auswertung etwas über Art und Schwerpunkt der Ernährung der Bewohner dieses Hauses aussagen können. Die Besitzernamen ließen sich bisher noch nicht ermitteln. Als Nachbarn von Patriziern wie den Gravenreuther dürften sie jedoch – zumindest noch im 14. Jahrhundert – einer reichen Familie angehört haben. Eingeritzte Hausmarken(?) auf Becherböden und ca. 30 Warenplomben aus Blei mit einem Stern im Wappen werden vielleicht Hinweise zur Ermittlung geben.

V. Loers

122 *Regensburg, Vor der Gieb 3. Hausrat aus der Latrine eines Regensburger Patrizierhauses, 14. Jh. bzw. um 1400. Der Vogelnestpokal links sowie die Gläser rechts – Pilgerflasche, Becher mit Emailmalerei, Nuppenglas – stammen aus dem 16. Jh. In der Mitte hinten die mit Frauenköpfen geschmückte Konsole eines gotischen Kachelofens.*

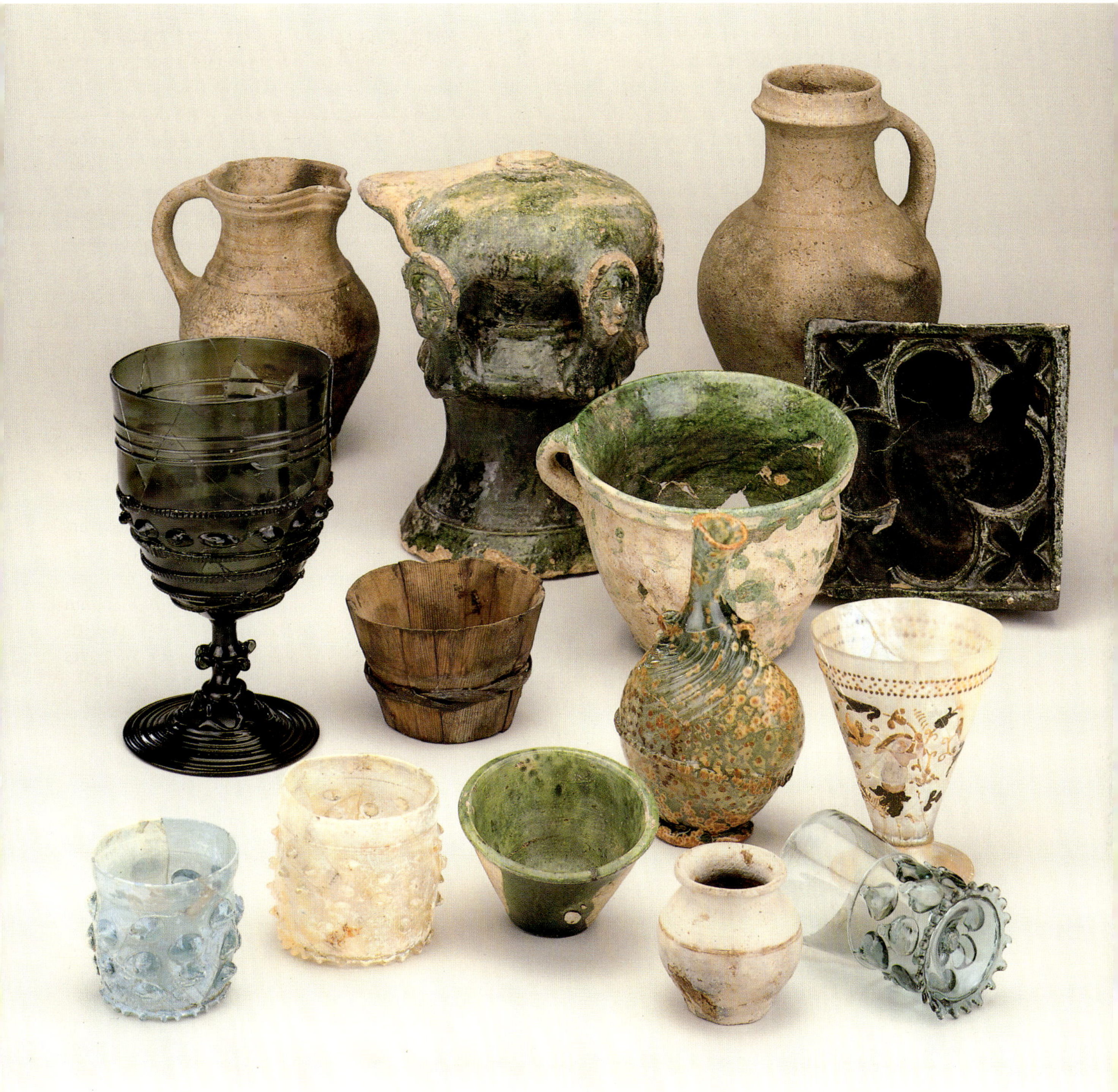

Stadtkerngrabungen in Amberg

Stadt Amberg, Oberpfalz

In der Altstadt von Amberg konnten 1984 vor der Neugestaltung des Eichenforst-Platzes neben der »Alten Veste« zwei Testflächen untersucht werden. Dabei kamen die Steinfundamente von mehreren spät- und nachmittelalterlichen Häusern zum Vorschein (Abb. 123). Innerhalb des einen Hauskomplexes lag ein mit Steinen ausgekleideter viereckiger Latrinenschacht, aus dessen Füllung ca. 70 weitgehend erhaltene Keramikgefäße sowie Scherben von Glasbechern und mehreren Flaschen geborgen wurden. Durch die ständig feuchte Lagerung hatten sich im unteren Teil der Schachtfüllung auch einige Holzgefäße erhalten. Der reichhaltige Fundbestand aus den Jahrzehnten um 1500 vermittelt erstmals ein anschauliches Bild von dem in Amberg während des ausgehenden Mittelalters benutzten Gebrauchsgeschirr.

Von großer Bedeutung ist ferner, daß in den älteren Planierschichten außer den in früheren Jahrzehnten schon oft beobachteten Eisenschlacken auch Reste der Holzbebauung aufgefunden wurden, die sich im Grundwasser erhalten hatten. Die wenigen Keramikfunde aus diesen älteren Planierschichten reichen in romanische Zeit zurück. Genaueres wird sich erst nach der Aufarbeitung des Fundmaterials sagen lassen. Zusätzliche Aussagen ermöglichen voraussichtlich die geplanten dendrochronologischen Untersuchungen der Bauhölzer.

Eine zweite Grabung wurde seit dem Spätsommer im Innenhof des Rathauses durchgeführt, wo ebenfalls ein mittelalterlicher Abfallschacht zutage kam, und zwar ein runder Schacht von ca. 2 m Durchmesser, der gleichfalls mit einem Mantel aus Bruchsteinen versehen war. Noch knapp 5 m tief enthielt er neben drei Dutzend ganzen Gefäßen und vielen Keramikscherben eine große Menge von Früchten und Samen sowie Tierknochen. Außerdem fanden sich etliche Lederabfälle, darunter Verschnitt, und ungewöhnlich viele Reste von Blechen, aus denen man runde Scheiben, offenbar für Knöpfe oder Zierniete, herausgestanzt hatte. Anscheinend warfen die in den Verkaufsläden im Erdgeschoß des Rathauses tätigen Handwerker ihre Abfälle teilweise in den Schacht. Soweit sich anhand der Keramik und der Scherben von Glasgefäßen, besonders von Bechern mit kleinen Noppen, bisher sagen läßt, wurde der Latrinenschacht im Rathausinnenhof im späten 14. Jahrhundert angelegt und bis weit in das 15. Jahrhundert benutzt und langsam zugefüllt.

Während der Wintermonate fanden im Vorgriff auf künftige Umbauarbeiten im Untergeschoß des Rathauses archäologische Untersuchungen in den gewölbten Kellerräumen statt. Die Keller stammen im Kern wohl aus gotischer Zeit, wurden später aber vielfach verändert, so daß die genaue Abfolge der Umbauten recht schwierig zu beurteilen ist. Im 17. und 18. Jahrhundert hat man die Keller langsam mit Abfällen, wohl weitgehend dem Kehricht aus dem Rathaus, aufgefüllt.

Durch sorgfältiges Sieben des Schuttes wurden beim Ausräumen selbst die kleinsten Fundstücke geborgen, so unter anderem ca. 50 Münzen, die überwiegend aus dem 17. und 18. Jahrhundert stammen. Unter den reichlich geborgenen Keramikscherben sind z. B. figürlich verzierte Ofenkacheln sowie ein glasierter Henkeltopf mit einem Dekor aus Rautenstempeln zu nennen. Daneben tritt etwas seltener Steinzeug auf, darunter einige Scherben von Apostelkrügen aus Creußen. Eine Überraschung bildeten aber die zahllosen Bruchstücke von Tabakspfeifen aus Keramik. Die meisten davon bestehen aus weißem Ton, einzelne sind gelb oder grün glasiert. Viele Pfeifenköpfe sind mit einfachen Ornamenten geschmückt, einige darüber hinaus zu Gesichtern oder gar bizarren Fratzen ausgestaltet. Fratzenköpfe kommen auch in der zweiten Gruppe von Pfeifen mehrfach vor, die nicht weißtonig sind, sondern durch den Brand eine schwarze oder graue Farbe erhielten. Während an den weißtonigen Pfeifen, die in Holland und in mehreren Werkstätten des Rheinlandes als Massenware produziert wurden, sich meistens die Fugen der zweiteiligen Klappmodel abgedrückt haben, sind solche Merkmale an den dunklen Pfeifen bisher kaum zu beobachten. Anscheinend handelt es sich bei einem Teil von ihnen um handgeformte Arbeiten. Es gilt deshalb zu überprüfen, ob diese dunkel gebrannten Tabakspfeifen aus einheimischen Amberger Hafnereien stammen. Namensstempel oder Monogramme, wie sie an den niederländischen weißen Tonpfeifen häufig zu beobachten sind, wurden an den dunklen Pfeifen noch nicht festgestellt.

R. Koch

123 Amberg. Grabungsfläche von Osten. Aufnahme am 9. 8. 1984.

Eine Hafnerwerkstätte des 16. bis 20. Jahrhunderts aus Dießen am Ammersee

Landkreis Landsberg a. Lech, Oberbayern

Seit einigen Jahren rückte der Markt Dießen durch umfangreiche Bodenfunde in das Blickfeld der Keramikforschung, wobei vor allem dem gesicherten Nachweis einer handwerklichen Fayenceproduktion des 17. Jahrhunderts eine überregionale Bedeutung zukommt.

Der vorliegende Bericht behandelt die Ergebnisse einer Notbergung, die dem Abbruch des letzten, bis dahin denkmalgeschützten Hafnerhauses mit noch erhaltenem Brennhaus in Dießen, Prinz-Ludwig-Straße 11, vorausging. Die Möglichkeit der Sicherung von Funden verdankt der Verfasser den Auflagen der bayerischen Bodendenkmalpflege. Die Bergung des Fundmaterials wäre ohne die Hilfe von Professor H. Hagn, München, und seinen Mitarbeitern nicht im erforderlichen Umfang möglich gewesen. Beiden Seiten sei an dieser Stelle herzlich gedankt.

Für das besagte Grundstück gibt es archivalische Belege, daß dort seit der ersten Hälfte des 17. Jahrhunderts bis 1976 15 Hafnergenerationen tätig waren.

Ein Probestich im Brennhaus, das keinen Brennofen mehr enthielt, erbrachte unterhalb des Keramikplattenbodens eine kompakte Scherbenfüllung. Nach Abbruch des Brennhauses wurde dessen Standort zum Teil flächenmäßig freigelegt. Dabei kam der Feuerraum (Hölle) eines Brennofens zutage, der vollständig mit Keramikscherben angefüllt war. Die Maße der erhaltenen Mauern ergeben für den Brennofen eine Länge von 2,7 m, eine Breite von 1,3 m im Norden und eine Breite von 1,5 m im Süden. Es könnte sich also um einen stehenden Ofen mit rechteckigem, leicht konischem Grundriß und einem Volumen von ca. 5 cbm gehandelt haben. Das Fundmaterial des Feuerraumes setzt sich aus Werkstattbruch des 18. Jahrhunderts zusammen. Charakteristisch sind folgende Formen: Waschschüsseln mit innerer Seifenmulde, Schüsseln mit Krempand, flache Schüsseln mit waagrechter Fahne, Schüsseln mit durchgehender Mulde, senkrecht aufsteigendem Rand und gegenständigen gemodelten Griffen. Zur Schicht des Feuerraumes gehören auch Fayence-Godenschalen. Belegt sind ferner Fertig- und Halbfabrikate von Mineralwasserflaschen sowie Apothekergefäße mit Fayenceglasuren. Neben Gefäßen enthielt die Füllung des Feuerraumes auch Brennhilfsmittel: Brennkapseln, Einlegeplatten, frei gedrehte Einbaustützen, Setzleisten und Dreispitze.

Die Tatsache, daß der Feuerraum zuunterst Material des 17. Jahrhunderts enthielt, läßt darauf schließen, daß der Brennofen an dieser Stelle über mehrere Generationen bis zur Einfüllzeit mit Material des 18./19. Jahrhunderts genutzt wurde.

Das Fundspektrum außerhalb des Brennhauses erstreckte sich von industriell gefertigten Kacheln mit Jugendstilornamenten aus der Zeit des letzten Ofensetzers bis zurück ins 16. Jahrhundert, wobei die archäologischen Zeugnisse eine noch längere Hafnertradition als die Archivalien beweisen.

Eine der wenigen ungestörten Schichten riß der Bagger beim Anlegen eines Entwässerungsgrabens an. In 1,5 m Tiefe war die Sohle einer Grube (Brunnen?) deutlich faßbar. Auf ihr kamen die Reste von mehreren Trinkgläsern (Abb. 124) zutage: zwei Krautstrünke, ein Stangenglas mit Noppen und eine Kanne mit gefaltetem Ausguß. Darüber lag eine 60 cm mächtige Schicht aus Tongefäßscherben. Dieser Keramikkomplex, der aus Mangel an genau datierbaren Vergleichsfunden im südwestoberbayerischen Raum nur ganz allgemein ins 16. Jahrhundert datiert werden kann, zeigt folgende Merkmale: Technologisch betrachtet handelt es sich um reduzierend bzw. oxidierend gebrannte, weiß engobierte und grün glasierte Ware. Vereinzelt fanden sich darunter auch Schrühbrände mit dem typischen Dießener Fayencescherben. Überraschend hoch ist der Anteil an weiß engobierten Gefäßen. Ein Teil der reduzierend gebrannten Ware weist sekundäre Schwärzung auf. Grün glasierte Gefäße treten in den Hintergrund. Wie bei allen Werkstattbruchgrubenfunden ist auch hier der selektive Charakter, bedingt durch Ausschußware, zu berücksichtigen.

124 *Dießen am Ammersee. Glasbecher.*

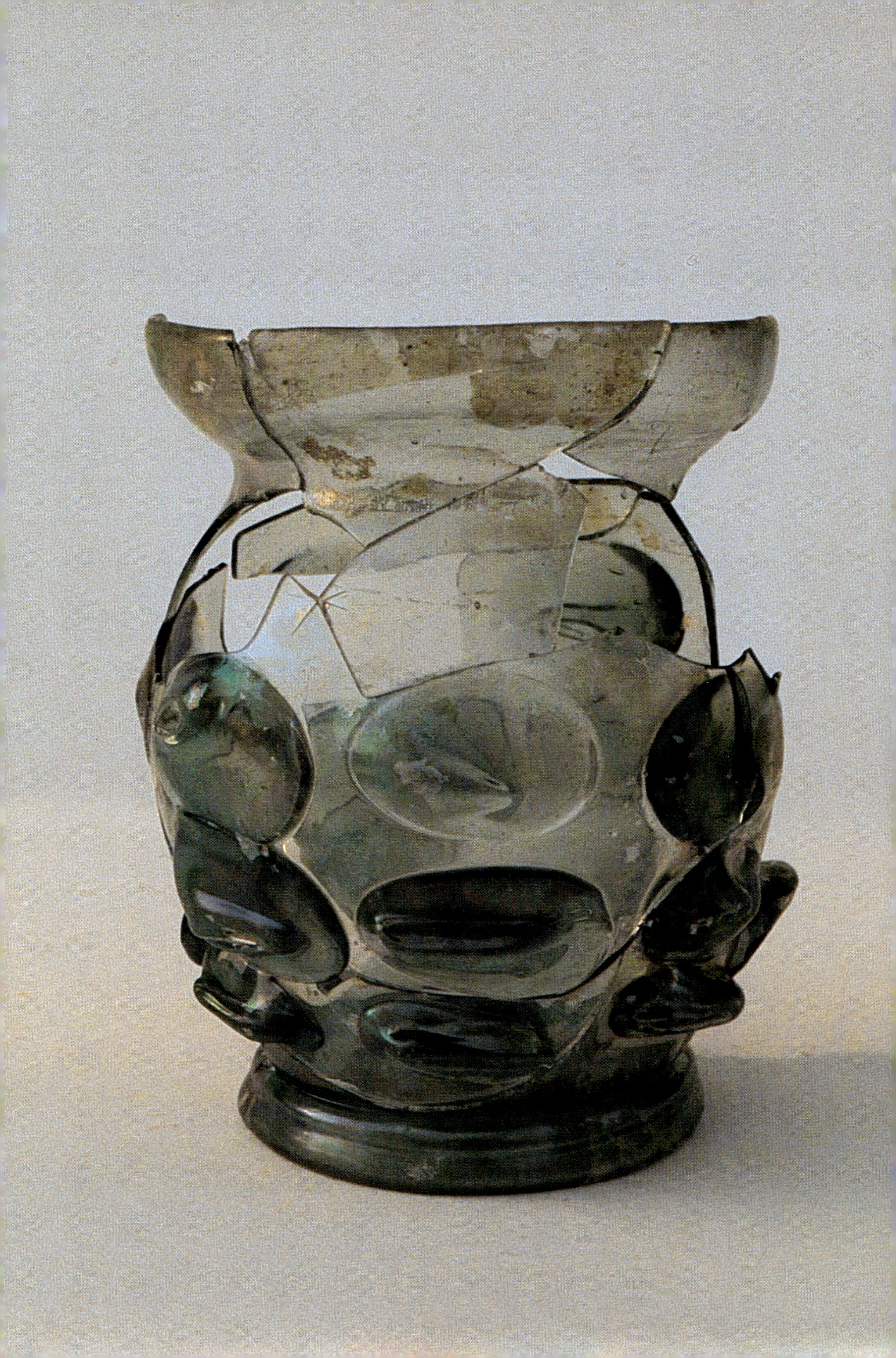

Typologisch gesehen fanden sich zwei unterschiedliche Formen vierzipfliger Schüsselkacheln und plastisch verzierte Blattkacheln. Die Gefäßkeramik setzt sich vorwiegend aus Topf- und Henkeltopfformen mit Kragen-, Komposit- und Dreiecksrändern zusammen, die sowohl oxidierend als auch reduzierend gebrannt vorkommen. Bei den Schüsseln herrscht eindeutig die Form mit durchgehend gebauchter Wandung und leicht nach außen geneigtem, langgestrecktem Dreiecksrand vor, deren reduzierend und oxidierend gebrannte Ausführungen innen geglättet sein können.

An verschiedenen Stellen des Grundstücks konnte auch Material des 17. bis 20. Jahrhunderts geborgen werden. Darunter befanden sich neben der üblichen bleiglasierten Ware auch malhorndekorierte Schüsselfragmente, deren älteste Stücke entweder braun oder weiß engobiert und mit reichen und stark stilisierten floralen Dekoren im Stil der Renaissance verziert sind.

Die geborgenen Fayencen stammen eher aus der zweiten Hälfte des 17. Jahrhunderts und reichen bis ins 18. Jahrhundert. Verblüffende formale und dekorative Übereinstimmungen der Fayencen mit anderen zeitgleichen Dießener Produktionen lassen aber deutlich erkennen, daß es einen lokalen Dießener Fayencemalstil gegeben hat, der sich vor allem in Spiral- und Tulpenmotiven auf Schüsseln und Krügen ausdrückt. Gleichzeitig oder später kam es in der untersuchten Werkstatt aber zu eigenen Malstilen und Motiven. Neben Fayenceschüsseln, Godenschalen, sechsfach gedrückten Krügen und runden bauchigen Krügen mit springenden Hirschen und floralen Motiven in allen vier Scharffeuerfarben spielten in der Fayenceproduktion dieses Grundstücks die Apothekergefäße mit Blattkranzkartuschen eine bedeutende Rolle. Auf dem Anwesen Prinz-Ludwig-Straße 11 stand das letzte Hafnerhaus mit eigenem Brennhaus in Dießen, das 400 Jahre Keramikgeschichte als Werkstattgeschichte verkörperte. Daraus hätte man mehr lernen können als aus mancher Museumssammlung, wäre eine planmäßige Untersuchung und nicht nur eine Notbergung möglich gewesen. W. Lösche

Ein Keramikfund aus dem 17. Jahrhundert in Wolfratshausen südlich München

Landkreis Bad Tölz-Wolfratshausen, Oberbayern

Am 5. Februar 1984 entdeckte P. Veit im Bereich der Baustelle der neuen oberen Loisachbrücke (»Johannisbrücke«) einen mit keramischen Scherben gespickten Aushub. Da Brennhilfsmittel und Halbfertigprodukte (Schrüh- und Fehlbrände) die Werkstattbruchgrube einer ehemaligen Hafnerei anzeigten, wurde die Fundstelle wiederholt besucht. Dabei bot sich auch die Gelegenheit, die Scherbenlager an Ort und Stelle zu untersuchen. Die Hauptfundschicht, die durch einen Bagger freigelegt wurde, lag in 2,0 bis 2,2 m Tiefe. Das Gewicht des Fundguts dürfte ca. 2 Tonnen betragen. Bei den Grabungsarbeiten leisteten G. Fuchs, cand. geol. K.-H. Kirsch und J. Wührl wertvolle Mitarbeit. Herr H. Ryll von der Straßenmeisterei Wolfratshausen unterstützte die Arbeiten durch seine verständnisvolle Nachsicht.

Der umfangreiche Fundkomplex setzt sich aus Geschirrkeramik, Sonderformen, Ofenkeramik und technischer Keramik zusammen.

Die Geschirrkeramik ist überwiegend oxidierend gebrannt und meist glasiert. Ein kleinerer Teil des Geschirrs liegt reduzierend gebrannt vor. In beiden Fällen handelt es sich um Irdenware. Das Geschirr diente teils dem täglichen Gebrauch in bürgerlichen und bäuerlichen

125 *Wolfratshausen. 1 Fragment eines grün glasierten Tintenzeugs mit eingeritzter Jahreszahl 167(6); 2 Gesimskachel mit Engelskopf und Akanthusdreisproß; 3 Henkeltopf mit geflochtenem Henkel, außen und innen grün glasiert; 4 Torso einer halbplastischen Judith, linker Arm mit Kopf des Holofernes abgebrochen, grün glasierter Teil einer Ofenbekrönung; 5 transparent glasiertes Sauggefäß; 6 Fragment eines grün glasierten Lavabos mit IHS im Blätterkranz. Verschiedene Maßstäbe.*

1

2

3

4

5

6

177

Haushalten (z. B. Henkeltöpfe, Milchschüsseln, Stielpfannen, Vorratsgefäße), teils war es mehr für die häusliche Repräsentation bestimmt. Hierzu gehören kleine und große, flache und tiefe Schüsseln bzw. Teller, deren randlich angebrachte Ösen ein Aufhängen in Küche und Stube ermöglichten. Ferner wurden Fragmente von Krügen, Kannen und Enghalsflaschen mit kunstvoll geflochtenen Henkeln gefunden. Da die Scherbenfarbe der oxidierend gebrannten Ware (grau und rot in verschiedenen Tönungen) nicht mehr ansehnlich war, wurde sehr häufig eine weiße flächendeckende Engobe verwendet. Die vorherrschende Glasurfarbe ist grün, doch wurde, vor allem bei Kochtöpfen, auch manganbraun beobachtet. Die einfache Ware zeigt sich nur innen glasiert, während Gefäße des gehobenen Bedarfs sowohl innen als auch außen Glasur tragen.

Auf die Gestaltung der Schüsseln wurde große Sorgfalt verwendet. Die Fahnen zeigen sich häufig mit eingeritzten Wellenbändern geschmückt, während Rollstempeldekor zurücktritt. Die meisten Verzierungselemente wurden mit dem Malhorn aufgetragen, wobei weißer Schlicker eine große Rolle spielte. Unter der durchscheinenden grünen Glasur erscheinen die nicht verzierten Flächen dunkelgrün, während sich die bemalten Stellen hellgrün abheben. Ein kleinerer Teil der Schüsseln weist eine mehrfarbige Bemalung (z. B. rot, braun, grün) auf.

Besonders hervorzuheben ist noch der »gefladerte« Dekor, der durch das Verziehen von verschiedenfarbigen, übereinanderliegenden Engobeschichten (meist weiß und rot) mit einem spitzen Gegenstand, z. B. einer Borste, in noch feuchtem Zustand erzeugt wird. Daneben ist Spritz- und Tupfendekor zu beobachten. Auch marmorierte Schüsseln fehlen nicht.

Beim Malhorndekor überwiegt die einfache lineare Ornamentik (Linien, Wellenlinien, laufender Hund, Spiralen, Schrägstriche, Punkte), doch kommen auch Arkaden, Girlanden, Bogenpyramiden und Gittermuster vor. Weniger häufig finden sich florale Motive (Ranke, Blatt, Schote, Blume, »Lebensbaum«). Figürliche Darstellungen sind sehr selten (Doppeladler, springender Hirsch, Vogel, Kirche mit gotischem Turm). Auch das Segenszeichen IHS ist mehrfach überliefert.

Die Oberfläche einiger Krüge trägt einen Sandanwurf. Humpenartige Trinkgefäße weisen Eindrücke rhombischer Handstempel auf. Dagegen erscheinen rote und braune Engobestreifen auf der Schulter von außen unglasierten Henkeltöpfen geradezu schlicht und bescheiden.

Das reduzierend gebrannte Geschirr wird hauptsächlich durch Henkeltöpfe und Schüsseln repräsentiert, wobei letztere unter dem äußeren Rand mehr oder weniger tief gekehlt sind. Zahlreiche Gefäße weisen Glättungsspuren auf. Reoxidierte Fehlbrände belegen eine Herstellung auch dieser Ware in Wolfratshausen.

Unter den Sonderformen ist ein Fragment eines grünglasierten Tintenzeugs hervorzuheben, in das die Jahreszahl 1676 geritzt wurde (Abb. 125, 1). Daneben sind Miniaturgefäße (Kinderspielzeug), Öllämpchen, ein Räuchergefäß(?), eine große Gluthaube sowie ein bügelkannenähnliches Sauggefäß (Abb. 125, 5) zu nennen. Dickwandige Fragmente eines Lavabos tragen plastische Applikationen (IHS, Heiligenfiguren) (Abb. 125, 6).

Die Ofenkeramik wird durch überwiegend grünglasierte Blatt- und Schüsselkacheln vertreten. Die Blattkacheln weisen häufig einen geometrischen Dekor (z. B. Flecht- und Bandwerk) auf. Auch florale Motive sind reichlich vertreten (z. B. Granatapfel, teilweise aufgesprungen, Fruchtgehänge mit Trauben, Akanthusfriese). Die figürlichen Darstellungen entstammen überwiegend dem religiösen Bereich (Jesus, Maria, Heilige, Engel, Judith mit dem Haupt des Holofernes, Abb. 125, 2.4). Auf die höfische Umwelt können eine Lautenspielerin sowie eine elegant gekleidete weibliche Figur bezogen werden. Auch Fragmente von Musica-Kacheln (Positivorgel, Posaune) fehlen nicht. Zum Bildschatz gehören ferner Fabelwesen, Löwen, Masken sowie die allegorische Darstellung einer Justitia mit Richtschwert und der Waage der Gerechtigkeit.

Unter technischer Keramik sind Brennhilfsmittel wie Einlegeplatten, Röhrenständer, Setzleisten und Dreifüßchen zu verstehen. Sie sind meist mit Glasurspritzern bedeckt. Auch Schlacken konnten massenhaft geborgen werden.

Auf einen möglichen Handel mit fremden Geschirren lassen Fayencefunde (Dießen, Wengen, Salzburg) schließen. Aus Obernzell bei Passau stammen zwei graphithaltige Schmelztiegel. Selbst Irdenware aus dem Kröning östlich Landshut fehlt nicht.

Die Hauptfundschicht ist zweifellos in das 17. Jahrhundert zu stellen. Herr Archivar Qu.

Beer, Wolfratshausen, lieferte inzwischen archivalische Hinweise auf das Hafneranwesen Johannisgasse 9, das sich in unmittelbarer Nähe der Fundstelle befand. Da auch aus jüngeren Fundschichten (18. und 19. Jahrhundert) reichlich keramisches Material geborgen wurde, kann auf eine Kontinuität des Hafnerhandwerks in Wolfratshausen geschlossen werden. Die Bedeutung des Fundes liegt zum einen in der Vorlage einer bis heute unbekannten Produktion aus dem 17. Jahrhundert, zum anderen in dem überraschenden Nachweis von malhornverzierten Geschirren in einer oberbayerischen Werkstattbruchgrube.   H. Hagn und P. Veit

Neuzeitliche Keramikfunde in Weilheim

Landkreis Weilheim-Schongau, Oberbayern

Auf Veranlassung des Bayer. Landesamts für Denkmalpflege wurde die Baustelle des Kaufhauses Rid in Weilheim in den Monaten November und Dezember 1984 wiederholt besucht. Dabei konnten an vier Stellen mehr oder minder umfangreiche Keramikkomplexe geborgen werden. Die Baustelle liegt im Nordwesten der Stadt Weilheim (Schmiedstraße), und zwar teils innerhalb, teils außerhalb der Stadtmauer.
Komplex I: Im Südostteil der Baustelle, südlich und damit noch innerhalb der Stadtmauer, wurde ein Sickerschacht angebaggert, der eine mehrere Zentimeter dicke Scherbenlage enthielt. Es kamen vor allem Fragmente von innen glasierten Henkeltöpfen und Schüsseln ans Tageslicht. Ein Teil ist mit dem Malhorn verziert. Einige Fragmente erscheinen unglasiert und erwecken den Eindruck von Schrühbränden, der durch eine weiße Engobe noch verstärkt wird. Auch Reste grünglasierter, verzierter Blattkacheln stellten sich ein. Neben Westerwälder Steinzeug konnten auch Bruchstücke eines vorwiegend blau und gelb bemalten Fayencetellers geborgen werden. Der Komplex I ist wohl in das 18. Jahrhundert zu datieren.
Komplex II: Der Fundplatz lag im Nordwestteil der Baustelle, noch innerhalb der neuen Hausmauern. Er befand sich damit bereits außerhalb der Stadtmauer. Die Fundschicht erschien durch frühere Erdbewegungen gestört. Sie enthielt zahlreiche Fragmente von unglasierten Schüsseln, die auf der Außenseite unter dem Rand gekehlt sind (Abb. 126). Da untergeordnet auch auf der Innenseite glasierte Schüsselreste auftreten, liegen hier offensichtlich Schrühbrände vor. Ähnlich gekehlte Schüsseln konnten inzwischen in München (Isartorplatz, vgl. S. 166 ff.), Baierbrunn, Wolfratshausen, Dießen und Dasing nachgewiesen werden. Auch von der Grabung Burg Wittelsbach bei Aichach sind entsprechende Reste bekannt.
Ziemlich häufig sind ferner Fragmente von verhältnismäßig kleinen und ebenfalls unglasierten Schüsselkacheln, deren Außenränder gebogen verlaufen. Durch dieses Merkmal unterscheiden sie sich von entsprechenden Funden in Wolfratshausen, die einen geraden Außenrand aufweisen. Da nur sehr wenige Bruchstücke auf der Innenseite grün glasiert bzw. reduzierend gebrannt sind, darf der größte Teil der Funde gleichfalls als Schrühbrand gewertet werden.
Besondere Beachtung verdient ein unglasierter Henkel, der auf beiden Seiten mit Druckmulden versehen ist. Derartige »getupfte« Henkel (Abb. 127, 4) sind vor allem in älteren Fundschichten anzutreffen.
Die Ränder von Henkeltöpfen weisen häufig einen mehr oder minder scharfen Dorn auf (s. unten). Einige wenige reduzierend gebrannte Scherben lassen Glättungsspuren erkennen. Das Fundgut wird ferner durch Bruchstücke von Öllämpchen bereichert. Malhornverzierte Ware ist zwar nicht sehr häufig, doch lassen die einzelnen Fragmente Vergleiche mit Funden von Wolfratshausen und aus dem Haarsee östlich von Weilheim (Geschenk von J. Müller, München) zu.
Der Fundkomplex II kann ohne Bedenken in das 17. Jahrhundert datiert werden.
Komplex IV: Die Keramikreste wurden ebenfalls im Nordwestteil der Baustelle, jedoch außerhalb der neuen Hausmauern geborgen. In diesem Komplex zeigen zahlreiche Fehlbrände sowie eine Brennunterlage in Form eines Dreifußes eine lokale Produktion an. In der Fundschicht sind Fragmente von Henkeltöpfen ziem-

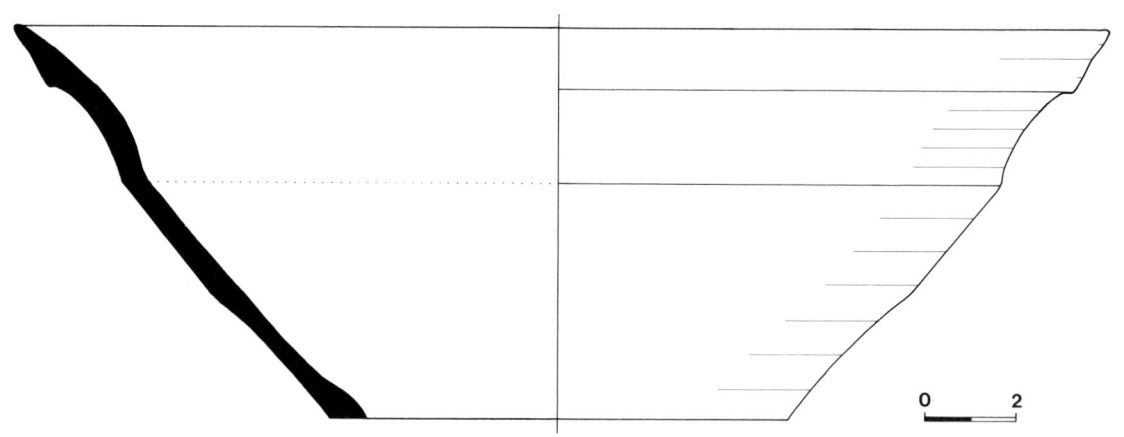

126 *Weilheim, Komplex II. Gekehlte Schüssel, zeichnerische Rekonstruktion.*

lich häufig, deren Ränder nach außen spitz zulaufen (Abb. 127, 5.6). Sie sind auf der Schulter mit mehreren weißen Engobestreifen verziert. Die Gefäße erscheinen nur auf der Innenseite, und zwar nur im obersten Teil glasiert. Die gekehlten Henkel sind auf der Unterseite mit einer Druckmulde versehen. Henkeltöpfe dieser Art liegen inzwischen aus dem Tegernsee und Starnberger See als Tauchfunde vor (Abb. 127, 7). Sie können demnach auf eine Weilheimer Produktion bezogen werden. Lokaler Entstehung sind ferner Bruchstücke großer, grün glasierter Schüsseln. Malhornverzierte Ware tritt stark zurück. Zu erwähnen ist vor allem der Spiegel einer mit dem IHS verzierten Schüssel. Daneben wurde auch Importware aus dem Kröning (unter anderem blau bzw. braun mit weißen Zinnoxidtupfen) angetroffen. Komplex IV kann mit Hilfe einer Mineralwasserflasche aus Steinzeug in die achtziger Jahre des 18. Jahrhunderts datiert werden. Die Flasche vom Typ D weist den sehr seltenen »Balsam«-Stempel (Abb. 127, 2) auf (mündliche Mitteilung von B. Brinkmann, Mülheim/Ruhr).

Komplex V stammt aus dem Nordostteil der Baustelle und wurde aus dem Auffüllschutt des ehemaligen Stadtgrabens geborgen. In dieser Fundschicht sind klingend hartgebrannte Fehlbrände von henkellosen Töpfen (Abb. 127, 8) nicht allzu selten. Sie erscheinen häufig stark deformiert. Ihre Ränder sind wulstartig ausgeformt, ihr Mündungsdurchmesser schwankt zwischen 12 und 25 cm. Möglicherweise waren sie für die Aufnahme von Salben und Fetten gedacht.

Eine lokale Besonderheit stellen auch Töpfermarken auf der Oberseite von Henkeln dar (Abb. 127, 1.3), die vorerst noch nicht gedeutet werden können. Ein Stempel mit den Initialen »SKW« könnte hingegen auf Konrad Steinlechner, einen der letzten Weilheimer Hafner, bezogen werden. Zahlreiche Schrühbrände von geometrisch verzierten Blattkacheln sowie Brennhilfsmittel (Einlegeplatten mit Keramik- und Glasurresten) beweisen ferner eine umfangreiche Kachelproduktion in Weilheim.

Neben einheimischem Geschirr (unter anderem Reste von Waschschüsseln, Nachttöpfen und außen glasierten Blumentöpfen) wurde in großem Umfang auch Importgeschirr (vor allem aus dem Kröning östlich von Landshut sowie aus Böhmen) geborgen. Reste von Mineralwasserflaschen aus Steinzeug (unter anderem Selters, Bad Schwalbach, Kissingen, Fachinger) sind häufig. Auch Steinzeug aus Peterskirchen (teilweise mit dem »Zackerldekor«) fehlt nicht. Ferner ist Westerwälder Steinzeug vertreten. Neben Steingut aus den Manufakturen Schramberg und Amberg wurden auch Porzellan und Glas nicht selten angetroffen.

Für die Datierung von Komplex V ist ein Kupferplättchen mit dem Prägedruck »Weilheim 1868« wichtig. Die Steinzeugflaschen gehören dem Typ E an, deren Halszone fast immer glatt erscheint (vor 1870). Dieser Komplex ist daher in das vorletzte Viertel des 19. Jahrhunderts zu stellen.

127 *Weilheim. 1 Stempeleindruck auf dem Oberteil eines unglasierten Henkels; 2 »Balsam«-Stempel auf Mineralwasserflasche; 3 Stempeleindruck auf einem Henkel; 4 beidseitig getupfter, unglasierter Henkel; 5. 6 Anschliffe von Henkeltopfrandstücken; die feinen, weißen Punkte gehen auf Kalk- und Dolomitgeröllchen aus den Bayerischen Alpen zurück und verweisen damit auf eine Produktion im Alpenvorland; 7 Henkeltopf, Tauchfund aus dem Tegernsee; 8 Fehlbrand eines henkellosen Topfes. Verschiedene Maßstäbe.*

181

Die Keramikfunde aus Weilheim sind zwar in erster Linie als Siedlungskeramik zu werten, doch schließen sie auch Zeugen einer lokalen Produktion, wenn auch auf sekundärer Lagerstätte, ein. Von besonderer Bedeutung ist ferner die malhornverzierte Ware, da sie im Kontext zu anderen oberbayerischen Funden (z. B. Wolfratshausen, Haarsee, Umgebung von Tölz) weitere Kenntnisse vermittelt.

Dank schulden die Verfasser vor allem Herrn J. Wührl und dem Ehepaar A. und W. Noe für tatkräftige Hilfe bei der Bergung sowie Herrn G. Fuchs für die Arbeit im Labor. Herrn Dr. S. Winghart sei für die Benachrichtigung über die mögliche Fundstelle Weilheim herzlich gedankt. Herr E. Reischl, Weilheim, ließ uns an der Baustelle großzügig gewähren. Herr B. Brinkmann gab wertvolle Auskünfte über Mineralwasserflaschen. Die Anfertigung der Zeichnung besorgte Herr K. Dossow, die fotografischen Aufnahmen führte Herr F. Höck zur vollsten Zufriedenheit aus. Allen Genannten gebührt herzlicher Dank.

H. Hagn und P. Veit

Unterwassergrabung an einer neuzeitlichen Hafnerkeramik- und Glasfundstelle vor dem Dorint-Seehotel Leoni

Gemeinde Berg, Landkreis Starnberg, Oberbayern

Um 1810 erbaute Staatsrat Krenner an der Stelle des heutigen Dorint-Seehotels Leoni eine klassizistische Villa, die nach seinem Tod in den Besitz des Hofopernsängers Giuseppe Leoni überging. Dieser gestaltete das Bauwerk in den folgenden Jahren zu einer Pension um, die von der Münchner Gesellschaft gerne besucht wurde. In den achtziger Jahren des vorigen Jahrhunderts riß man die Villa mit ihren beiden Nebengebäuden ab und errichtete an gleicher Stelle ein großes Hotel, das durch seine beiden ungleich behelmten Türme bald zu einem Wahrzeichen des kleinen Ortes wurde. Erst vor einigen Jahren, nachdem das Hotel wegen Erbstreitigkeiten nicht mehr bewirtschaftbar war und als einsturzgefährdet galt, ersetzte man es durch den jetzigen Flachbau.

Die Villa, die Pension und das Hotel besaßen bzw. besitzen Anlegemöglichkeiten für Boote, die wohl bis Mitte des 19. Jahrhunderts dem Individualverkehr und nach dem Aufkommen der Dampfschiffahrt als Landungssteg dienten. Solche in den See ragenden Anlegestellen wurden aber und werden leider manchmal immer noch auch für die Entsorgung der Anwohner benutzt. So entstand im Laufe des vergangenen Jahrhunderts eine ausgedehnte Ansammlung von Küchen- und Haushaltsabfall in der Umgebung der Stege.

Dieses Areal wurde 1980 von Tauchern der Archäologischen Tauchgruppe Bayern entdeckt und seither beobachtet. Im Herbst 1983 ließen sich dann illegale Suchaktionen von sammelnden Tauchern feststellen, die den tieferliegenden Bereich vor den Dampfersteigen nach Funden absuchten. Eine zweite Gefährdung erwuchs durch den Schiffsverkehr, der direkt vor der Anlegestelle, wo die Funde durch Aufschüttung noch geschützt erschienen, den Kies durch die Wasserbewegung zum Abgleiten brachte. Eine genauere Untersuchung der Fundstelle war deshalb dringend geboten.

Man entschied sich für eine Grabung in dem nicht gestörten Bereich um die Landungsstege und für eine Oberflächenaufnahme des restlichen, bereits teilweise abgesuchten tieferen Areals vor dem Dorint-Seehotel. Als erstes wurde vor der Anlegestelle für die Schnitte 1 bis 5 ein Schnurraster von 9 x 5 m verlegt und durch Armierungseisen fixiert, sodann ein kleiner, 4 qm umfassender Bereich für die Schnitte 6 bis 7 neben dem kleinen Steg eingegrenzt, an dem Kachelfragmente an die Oberfläche traten (Abb. 128). In den Schnitten 6 bis 7 kam, mit Bauschutt vermischt, eine große Anzahl von hell- bis dunkelgrün glasierten Dekorkacheln zutage. Die breite Motivpalette, die von geometrischen Mustern bis zu Tierdarstellungen reicht, sowie die unterschiedlichen Abmessungen der Kacheln lassen auf die Verwendung an mehreren Öfen schließen. Eine Zuordnung der Reliefkacheln zu einem Gebäude in der Ort-

128 *Leoni, Dorint-Seehotel. Dekorkacheln.*

schaft Leoni ist bisher noch nicht gelungen, doch liegt die Vermutung nahe, daß sie von einem der beiden Vorgängerbauten des Dorint-Seehotels stammen. In den Schnitten 1 bis 5 wurden einige quadratmetergroße Flächen geöffnet, in denen Oberflächenfunde sichtbar waren. Hier zeigten sich unter einer teilweise aberodierten Kiesschüttung, in einer stark sandigen, teilweise Seekreide beinhaltenden Schicht aneinander gepreßte und teilweise zerdrückte Glasflaschen sowie angekohlte Knochen und Scherben von Tongefäßen. Am häufigsten begegnete eine zylindrische Grünglasflasche mit langem, teilweise konzentrischem Hals (Abb. 129).

Eine zweite Tauchmannschaft, mit der Oberflächenaufnahme des umgebenden, tiefer gelegenen Seebodenareals beauftragt, sammelte weitgehend entsprechende Funde auf. Unter ihnen sind mehrere geschliffene Weißglasbierkrüge

129 *Leoni. Grünglasflasche und Weißglasbierkrüge.*

bemerkenswert, die vermutlich an das Ende des 18. Jahrhunderts gehören (Abb. 129). Insgesamt war der relativ hohe Anteil von Gläsern und der verhältnismäßig geringe von Keramik an den geborgenen Gegenständen überraschend. Glas war zu dieser Zeit noch ein teurer Rohstoff und keinesfalls ein Massenartikel, so daß das Fundspektrum einen guten Einblick in das wenig erforschte Gebrauchsglas des 19. Jahrhunderts zuläßt.
Es bleibt zu hoffen, daß es auch in Zukunft möglich sein wird, gefährdete Fundstellen unter Wasser vor sammelwütigen Tauchern zu schützen und notfalls zu erforschen. H. Beer

Verarbeitung magnetischer Prospektionsmessungen als digitales Bild

Die magnetische Prospektion archäologischer Stätten wird durch die komplexen magnetischen Eigenschaften der in allen Böden vorhandenen Eisenoxide ermöglicht. Die unterschiedlichen Magnetisierungen archäologischer Objekte wie beispielsweise verfüllte Gräben, Gruben, Brandstellen usw. verursachen Störungen des natürlichen Magnetfeldes der Erde: Die Archäologie ist daher gleichsam im Magnetfeld über dem Boden abgebildet. Das Problem der Sichtbarmachung dieses latenten Bildes ist nun in einer Kombination von hochentwickelter Meßtechnik im Gelände mit der Auswertung der Meßdaten am Bildcomputer des Bayer. Landesamts für Denkmalpflege befriedigend gelöst (Beschreibung der Anlage zur digitalen Bildverarbeitung in: Das archäologische Jahr in Bayern 1983, 201 ff.).
Die archäologisch relevanten magnetischen Störungen sind jedoch so schwach, daß sie nur mit den derzeit empfindlichsten Magnetometern, sogenannten »optisch gepumpten Cäsium-Magnetometern«, meßbar sind. Zur Eliminierung sowohl der natürlichen, kosmisch und geologisch bedingten, als auch der technischen Störungen, deren Amplituden die gesuchten ar-

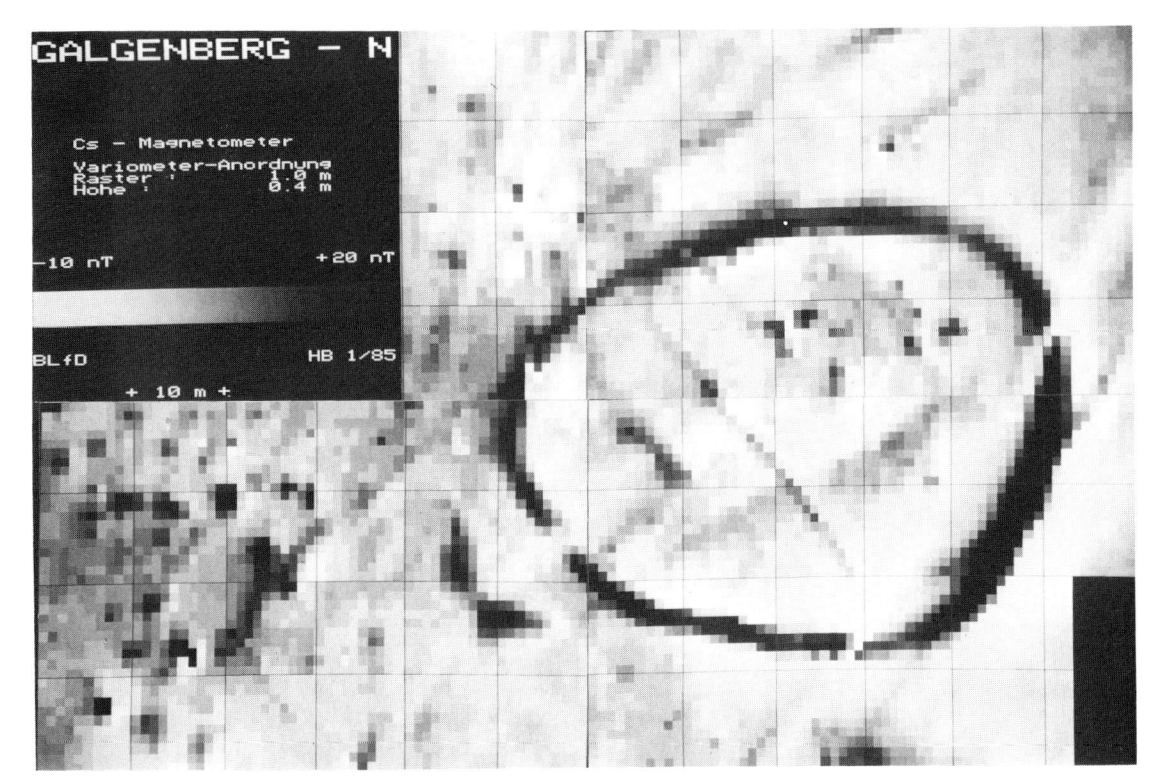

130 *Galgenberg bei Kopfham. Digitalbild der magnetischen Prospektion mehrerer Grabenwerke. Cs-Magnetometer in Variometer-Anordnung, Meßintervall = 1,0 m, dargestellte Dynamik = –10 nT bis +20 nT, genordetes 10-m-Gitter (Mag. Nr. 7538/040 A).*

chäologischen Störungen völlig überdecken, bedient man sich einer vertikalen Anordnung zweier Sensoren mit einem Bodenabstand von 0,3 und 1,8 m und Meßintervallen von 0,5 m; nur so ist die hohe Empfindlichkeit von 1/10 Nanotesla der verwendeten Magnetometer zur archäologischen Prospektion zu nutzen (1/10 Nanotesla [nT] entspricht bei einer mittleren Stärke des Erdmagnetfeldes von 50000 nT einer Auflösung von 2 in 1000000 Teilen!).

Zur Verarbeitung der Meßdaten als digitales Bild wird der Meßpunkt im Gelände als Bildpunkt betrachtet und der Meßwert in einen Grauwert zwischen schwarz = 0 und weiß = 255 umgesetzt. Dazu muß vorher die Dynamik der Geländemessung von 2000 Graustufen (Meßbereich von –99,9 nT bis +99,9 nT) auf 256 Graustufen des digitalen Videobildes durch die Auswahl eines Fensters mit Hilfe einer statistischen Vorverarbeitung reduziert werden. Erst jetzt ist das »magnetische Abbild« der archäologischen Fundstätte am Bildschirm zu betrachten. Das Auge kann natürlich archäologische Strukturen in einem Bild wesentlich besser als in den bisherigen Zahlenschemata oder graphischen Darstellungsverfahren erkennen. Bildverbesserungstechniken wie beispielsweise Kontrastverstärkung, Filterung oder Falschfarbendarstellung ermöglichen weiterhin die Verdeutlichung der archäologischen Information im Bild. Jeder dieser Verarbeitungsschritte dauert nur wenige Sekunden und ist sofort am Bildschirm sichtbar.

Zur Demonstration dieser neuen Darstellungsmethode sei die magnetische Prospektion mehrerer prähistorischer Grabenwerke auf dem Galgenberg bei Kopfham (vgl. S. 37 ff.) herausgegriffen. Ein erster Plan der endneolithischen Festungsanlage wurde bereits als manuell gezeichnete Punktdichteschrift veröffentlicht (Das archäologische Jahr in Bayern 1981, 72). Der digitale Bildplan dieser Anlage (Abb. 130) läßt zwar noch recht deutlich das Meterraster der Messung im Bild erkennen, zeigt aber bereits zusätzlich ein weiteres Grabenwerk im südlichen Teil, das in der bisherigen Auswertungstechnik unsichtbar blieb und überraschend bei der letztjährigen Ausgrabung angeschnitten wurde (S. 37 ff.). Weitere Prospektionsmessungen ergänzen dieses Grabenwerk noch durch einen nur fragmentarisch erhaltenen Doppelgraben mit geradem Verlauf und abgerundeten Ecken, so daß diese Anlage als hallstattzeitlich vom Typ Hascherkeller angespro-

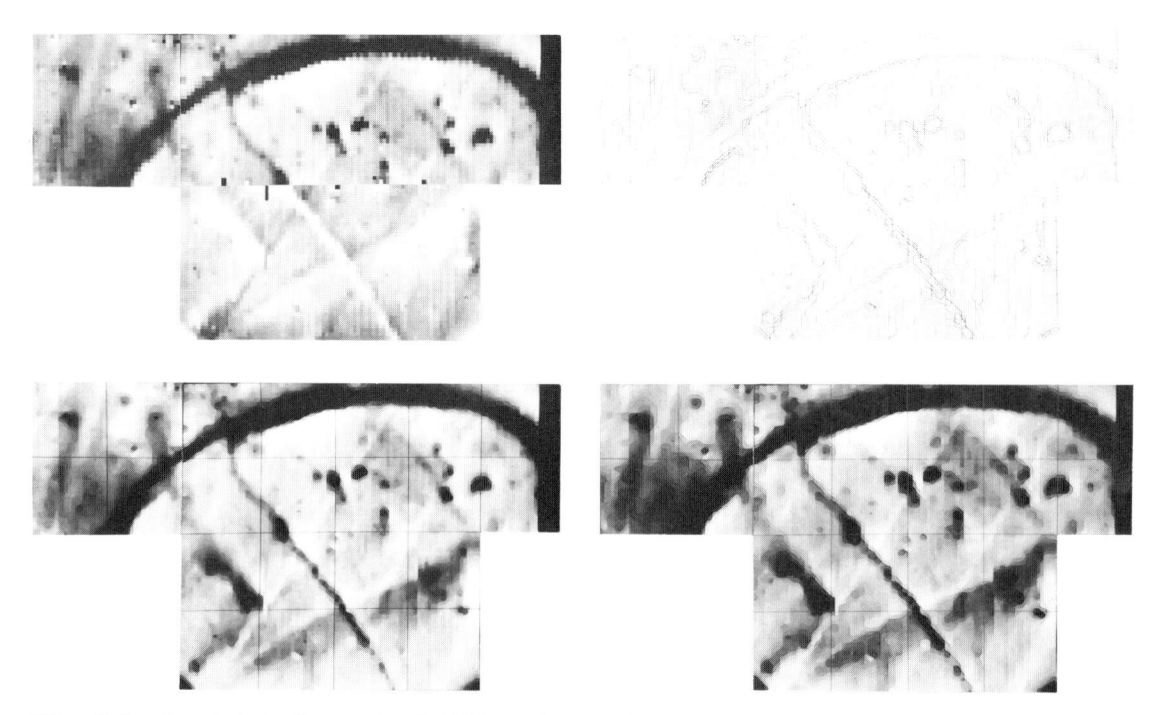

131 *Galgenberg bei Kopfham. Digitale Bildverarbeitung der magnetischen Prospektion in einem Ausschnitt des neolithischen Festungswerks mit der Überschneidung des hallstattzeitlichen Grabenwerks. Cs-Magnetometer in Vertikalgradienten-Anordnung, Meßintervall = 0,5 m, dargestellte Dynamik = –2,0 nT bis +5,0 nT, genordetes 10-m-Gitter. Oben links unkorrigierte Meßdaten; zwei 20-m-Quadranten wurden invertiert gemessen; oben rechts korrigierte Meßdaten, Anpassung der Bezugsfelder der 20-m-Quadranten, Kontrastverstärkung durch Histogramm-Normierung; unten links Median-Filterung und weitere Kontrastverstärkung; unten rechts Subtraktion eines berechneten Konturfilters vom Medianfilter zu besserer Sichtbarmachung lokaler Störungen (Gruben).*

chen werden kann. Die Messung im Halbmeterraster innerhalb der neolithischen Festungsanlage zeigt die archäologischen Strukturen noch deutlicher: Der neu entdeckte Hallstattgraben stellt sich sogar in unmittelbarer Nachbarschaft und im Schnitt zusammen mit dem großen neolithischen Festungsgraben dar (Abb. 131). Diese Messung im Halbmeterraster setzt einerseits einen Standard in der magnetischen Prospektion, zeigt andererseits aber auch deren Grenzen auf: So sind beispielsweise Gräben und Grübchen mit Dimensionen von 0,4 bis 0,5 m noch zu erkennen, während kleinere Objekte beim heutigen Stand der Meß- und Auswertungstechnik nicht mehr prospektiert werden können. Zur weiteren Verbesserung der Interpretationsmöglichkeiten dieser »magnetischen Bilder« sind Ausgrabungen an den prospektierten archäologischen Stätten eine wichtige Voraussetzung.

H. Becker

Verzeichnis der Mitarbeiter

Dr. Björn-Uwe Abels, Oberkonservator, Leiter der archäologischen Außenstelle für Oberfranken des Bayer. Landesamts für Denkmalpflege, Schloß Seehof, 8602 Memmelsdorf bei Bamberg.

S. Aitchison, University of Edinburgh, Department of Archaeology, 16–20 George Square, Edinburgh EH 89 JZ.

Dr. Lothar Bakker, Römisches Museum der Stadt Augsburg, Dominikanergasse 15, 8900 Augsburg.

Dr. Helmut Becker, Diplom-Geophysiker, Bayer. Landesamt für Denkmalpflege, Arabellastraße 1, 8000 München 81.

Hubert Beer, Archäologische Tauchgruppe Bayern e. V., Konrad-Dreher-Straße 43, 8000 München 21.

Dr. Arthur Berger, Lehrstuhl für Vor- und Frühgeschichte der Universität Würzburg, Residenzplatz 2, 8700 Würzburg.

Otto Braasch, Oberstleutnant a. D., Luftbildstelle des Bayer. Landesamts für Denkmalpflege, Sigmund-Schwarz-Straße 4, 8300 Landshut.

Silvia Codreanu, M. A., Lehrstuhl für Archäologie des Mittelalters und der Neuzeit der Universität Bamberg, Am Kranen 12, 8600 Bamberg.

Dr. Hermann Dannheimer, Direktor der Prähistorischen Staatssammlung, Lerchenfeldstraße 2, 8000 München 22.

Georg Diemer, Lehrstuhl für Vor- und Frühgeschichte der Universität Würzburg, Residenzplatz 2, 8700 Würzburg.

Michael Egger, Prähistorische Staatssammlung, Lerchenfeldstraße 2, 8000 München 22.

Dr. Bernd Engelhardt, Konservator, Leiter der Außenstelle Landshut des Bayer. Landesamts für Denkmalpflege, Sigmund-Schwarz-Straße 4, 8300 Landshut.

Walter Grabert, M. A., Utzenmühle, 8835 Pleinfeld.

Prof. Dr. Herbert Hagn, Institut für Paläontologie und historische Geologie, Abteilung für Mikropaläontologie, Richard-Wagner-Straße 10/II, 8000 München 2.

Petra Haller, Prähistorische Staatssammlung, Lerchenfeldstraße 2, 8000 München 22.

J. Hodgson, University of Edinburgh, Department of Archaeology, 16–20 George Square, Edinburgh EH 89 JZ.

Birgit Hoppe, Lehrstuhl für Vor- und Frühgeschichte der Universität Würzburg, Residenzplatz 2, 8700 Würzburg.

Frank Hoppe, Lehrstuhl für Vor- und Frühgeschichte der Universität Würzburg, Residenzplatz 2, 8700 Würzburg.

Dr. Michael Hoppe, wiss. Angestellter, Bayer. Landesamt für Denkmalpflege, Alleestraße 21, 8420 Kelheim.

Dr. Erwin Keller, Hauptkonservator, Leiter der Abteilung Bodendenkmalpflege des Bayer. Landesamts für Denkmalpflege, Arabellastraße 1, 8000 München 81.

Hubert Koch, M. A., Zeppelinstraße 4, 8520 Erlangen.

Dr. Robert Koch, wiss. Angestellter, Außenstelle Regensburg des Bayer. Landesamts für Denkmalpflege, Keplerstraße 1, 8400 Regensburg.

Hans-Georg Kohnke, M. A., Institut für Vor- und Frühgeschichte der Johannes-Gutenberg-Universität Mainz, Saarstraße 21, 6500 Mainz.

Dr. Harald Koschik, Oberkonservator, Leiter der Außenstelle Nürnberg des Bayer. Landesamts für Denkmalpflege, Zeltnerstraße 31, 8500 Nürnberg.

Dr. Veit Loers, Konservator, Museen der Stadt Regensburg, Dachauplatz 2–4, 8400 Regensburg.

Wolfgang Loesche, M. A., Am Kirchsteig 19, 8918 Dießen am Ammersee.

Hans Losert, M. A., Lehrstuhl für Archäologie des Mittelalters und der Neuzeit der Universität Bamberg, Am Kranen 12, 8600 Bamberg.

Dr. Michael Mackensen, Kommission zur archäologischen Erforschung des spätrömischen Raetien der Bayer. Akademie der Wissenschaften, Marstallplatz 8, 8000 München 22.

Dr. Rudolf Albert Maier, Landeskonservator, Bayer. Landesamt für Denkmalpflege, Arabellastraße 1, 8000 München 81.

Andreas Marx, M. A., Wilhelmshöherstraße 3, 1000 Berlin 41.

Dr. Udo Osterhaus, Oberkonservator, Leiter der Außenstelle Regensburg des Bayer. Landesamts für Denkmalpflege, Keplerstraße 1, 8400 Regensburg.

Dr. Barbara S. Ottaway, University of Edinburgh, Department of Archaeology, 16–20 George Square, Edinburgh EH 89 JZ.

Dr. Bernhard Overbeck, Staatliche Münzsammlung, Residenzstraße 1, 8000 München 2.

Dr. Ludwig Pauli, Kommission zur archäologischen Erforschung des spätrömischen Raetien der Bayer. Akademie der Wissenschaften, Marstallplatz 8, 8000 München 22.

Prof. Dr. Christian Pescheck, Landeskonservator a. D., Johann-Clanze-Straße 33, 8000 München 70.

Jörg Petrasch, M. A., Seminar für Vor- und Frühgeschichte der Universität Frankfurt, Arndtstraße 11, 6000 Frankfurt a. M.

Dr. Johannes Prammer, Stadtarchäologe von Straubing, Gäubodenmuseum der Stadt Straubing, Fraunhoferstraße 9, 8440 Straubing.

Dr. Wolfgang Pülhorn, Germanisches Nationalmuseum Nürnberg, Kartäusergasse 1, 8500 Nürnberg.

Dr. Karl Heinz Rieder, wiss. Angestellter, Leiter des Grabungsbüros Ingolstadt des Bayer. Landesamts für Denkmalpflege, Neubaustraße 2, 8070 Ingolstadt.

Dr. Dirk Rosenstock, Außenstelle Würzburg des Bayer. Landesamts für Denkmalpflege, Residenzplatz 2, 8700 Würzburg.

Dr. Egon Schallmayer, Landesdenkmalamt Baden-Württemberg, Amalienstraße 36, 7500 Karlsruhe 1.

Dr. Karl Schmotz, Kreisarchäologe von Deggendorf, Landratsamt, 8360 Deggendorf.

Dr. Peter Schröter, Anthropologische Staatssammlung, Karolinenplatz 2a, 8000 München 2.

Dr. Hans Peter Uenze, Hauptkonservator, Prähistorische Staatssammlung, Lerchenfeldstraße 2, 8000 München 22.

Peter Veit, Institut für Paläontologie und historische Geologie, Abteilung für Mikropaläontologie, Richard-Wagner-Straße 10/II, 8000 München 2.

Dr. Ludwig Wamser, Oberkonservator, Leiter der Außenstelle Würzburg des Bayer. Landesamts für Denkmalpflege, Residenzplatz 2, 8700 Würzburg.

Dr. Gerhard Weber, Stadt Kempten (Allgäu), Archäologische Abteilung, Untere Hofmühle, Poststraße 28, 8960 Kempten.

Edgar Weinlich, M. A., Wiesengasse 7, 8543 Hilpoltstein.

Dr. Wolfgang Weißmüller, Institut für Ur- und Frühgeschichte der Universität Erlangen-Nürnberg, Kochstraße 4, 8520 Erlangen.

Dr. Stefan Winghart, Konservator, Bayer. Landesamt für Denkmalpflege, Arabellastraße 1, 8000 München 81.

Karola Zeh, Prähistorische Staatssammlung, Lerchenfeldstraße 2, 8000 München 22.

John P. Zeitler, Institut für Ur- und Frühgeschichte der Universität Erlangen-Nürnberg, Kochstraße 4, 8520 Erlangen.

Joachim Zeune, Lehrstuhl für Archäologie des Mittelalters und der Neuzeit der Universität Bamberg, Am Kranen 12, 8600 Bamberg.

Bildnachweis

Fotos

Bayerisches Landesamt für Denkmalpflege: 3, 7, 16, 29, 33, 35, 41–44, 53–55, 60, 62, 64, 69–72, 75, 77, 80–82, 92, 94, 103, 111, 112, 119, 123, 128, 129
I. Bauer, Regensburg: 117, 118
Germanisches Nationalmuseum Nürnberg: 90, 96
Prof. H. Hagn, München: 121, 125, 127
W. Loesche, Dießen: 124
Prähistorische Staatssammlung München: 57, 113
Römisches Museum der Stadt Augsburg/Stadtarchäologie: 73, 74, 83, 84
Staatliche Münzsammlung München: 51, 85, 86
Stadtarchäologie Kempten: 65
Prof. Dr. J. Werner, München: Foto S. 5
J. Zeune, Bamberg: 115
Zink, Nürnberg: 122

Zeichnungen

Bayerisches Landesamt für Denkmalpflege: 1, 2, 8, 15, 17–28, 30, 31, 34, 36–40, 47, 48, 52, 56, 61, 63, 76, 78, 79, 87, 88, 91, 93, 95, 97–102, 104–110, 120
K. Dossow: 126
Gäubodenmuseum Straubing: 68
Germanisches Nationalmuseum Nürnberg: 89
M. Kemper, Erlangen: 4
Kommission zur archäologischen Erforschung des spätrömischen Raetien: 45
Kreisarchäologie Deggendorf: 32
B. S. Ottaway/H. Becker: 9–14
Prähistorische Staatssammlung München: 46, 49, 50, 58, 59
R. Röhrl, Regensburg: 116
Stadtarchäologie Kempten: 66, 67
W. Weißmüller, Erlangen: 4
J. Zeune, Bamberg: 114

Luftbilder freigegeben durch Reg. v. Obb. unter den Nummern: GS 300/8790-81, 8909-81, 9119-82, 9225-82, 9403-83, 9414-83, 9516-83, 9802-84, 9839-84, 9896-84, 9993-84
Luftbild freigegeben durch Reg. v. Mittelfranken, Luftamt Nordbayern unter der Nummer P 3556/288

Magnetometerpläne

H. Becker, München: 5, 6, 130, 131

Dienststellen der archäologischen Denkmalpflege in Bayern

Bayerisches Landesamt für Denkmalpflege. Abteilung für Vor- und Frühgeschichte, Arabellastraße 1, 8000 München 81, Tel. (0 89) 9 21 41 (Abteilungsleitung Dr. Erwin Keller. Referat Oberbayern-Süd Dr. Stefan Winghart).

Außenstelle in Niederbayern: 8300 Landshut, Sigmund-Schwarz-Straße 4, Tel. (08 71) 8 94 77 (Dr. Bernd Engelhardt).

Außenstelle in der Oberpfalz: 8400 Regensburg, Keplerstraße 1, Tel. (09 41) 5 31 53 (Dr. Udo Osterhaus, Dr. Robert Koch).

Außenstelle in Oberfranken: 8602 Memmelsdorf, Schloß Seehof bei Bamberg, Tel. (09 51) 3 00 33 (Dr. Björn-Uwe Abels).

Außenstelle in Mittelfranken: 8500 Nürnberg, Zeltnerstraße 31, Tel. (09 11) 22 59 48 (Dr. Harald Koschik).

Außenstelle in Unterfranken: 8700 Würzburg, Residenzplatz 2, Tor A, Tel. (09 31) 5 48 50 (Dr. Ludwig Wamser).

Außenstelle in Schwaben: 8900 Augsburg, Prinzregentenstraße 11a, Tel. (08 21) 3 51 80 (Dr. Günther Krahe, Dr. Wolfgang Czysz).

Grabungsbüro in Oberbayern-Nord: 8070 Ingolstadt, Neubaustraße 2, Tel. (08 41) 3 26 39 (Dr. Karl Heinz Rieder).

Archäologischer Sonderdienst am Rhein-Main-Donaukanal: 8420 Kelheim, Alleestraße 21, Tel. (0 94 41) 51 10 (Dr. Michael Hoppe).

Auskunft und Beratung werden auch durch die Prähistorische Staatssammlung, 8000 München 22, Lerchenfeldstraße 2, Tel. (0 89) 29 39 11 (Direktor Dr. Hermann Dannheimer), das Römische Museum Augsburg, Dominikanergasse 15, 8900 Augsburg, Tel. (08 21) 3 24 21 72 (Dr. Leo Weber, Dr. Lothar Bakker), die Kreisarchäologie 8360 Deggendorf, Landratsamt, Tel. (09 91) 3 61 (Dr. Karl Schmotz), das Archäologische Museum der Stadt Kelheim, Lederergasse 11, 8420 Kelheim, Tel. (0 94 41) 30 12 72/73 (Dr. Ingrid Burger), die Stadtarchäologie 8960 Kempten, Stadtverwaltung, Tel. (08 31) 1 42 76 (Dipl.-Ing. Dr. Gerhard Weber), das Germanische Nationalmuseum, Kornmarkt 1, 8500 Nürnberg, Tel. (09 11) 20 39 71 (Dr. Wilfried Menghin), das Museum der Stadt Regensburg, Dachauplatz 4, 8400 Regensburg, Tel. (09 41) 5 07 29 56/59 (Dr. Sabine Rieckhoff-Pauli) und das Gäubodenmuseum in 8440 Straubing, Fraunhoferstraße 9, Tel. (0 94 21) 1 63 26 (Dr. Johannes Prammer) erteilt.

Die Gesellschaft für Archäologie in Bayern e.V.

vereint alle an der bayerischen Landesarchäologie interessierten Bürger im Bestreben, das Bewußtsein für die älteste Geschichte Bayerns und ihre Denkmäler in der Bevölkerung zu vertiefen und die Erforschung dieser Geschichte zu fördern.

Sie bietet ihren Mitgliedern
- Führungen zu archäologischen Denkmälern und Ausgrabungsplätzen
- Vorträge über neue Ausgrabungsergebnisse
- »Das archäologische Jahr in Bayern« als Jahresgabe.

Geschäftsstelle:
Arabellastraße 1, 8000 München 81
Tel. (0 89) 92 14 21 89 oder 92 14 23 11
1. Vorsitzender: Anton Hochleitner, Passau
Bankverbindung: Bayerische Vereinsbank Landshut
Konto Nr. 6 016 677 (BLZ 743 200 73)

Geschichte und Archäologie in Text und Bild

Rainer Christlein/Otto Braasch
Das unterirdische Bayern

7000 Jahre Geschichte und Archäologie im Luftbild. 272 Seiten mit 80 Farbtafeln, 100 Abb., Plänen und Rekonstruktionszeichnungen. Leinen im Schuber.
Was Otto Braasch seit 1980 auf etwa 100 000 Bildern aus der Luft erfaßt hat, wird es wohl notwendig machen, die Geschichte Bayerns zwischen dem 5. Jahrtausend v. Chr. und dem Mittelalter in weiten Passagen umzuschreiben. Anhand von 80 archäologischen Luftbildern, ergänzt durch Pläne, erläutert Rainer Christlein ihre Funktion und Bedeutung und unternimmt in einer ausführlichen Einleitung einen ersten Versuch, die Fülle an Denkmälern zu sichten, zu ordnen und in das Bild der bayerischen Landesgeschichte einzufügen. Eine Einführung in die Luftbildarchäologie von Otto Braasch rundet das Thema ab.

Günter Ulbert/Thomas Fischer
Der Limes in Bayern

Von Dinkelsbühl bis Eining. 120 Seiten mit 93 Abb. und Kartenskizzen, 7 Farbtafeln, farbige doppelseitige Wanderkarte 1:50 000 als Beilage. Pappband.
Neben einer detaillierten Einführung in die Geschichte, Forschungsgeschichte und militärisch-strategische Funktion des Limes enthält der Band einen die gesamte Strecke umfassenden Führungsteil auf dem neuesten wissenschaftlichen und topographischen Stand. Kernstück des Führungsteils ist eine herausnehmbare Karte des gesamten Limesgebietes mit allen Kastellen und Wachtürmen im Maßstab 1:50 000.

Archäologische Führer

Reihe „Führer zu archäologischen Denkmälern in Bayern"

Schwaben, Band 1:
Hrsg. von Hans Frei und Günther Krahe
Archäologische Wanderungen um Augsburg
134 Seiten mit 48 Abb. und Zeichnungen. Kartoniert

Niederbayern, Band 1:
Thomas Fischer/Konrad Spindler
Das römische Grenzkastell Abusina-Eining
108 Seiten mit 76 Abb. Kartoniert

Franken, Band I: Ludwig Wamser
Biriciana – Weißenburg zur Römerzeit
Kastell – Thermen – Römermuseum
120 Seiten mit 107 Abb. Kartoniert

Franken, Band II: Björn-Uwe Abels
Archäologischer Führer Oberfranken
240 Seiten mit zahlr. Abb. Kartoniert

Geschichte der Stadt Augsburg

Von der Römerzeit bis zur Gegenwart
Hrsg. von G. Gottlieb, W. Baer, J. Becker, J. Bellot, K. Filser, P. Fried, W. Reinhard und. B. Schimmelpfennig. 804 Seiten mit 96 Tafeln, davon 13 in Farbe. Leinen.
Eine ausführliche und umfassende Darstellung der Geschichte Augsburgs von der Römerzeit bis in unsere Tage.
Ein Buch, das die Geschichte Augsburgs einem breiten, an historischen Themen interessierten Publikum erschließt, zugleich aber wissenschaftlichen Ansprüchen genügt. Ein Lesebuch und Nachschlagewerk, das alle Fragen zur Geschichte Augsburgs beantwortet.

Wilfried Menghin
Die Langobarden

Archäologie und Geschichte
260 Seiten mit 191 Abb. und 24 Farbtafeln. Kunstleinen.
Die Langobarden – die „Langbärte" aus dem Norden – die um die Zeitwende zum erstenmal ins Licht der Geschichte traten und deren Zug über Ungarn nach Italien den letzten Akt der germanischen Völkerwanderungszeit darstellt, sind wieder aus der Geschichte verschwunden. Nur in der Lombardei haben sich noch Spuren erhalten. Ihnen nachzugehen und sie bis über die Alpen zurückzuverfolgen, hat Wilfried Menghin unternommen. Die Sichtung archäologischer Funde und die Prüfung der alten Quellen lassen ein erstaunlich klares Bild der Langobarden entstehen. Ihre Geschichte ist interessant genug: Nachdem Karl der Große Pavia erobert hatte, ging die langobardische Königswürde an die Karolinger über – und blieb da.

Reihe „Führer zu archäologischen Denkmälern in Deutschland"

Band 5:
Regensburg – Kelheim – Straubing I
Siedlungsgeschichte. 256 Seiten mit 63 Abb. Kartoniert

Band 6:
Regensburg – Kelheim – Straubing II
Bau- und Bodendenkmäler. 233 Seiten mit 90 Abb. Kartoniert

Das archäologische Jahr in Bayern

Das hier vorliegende Jahrbuch erscheint schon seit einigen Jahren.
In gleicher Ausstattung sind bisher erschienen:
Jahrbuch 1980; 1981; 1982; 1983

Konrad Theiss Verlag